© Verlag Zabert Sandmann GmbH
München
1. Auflage 1997
ISBN 3-932023-02-1

Konzeption	Jens Priewe
Fachliche Beratung	Eric Calzolari, Fritz Herold, Fritz Hippe, Daniel Thomases
Gestaltungskonzept	Zero, Georg Feigl
Grafische Gestaltung	Georg Feigl
Umschlaggestaltung	Bernd und Christel Kaselow (Vorderseite) Zero (Rückseite)
Fotografie	Michel Guillard/Scope, Mick Rock/Stockfood, Hendrik Holler, Christian Schulz, Studio Eising (weitere s. Bildnachweis)
Computergrafik/Zeichnungen	Klaus Rummel, Spectre (Markus Weißenhorn, Christian Heine, Georg Feigl, Roland Schunk), Enno Kleinert, Beate Brömse
Luftbilder	Luftbildverlag Bertram/Gorkenant, München Herb Lingl Photography, San Francisco
Satellitenfotos	Deutsches Fernerkundungsdatenzentrum der DLR, Oberpfaffenhofen, Planetary Visions Limited
Redaktion	Gertrud Köhn, Hans-Peter Herrmann
Koordination	Gerhard Theato
Herstellung	Peter Karg-Cordes
Lithografie	inteca Media Service GmbH, Rosenheim
Druck & Bindung	Mohndruck, Gütersloh

Jens Priewe

WEIN
DIE NEUE GROSSE SCHULE

Inhalt

Vorwort	8
Der Weinbau	14
Die Geschichte der Rebe	16
Die Weltrebengürtel	18
Die Morphologie der Rebe	20
Traube und Beere	22
Das Klima	24
Der Boden	26
Die Bestockung	30
Die Reben-Erziehungssysteme	32
Die Bodenbearbeitung	34
Das Menge-Güte-Gesetz	36
Der Vegetationszyklus	38
Die Arbeit im Weinberg	40
Das Mostgewicht	42
Die Säure	44
Der Lesezeitpunkt	46
Die Weinlese	48
Die edelfaulen Trauben	50
Die Rebsorten	52
Die roten Sorten	54
Die weißen Sorten	60
Die Kellerwirtschaft	66
Die Weinbereitung	68
Die Weinhefen	70
Die Maischegärung	72
Die Tannine	74
Die malolaktische Gärung	76
Die Chaptalisation	77
Die Innenansicht eines Châteaus	78
Die Kellerwirtschaft	84
Die Kelterung des Weißweins	84
Die Vorklärung	86
Die Kaltvergärung	88
Die Vergärung im Holzfaß	90
Das Eichenholz	91

Der Ausbau des Weins	92
Der Reifeprozeß	94
Die Stabilisierung: Weißwein	96
Die Stabilisierung: Rotwein	98
Die Schwefelung	100
Der Einfluß des Holzfasses	102
Der Faßbau	104
Spezialweine	106
Champagner und andere Schaumweine	108
Portwein und Madeira	112
Sherry	114
Frankreich	116
Champagne	120
Loire	121
Elsaß, Savoyen, Jura	122
Burgund	123
Rhône	128
Bordeaux	130
Südwesten, Midi	136
Provence, Korsika	137
Italien	138
Norditalien	142
Toskana	146
Toskana, Umbrien	150
Marken, Abruzzen, Latium	152
Süditalien	153
Spanien	154
Katalonien, Rioja, Navarra, Altkastilien	158
La Mancha, Valdepeñas, Andalusien	160

INHALT

PORTUGAL	162
DEUTSCHLAND	164
Nahe, Franken, Rheinhessen	166
Rheingau, Pfalz, Baden, Württemberg	168
Mosel, Saar, Ruwer	170
ÖSTERREICH	172
Wachau, Kremstal, Kamptal, Wien	172
Burgenland, Steiermark	174
SCHWEIZ	176
OST- UND SÜDOSTEUROPA	178
VEREINIGTE STAATEN	180
Napa Valley	182
Sonoma, Mendocino	184
Central Coast	186
Oregon, Washington	187
AUSTRALIEN	188
NEUSEELAND	192
SÜDAFRIKA	194
CHILE	196
ARGENTINIEN	197
DIE VERKOSTUNG	198
Die Aromen des Weins	200
Die Degustation	202
Die Farbe des Weins	204
Die Physiologie des Riechens	206
Die Physiologie des Schmeckens	207
Leichte und schwere Weine	208
GASTAUTOR MICHAEL BROADBENT	
Lob der alten Weine	210

INHALT

WEINWISSEN	218
Gläser	220
Korkenzieher	222
Weinzubehör	224
Wie Wein serviert wird	226
Weinfehler, Trinktemperatur, Flaschengrößen	228
Der Korken	230
Die Lagerung	232
Die Weingesetze	234
SPEISEN UND WEINE	236
WEIN UND GESUNDHEIT	244
TRINKREIFE	246
JAHRGANGSTABELLE	248
GLOSSAR	250
REGISTER	252
BILDNACHWEIS	256

Von Wein- und Wissensdurst

Wer in hundert Jahren die Geschichte des modernen Weins schreibt, wird über das Ende des 20. Jahrhunderts nicht anders als vom Goldenen Zeitalter sprechen können. Die staunenswerte Verbesserung der Qualitäten, der überschießende Ehrgeiz der Erzeuger, die scheinbar unbegrenzte Aufnahmebereitschaft der Märkte für feine Weine und eine neue, bislang nicht gekannte Begeisterung der Menschen in vielen Teilen der Welt für das älteste aller Getränke nach Wasser und Milch – das ist es, was die letzten zwei Jahrzehnte dieses Jahrhunderts charakterisiert. Die Ausweitung des Weinbaus in neue Anbaugebiete, die Entwicklung neuer Weinbaumethoden, die Umsetzung der Erkenntnisse moderner Önologie – all das bedarf auch einer gänzlich neuen Darstellung, damit wir verstehen, was wir trinken, und begreifen, was andere tun, um uns Genüsse zu ermöglichen, wie es sie vorher nicht gab. „Wein – Die neue große Schule" wurde geschrieben, um den Wissensdurst zu stillen, der die Liebhaber edler Weine immer aufs neue befällt, wenn sie eine Flasche feinen Weins öffnen.

Kultweine und andere gute Tropfen

„Wein – Die neue große Schule" ist kein Buch, das ausschließlich für die Liebhaber deutscher, französischer, italienischer oder sonstiger Weine verfaßt wurde. Es ist für jene geschrieben, die heute dies, morgen das trinken, aber immer das Beste wollen. Was das ist, entscheidet der Geschmack dieser Wechseltrinker. Gestern waren es einfache Landweine, die sie aus dem Urlaub mitgebracht haben. Heute öffnen sie eine Flasche einer der großen, Ehrfurcht einflößenden Kultweine. Morgen kann es ein völlig unbekannter Wein aus einem jener Länder sein, die erst in den letzten Jahren auf der Weltkarte der weinerzeugenden Nationen aufgetaucht sind. Alle diese Weine haben ihre Qualitäten. Im Regal des Weinhändlers stehen sie nebeneinander. Was sie unterscheidet, ist der Preis. Dieses Buch hilft zu verstehen, weshalb die einen hundert, die anderen nur fünf Mark kosten. Es versucht, die komplizierte Weinfachsprache aufzuschlüsseln. Es möchte den Wein und die Weinherstellung transparenter machen, ohne den Mythos zu zerstören.

Die Wein-revolution miterleben

Weintrinken ist ein Erlebnis. Deshalb darf das Lesen eines Weinbuches keine trockene Angelegenheit sein. „Wein – Die neue große Schule" ist ein Buch, das dem Leser anschaulich vor Augen führt, was Wein ist, wo er wächst und wie aus Trauben Wein entsteht. Der Leser erfährt, was Ganztraubenpressung ist und was man unter Bâtonnage versteht. Ihm wird vor Augen geführt, wo der Geschmack des Weins herkommt und wo der berühmte Weinberg Romanée-Conti liegt. Ihm wird gezeigt, weshalb ein Wein im kleinen Faß schneller reift als im großen und warum man manchmal auch junge Weine dekantieren sollte. Das Buch führt thematisch in die Tiefe, damit die Eigenarten der Weine nicht nur erschmeckt, sondern bewußt gemacht werden. All das ist wichtig. Es erklärt nämlich, was einen guten von einem sehr guten Wein unterscheidet: die Summe vieler Details. Nur wenn die Weintrinker verstehen, was die Winzer tun, können sie mitwachsen mit den revolutionären Veränderungen, die sich gerade in der Welt des Weins vollziehen.

Siegeszug einer Kletterpflanze

Wildreben, die traubenähnliche Früchte trugen, hat es schon gegeben, bevor der Mensch in die Geschichte eintrat. Davon zeugen fossile Traubenkerne, die 60 Millionen Jahre alt sind. Die Reben wuchsen in den endlosen Wäldern, die die gemäßigten Zonen des Planeten Erde damals bedeckten. Um ans Licht zu kommen, mußten sie sich hochkämpfen. Sie entwickelten Ranken und konnten auf diese Weise an den Bäumen emporwachsen. *Vitis silvestris* nennen die Rebforscher sie: die Waldrebe. Ihr Verbreitungsgebiet muß weit über die Grenzen der heutigen Anbaugebiete hinausgegangen sein. Sie wuchsen zum Beispiel in Afghanistan und in Ägypten, am Amur und im Mittleren Westen Amerikas, in der Karibik und in Mexiko. Allerdings war das Klima damals wärmer als heute. Mit den Eiszeiten zog sich die Rebe wieder in die gemäßigten Zonen zurück: in den Mittelmeerraum und nach Vorderasien. Aber kaum daß sich die Erde wieder erwärmte, breiteten sich die Reben erneut nach Norden aus. Im Gegensatz zu den heutigen Kulturreben war die wilde Waldrebe zweigeschlechtlich. Das heißt: Es gab nur männliche und nur weibliche Pflanzen. Für die Ausbreitung sorgten der Wind, der die Samen verwehte, sowie beerenfressende Vögel und Säugetiere.

Die Geschichte der Rebe

Vom Rausch- zum Genußmittel

Wann der Mensch begann, Reben zu kultivieren, und wo es war, daß aus den Trauben erstmals Wein erzeugt wurde, kann nur vermutet werden. Sicher ist, daß nicht in allen Gebieten, in denen Wildreben wucherten, auch Wein erzeugt wurde.

Die ältesten Hinweise auf die Existenz des Weins stammen jedenfalls aus Georgien. Dort hat man Reste von Tonkrügen gefunden, die aus der Zeit um 6000 v. Chr. stammen und mit Traubenreliefs dekoriert sind. Auch zwischen Euphrat und Tigris, in der südlichen Kaukasusregion, am Nil und später in Palästina gibt es Anzeichen dafür, daß die Menschen schon in der Frühzeit Wein zu erzeugen wußten. Daß es ein wohlschmeckendes Getränk war, darf bezweifelt werden. Weshalb sonst wurde es mit Honig gesüßt oder mit Kräutern wie Absinth gewürzt? Wahrscheinlich verehrten die Menschen den Wein allein seiner alkoholischen Wirkung wegen.

Rätsel Amerika

In Nordamerika, wo Pflanzen der Gattung *Vitis* ebenfalls eine weite Verbreitung hatten, ist von der Existenz eines Weins in vorchristlicher Zeit nichts bekannt. Die Erklärung für diesen merkwürdigen Unterschied: Die amerikanischen Reben eigneten sich nur bedingt zur Erzeugung von Wein. Viele Trauben bildeten nicht genug Zucker, wiesen zuwenig oder zuviel Säure auf. Oder es fehlten die Hefen, um die Transformation des Zuckers in Alkohol zu bewerkstelligen. Möglich ist auch, daß Wein zwar existierte, aber nicht schmeckte. In der Geschichte des amerikanischen Kontinents taucht Wein jedenfalls erst sehr spät auf. Noch heute zeichnen sich Weine, die aus Trauben der amerikanischen *Vitis*-Untergattungen gewonnen sind, durch einen sehr strengen Geschmack aus. Fox-Ton wird er von Fachleuten genannt: Fuchs-Geschmack.

Entstehung der *Vitis vinifera*

Wahrscheinlich verdankt sich die Entdeckung des Weins einem Zufall. Die Menschen in Vorderasien bewahrten nämlich den Traubensaft in Krügen oder Schläuchen aus Ziegen- und Kamelleder auf, worin er, angesichts der heißen Temperaturen, schnell zu gären begann. Ob er durchgärte, süß blieb, oxydierte oder zu Essig wurde, ist unbekannt. Immerhin spricht die bloße Existenz von Wein in diesem Raum dafür, daß die Trauben sehr zuckerreich waren und der Saft sich zu einem wohlschmeckenden und berauschenden Getränk vergären ließ. Deshalb haben die Botaniker später der europäisch-vorderasiatischen Rebe den Namen *Vitis vinifera* gegeben: die zur Weinerzeugung taugliche Rebe.

Wein als Statussymbol und Stimulans: Jean-Marc Nattier „Die Liebenden".

Wein bei den Griechen

Mit dem Aufstieg der griechischen Zivilisation wurde die Rebe ab 1600 v. Chr. im Mittelmeerraum systematisch kultiviert. Mykene und Sparta müssen die Zentren der Weinproduktion gewesen sein. Darauf deuten auch zahlreiche Darstellungen auf Vasen hin, die dort gefunden wurden. Wein war ein Kultgetränk, mit dem Siege gefeiert, Götter geehrt und Feste begangen wurden. Die Methoden der Weinbereitung waren damals schon erstaunlich weit entwickelt, obwohl es auch immer wieder vorkam, daß dem Wein während der Gärung salziges Meerwasser beigemischt wurde – angeblich, um ihn geschmeidiger zu machen. Die griechischen Kolonisatoren brachten Wein und Reben nach Syrien, Ägypten, Cádiz und Marseille (600 v. Chr.), später auch nach Sizilien (500 v. Chr.). Trotzdem sahen die Griechen ihren Weingott Dionysos nicht nur als Wohltäter an, der ihre Bauern die Kunst der Weinbereitung lehrte, sondern auch als Bedroher, der die Menschen in einen Rausch versetzt und mit Wahnsinn schlägt.

Verbreitung der Rebe durch die Römer

Nach dem Niedergang Griechenlands breitete sich der Weinkult rasch im Römischen Reich aus. Wein war Statussymbol, Währung, Medizin und mythisches Getränk zugleich, das zum Beispiel zur Besiegelung von Verträgen getrunken wurde. Der weiße Falerner war der berühmteste Wein der Antike. Seine Reben wuchsen nördlich von Neapel an Ulmen oder Maulbeerbäumen. Plinius berichtete, daß er mal süß, mal trocken, immer jedoch alkoholreich war. Zu jener Zeit experimentierte man bereits mit verschiedenen Erziehungsformen, mit verschiedenen Aufbewahrungsarten, und man begann, Rebsorten voneinander zu unterscheiden. Vergil schrieb, daß es so viele Sorten gäbe wie Sandkörner am Strand.

Von Rom aus gelangte das Wissen vom Weinbau nach Südfrankreich, an die Mosel, den Rhein und in bestimmte Teile Spaniens. Spanier und Franzosen sind sich allerdings sicher, daß einzelne Stämme schon vorher Weinbau betrieben haben.

Auch in Italien muß das berauschende Getränk schon in vorrömischen Zeiten bekannt gewesen sein – zumindest in Mittelitalien. Dort siedelten die Etrusker, und bei ihnen war Wein schon im 3. Jahrhundert v. Chr. ein Symbol für Wohlstand und ausschweifendes

Die Geschichte der Rebe

Leben. Ob die Etrusker Reben anbauten oder Wildreben zur Weinherstellung benutzten, ist nicht bekannt, wohl aber, daß sie Handel mit Wein trieben.

Mittelalter und Neuzeit

In den Jahrhunderten nach Christus hatte sich der Weinbau in Europa wie ein Flächenbrand ausgebreitet. Im Mittelalter leisteten die Mönche Pionierarbeit. Vor allem unter den lebensfrohen Benediktinern erreichte das Wissen um den Anbau der Rebe und die richtige Erzeugung des Weins ein hohes Niveau, später unter den sich abspaltenden, asketischen Zisterziensern. Von ihren Klöstern in Cluny und Cîteaux ging die Entwicklung des Burgund zum Weinanbaugebiet aus.

In der Renaissance waren es dann aufgeklärte Monarchen und wohlhabende Bürger, die den Weinbau vorantrieben, allen voran die italienischen Familien Antinori und Frescobaldi. Ihre größte Ausdehnung erreichte die europäische Rebfläche im 16. Jahrhundert. Sie war knapp viermal so groß wie heute, und der Weinkonsum muß bis zu 200 Liter pro Mensch und Jahr betragen haben. Danach war es allerdings vorbei mit der goldenen Weinära. Kriege und Krankheiten, auch die Abkühlung des Klimas sorgten dafür, daß sich der Weinbau auf jene wenigen Kerngebiete zurückzog, die mit den heutigen Weinanbaugebieten grob identisch sind.

Die Mehltau- und Reblauskatastrophe

Der größte Einschnitt in der jüngeren Geschichte des Weinbaus ist das Auftreten des Echten Mehltaus und der Reblaus gewesen. Der Mehltau trat erstmals 1847 in Frankreich auf und vernichtete ganze Ernten. Unvergessen ist der Jahrgang 1854, in dem in Frankreich nur ein Zehntel der normalen Menge geerntet wurde. Noch verheerender war das Werk der Reblaus. Sie fraß sich ab 1863 von Frankreich kommend durch die Weinberge Europas und vernichtete auf Jahrzehnte ganze Rebenbestände. Als um 1910 endlich ein Gegenmittel gefunden wurde, waren unzählige Rebsorten, wahrscheinlich auch hochwertige, für immer verschwunden. Das heutige Rebensortiment ist nur noch ein schwaches Abbild der damaligen Vielfalt. Die Schädlinge kamen über Rebpflanzen, die Händler aus Amerika mitbrachten, nach Europa.

Links: Welche Stellung die Weinrebe im botanischen System einnimmt, hat der schwedische Naturforscher Carl von Linné herausgefunden. Rechts: Attisches Weingefäß aus dem 4. Jahrhundert v. Chr.: Wein war schon in der Antike Bestandteil aller Hochkulturen. Mit Wein wurden Siege gefeiert, Verträge besiegelt, Feste begangen.

Die Weltrebengürtel

Kühle bevorzugt, Hitze unerwünscht

Der Weinbau konzentriert sich auf die gemäßigten Zonen der Erde. Sie liegen in Europa zwischen dem 40. und 50. Breitengrad, in Amerika und auf der südlichen Halbkugel zwischen dem 30. und 40. Breitengrad.

Trauben brauchen, um reif zu werden, zwar Wärme. Aber um feine Weine zu erzeugen, sind vor allem kühle Temperaturen nötig. Sie bremsen die Zuckerentwicklung in den Trauben und verhindern so, daß die Weine später zu alkoholisch und zu schwer werden. Außerdem sorgen sie dafür, daß in der Reifephase nicht zuviel Säure abgebaut wird. Säure ist eines der Elemente, die Weiß- und Rotweinen Eleganz verleihen.

Sonne, Wärme, Niederschlag
Deutsche Wissenschaftler gehen davon aus, daß ein Gebiet mindestens 1600 Sonnenstunden im Jahr aufweisen muß, damit Rebanbau möglich ist. Amerikanische Wissenschaftler sprechen von wenigstens 2500 Stunden im Jahr, an denen es mindestens 10° C warm sein muß. Unabdingbare Voraussetzungen sind das freilich nicht. So können steile Weinberge die Kraft der Sonne erheblich verstärken. In warmen Anbaugebieten kommt es hingegen weniger auf die Sonne als auf die Menge der Niederschläge an. Sie müssen im Jahresmittel mindestens 600 Millimeter betragen. Freilich ist auch das kein allgemeingültiges Kriterium. Es reichen nämlich auch 300 Millimeter Niederschlag, wenn dieser teils im Frühjahr während der Vegetationsperiode, teils im Sommer fällt, um die bis zu drei oder vier Monate währenden Trockenperioden zu unterbrechen.

Die Weltrebengürtel

Weinbau findet sowohl auf der nördlichen wie auf der südlichen Erdhalbkugel statt. Auf zwei schmalen Rebengürteln mit gemäßigt warmem Klima konzentriert sich fast die gesamte Weltrebenfläche.

Kühle und heiße Randlagen

Wein wird auch nördlich des Rebengürtels angebaut. Teile der Mosel und des Rheins liegen am 51. Breitengrad, ebenso die südenglischen Weinanbaugebiete in Cornwall. Umgekehrt befinden sich viele südeuropäische und auch die nordafrikanischen Anbaugebiete deutlich außerhalb des Rebengürtels: nämlich um den 36. Breitengrad. Von dort kommen vor allem schwere, alkoholreiche Weine (Sherry, Marsala, süßer Samos, „Zypern-Sherry") und rote Verschnittweine. In Teilen Südafrikas und Australiens werden portweinähnliche Likörweine hergestellt.

Verlagerung in kühle Zonen

In den letzten 20 Jahren hat sich der Weinbau weltweit in kühlere Zonen verlagert. Besonders spürbar ist diese Entwicklung in Australien, Südafrika und Chile, aber auch in Griechenland. In Kalifornien und Oregon ist diese Entwicklung schon lange im Gange. Vor allem für Weißweine werden gezielt Gegenden gesucht, die im Einflußbereich des kühlen pazifischen Klimas liegen.

Häufigste Rebsorten
(Anteil an der Weltrebfläche für *Vitis-Vinifera*-Reben in Prozent)

#	Sorte	Farbe	%
1.	Airén	weiß	5,47%
2.	Grenache	rot	4,34%
3.	Sultana	weiß	4,02%
4.	Ugni blanc	weiß	3,44%
5.	Carignan	rot	3,21%
6.	Rkatsiteli	weiß	3,21%
7.	Merlot	rot	1,66%
8.	País	rot	1,64%
9.	Cabernet Sauvignon	rot	1,61%
10.	Mourvèdre	rot	1,39%
11.	Muscat blanc	weiß	1,26%
12.	Bobal	rot	1,04%
13.	Muscat d'Alexandrie	weiß	1,03%
14.	Tempranillo	rot	0,98%
15.	Cinsaut	rot	0,92%
16.	Sémillon	weiß	0,86%
17.	Kadarka	rot	0,85%
18.	Malbec	rot	0,82%
19.	Chenin	weiß	0,80%
20.	Riesling	weiß	0,77%
21.	Aramon	rot	0,75%
22.	Welschriesling	weiß	0,74%
23.	Verdicchio	weiß	0,73%
24.	Palomino	weiß	0,69%
25.	Macabeo	weiß	0,68%
26.	Pedro Ximénez	weiß	0,65%
27.	Müller-Thurgau	weiß	0,57%
28.	Pamid	rot	0,54%
29.	Chasselas	weiß	0,52%
30.	Cereza	rot	0,51%
31.	Xarel-lo	weiß	0,49%
32.	Pinot Noir	rot	0,48%
33.	Grenache blanc	weiß	0,47%
34.	Colombard	weiß	0,46%
35.	Bonarda	rot	0,45%
36.	Gamay	rot	0,42%
37.	Grüner Veltliner	weiß	0,41%
38.	Syrah	rot	0,40%
39.	Cabernet franc	rot	0,39%
40.	Chardonnay	weiß	0,38%
41.	Alicante Bouschet	rot	0,37%
42.	Merseguera	weiß	0,36%
43.	Tinto Madrid	rot	0,35%
44.	Dimiat	weiß	0,34%
45.	Cardinal	rot	0,29%
46.	Pardina	weiß	0,28%
47.	Barbera	rot	0,28%
48.	Muscat d'Hambourg	weiß	0,27%
49.	Silvaner	weiß	0,26%
50.	Zalema	weiß	0,23%

Verteilung der Weltweinproduktion nach Kontinenten

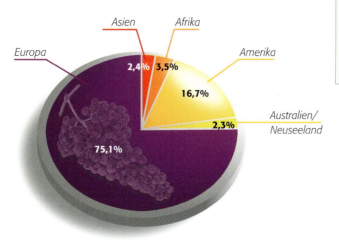

- Europa: 75,1%
- Asien: 2,4%
- Afrika: 3,5%
- Amerika: 16,7%
- Australien/Neuseeland: 2,3%

Die Morphologie der Rebe

Starker Zuckersammler

Die Weinrebe besitzt die Fähigkeit, ungewöhnlich große Mengen von Zucker zu bilden und in ihren Beeren anzusammeln. Dort wird der Zucker in Fructose und Glucose gespalten. Der Saft in den Beeren der Weinrebe enthält zwischen 15 und 25 Prozent dieser beiden Zuckerarten. Zum Vergleich: Kernobst wie Apfel und Birne enthält nur zwölf Prozent Zucker.

Die Weinrebe ist die am stärksten zuckersammelnde Obstpflanze der Welt. Zwischen 15 und 25 Prozent des Traubensaftes besteht aus vergärbarem Zucker. Dadurch eignet sich die Rebe mehr als andere Obstpflanzen zur Weinerzeugung.

Die Rebe ist eine der zähesten, genügsamsten und anpassungsfähigsten Pflanzen. Sie wächst ebenso auf kargen, nährstoffarmen Böden wie unter extremen Temperaturbedingungen. In kühlen, nördlichen Anbaugebieten wie der Champagne oder Teilen der Mosel und des Rheins haben die Reben Frosthärte entwickelt. Ihr Holz hält sogar winterlichen Temperaturen von unter minus 20°C stand. In den heißen Anbaugebieten Zentralspaniens überstehen die Reben dafür Trockenzeiten von 90 Tagen und mehr.

Ursachen der Anpassungsfähigkeit

Die Rebe ist ein starker Wurzelbildner. Die Wurzel verankert sie nicht nur fest im Boden, sondern ist auch ein Nahrungsspeicher. In trockenen Gegenden wie der spanischen Ribera del Duero dringen die Pfahlwurzeln sechs Meter tief in den Boden, um an Feuchtigkeit zu kommen. Auf diese Weise trägt die Rebe auch dort Früchte, wo andere Kulturpflanzen mangels Trockenheit eingehen.

Laub und Licht

Die Rebe trägt viel Laub. Über ihre Blätter kann sie so einen großen Teil der Energie beziehen, die sie zum Wachsen benötigt. Photosynthese heißt dieser Vorgang. Er findet nicht nur bei der Rebe, sondern in allen Pflanzen statt. Das Blattgrün (Chlorophyll) wandelt Kohlendioxid aus der Luft (zusammen mit Wasser) in Zucker um. Voraussetzung für die Photosynthese ist Licht. Um an Licht zu kommen, klettert die Rebe mit Hilfe ihrer Ranken in die Höhe. Außerdem ist es kein Zufall, daß sich viele Weinanbaugebiete in der Nähe von Seen oder Flüssen befinden. Die Wasseroberfläche reflektiert das Licht und verstärkt es. Ideale Bedingungen für die Photosynthese sind Temperaturen zwischen 25°C und 28°C und eine Lichtmenge von 20 000 Lux. Dann wird am meisten Zucker gebildet. Beeinträchtigt werden kann die Photosynthese jedoch durch starken Wasserstreß. Bei zu großer Trockenheit verschließt das Blatt seine Poren, so daß Wasser bei der Atmung nicht evaporieren, die Pflanze aber auch nicht atmen kann. Auf diese Weise wird auch kein Zucker gebildet. Einen leichten Wasserstreß hält die Weinrebe jedoch problemlos aus.

Schwächen der Rebe

Die größte Schwäche der Rebe ist ihre Anfälligkeit gegen Krankheiten und Schädlinge. Zumindest gilt das für die europäischen *Vitis-vinifera*-Edelreben. Echter und Falscher Mehltau, Schwarzfleckenkrankheit, Milben und Nematoden setzen ihr kräftig zu. Die ursprünglichen amerikanischen *Vitis*-Reben waren zum Beispiel sehr viel robuster. Die Krankheitsanfälligkeit nimmt mit starken Düngergaben und steigendenden Erträgen deutlich zu.

Die Morphologie der Rebe

1 Knospe, auch Auge genannt: Aus ihr entwickelt sich ein blatt- oder ein fruchttragender Trieb.

2 Blütenstand, auch Geschein genannt: Die Rebe ist eine zwitterblütige Pflanze. Jedes Geschein enthält männliche und weibliche Blüten zugleich. Gescheine sind umgewandelte Ranken. Aus ihnen sollen sich später die Trauben entwickeln.

3 Fruchtansatz: erstes Stadium der Beerenbildung nach der Blüte.

4 Grüne Traube, noch vom Chlorophyll geprägt: ein Zwischenstadium bei der Fruchtentwicklung.

5 Färbung, auch Véraison genannt: Übergang von der grünen zur blauen Färbung. Erfolgt meist im Juli, wenn ein bestimmter Zuckergehalt in der Beere überschritten ist.

6 Reife Traube: Endstadium des Reifeprozesses der Rebe.

7 Geiztriebe, auch Wasserschosse genannt: unerwünschte Triebe, die sich meist im alten Holz entwickeln, gelegentlich auch kleine Früchte tragen, die aber sauer bleiben und nicht geerntet werden dürfen. In der Regel werden im Sommer Geiztriebe entfernt.

8 Ranken: Kletterorgan der Rebe, genealogisch früher entwickelt als die Gescheine. Umklammern jeden Widerstand. Nach der Lese verholzen sie.

9 Blatt: Atmungsorgan der Rebe, das auch der Ernährung dient. Ist von Rebsorte zu Rebsorte unterschiedlich eingebuchtet und gezackt.

10 Rebstamm, auch altes Holz genannt: schwächster Teil der Rebe, wird durch das starke Wurzelwerk ausgeglichen.

11 Rebschenkel, auch zweijähriges Holz genannt: Dort entwickeln sich die Fruchtruten.

12 Fruchtruten, auch einjähriges Holz genannt: An ihnen entwickeln sich die Augen, aus denen Blätter und Trauben wachsen.

13 Tag- oder Tauwurzeln: dienen der Aufnahme von Oberflächen-Niederschlag. Werden beim Pflügen der Rebzeilen zerstört, wachsen aber schnell wieder nach.

14 Unterirdischer Stamm: verankert den Rebstock fest im Boden.

15 Fußwurzeln: dienen der Nährstoff- und Feuchtigkeitssuche. Speichern vor der Winterruhe noch große Mengen von Kohlenhydraten zur Ernährung.

TRAUBE UND BEERE

Woher der Geschmack kommt

Eine Beere besteht zu 90 Prozent aus Wasser. Die restlichen zehn Prozent bewirken, daß ein edles Getränk aus ihr wird.

Die Traube ist die Frucht der Weinrebe. Über sie ist wenig zu berichten. An ihrem Stielgerüst (auch Kamm oder Rappen genannt) sitzen im Herbst 80 bis 150 Beeren, entsprechend der Größe der Traube. Diese variiert von Sorte zu Sorte. Riesling und Pinot Noir haben sehr kleine, kompakte Trauben. Die Picolit-Traube aus dem italienischen Friaul, aus der teure Dessertweine erzeugt werden, bringt meist nur 50 kleine Beeren hervor, die auch noch locker und unregelmäßig an den Stielenden sitzen. Die Sorte neigt zum „Verrieseln": Nur ein kleiner Teil der Blüten wird befruchtet. Die weiße Ugni Blanc, aus der der Grundwein für die Cognac-Herstellung gewonnen wird, ist dagegen von wesentlich üppigerem Wuchs und trägt bis zu 150 Beeren.

Weinbereitung ohne Stiele

Der Weinbauer erntet Trauben, braucht aber nur deren Beeren. Rote Trauben werden, kaum daß die Trauben am Weingut angekommen sind, sofort entrappt. Das heißt: Die Beeren werden vom Stielgerüst getrennt. Das Stielgerüst selbst wird – von wenigen Ausnahmen abgesehen – zur Weinerzeugung nicht benötigt. Es enthält hart und unreif schmeckende Tannine. Weiße Trauben werden meist mit den Stielen abgepreßt, der ablaufende Most aber ohne sie vergoren.

Weißwein aus roten Beeren

Art und Qualität des Weins hängen von der Beschaffenheit der Beeren ab. Ihr Fruchtfleisch enthält den zuckerreichen Most, der vergoren wird. Der Saft hat übrigens eine graugrüne Farbe, gleich, ob es sich um weiße oder rote Beeren handelt. Rot wird ein Wein nur dadurch, daß die Schalen mitvergoren werden. Sie enthalten die Farbpigmente. Wer den Saft roter Beeren ohne die Schalen vergärt, erhält Weißwein (außer bei speziell gezüchteten Hybridreben wie der rotfleischigen Teinturier-Rebe). Das geschieht zum Beispiel in der Champagnerproduktion. Zwei der Trauben, aus denen dieser Schaumwein traditionell hergestellt wird (Pinot Noir, Pinot Meunier), tragen rote Beeren. Sie werden zu Weißwein verarbeitet.

Der Saft weißer Trauben ergibt weißen Most, der Saft roter Trauben ebenfalls. Deshalb kann aus roten Trauben Weißwein gekeltert werden. Rotwein entsteht nur, wenn die Schalen der roten Trauben mitvergoren werden.

Traube und Beere

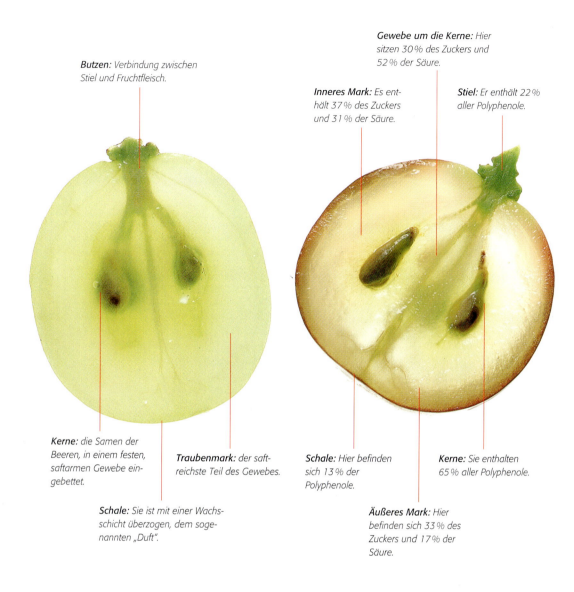

Butzen: Verbindung zwischen Stiel und Fruchtfleisch.

Gewebe um die Kerne: Hier sitzen 30 % des Zuckers und 52 % der Säure.

Inneres Mark: Es enthält 37 % des Zuckers und 31 % der Säure.

Stiel: Er enthält 22 % aller Polyphenole.

Kerne: die Samen der Beeren, in einem festen, saftarmen Gewebe eingebettet.

Traubenmark: der saftreichste Teil des Gewebes.

Schale: Hier befinden sich 13 % der Polyphenole.

Kerne: Sie enthalten 65 % aller Polyphenole.

Schale: Sie ist mit einer Wachsschicht überzogen, dem sogenannten „Duft".

Äußeres Mark: Hier befinden sich 33 % des Zuckers und 17 % der Säure.

Qualität steckt in der Schale

Wichtiger als die Größe der Trauben ist die Größe der Beeren. Weintrauben, die als Tafelobst dienen, haben dicke, runde Beeren, die bis zu 15 Gramm wiegen und viel Saft enthalten. So schmecken sie dem, der sie ißt, am besten. Einige Trauben, die für die Weinbereitung benutzt werden, haben ebenfalls relativ dicke Beeren. Entsprechend groß ist die Mostausbeute, wenn sie abgepreßt werden. Darüber freuen sich vor allem die Massenweinwinzer. Alle höherwertigen Rebsorten haben dagegen kleine Beeren, die nur ein bis zwei Gramm wiegen. Die Mostausbeute ist gering, die Inhaltsstoffe sind entsprechend konzentriert. Vor allem haben viele dieser Beeren eine dicke Schale. Sie enthält jene Stoffe, die die Qualität des Weins ausmachen – vom Zucker einmal abgesehen – die Phenole.

Auf die Phenole kommt es an

Die Schale enthält den größten Teil der Phenole. Phenole umfassen die Farbpigmente, die Tannine und einen Teil der Geschmacksstoffe. Deshalb lautet der Sammelbegriff Polyphenole. Polyphenole sind Sauerstoff-Wasserstoff-Moleküle, die polymerisieren und immer neue Verbindungen eingehen. Im Saft einer Weinbeere finden sich unzählige Phenolverbindungen. Grundsätzlich weisen rote Beeren einen größeren Anteil an Phenolen auf als weiße. Besonders Rotweinwinzer bemühen sich, Trauben mit möglichst hohem Phenolgehalt zu erzeugen, um farb- und geschmacksintensive, gerbstoffreiche Weine zu erhalten. Der größte Anteil an Phenolen befindet sich in den Traubenkernen. Deren Phenole sind jedoch wenig erwünscht. Die für den Rotwein feinsten Phenole sitzen in der Schale der Beere.

Die Anthocyane

Die blauen Farbpigmente der Beere werden Anthocyane genannt. Sie sitzen fast ausschließlich in der Schale und sind vor allem in Alkohol, etwas schwerer auch in Wasser löslich. Deshalb genügt es, daß Rotweinmost vor der Gärung, wenn der Zucker noch nicht in Alkohol transformiert worden ist, einige Stunden Kontakt mit den Schalen hat, um die hellrote Tönung für Roséweine hervorzurufen. Die Schale weißer Beeren enthält keine Anthocyane, dafür Flavone, die gelbe Pigmente enthalten. Weißweine, die ein paar Stunden Schalenkontakt gehabt haben, tendieren daher farblich ins Zitronen- oder Goldgelb.

Die Tannine

Tannin (oder Gerbstoff) ist eine geruchlose phenolische Verbindung, die leicht bitter schmeckt und die Zunge zusammenzieht (adstringierender Geschmack). Es sitzt in der Schale, aber auch in den Traubenkernen und in den Kämmen. In Weißweinen ist Tannin unerwünscht und nur in unbedeutenden Mengen enthalten. In Rotweinen ist Tannin dagegen ein erwünschtes Element, weil es dem Wein Komplexität gibt und ihn altersbeständig macht. Es bindet den Sauerstoff, der in die Flasche dringt, so daß dieser den Wein nicht so schnell verderben kann.

Die Geschmacksstoffe

Es gibt flüchtige und nichtflüchtige Geschmacksstoffe. Zu den flüchtigen, also duftenden, gehören zum Beispiel Methoxypyrazin, das für den krautigpfeffrigen Duft des Cabernet Sauvignon verantwortlich ist, Nerol für den blumig-muskatartigen Duft des Riesling, Megastigmatrienon für den Tabak- und Ledergeschmack eines Brunello di Montalcino. Die nichtflüchtigen geben dem Wein seinen Geschmack. Einige dieser Geschmacksstoffe sind zum Beispiel an Zuckermoleküle gebunden und entwickeln sich erst mit zunehmender Alterung des Weins.

Warme Tage, kühle Nächte

Die Franzosen sagen: Große Weine wachsen an großen Flüssen. In Wirklichkeit brauchen große Weine mehr als nahes Wasser: warme Hänge, trockene Böden und viel Licht.

Die Rebe braucht vor allem Wärme und Licht. Licht fördert die Assimilation der Blätter, Wärme beschleunigt den Vegetationszyklus und damit die Traubenreife. Die optimale Temperatur für das Wachstum der Rebe liegt, so haben Wissenschaftler der Forschungsanstalt Geisenheim ermittelt, zwischen 25° und 28°C. Diese Voraussetzungen erfüllen die meisten Anbaugebiete nur wenige Wochen im Jahr. Deshalb sind große Weine rar. Sie wachsen nur in wenigen, begünstigten Landstrichen oder in kleinen ökologischen Nischen. Oft entscheidet die Landschaftsgestalt darüber, inwieweit diese Voraussetzungen erfüllt werden. Dabei können winzige Details ausschlaggebend sein, ob ein guter oder ein großer Wein entstehen kann.

Die Höhenlage

Die Höhe der Weinberge beeinflußt maßgeblich die Temperatur im Weinberg. Mit zunehmender Höhe sinken die Temperaturen. Konkret: Pro 100 Meter Höhenunterschied nehmen sie um 0,6°C ab. In heißen Anbauzonen wie dem libanesischen Bekaa-Tal stehen die Reben deshalb auf 1000 Meter Höhe. Die höchsten Weinberge der spanischen Ribera del Duero ziehen sich bis auf 800 Meter hin. Einige der besten Weine Siziliens wachsen in 600 Meter Höhe. Auch in Australien, Südafrika, Chile und Kalifornien zieht sich der Weinbau zunehmend in hohe, kühlere Lagen zurück. Im Gegensatz dazu kommt es in

Thermik einer Weinberglandschaft:

Gelb: Die Sonne fällt am Steilhang fast im 90-Grad-Winkel ein: optimale Wärmeausnutzung.
Blau: Von der Hochebene fällt nachts kühle Luft ins Flußtal ab. Das Fließgewässer trägt die kühle Luft fort.
Rot: Wasser kühlt langsamer ab als Luft. Im Herbst profitieren die Reben von der Strahlungswärme des Flusses.

vielen europäischen Anbaugebieten mit kühlem, kontinentalen Klima eher darauf an, jedes Grad Wärme auszunutzen. Dort befinden sich die Weinberge zwischen 50 und 450 Meter über dem Meeresspiegel.

Die Hanglage

Der Hang ist die ideale Weinberglage. Die Böden sind in der Regel flachgründig und karg. Die Sonne hat einen günstigen Einfallswinkel. Außerdem herrscht am Hang eine Thermik, die eine kontinuierliche Wärmezufuhr garantiert. Die kalten Luftströmungen fallen nachts von der Hanghöhe hinab ins Tal, wo sie tagsüber wieder erwärmt werden. Die sich morgens erwärmende Talluft klettert dann die Hänge hinauf. Dieser Kreislauf ist vor allem für Weißweine wichtig. Der Riesling im Elsaß, an Mosel und Rhein sowie in der Wachau braucht den Wechsel zwischen Wärme tagsüber und nächtlicher Kühle, um möglichst wenig Säure zu verlieren. In kühlen Anbauzonen kann von den Kaltluftströmungen aber auch Gefahr ausgehen. Nicht nur in Deutschland, Österreich und im Elsaß, sondern auch in der Champagne und teilweise im Burgund werden die Kuppen der Hügel mit Wald bepflanzt, um den Zustrom kalter Luft zu bremsen und ein allzu starkes Absinken der Mostgewichte zu verhindern.

Die Sonneneinstrahlung

Die Hanglage bietet noch andere Vorteile – zumindest in den gemäßigten Zonen. Die Sonneneinstrahlung ist dort wesentlich größer als in Flachlagen, und jede Kalorie Wärme mehr kann von entscheidender Bedeutung sein. Die maximale Wärmeabgabe erfolgt bei einem Einstrahlwinkel von 90°. Dieser Wert wird jedoch nur in wenigen Steillagen erreicht. Je mehr sich die Neigung des Hangs diesem Wert nähert, desto mehr Sonne erhält er. Die Sonne erwärmt den Boden, und die Bodenwärme strahlt auf die Trauben ab – zumindest auf steinigen Böden.

Die Gewässernähe

Die Nähe zu Flüssen, Seen oder Meeren ist für Reben vor allem deshalb wichtig, weil die Wasseroberfläche das Licht reflektiert. Licht ist für die Photosynthese und damit für die Assimilation der Blätter immens wichtig. Bei 20 000 Lux erreicht sie ihren besten Wirkungsgrad. Diese Lichtmenge ist auch bei leichter Bewölkung vorhanden. Bei starker Bewölkung bleibt sie mehr oder minder deutlich unter diesem Wert. In Anbaugebieten mit kühlem atlantischen oder kontinentalen Klima ist die lichtbündelnde Wirkung der Gewässer daher von großer Bedeutung – auch dann, wenn die Distanz zwischen Gewässer und Weinberg mehrere Kilometer beträgt. Liegen Weinberg und Gewässer unmittelbar nebeneinander, hat das Gewässer außerdem eine wärmespeichernde Wirkung – zumindest während der warmen Jahreszeit. Das heißt: Das Wasser strahlt abends und nachts, wenn die Luft abkühlt, Wärme direkt in die Weinberge ab. Dafür besteht im Winter, wenn das Wasser kühler ist als die Luft, in Flußnähe oft Frostgefahr.

Die Morphologie der Weinberge

Flachlage (0 bis 20% Steigung)

schwache Hanglage (21 bis 30% Steigung)

mittlere Hanglage (31 bis 40% Steigung)

starke Hanglage (41 bis 50% Steigung)

Steillage (51% und mehr Steigung)

Je steiler der Hang, desto besser die Wärmeausnutzung.

Die Klimatypen

Nördliches Klima
In nordeuropäischen Anbaugebieten herrschendes, kühles Klima mit atlantischen Einflüssen und häufig nicht mehr als 1300 Sonnenstunden im Jahr. Die Sommer sind kurz und warm, die Winter kalt und ziehen sich, wie in der Champagne und in Deutschland, bis weit ins Frühjahr hinein.

Kontinentales Klima
Vor allem im mitteleuropäischen Binnenland anzutreffendes Klima, das durch große Unterschiede zwischen Jahreshöchst- und Jahrestiefsttemperaturen charakterisiert ist.

Maritimes Klima
Gleichmäßig warmes Klima mit geringen Schwankungen zwischen Sommer und Winter. Vor allem in meernahen Weinanbaugebieten und in vielen Weinländern auf der südlichen Erdhalbkugel anzutreffen.

Mediterranes Klima
Im ganzen Mittelmeerraum vorherrschendes Klima mit warmen, trockenen Sommern und kühlen, feuchten Wintern. Ideales Weinbauklima.

Trockenklima
Sehr warmes Klima mit ganz geringen Niederschlägen. Ohne regelmäßige Beregnung ist kein Weinbau möglich. Typisch für Teile Südaustraliens, Südafrikas, Chiles und das kalifornische Central Valley.

Durchschnittliche Sonnenscheindauer zwischen April und September (in Stunden)

Jerez (Spanien)	1930
Alicante (Spanien)	1847
Oran (Algerien)	1784
Patras (Griechenland)	1778
Montpellier (Frankreich)	1771
Florenz (Italien)	1697
Mendoza (Argentinien)	1688
Palermo (Italien)	1619
Perpignan (Frankreich)	1619
Adelaide (Australien)	1544
Dijon (Frankreich)	1433
Bordeaux (Frankreich)	1252
Reims (Frankreich)	1226

DER BODEN

Grund für Spitzenqualität

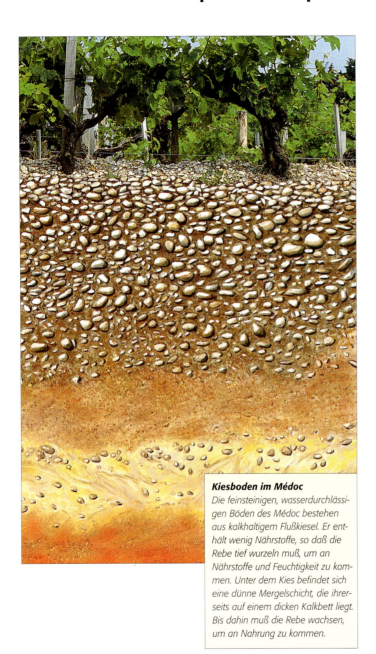

Kiesboden im Médoc
Die feinsteinigen, wasserdurchlässigen Böden des Médoc bestehen aus kalkhaltigem Flußkiesel. Er enthält wenig Nährstoffe, so daß die Rebe tief wurzeln muß, um an Nährstoffe und Feuchtigkeit zu kommen. Unter dem Kies befindet sich eine dünne Mergelschicht, die ihrerseits auf einem dicken Kalkbett liegt. Bis dahin muß die Rebe wachsen, um an Nahrung zu kommen.

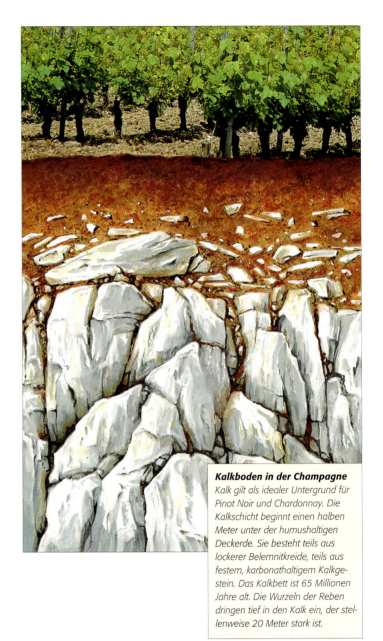

Kalkboden in der Champagne
Kalk gilt als idealer Untergrund für Pinot Noir und Chardonnay. Die Kalkschicht beginnt einen halben Meter unter der humushaltigen Deckerde. Sie besteht teils aus lockerer Belemnitkreide, teils aus festem, karbonathaltigem Kalkgestein. Das Kalkbett ist 65 Millionen Jahre alt. Die Wurzeln der Reben dringen tief in den Kalk ein, der stellenweise 20 Meter stark ist.

Der Boden prägt den Charakter des Weins, sagen die Franzosen. Doch welcher Boden den besten Wein ergibt, hat noch kein Wissenschaftler der Erde herausgefunden. Ein Privileg des besten Bodens gibt es nicht.

Der Grund, auf dem die Rebe wächst, ist von großer Bedeutung für Art und Qualität des späteren Weins. Was aber genau die Eignung eines Bodens ausmacht, darüber sind sich Wissenschaftler und Praktiker uneins. Franzosen und Deutsche gehen davon aus, daß die Zusammensetzung des Bodens, insbesondere die mineralische Zusammensetzung, den Stil und Charakter eines Weins prägen: ob er auf Löß oder Granit, Buntsandstein oder Kalk gewachsen ist. Amerikaner und Australier neigen eher zu der Ansicht, daß Aufbau und Struktur des Bodens, weniger seine mineralische und organische Zusammensetzung, Charakter und Qualität des Weins ausmachen.

Prägt der Boden den Weingeschmack?

Für die europäische Auffassung sprechen viele Gründe. Die besten Pinot Noir der Welt gedeihen auf Kalkböden der Côte d'Or im Burgund. Die Weine von Pouilly verdanken ihre Eigenart den mit Silex (Feuerstein) durchmischten Kalkböden an den Hängen der Loire. Einige Grands Crus aus dem Elsaß erhalten ihr charakteristisches mineralisches Bouquet nur auf den Gneis-Verwitterungsböden am Fuße der Vogesen. Den deutschen Rieslingen von der Mittelmosel, wo der blaue Devon-Schiefer vorherrscht, wird sogar ein typisches Schiefer-Bouquet nachgesagt.

Qualität kennt viele Böden

Die Winzer der Neuen Welt haben freilich auch nicht unrecht. Riesling, Sauvignon Blanc und Pinot Noir wachsen auf ganz anderen Böden und ergeben dort gute bis sehr gute, charaktervolle Weine. Ganz zu schweigen von Cabernet Sauvignon und Chardonnay: Nicht nur einmal haben kalifornische Weine aus

Der Boden

Schieferboden an der Mosel
Die besten Weinhänge der Mittelmosel bestehen aus Schiefer. Der Schiefer stammt aus dem Paläozoikum und ist im Laufe von Jahrmillionen verwittert. Er erwärmt sich schnell und strahlt die Wärme in der Nacht wieder ab. Hochklassige Rieslinge, die auf diesen Böden wachsen, zeigen deutlich mineralische Nuancen im Bouquet – „Schiefernoten" sagen die Moselwinzer.

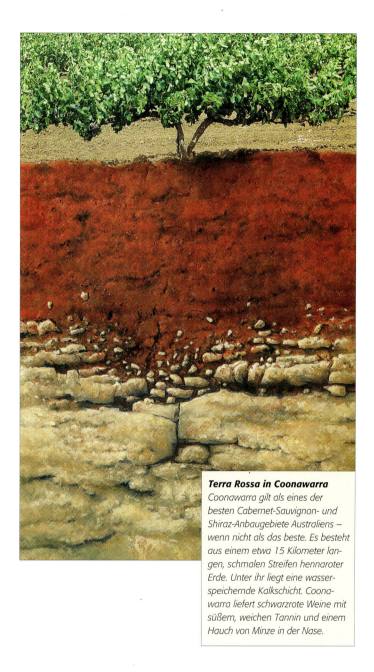

Terra Rossa in Coonawarra
Coonawarra gilt als eines der besten Cabernet-Sauvignon- und Shiraz-Anbaugebiete Australiens – wenn nicht als das beste. Es besteht aus einem etwa 15 Kilometer langen, schmalen Streifen hennaroter Erde. Unter ihr liegt eine wasserspeichernde Kalkschicht. Coonawarra liefert schwarzrote Weine mit süßem, weichen Tannin und einem Hauch von Minze in der Nase.

diesen Sorten die französischen Pendants in Blinddegustationen geschlagen oder waren ihnen zum Verwechseln ähnlich, obgleich die Böden im Napa Valley völlig verschieden, geradezu konträr zu denen des Médoc beziehungsweise der Côte de Beaune sind: Sie sind sauer, während jene stark kalkhaltig sind.

Viele Böden sind gut, einige besser

Tatsächlich schließen sich beide Auffassungen nicht aus. Um überhaupt Qualitätsweinbau zu betreiben, müssen bestimmte Voraussetzungen vorhanden sein: leichte, warme, trockene Böden mit einer nicht zu großen, aber auch nicht zu geringen Menge an organischen Stoffen, um ein gesundes vegetatives Wachstum zu ermöglichen. Zusätzlich kann ein bestimmter Bodentyp mit einer besonderen mineralischen Zusammensetzung für eine Rebsorte förderlich beziehungsweise für die Finesse eines bestimmten Weines verantwortlich sein: zum Beispiel Feuerstein an der Loire, Urgestein in der Wachau, Schiefer an der Mosel.

„Terroir" ist mehr als Boden

Die Qualitätsphilosophie der Europäer wurde von den Franzosen entwickelt und wird mit dem Begriff „terroir" beschrieben. „Terroir" ist mehr als Boden. Bruno Prats, Eigner von Château Cos d'Estournel in St-Estèphe, hat die Qualitätsphilosophie einmal so formuliert: „Eine unendliche Anzahl von Faktoren beeinflußt den Wein: Tag- und Nachttemperaturen, Verteilung der Niederschläge auf das Jahr, Anzahl der Sonnenstunden, Tiefgründigkeit des Bodens, sein pH-Wert, sein Wasserrückhaltevermögen, seine mineralische Zusammensetzung, die Oberflächengestalt der Landschaft, die Sonnenausrichtung – um nur einige dieser Faktoren zu nennen. Das Wirkungsgefüge all dieser Faktoren zusammen nennen wir in Frankreich 'terroir'."

Von der Arbeit im Weinberg

Der Weinberg ist die Keimzelle der Qualität. Nachdem es in den 70er und 80er Jahren dieses Jahrhunderts vielen Weingutbesitzern gefiel, in schicke Keller und moderne Kellertechnologie zu investieren, besinnen sie sich inzwischen wieder verstärkt auf die Wurzeln der Qualität: die Bearbeitung des Weinbergs. Dabei – und nicht bei der Kellerarbeit – entscheidet sich, ob das Qualitätspotential, das im Boden steckt, ausgeschöpft wird oder nicht. Bei der Bodenpflege und der Rebenerziehung, beim Rebschnitt und bei der Schädlingsbekämpfung werden die Voraussetzungen dafür gelegt, daß aus mittelmäßigen Weinen gute Weine, aus guten sehr gute und aus sehr guten große Weine werden können. Die Lese ist dann der Höhepunkt des Weinjahres. Da entscheidet sich, ob es gelingt, die mühsam der Natur abgetrotzten Qualitäten unbeschadet in den Keller zu bringen. Je besser der Wein ist, desto weniger läßt sich die Weinbergarbeit mechanisieren. Der Schweiß auf der Stirn des Weinbauern, der die Lesebütten wegschleppt, und der dampfende Leib des Pferdes, das vor dem Pflug geht (hier: Château Magdelaine, St-Emilion) – sie sind es, die den Preis des Weins ausmachen.

DIE BESTOCKUNG

Triumph der Intensivkulturen

Im modernen Weinberg herrscht Ordnung. Die Rebzeilen sind wie mit dem Kamm gezogen, die Menge der Blätter ist genau kalkuliert. Doch nicht alles, was modern aussieht, dient ausschließlich der Qualität. Ein Weinberg muß auch so angelegt sein, daß er kostengünstig bearbeitet werden kann. Sonst wird der Wein unbezahlbar.

Weinberge werden heute überall auf der Welt als Monokulturen angelegt. Rebe steht neben Rebe, andere Kulturpflanzen werden im Weinberg nicht geduldet. Solch ein Intensiv-Weinbau ist nicht unproblematisch. Er ist extrem krankheits- und schädlingsanfällig und verlangt einen umfassenden Pflanzenschutz. Es gibt ihn auch noch nicht sehr lange. Im Médoc standen bis ins 19. Jahrhundert hinein Getreidefelder neben Rebanlagen. An Rhône, Rhein und Etsch wuchsen Obstbäume zwischen den Rebzeilen. In der Steiermark und im Friaul liefen Hühner und Ziegen unter den Reben. In Mittelitalien, insbesondere in der Toskana, herrschten bis 1960 noch gemischte Rebkulturen vor: Zwischen den Rebzeilen wurde Hafer oder Weizen ausgesät, nach je fünf Rebstöcken ein Olivenbaum gepflanzt. Teilweise rankten sich die Reben an Maulbeerbäumen oder Ulmen empor.

Der moderne Weinberg

Seit die Arbeit knapp und teuer geworden ist, sind die Mischkulturen aus dem Bild der Weinanbaugebiete verschwunden. Die neuen Rebkulturen wurden maschinengerecht angelegt. Der Abstand der Rebzeilen entspricht der Spurweite des Traktors. Die Rebzeilen selbst verlaufen meist senkrecht zum Hang, damit die Wärme von unten nach oben steigen kann, oder quer zur Hauptwindrichtung, damit der Wind die gestaute Wärme nicht herausbläst. Die Anzahl der Drähte, an denen sich die Rebe hochranken soll, ist auf die gewünschte Größe der Laubwand zugeschnitten. Aus der Größe der Laubwand errechnet sich die maximale Anzahl der Trauben. Wie tief die Trauben schließlich hängen, ist ebenfalls genau vorausberechnet: so tief, daß das Laub keinen Schatten auf sie werfen kann, so hoch, daß die Bodenfeuchtigkeit nicht zu Schimmelbildung führt. Auch das Erziehungssystem, die Düngergaben, die Auswahl der Klone einer Sorte – alles ist mathematisch genau auf die quantitativen und qualitativen Vorgaben abgestimmt.

Die Bestockungsdichte

Die vielleicht wichtigste Frage eines qualitätsorientierten Weinbaus ist, wieviel Rebstöcke pro Hektar gepflanzt werden sollen. Wissenschaftler sind sich nämlich einig, daß die Qualität des Weins nicht primär von einem niedrigen Traubenertrag pro Hektar Weinberg, sondern von einem niedrigen Ertrag pro Rebstock abhängt. In den Grand-Cru-Lagen Bordeaux', Burgunds und der Champagne tragen die Rebstöcke kaum mehr als ein halbes Kilo Fruchtgewicht. Das entspricht einer einzigen kleinen Traube. Der Minderertrag pro Stock wird durch eine entsprechend große Zahl von Rebstöcken kompensiert. Auf einem Hektar stehen dort oft 10 000 Rebstöcke, bisweilen auch mehr. Die Bearbeitung eines solchen Weinbergs ist aufwendig. Für herkömmliche Trakto-

1100 Reben pro Hektar
Viele spanische Weinberge sind noch im traditionellen Weitstand angelegt – wie hier in Zamora. Der Abstand von Rebe zu Rebe beträgt 2,50 Meter, die Breite des Zwischenraums zwischen den Rebzeilen 3,50 Meter. Das bedeutet: wenige Reben pro Hektar Land, aber jede Rebe trägt viele Trauben. Das mag gut für Tafel- und Landweine sein, Spitzenweine werden dagegen kaum aus solchen Weinbergen im Weitstand kommen.

Die Bestockung

3500 Reben pro Hektar
Die Weinberge in zahlreichen Qualitätswein-Anbaugebieten der Welt (hier: Alexander Valley, Kalifornien) sind so angelegt, daß sie mit herkömmlichen Maschinen bearbeitbar sind. Die Anzahl der Rebstöcke schwankt zwischen 2300 und 3500. Das heißt: Die Reben stehen in einem Abstand von 1,50 Meter, die Wegbreite beträgt 1,90 Meter. In solchen Weinbergen werden gute bis sehr gute Weine erzeugt.

ren sind die Rebzeilen zu eng. Ein großer Teil der Arbeit muß per Hand erfolgen. Die höheren Kosten werden allerdings durch bessere Qualität und höhere Preise wettgemacht.

Nicht nur in Frankreich, sondern auch in einigen hochklassigen Weinanbaugebieten anderer Länder werden neue Weinberge heute wieder dichter bepflanzt als in der Vergangenheit. In den wärmeren Zonen des Mittelmeers geht man auf 4500 bis 6000 Stöcke, um qualitativ bessere Trauben zu bekommen. Einige alte Weinberge an Mosel und Saar, die aus der Zeit vor der Mechanisierung stammen, sind noch mit 8000 oder 12000 Rebstöcken pro Hektar bepflanzt. Denn Dichtstand hat Tradition. Im letzten Jahrhundert, als die Weinberge noch mit Pferden oder Maultieren bearbeitet wurden, standen oftmals 20000 Reben auf einem Hektar. In der Antike pflanzten die Römer sogar bis zu 35000 Stöcke.

10 000 Reben pro Hektar
Typischer Dichtstand-Weinberg in der Champagne. Der Abstand der Reben voneinander beträgt nur einen Meter, die Breite der Wege zwischen den Zeilen ebenfalls nur einen Meter. Entsprechend groß ist die Nahrungskonkurrenz. Sie zwingt die Reben, tief zu wurzeln und ihre Trauben dicht am Stamm zu bilden, damit die Transportwege für die Nahrung kurz bleiben. Für die Bearbeitung solcher Weinberge haben die Franzosen eigens schmale, hochrädrige Traktoren („enjambeurs") entwickelt.

Die Reben-Erziehungssysteme

Wachstum nach Vorschrift

Gobelet-System: ältestes Reben-Erziehungssystem, nur im Qualitätsweinbau verbreitet.

Guyot-System: klassische Drahtrahmenerziehung, die das Wachstum der Rebe begrenzt.

Reben sind Kletterpflanzen. Sie brauchen zum Wachsen Kletterhilfen: Stützpfähle, gespannte Drähte, Holzgestelle. Die Art, wie diese Kletterhilfen konstruiert sind, entscheidet darüber, ob die Rebe viele oder wenige Trauben trägt.

Es gibt Dutzende Rebenerziehungssysteme. Die Art, wie sie konzipiert sind, hängt von den Klimaverhältnissen, von der Bodenbeschaffenheit und davon ab, ob die Reben von Hand oder mechanisch bearbeitet werden sollen. Auch hat fast jedes Weinanbaugebiet seine eigenen Traditionen, was die Rebenerziehung angeht. Genaugenommen sind die meisten Erziehungssysteme nur Varianten von drei Grundtypen der Rebenerziehung.

Gobelet-System

Das älteste, noch immer praktizierte System zur Erziehung von Reben: wahrscheinlich in der Antike von den Griechen erfunden, später von den Römern übernommen und noch heute im Mittelmeerraum weit verbreitet. Man findet es in ganz Südfrankreich, an der Rhône, bis ins Beaujolais hinein, dazu in Spanien und teilweise in Süditalien (Apulien und Sizilien). Der Rebstamm wird sehr kurz gehalten. Er mißt 30 bis 65 Zentimeter. Die Rebe wird so geschnitten, daß nur drei nach oben wachsende Schenkel bleiben. Im Herbst biegen sie sich unter dem Gewicht der Trauben nach unten wie die Rippen eines aufgespannten Regenschirms.

Andere Bezeichnungen: Goblet, Bäumchen, alberello, en vaso, bush vines.

Stützen: einzelstehende Pfähle oder ohne Stützen.

Anschnitt: kurz, nur wenige Augen werden stehengelassen.

Bewertung: geringe Erträge, daher für den Massenweinbau nicht geeignet, im Qualitätsweinbau der warmen Regionen wieder im Kommen.

Guyot-System

Das im europäischen Qualitätsweinbau am häufigsten praktizierte Erziehungssystem. Es wird in Bordeaux sowie in großen Teilen Burgunds, der Côte Rôtie, der Loire, des Elsaß, aber auch in den wichtigsten Weinbaugebieten Italiens (Toskana, Piemont), Spaniens und teilweise in Deutschland und Österreich angewendet. Dabei ranken sich die Reben an Drähten empor. Zunächst wird beim winterlichen Rebschnitt eine Fruchtrute stehengelassen (die dem Stamm am zweitnächsten befindliche), auf sechs bis fünfzehn Augen angeschnitten, gebogen und am untersten Draht festgebunden. Sie soll die Trauben tragen. Die dem Stamm am nächsten wachsende Fruchtrute wird auf zwei Augen angeschnitten. Sie trägt im darauffolgenden Jahr die Früchte. Der Stamm kann nur 30 Zentimeter, aber auch 80 Zentimeter hoch sein.

Stützen: Drahtrahmen.

Anschnitt: auf sechs bis 15 Augen.

Bewertung: je nach Anschnitt geringe bis mittlere Erträge möglich. Werden zwei Fruchtruten stehengelassen, sind auch hohe Erträge möglich.

Die Reben-Erziehungssysteme

Cordon-Erziehung: rationelle, auch für maschinelle Rebenpflege geeignete Erziehung.

Cordon-Erziehung

Die Cordon-Erziehung ist das weltweit verbreitetste Rebenerziehungssystem. Es hat den Vorteil, daß der Rebschnitt und das Aufbinden der Rebschenkel relativ leicht sind und keine großen handwerklichen Fähigkeiten erfordern – bei zunehmender Verknappung von erfahrenen Weinbergarbeitern ein wichtiger Gesichtspunkt. Zudem können Reben im Cordon-System leicht mechanisch beschnitten und später auch mechanisch geerntet werden. Bei der Cordon-Erziehung werden ein oder zwei Rebschenkel permanent stehengelassen und an den Draht gebunden. Die Cordon-Erziehung ist in Nord- und Südamerika, in Südafrika, Australien und Neuseeland weit verbreitet. Aber auch in Europa, vor allem in einigen Weindörfern Burgunds (Chassagne-Montrachet), werden die Reben nach diesem System erzogen.
Stützen: Drahtrahmen.
Anschnitt: auf zwei bis fünf Augen, je nach erwünschten Traubenerträgen.
Bewertung: Erziehungssystem, das auch in der Massenproduktion praktiziert wird.

Andere Reben-Erziehungssysteme:

Lyra: Junges, erfolgreiches, in Bordeaux entwickeltes System in der Form eines Y. Vorteile: doppelte Laubwand, die Trauben erhalten mehr Sonne.

Pergola: Altes Erziehungssystem, bei dem sich die Reben an laubenartigen Holzgestellen ranken. Vor allem in einigen Alpentälern (Südtirol, Trentino, Valpolicella) verbreitet. Nachteil: zuviele Trauben pro Rebe.

Bogenerziehung: Vor allem in Deutschland weit verbreitetes Erziehungssystem, das es als Flachbogen, Halbbogen und Pendelbogen gibt. Vorteil: leicht zu bearbeiten, allerdings kann das Holz beim Aufbinden leicht brechen.

Ganzbogenerziehung: Traditionelle Pfahlerziehung, die an Mosel, Saar und Ruwer weit verbreitet ist. Vorteile: die Trauben hängen dicht am Boden, bekommen viel Wärme und Sonne.

Die Bodenbearbeitung

Der Hochleistungsweinberg

Rebveredelung

Neue Weinberge werden heute mit veredelten Reben bestockt. Sie bestehen aus einer Unterlagsrebe und einem darauf gepfropften Edelreis. Das Edelreis enthält die genetischen Anlagen der Rebsorte, die Unterlagsrebe die Anlagen für das Wurzelwerk. Diese sollten genau auf die Bodenbeschaffenheit abgestimmt sein. Die Unterlagsrebe selbst kann von einer beliebigen anderen Rebsorte stammen. Sie muß nur reblausresistent und virenfrei sein. Mit Maschinen wird ein Schnittprofil ausgestanzt, so daß die beiden Teile nahtlos zusammengefügt werden können. Diese Arbeit übernehmen meist die Rebschulen. Als Schutz vor Infektionen wird die Schnittstelle mit Paraffin überzogen. Im Frühjahr, wenn die Rebe austreibt, durchbricht das Blatt die Paraffinschicht. Spitzenweingüter, die ihr hochwertiges genetisches Rebenpotential erhalten

wollen, entnehmen die Edelreise den eigenen Rebgärten und pfropfen sie auf ausgewählte Unterlagen (unten: Romanée Conti). In Kalifornien werden zum Beispiel viele Cabernet-Sauvignon-Reben per Umpfropfen durch Merlot ersetzt, im Chianti

viele Weißweinreben durch rote Sangiovese-Reben. Drei Jahre nach dem Umpfropfen können die Reben zum ersten Mal abgeerntet werden.

Bordelaiser Brühe statt synthetischer Chemie: Seit hundert Jahren wird die Rebe mit einer Kupfersulfat-Lösung gegen Pilzbefall gestärkt.

Der moderne Weinberg ist eine Intensivkultur. Ohne regulierende Eingriffe von außen ist das biologische und ökologische System nicht im Gleichgewicht zu halten. Das wichtigste Eingriffsgebiet ist der Boden.

Im Frühjahr oder im Sommer wird der Boden zwischen den Rebzeilen rigolt (gepflügt). Diese Maßnahme dient dazu, den Boden zu belüften und das Unkraut unterzumulchen. Vor allem in der trockenen Jahreszeit stehen wilde Gräser in ernster Wasserkonkurrenz zu den Reben. Sie absorbieren die Oberflächenfeuchtigkeit. Das Untermulchen geschieht mit Hilfe eines Grubbers oder einer Pflugschar. Früher wurden sie von Pferden, Maultieren oder Ochsen gezogen, heute von Traktoren. Lediglich in sehr steilen Lagen, etwa an der Mosel oder der Côte Rôtie, werden die Hänge mit Seilzuganlagen bearbeitet. Teilweise wird der Boden noch mit der Hacke gelüftet.

Mulchen

Beim Umpflügen des Bodens werden die Tag- und Tauwurzeln der Reben zerstört. Dadurch wird der Rebpflanze aber kein Schaden zugefügt. Es führt zu einem verstärkten Wachstum der Fußwurzel. Ein anderer Vorteil ist, daß die Rebe in einem regnerischen Herbst mangels Oberflächenwurzeln weniger Feuchtigkeit aufnehmen kann. In der Reifephase würden die Beeren dann anschwellen und verwässern. Das Mulchen ist zugleich eine Art Gründüngung und dient somit der Humusbildung. In Massenwein-Anbaugebieten wird allerdings auf ein Mulchen verzichtet. Die Weinbauern verwenden chemische Unkrautvernichtungsmittel (Herbizide).

Ausgleichsdüngung

Die Rebe entnimmt, wie jede andere Pflanze, dem Boden Nährstoffe. Diese Nährstoffe müssen dem Boden wiedergegeben werden. In gewissen Abständen ist deshalb eine Düngung notwendig. Einige Weinbauern bringen – je nach Bodenbeschaffenheit – jährlich oder etwa alle drei Jahre Stallmist, Gründung, gehäckseltes Rebholz oder Stroh im Weinberg aus. Andere verwenden Kompost aus der städtischen Abfallwirtschaft. Die Anwendung von mineralischem Dünger wird im Qualitätsweinbau meist vermieden, kann aber notwendig werden, um bestimmten Böden Stickstoff, Kalium und Phosphat zurückzugeben.

Probleme der Überdüngung

Im Qualitätsweinbau dient die Düngung stets dem gesunden Wachstum der Rebe, nicht aber der Erhöhung der Traubenerträge. Sie heißt deshalb auch Ausgleichsdüngung. Eine Überdüngung der Böden, wie sie zu Zeiten der Massenweinproduktion in den 60er und 70er Jahren die Regel war und auch heute noch in einigen Gebieten üblich ist, führt zwar zu einer Steigerung der Traubenerträge, aber auch zu gravierenden Folgeproblemen. Die Mostgewichte verringern sich durch erhöhte Traubenproduktion. Die Trauben reifen verspätet oder unvollständig. Die

Die Bodenbearbeitung

Säurewerte können sich absenken. Vor allem werden die Reben anfälliger gegen Krankheiten. Dazu kommt die ökologisch bedenkliche Grundwasserbelastung durch Nitratauswaschung.

Erosion

Da Weinbau häufig in Hanglagen stattfindet, wird die Oberflächenkrume ständig durch Regen und Wind zu Tal getragen. Im Burgund haben die Weinbauern früher die Erde in Körben wieder in den Hang zurückgetragen. In den Steillagen der Mosel, an der Rheinfront bei Nierstein und an der Côte Rôtie wird noch heute nach heftigen Regenfällen der ausgeschwemmte Boden eingesammelt und in den Hang zurückbefördert. Um die Erosion zu stoppen, wird in Weinbergen oft eine gezielte Oberflächenbegrünung vorgenommen. Sie hält den Boden am Hang. Die ausgesäten Gräser und Pflanzen müssen kurze Wurzeln haben, um den Reben nicht zuviel Feuchtigkeit wegzunehmen. Senfgras (im kalifornischen Napa Valley als Kulturpflanze zwischen den Reben angebaut) sowie Raps, Ölrettich und Klee sind typische Erosionsstopper. Winterroggen dient dazu, die Winderosion zu bremsen.

Schädlingsbekämpfung

Reben in Hochleistungs-Monokulturen sind anfällig für Pilzkrankheiten und Insektenbefall. Beide Kalamitäten können zu empfindlichen Einbußen bis hin zum Ertragsausfall führen. Mit Insektiziden und Fungiziden lassen sie sich erfolgreich bekämpfen. Allerdings ist diese Art der Schädlingsbekämpfung teuer, besonders wenn prophylaktisch gespritzt wird. Außerdem ist oft beobachtet worden, daß Reben oder Insekten schnell resistent gegen bestimmte Spritzgifte werden. Im folgenden Jahr kann es dann zu einer explosionsartigen Ausbreitung des Schadens kommen. Schließlich sind immer mehr Menschen der Meinung, daß für ein Genußmittel wie Wein die Natur nicht geschädigt werden dürfe. Viele Winzer stellen deshalb auf naturnahen Weinbau um, etwa Unterbrechung der Monokulturen. Der integrierte Weinbau versucht außerdem, durch Kontrolle des Insektenflugs und Einbeziehung von Wettervorhersagen einen möglichen Schädlingsbefall zu prognostizieren und solange das prophylaktische Spritzen zu unterlassen. Der biologische Weinbau spritzt mit einer weniger gefährlichen Kupfersulfat-Lösung („Bordelaiser Brühe"), die Blätter und Blüten abhärtet.

Beregnung

In Anbaugebieten, in denen Niederschläge nur im Winter fallen, müssen die Reben künstlich beregnet werden. Meist handelt es sich um eine Tropfberegnung. Dabei tritt aus einem fest in den Rebzeilen installierten Schlauch im Zehn- oder Zwanzig-Sekunden-Abstand ein Wassertropfen aus. Vor allem in den trockenen Sommermonaten kann eine solche Tropfberegnung notwendig sein. Sie dient nicht der Ertragssteigerung, sondern dem Überleben der Rebpflanze. Auch Neuanpflanzungen, die noch nicht im Ertrag sind, brauchen oft eine Tropfberegnung. Davon zu unterscheiden sind Bewässerungsanlagen, die ganze Rebstriche großflächig beregnen, um Traubenerträge von 200 Doppelzentnern pro Hektar und mehr zu ernten. Eine solche Bewässerung findet zum Beispiel im kalifornischen Central Valley, in den australischen Riverlands, im Norden Chiles und im südafrikanischen Robertson Valley statt.

Oben links: Schädlingsbekämpfung mit chemisch-synthetischen Spritzgiften ist einfach und bequem, aber umweltschädigend, teuer und langfristig wenig erfolgreich.

Oben rechts: Weinbergböden müssen gelüftet werden. In den Steillagen an der Mosel geschieht das mit Pflügen, die an Stahlseilen den Hang hochgezogen werden.

Unten links: Hohe Hektarerträge an Trauben sind nur durch mineralische Düngung möglich. Im Qualitätsweinbau ist nur eine Ersatzdüngung mit organischem Dünger üblich.

Unten rechts: Beim Oberflächen-Pflügen wird nur die Deckschicht des Bodens gelockert, damit die Fußwurzeln nicht beschädigt werden.

DAS MENGE-GÜTE-GESETZ

Quantität gegen Qualität

Wie Hektarhöchsterträge angegeben werden

Frankreich ist der Pionier der modernen Qualitätsweinerzeugung. Dort werden die Hektarhöchsterträge meist in Hektoliter Most pro Hektar angegeben (1 Hektoliter = 100 Liter). Die italienischen Weingesetze sprechen dagegen von Doppelzentner Trauben pro Hektar. Die Mostausbeute der Trauben liegt bei durchschnittlich 70 Prozent.

Hektarhöchsterträge

Frankreich*

Bordeaux Sec	55 hl
Pauillac	45 hl
Margaux/St-Julien/St-Estèphe	40 hl
St-Emilion	45 hl
St-Emilion Grand Cru	40 hl
Pomerol	40 hl
Chambertin Grand Cru	35 hl
Pommard 1er Cru	40 hl
Montrachet 1er Cru	40 hl
Meursault	45 hl
Beaujolais	50 hl
Coteaux du Languedoc	50 hl
Côtes du Rhône	50 hl
Champagne	60 hl
Elsaß	100 hl
Elsaß Grand Cru	70 hl

Italien

Chianti	100 hl
Chianti Classico	75 hl
Brunello di Montalcino	80 hl
Barolo/Barbaresco	80 hl
Collio (Friaul)	110 hl
Soave	140 hl
Teroldego (Trentino)	170 hl

Spanien

Ribera del Duero	60 hl
Rioja	60 hl

Deutschland

Rheingau	84 hl
Mosel-Saar-Ruwer	110 hl

Österreich

alle Anbaugebiete	67,5 hl

Schweiz

Genfersee	90 hl
Wallis	80 hl

Kalifornien, Südafrika, Australien
keine Ertragsbegrenzung

* Auf Antrag darf der angegebene Basisertrag um bis zu 20% überschritten werden.

Sommerschnitt nach der Farbveränderung der Trauben: Wenn die Rebe zu viele Trauben trägt, dünnt der Winzer die Trauben im August aus. Während der Reifephase konzentriert die Rebe dann Zucker und Säure in den verbleibenden Trauben. Die Qualität des Weins steigt.

Das Menge-Güte-Gesetz besagt, daß die Qualität des Weins steigt, je weniger Reben am Rebstock hängen. Wo die Natur nicht die Quantität begrenzt, muß der Mensch dafür sorgen.

Der Qualitätsweinbau basiert überall auf der Welt auf mehr oder minder strengen Ertragsbegrenzungen. Das heißt: Die Reben dürfen ein bestimmtes Quantum an Trauben pro Hektar Weinberg nicht überschreiten. Sonst läuft der Weinbauer Gefahr, daß der Wein die Anerkennung als Qualitätswein verliert und als Tafelwein deklassiert wird. Die Festlegung der maximalen Erträge erfolgt durch die nationalen Weinbaubehörden. Ihre Höhe ist von Anbaugebiet zu Anbaugebiet verschieden. Sie reicht von 35 Hektolitern in den Grand-Cru-Appellationen Burgunds bis zu 200 Hektolitern in den Beregnungsgebieten Australiens und Kaliforniens. Allerdings handelt es sich bei den Weinen, die dort erzeugt werden, nicht um Qualitätsweine im europäischen Sinn. Selbstverständlich dürfen die Höchsterträge unterschritten werden. Doch ab einer bestimmten Grenze führt eine Verringerung der Erträge nicht mehr zu einer entsprechenden Qualitätssteigerung.

Geringer Extrakt

Das Menge-Güte-Gesetz beruht auf einem biologischen Faktum: Eine Pflanze kann nur eine begrenzte Menge an Früchten zur Reife bringen. Je mehr Trauben am Rebstock hängen, desto langsamer reifen sie. Entsprechend groß ist in kühlen Anbaugebieten die Gefahr, daß sie zum Lesezeitpunkt nicht voll ausgereift sind. In warmen Anbaugebieten bilden die Trauben zwar genügend Zucker, aber wenig andere Inhaltsstoffe. Die Extraktwerte sind niedrig, der Most verwässert. Der Mehrertrag führt zu einem Verlust an Qualität, Konzentration und Dichte. Da er aufgrund der größeren Mengen aber auch zu höheren Einnahmen führt, nehmen viele Weinbauern den Qualitätsverlust in Kauf.

Gezielte Ertragsbegrenzung

Die meisten Pflanzen – auch die Rebe – neigen zu einer starken Fruchtbildung, sofern Klima und Boden es zulassen. Es liegt also weitgehend in der Hand des Weinbauern, die natürliche Produktivität der Rebe zu begrenzen. Dies kann durch mehrere Maßnahmen geschehen:

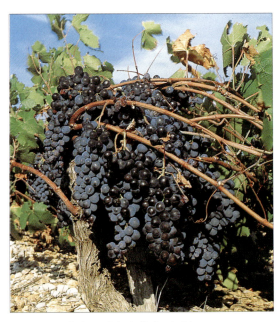

Massenträger: Carignan-Rebe in Südfrankreich

Das Menge-Güte-Gesetz

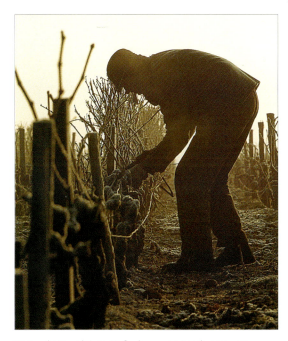

Winterschnitt: wichtigste Maßnahme zur Ertragsbegrenzung.

Die Wahl des richtigen Erziehungssystems

Das Erziehungssystem hat einen großen Einfluß auf die Produktivität der Rebe. So begrenzt die Ein-Bogen-Erziehung den Fruchtansatz stärker als die Zwei-Bogen-Erziehung, und die Pergola-Erziehung eröffnet dem Rebstock ein üppigeres Wachstum als eine Drahtrahmen-Erziehung.

Die Bestockungsdichte

Die Bestockungsdichte hat ebenfalls einen Einfluß auf die Erträge. Wenn mehr Rebstöcke auf einer bestimmten Rebfläche gepflanzt sind, trägt jeder einzelne Rebstock entsprechend weniger Trauben. Zu groß ist die Nahrungskonkurrenz untereinander (siehe Seite 30).

Die Wahl des richtigen Rebklons

Die Rebschulen züchten von jeder Rebsorte zahlreiche Klone. Sie unterscheiden sich in genau festgelegten Merkmalen voneinander. So gibt es von derselben Sorte zum Beispiel Klone, die auf üppigen Fruchtansatz hin selektiert sind. Das heißt: Sie bilden viele Trauben mit vielen Beeren. Umgekehrt existieren Klone, die einen lockeren Fruchtansatz mit wenigen Beeren aufweisen.

Der Winterschnitt

Während der Winterruhe werden die Reben beschnitten. Dabei wird der größte Teil des alten Holzes entfernt. Je weniger Fruchtruten (eine oder zwei) mit umso weniger Augen (sechs bis zwanzig) stehengelassen werden, desto geringer ist der Fruchtansatz im Frühjahr.

Der Sommerschnitt

Bei allzu vollem Behang hat der Weinbauer die Möglichkeit, im Juli oder August noch einmal durch den Weinberg zu gehen und einen Teil der noch grünen Trauben zu entfernen. Wenn Krankheiten, Hagel, Frost und Blüteschäden den Behang schon reduziert haben, kann er allerdings auf den Sommerschnitt verzichten.

Natürliche Ertragsbegrenzung

Die Höhe der Erträge hängt aber auch von zahlreichen natürlichen Faktoren ab. Auf trockenen, steinigen Böden („warmen" Böden) können die Reben keine Massenerträge produzieren. Auf feuchten, stickstoffreichen Böden („kalten" Böden) tragen sie umso mehr. Auch das Klima spielt eine große Rolle. Ein kühles, feuchtes Frühjahr kann dazu führen, daß nicht alle Blüten befruchtet werden. Die Traube verrieselt. Spätfröste im Mai können die Blüte sogar ganz zerstören. Eine große Gefahr stellen auch Rebkrankheiten dar. Sie dezimieren die Erträge bisweilen drastisch. Im Sommer bedroht Hagel die Reben. Die Eignung eines Gebietes zum Qualitätswein-Anbau hängt daher stark von den natürlichen Faktoren ab.

Zwei berühmte Weine aus alten Reben: Didier Dagueneaus Pouilly Fumé „Silex" von der Loire und Willi Bründlmayers Riesling „Alte Reben" aus dem österreichischen Kamptal.

Das Alter der Reben

Auch das Alter der Reben beeinflußt stark die Produktivität. Ihre besten Erträge geben sie zwischen dem zwölften und 25. Lebensjahr. Danach nimmt ihre Leistung kontinuierlich ab. Die meisten Winzer hacken ihre Reben deshalb nach 25 Jahren aus und ersetzen sie durch neue. Château Margaux dagegen verwendet für seinen Grand Vin nur Reben mit einem Alter von mindestens 40 Jahren, für seinen Zweitwein Pavillon Rouge solche von mindestens 25 Jahren: Je geringer die altersbedingte Eigenproduktivität, desto besser die Qualität der Trauben. Andere berühmte Weine Frankreichs oder anderer Länder tragen auf dem Etikett gelegentlich die Bezeichnung *vieilles vignes* – alte Reben. Die Bezeichnung ist allerdings nicht geschützt.

Produktivität der Rebe: Nach 15 Jahren erreicht die Rebe ihr Leistungsmaximum. Nach 25 Jahren nimmt die Leistungskraft langsam ab – aber die Qualität der Trauben steigt.

Der Vegetationszyklus

Langer Weg zur Reife

Rebkrankheiten

Echter Mehltau (*Oidium*): Ein weißgrauer Pilzbelag legt sich über Blätter und Beeren und zerstört die Beerenhaut. Gefährliche, aus Nordamerika eingeschleppte Rebkrankheit, die zum totalen Ertragsausfall führen kann, wenn sie nicht bekämpft wird.

Falscher Mehltau (*Peronospora*): Gefährlichste aller Rebkrankheiten, bildet einen weißen Pilzrasen auf der Unterseite der Blätter, so daß diese abfallen. Auch die Fruchtstände werden befallen. Die jungen Beeren schrumpeln, werden braun und ledrig.

Grauschimmel (*Botrytis cinerea*): Bei starkem Regen auftretender Schimmel, der die jungen

Trauben faulen läßt. Anti-Botrytizide dürfen nur bis vier Wochen vor der Lese gespritzt werden, um Rückstände auf der Beere zu vermeiden.

Blattgallmilbe: Gefährliche Raubmilbe, die sich im Winter

in der Wolle der Knospen einnistet und im Frühjahr nach dem Austrieb den Saft aus den jungen Blättern saugt. Dabei scheidet sie ein Speichelsekret ab, das für die Pockenbildung auf den Blättern verantwortlich ist.

Austrieb

Als Austrieb wird das Aufbrechen der Knospen (Augen) bezeichnet, die beim winterlichen Rebschnitt stehengeblieben sind. Sie öffnen sich und lassen kleine, grüne Blättchen austreten, die rasch wachsen und sich entfalten. Das geschieht, wenn die Durchschnittstemperatur auf acht bis zehn Grad Celsius klettert. Einige Sorten treiben etwas eher (z. B. Chardonnay), andere etwas später aus (z. B. Cabernet Sauvignon). Bis zu diesem Stadium ernährt sich die Rebe von den Kohlenhydrat-Vorräten, die sie im Herbst angelegt hat. Wenn die Blätter entwickelt sind, nimmt sie die Ernährung über Photosynthese auf. Den bevorstehenden Austrieb, das Aufbrechen der Knospen, kann der Winzer schon einige Tage vorher erkennen. Erst treten an den Schnittstellen der Reben Wassertröpfchen auf – ein Zeichen dafür, daß die Winterruhe beendet ist und die Säfte zu schießen beginnen. Danach schwellen die Knospen sichtbar an.

Blüte

Die Blüte findet 45 bis 90 Tage nach dem Austrieb statt – also Mitte Mai bis Ende Juni (auf der südlichen Erdhalbkugel von November bis Mitte Dezember). In dieser Zeit sind die neuen Triebe gewachsen und haben Rispen entwickelt, an denen die Blüten sitzen. Sie sind mit einem braunen Käppchen (Kalyptra) verschlossen, das aufspringt und Stempel und Staubgefäße freigibt (fast alle *Vitis-vinifera*-Reben sind zweigeschlechtlich, befruchten sich also selbst). Die Blüte ist für das Auge ein kaum wahrnehmbarer Vorgang. Die Bestäubung erfolgt, indem der männliche Pollen an dem feuchten, weiblichen Fruchtknoten haften bleibt. Regen oder heftige Winde zum Zeitpunkt der Blüte können verhindern, daß alle Fruchtknoten bestäubt werden. In diesem Fall kommt es zu mehr oder minder großen Ertragseinbrüchen im Herbst. Der Winzer spricht vom „Durchrieseln" der Blüte.

Wachstumszyklus der Rebe

Ob das Jahr einen mittelmäßigen oder guten Wein bringt, hängt nicht nur vom Herbst ab. Auch Frühjahr und Sommer bergen für das Traubenwachstum große Risiken – vor allem Ertragsrisiken. Die Rebe hat, wie jede andere Pflanze auch, einen eigenen Vegetationszyklus. Er ist in die Wachstumsphase, die Reifephase und die Ruhephase unterteilt. Die Ruhephase beginnt im Herbst nach der Lese, wenn die Rebe im Stammholz und in den Wurzeln genug Kohlenhydrate gespeichert hat. Dann verfärben sich die Blätter und fallen ab. Die Ruhephase dauert den ganzen Winter hindurch. Erst im März (auf der südlichen Erdhalbkugel im September), wenn die Temperaturen ansteigen, beginnt der neue Reifezyklus mit dem Austrieb.

Der Vegetationszyklus

Fruchtansatz

Aus den bestäubten Fruchtknoten entwickeln sich sofort nach der Blüte die Beeren, während die unbefruchteten Blüten verkümmern und abfallen. Die Rispe weist dann größere oder kleinere Lücken auf. Die Fruchtansätze sind am Anfang sehr klein, grün und hart. Sie vergrößern sich aber ziemlich rasch. In dieser Zeit sind die Reben am stärksten durch tierische (Heuwurm) oder pflanzliche Schädlinge (Echter und Falscher Mehltau) gefährdet. Bei feuchtem, warmen Klima breiten sich Pilzkrankheiten rasch aus und müssen bekämpft werden. Auch der Traubenwickler, die Vorform des Heuwurms, legt bei bestimmten klimatischen Bedingungen seine Eier in der Rebpflanze ab. Im August beginnt dann die Reifephase (auf der südlichen Erdhalbkugel im Januar). Erst dann färben sich die Beeren dunkel.

Färbung

Die Reifephase beginnt mit der Färbung der Beeren. Bei den Weißweinsorten nehmen diese langsam eine gelbliche Tönung an, die roten Beeren färben sich dagegen rotblau. Ausgelöst wird dieser Vorgang wahrscheinlich dadurch, daß ein bestimmtes Maß an Zucker in den Beeren überschritten ist. Allerdings färben sich nicht alle Trauben zur gleichen Zeit, sondern zunächst nur diejenigen, die am meisten Sonne und Wärme erhalten haben, während Beeren, die auf der Schattenseite wachsen, grün bleiben. Als Fachbegriff für die Färbung hat sich weltweit der französische Ausdruck *véraison* eingebürgert. In warmen Jahren setzt sie früher ein als in kühlen, und bei stark tragenden Rebstöcken später als bei wenig tragenden. Mit der Färbung beginnt die letzte und für die Qualität des Jahrgangs entscheidende Phase im Vegetationszyklus der Rebe.

Traubenwickler: Eine Motte, die ihre Eier in den Blütenkäppchen ablegt. Aus ihnen schlüpft im Juni der Heuwurm, der die Gescheine zerfrißt. Ihm folgt Ende Juli der Sauerwurm, der die Beeren von innen aushöhlt. Gefährliche Insektenplage, die durch Pheromonfallen erkannt und dann bekämpft werden muß.

Flavescence Dorée: Neue, sich in Frankreich, Italien und Deutschland epidemisch ausbreitende Blattkrankheit, bei der sich die Blätter einrollen und abfallen.

Rebschäden

Verrieseln der Blüte: Durch kühles, feuchtes Wetter und mangelnde Lichteinstrahlung während der Blüte hervorgerufene Fruchtbarkeitsstörung

der Rebe, die dazu führt, daß nur wenige Blüten bestäubt werden und folglich im Herbst nur wenige Beeren an der Traube hängen. Für den Winzer kann das eine erhebliche Ertragsminderung bedeuten.

Chlorose: Nährstoffstörung, die zu verminderter Chlorophyllbildung und zur Vergilbung der Blätter führt. Ausgelöst werden Chlorosen durch einen Mangel an Stickstoff, Magnesium oder anderen Mineralstoffen, besonders auf kalkhaltigen Böden.

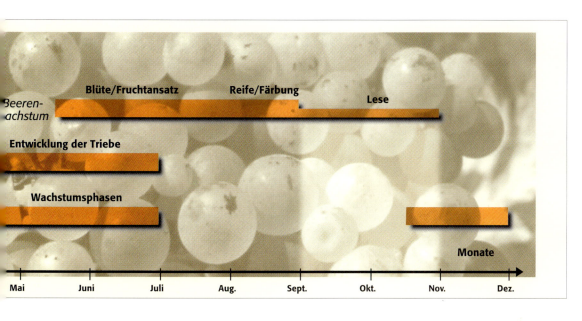

Die Arbeit im Weinberg

Beseitigung des alten Holzes
Wenn die alten Fruchtruten gekappt sind, müssen sie beseitigt werden. Da die grünen Triebe nach der Lese verholzen, lassen sie sich leicht verbrennen. Meist geschieht das im Weinberg. Über großen Weinanbaugebieten stehen den ganzen Winter über Rauchfahnen. In Kalifornien blüht zu dieser Zeit das gelbe Senfgras. Einige Spitzenweingüter häckseln und kompostieren die alten Fruchtruten, um sie später als Dünger wieder im Weinberg auszubringen. So bleiben die weinbergeigenen Bakterienkulturen erhalten.

Aufbinden
Nachdem das alte Holz entfernt wurde, müssen die Fruchtruten, die stehengeblieben sind, aufgebunden werden. Gerten heißt diese Arbeit in der Winzersprache. Das bedeutet: Sie werden mit elastischen Weidenruten vertikal oder horizontal am Draht fixiert. Aus ihnen sollen sich im Frühjahr die neuen Triebe entwickeln. Das Aufbinden erfordert Geschicklichkeit, keine Kraft, und ist eine von Winzern gern geleistete Arbeit, weil sie an der frischen Luft stattfindet. Auf großen Gütern wird sie allerdings zunehmend von ausländischen Rebarbeitertrupps übernommen – wie auch der Winterschnitt.

Winterschnitt
Im Winter ruhen die Reben, aber in den Weinbergen wird gearbeitet. Rebschnitt-Trupps streifen durch die Rebzeilen und kappen 90 Prozent der alten Fruchtruten. Um die Hüfte tragen sie ein Halfter, in dem eine Rebschere steckt. Die alten Rebscheren funktionieren mit Handkraft, die neuen arbeiten pneumatisch. Manche Weingüter beginnen schon im November mit dem Winterschnitt, andere erst in Januar oder Februar, wenn die (während der Lese noch grünen) Fruchtruten verholzt sind.

Die Arbeit im Weinberg

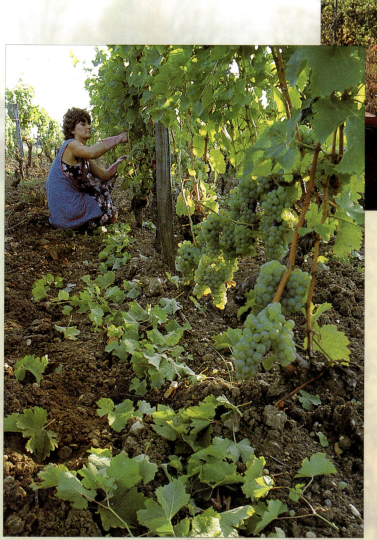

Weinlese
Mit der Lese erreicht das Weinjahr seinen Höhepunkt. Noch einmal werden alle Kräfte mobilisiert, um die Trauben reif und gesund einzubringen. Danach endet das Weinjahr abrupt, und auch der Vegetationszyklus der Rebe schließt sich. Die Blätter produzieren kein Chlorophyll mehr, verfärben sich und fallen ab. Die grünen Fruchtruten verholzen und werden braun. Der größte Teil der Kohlenhydrate, die dort gespeichert sind, wandern ins Stammholz zurück. Winterruhe kehrt ein – aber nicht lange.

Sommerschnitt
Nach der Färbung der Beeren im August, manchmal aber auch schon früher, schicken die Weingutbesitzer ihre Arbeiter wieder durch den Weinberg, um den Sommerschnitt zu besorgen. Unter Sommerschnitt wird das Herausbrechen oder Herausschneiden grüner Trauben bezeichnet, um den Ertrag zu senken. Qualitätsweinwinzer dünnen bis zu 50 Prozent der Trauben aus. Nur wenn Spätfrost oder eine schlechte Blüte den Fruchtansatz schon vorher reduziert haben, kann auf den Sommerschnitt verzichtet werden.

Frostabwehr
Einige nördliche Weinanbaugebiete, etwa Chablis und die Champagne, sind stark frostgefährdet. Wenn die Temperaturen nach dem Austrieb unter null Grad zu sinken drohen, verbringen die Winzer die Nacht im Weinberg um glühende Ölöfen oder brennende Autoreifen, mit denen sie die Weinberge erwärmen wollen. In Kalifornien werden riesige Ventilatoren, die im Weinberg stehen, in Gang gesetzt, um die kalte Luft aus den Tallagen abfließen zu lassen. In Deutschland werden Weinberge manchmal großflächig beregnet, so daß sich eine Eisschicht um junge Triebe bildet, die „Erstarrungswärme" abgeben. Am gefürchtetsten sind Spätfröste im Mai während der Eisheiligen.

Das Mostgewicht

Wenn die Lese naht

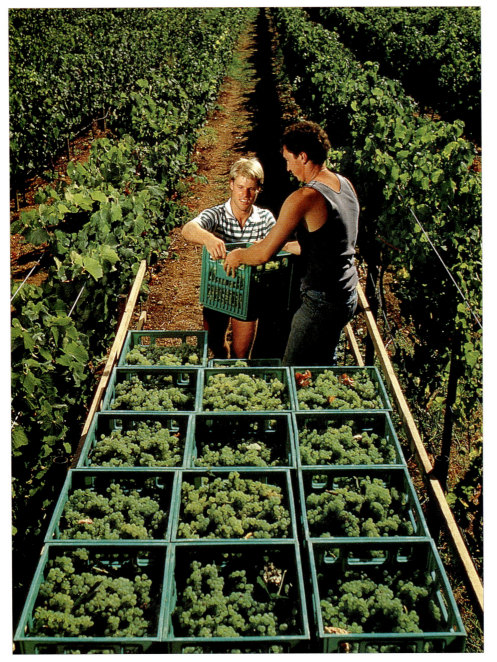

Frühe Lese in Australien: In warmen Anbaugebieten wird der Lesezeitpunkt von weißen Trauben meist vorgezogen.

Die Menge des Zuckers, der im Traubensaft gelöst ist, wird als Mostgewicht bezeichnet. Das Mostgewicht ist ein wichtiger Indikator für Qualität – aber keineswegs der wichtigste, wie manche Winzer glauben machen möchten.

Die Reifephase der Traube beginnt mit der Färbung der Beeren im August und endet mit der Lese. Diese Zeit ist die wichtigste im kurzen Leben der Weintraube. Die Blätter beginnen nämlich, Zucker zu produzieren und in den Beeren zu speichern. Je mehr Wärme und Licht sie bekommen, desto mehr Zucker produzieren sie. Je mehr Zucker vorhanden ist, desto höher liegt später der Alkoholgehalt des Weins. Etwa 16 Gramm Zucker ergeben später ein Volumenprozent Alkohol.

Zeitpunkt der Reife

In der Reifephase verdoppeln die Beeren ihre Größe. Die Intensität der Färbung nimmt zu. Die Beerenhaut wird dünner, die Beere selbst weicher. Wie lange das dauert, hängt vom Witterungsverlauf ab – speziell im September. Der September ist der wichtigste Monat im Vegetationszyklus der Rebe. Außer mit der Zuckerproduktion ist die Rebe damit beschäftigt, die hohe Säure abzubauen, die noch in den unreifen, grünen Trauben steckt. Wenn Zucker und Säure im richtigen Verhältnis zueinander stehen, ist die Traube reif. Doch Reife- und Lesezeitpunkt sind nicht unbedingt identisch. Manche Trauben werden frühreif gelesen, andere vollreif oder überreif.

Frühe Lese im warmen Süden

In warmen Regionen startet die Lese früher, in kühlen später. Auf Zypern beginnt sie schon im Juli. Auf Sardinien und in Teilen Siziliens rücken die Lesemaschinen ab Mitte August aus. Im spanischen Penedès werden die ersten weißen Trauben teilweise Anfang September eingebracht. In diesen Gebieten ist es so warm, daß der gewünschte Zuckergehalt – und damit das notwendige Mostgewicht – meist problemlos erreicht wird. Die frühe Lese hat den Sinn, die Säure zu erhalten.

Wie der Zuckergehalt gemessen wird

Die meisten Weine haben einen Alkoholgehalt zwischen 11 und 13 Vol.%. Der Winzer kann also umrechnen, wie hoch der Zuckergehalt in seinen Beeren sein muß, um diesen Wert nach der Gärung zu erreichen. Der Zuckergehalt spiegelt sich im Mostgewicht wider. Es wird mit Hilfe eines Refraktometers oder eines Aräometers gemessen. Franzosen und Australier messen es in Baumé, Amerikaner in Brix beziehungsweise Balling, Italiener in Babo. Österreich benutzt die Skala der Klosterneuburger Mostwaage. In Deutschland wird in Oechsle gemessen. Das heißt: Es wird gewogen, um wieviel schwerer ein Gramm Most im Vergleich zu einem Gramm Wasser ist. Der Gewichtsunterschied wird als das spezifische Gewicht des Zuckers bezeichnet. So entspricht Traubensaft mit dem spezifischen Gewicht von 1,080 (Wasser = 1,0) einem Mostgewicht von 80 Grad Oechsle, während ein Traubensaft mit einem spezifischen Gewicht von 1,100 genau 100 Grad Oechsle aufweist. Entwickelt wurde das Verfahren von dem Pforzheimer Goldschmied und Tüftler Christian Ferdinand Oechsle um 1830. Das einfachste Meßverfahren ist zweifellos das der Baumé-Skala. Sie gibt den potentiellen Alkoholgehalt eines Mosts an, wenn der gesamte in ihm gelöste Zucker vergoren würde. Ein Most mit 12 Baumé ergäbe folglich einen Wein mit 12 Vol.%.

Das Mostgewicht

Mostgewicht wenig aussagekräftig

Das Mostgewicht ist zweifellos ein wichtiger Faktor für die Festlegung des Lesezeitpunkts. Die Einteilung nach Qualitäts- und Prädikatsweinen, wie sie im deutschen und österreichischen Weingesetz vorgenommen wird, basiert deshalb auf dem Mostgewicht. Auch für die Klassifizierung der Prädikatsweine ist das Mostgewicht ausschlaggebend. Eine Riesling Spätlese von der Mosel muß mindestens 76, eine Auslese 85 Grad Oechsle aufweisen. Nach diesem Maßstab wäre ein einfacher französischer Landwein schon eine Auslese, ein italienischer Amarone aus Valpolicella gar eine Beerenauslese. In den mediterranen Anbaugebieten und in anderen warmen Weinbauzonen ist das Mostgewicht folglich wenig aussagekräftig. Dort zählen Säure, pH-Wert oder physiologische Reife (siehe unten). Aber auch in Deutschland und Österreich setzt sich zunehmend die Einsicht durch, daß das Mostgewicht nur einer von mehreren Faktoren ist, die über die Qualität eines Weins Auskunft geben. Die Zusammensetzung der Säuren und der Extrakt sind mindestens ebenso wichtig.

Zucker und Säure

Für den genauen Lesetermin gibt es kein Schema. Die meisten Winzer stellen Analysen des Beerensafts an. Vom Zeitpunkt der Färbung der Trauben im August steigt nämlich die Zuckerkonzentration kontinuierlich an, während die Säure gleichzeitig sinkt. In kühlen Anbaugebieten orientieren sich die Winzer vor allem an der Zuckerkonzentration. In den warmen und heißen Regionen wird, insbesondere bei Weißweinen, darauf geachtet, daß die Gesamtsäure nicht zu tief absinkt. Sie sollte zwischen sieben und zehn Gramm pro Liter liegen – Spezialweine ausgenommen. Manche Winzer orientieren sich statt an der Gesamtsäure am pH-Wert des Beerensafts. Er sollte zwischen 2,7 und 3,7 liegen.

Definition der Reife

Was Reife ist, bestimmt der Winzer. In Deutschland spricht man zum Beispiel von „Vollreife" und meint, daß nachts mehr Zucker abgebaut, als den Beeren tagsüber durch Assimilate zugeführt wird. Die Zuckerbilanz ist dann negativ. Vollreife Trauben können nur bei später Lese geerntet werden. Der größte Teil der Trauben wird deshalb vor der Vollreife eingebracht – als nurmehr „reifes" Lesegut. Als „reif" gilt die Traube, wenn die Zuckerbilanz geringere Zuwächse aufweist, als die Säure abfällt. Winzer in anderen Ländern haben ihre eigene Ratio für das Zucker-Säure-Verhältnis. In Massenanbaugebieten entspricht das Reifekriterium oft dem gesetzlich vorgeschriebenen Mindestalkoholgehalt des späteren Weins beziehungsweise der Mindestsäuremenge.

Refraktometer
Instrument zur Messung des Mostgewichts. Dabei wird ein Tropfen Saft auf das Meßprisma gegeben und das Instrument gegen das Licht gehalten. Je konzentrierter die Zuckerlösung, desto stärker wird das Licht gebrochen.

Tabelle der Mostgewichte

Grad Oechsle	Klosterneuburger Mostwaage (KMW)	Baumé	Brix/Balling	potentieller Alkoholgehalt in Vol.%
60	12	8,1	14,7	8,1
65	13	8,8	15,9	8,8
70	14	9,4	17,1	9,4
75	15	10,1	18,2	10,1
80	16	10,7	19,2	10,7
85	17	11,3	20,3	11,3
90	18	11,9	21,4	11,9
95	19	12,5	22,4	12,5
100	20	13,1	23,6	13,1
105	21	13,7	24,7	13,7
110	22	14,3	25,7	14,3
115	23	14,9	26,8	14,9
120	24	15,5	27,8	15,5
125	25	16,9	28,9	16,9

Physiologische Reife

Der Begriff „physiologische Reife" kommt aus Amerika und steht im Gegensatz zu den traditionellen, in Europa üblichen Reifekriterien wie der Messung der Zuckerkonzentration oder des Säuregehalts. Dabei spielt der Grad der Färbung der Beerenhaut (sowohl bei Weiß- wie bei Rotweinen), die Elastizität des Fruchtfleisches, der Reifezustand der Kerne und nicht zuletzt der Geschmack der Beere eine große Rolle. Inzwischen sprechen auch europäische Winzer gern von physiologischer Reife – nicht zuletzt deshalb, weil erfahrene Winzer und Önologen sich vom Reifezustand der Trauben immer schon durch Probieren überzeugt haben. Wie süß sie schmecken und wie dick die Schale ist, gehört zu den unverzichtbaren Prüfungen, die jeder Château-Besitzer in Bordeaux und jeder Domänen-Besitzer im Burgund in der Reifezeit fast täglich vornimmt.

Farbpigmente (Anthocyane) in der Beere bei fortschreitender Reife

Die Säure

Säure oder Mostgewicht?

In warmen Weinanbaugebieten kämpfen die Winzer weniger um hohe Mostgewichte als um die Erhaltung der Säure. Sie gibt den Weinen Frische und Eleganz – vor allem den Weißweinen.

Vor allem in warmen Weinanbaugebieten wird Säure zunehmend als wertvoller, wichtiger Bestandteil des Weins angesehen – besonders des Weißweins. In diesen Gebieten richtet sich der Lesezeitpunkt weniger nach dem Mostgewicht als nach den Säurewerten.

In der Reifephase produziert die Rebe nicht nur Zucker. Sie baut auch Säure ab. Täte sie es nicht, wären alle Weine ungenießbar. Der Säureabbau darf allerdings nicht zu groß sein. Denn Säure ist ein notwendiger Bestandteil des Weins. Sie gibt ihm Frische und Eleganz. Das gilt vor allem für Weißweine. In den mediterranen und vergleichbar warmen, überseeischen Anbaugebieten wird darauf geachtet, daß die Gesamtsäure nicht zu tief absinkt. Sie sollte zum Lesezeitpunkt zwischen sieben und neun Gramm pro Liter liegen (um nach der Gärung zwischen fünf und sieben Gramm zu liegen). In den überseeischen Gebieten darf der Wein künstlich gesäuert werden – eine Praxis, die in Europa verboten ist.

Erhaltung der Säure

Die Zuckerproduktion und der Säureabbau erfolgen in der Reifephase parallel zueinander. Je wärmer es ist, desto höher steigen die Zuckerwerte, desto mehr Säure wird aber auch veratmet. Die Säure nimmt aber nicht unbedingt im gleichen Verhältnis ab, wie die Zuckerkonzentration steigt. Kühle Nächte verzögern den Säurerückgang – eine Verzögerung, die besonders in Anbaugebieten mit warmem Klima höchst erwünscht ist: Südtirol, Friaul, Maconnais, Penedès. In Kalifornien wird immer weniger Weißwein im warmen Napa Valley, sondern in Carneros, Russian River und Alexander Valley angebaut, die im Einflußbereich kühlen pazifischen Klimas liegen.

Weinsäure und Apfelsäure

Im Wein sind vor allem zwei Säuren anzutreffen: die Weinsäure und die Apfelsäure. Beide zusammen machen rund 90 Prozent der Gesamtsäure aus. Die Weinsäure ist eine weiche, angenehm schmeckende und deshalb hochwillkommene Säure (Weintrauben

Die Säure

sind übrigens die einzigen Früchte, in denen diese Säure vorkommt). Die Apfelsäure ist dagegen eine aggressive Säure. Sie macht den Wein kantig und hart, wenn sie im Übermaß vorhanden ist. Weißweinwinzer dulden sie nur in begrenzter Menge, weil sie jungen, fruchtigen Weinen Frische und Biß geben kann. Riesling, Grüner Veltliner, Sancerre oder die norditalienischen Weißweine haben immer einen mehr oder minder großen Anteil an Apfelsäure. In Rotweinen hat Apfelsäure dagegen nichts zu suchen. Sie muß entfernt, genauer: in die weiche Milchsäure umgewandelt werden. Rotweine machen deshalb nach der alkoholischen Gärung grundsätzlich eine malolaktische Gärung durch (siehe Seite 76). Die Menge der Apfelsäure hängt von mehreren Faktoren ab. Zunächst gibt es Rebsorten mit generell hohem Apfelsäure-Anteil wie Pinot Noir und Malbec. Dann hängt die Apfelsäure aber auch vom Witterungsver-

Abnahme von Weinsäure und Apfelsäure

Apfelsäure ist im Weißwein nur begrenzt erwünscht, die milde, weiche Weinsäure dagegen hochwillkommen.

Messung des Mostgewichts mit einem Aräometer: Die Einsinktiefe der Glasröhre korrespondiert mit der Dichte des Mostes.

lauf ab. In kühlen Jahren ist der Apfelsäure-Anteil hoch, in sonnenreichen Jahren gering. Der Grund: Apfelsäure wird bei Wärme stärker veratmet als Weinsäure. Die Güte eines Jahrgangs läßt sich daher leicht an der Höhe der Apfelsäure bestimmen.

Gesamtsäure versus pH-Wert

Der pH-Wert gibt die Konzentration der im Saft aktiven Säure an. Sie wird im Labor anhand der freien Wasserstoffionen gemessen. Ein hoher pH-Wert zeigt eine niedrige, ein niedriger pH-Wert eine hohe Säure an. Dennoch sagen Gesamtsäurewert und pH-Wert nicht dasselbe aus. Der pH-Wert ist, genau betrachtet, aussagekräftiger. Er gibt nämlich nur die schmeckbaren, nicht-flüchtigen Säuren an, während der Gesamtsäuregehalt die gesamte titrierbare Säure mißt. Das heißt: die maßanalytisch feststellbare Säure einschließlich der flüchtigen Säuren.

Was ist Extrakt?

Die Summe der nicht-flüchtigen Substanzen eines Weins wird als Extrakt bezeichnet. Dazu zählen Zucker, Säuren, Glycerin sowie die nur in kleinen Mengen vorhandenen Phenole, Pektine, Proteine und Mineralien. Sie blieben übrig, wenn der Wein erhitzt werden und verdampfen würde. Extrakt ist ein Qualitätsfaktor. Je weniger Trauben eine Rebe trägt und je weniger Wasserbestandteile sie enthält, desto höher ist automatisch der Extrakt. Spätgelesene Weine haben oftmals einen Extrakt von über 30 Gramm pro Liter, auch wenn ihr Alkoholgehalt gering ist. Früh gelesene Weine kommen trotz ihres hohen Alkoholgehalts selten über 19 Gramm hinaus.

Reifeprozeß der Trauben: Während die Traube immer mehr Zucker in die Beeren einlagert, nimmt die Säure kontinuierlich ab. Zu wenig Säure ergibt flache, zu viel Zucker alkohollastige Weine.

DER LESEZEITPUNKT

Die Gunst der späten Lese

Restsüße Spätlese von der Mosel: Ein leichter Wein von 9 Vol.% Alkohol, aber mit hohem Extrakt.

Rare edelsüße Spätlese aus Italien: In warmen Regionen gelingt es nur selten, edelfaule Trauben zu lesen.

Smaragd aus der Wachau: Hochkarätiger, trockener Weißwein aus leicht geschrumpelten, teils auch edelfaulen Trauben.

Vendange Tardive aus dem Elsaß: Wörtlich übersetzt eine Spätlese, tatsächlich eine hochkarätige Auslese bester edelfauler Trauben – meist edelsüß, selten trocken.

Trockene Spätlese aus dem Rheingau: säurebetonter Wein aus gesunden, vollreifen Trauben.

Reife Trauben müssen nicht unbedingt sofort gelesen werden. Solange die Herbstsonne scheint, können sie weiterreifen, bis sie „vollreif", gar „überreif" sind. Durch die Gnade des Wettergottes entstehen so feine Spätlesen und edelsüße Auslesen.

Eine späte Lese führt dazu, daß die Weine voller, stärker werden. Der Zuckeranteil in den Beeren steigt weiter an, die Säure nimmt weiter ab. Das gilt für weiße wie für rote Trauben. In Zonen mit kühlem, kontinentalen Klima versuchen die Winzer, die Lese hinauszuziehen, um höhere Mostgewichte und damit vollmundigere, edlere Weine zu bekommen. Oft ist es dort allerdings pure Notwendigkeit, weil die Trauben wegen der niedrigeren Temperaturen später reifen. In Teilen Deutschlands und Österreichs sowie Frankreichs brauchen sie zum Beispiel vier Wochen länger, um auf dieselben Mostgewichte zu kommen wie in den warmen Anbauländern.

Vollreife Trauben durch späte Lese

Die teilweise noch hohe Tageswärme des Herbstes führt dazu, daß die Rebe auch nach dem Reifestadium weiter assimiliert und Zucker in die Beeren einlagert. Das Mostgewicht steigt. Die Trauben erreichen das Stadium der Vollreife. So entstehen Spätlesen: gehaltvolle Weine mit komplexen Aromen. Allerdings sind die Nächte zu dieser Jahreszeit schon recht kühl. Ein Teil des tagsüber gebildeten Zuckers wird nachts wieder veratmet. Das heißt: Die Zuwächse an Zucker werden im Laufe der Zeit geringer. Ab einem bestimmten Punkt halten sie sich mit den Verlusten die Waage. Manchmal tritt dieser Zustand schon Anfang Oktober, manchmal erst Ende Oktober ein. Spätestens dann schicken die Winzer ihre Lesehelfer in den Weinberg, um die Trauben zu schneiden.

Spätgelesener Wein ist extraktreicher

Durch eine bewußt verzögerte Traubenernte entwickeln sich in den Beeren mehr Extraktstoffe sowie mehr Polyphenole und Anthocyane (bei Rotweinen). Dadurch entstehen körperreichere, konzentriertere Weine – vor allem Weine mit einem höheren Alkoholgehalt, weil die Rebe mehr Zeit hatte, Zucker zu bilden. Isoliert betrachtet ist Alkohol zwar kein Qualitätskriterium. Aber ein guter Wein muß einen seinem Extraktreichtum angepaßten Alkoholgehalt besitzen, um harmonisch zu sein. Und die Extrakte – außer Zucker sind das vor allem Glycerin, Säure, Minerale und Phenole – nehmen mit fortschreitender Reife zu.

Erste Reifestufe: Kabinett
Gesunde, reife Traube mit einem Mostgewicht von 70 bis 80° Oechsle (mindestens 17° KMW). Die Beeren sind weich, die Beerenhaut ist straff und noch grün. Der Zuckergehalt hat aber noch nicht sein Maximum erreicht (in Österreich gilt Kabinett noch nicht als Prädikatswein).

Zweite Reifestufe: Spätlese
Vollreife, meist noch gesunde Traube mit einem Mostgewicht von mehr als 80° Oechsle (mindestens 19° KMW). Die Beeren sind sehr weich, manchmal schon leicht faltig. Farblich changieren sie ins Gelbgrüne. Die Traube ist idealerweise an dem Punkt, an dem nachts genauso viel Zucker veratmet wie tags produziert wird.

DER LESEZEITPUNKT

Der Fructose-Anteil steigt mit zunehmender Reife an.

Weine aus überreifen Trauben

In bestimmten Anbaugebieten lassen die Winzer einen Teil der vollreifen Trauben weiter am Rebstock hängen. Dadurch erreichen diese das Stadium der Überreife. Zwar ist die „Zuckerbilanz" der Beeren dann negativ, weil mehr Zucker veratmet als neu gebildet wird. Da aber gleichzeitig der Wasseranteil am Traubensaft durch Verdunstung sinkt, steigt die Zuckerkonzentration automatisch an: Der prozentuale Anteil des Zuckers am Most und damit das Mostgewicht nimmt zu. Auf diese Weise entstehen edelsüße Auslesen. Ihr Most ist so zuckerreich, daß er nicht mehr durchgären kann. Ein mehr oder minder großer Zuckerrest bleibt im Wein und gibt ihm eine raffinierte, edle Süße. Oft stoppt auch der Kellermeister bewußt die Gärung, bevor der Zucker vollständig vergoren wurde.

Glucose und Fructose

Die Süße der Weine aus überreifem Lesegut geht unter anderem auf den hohen Fructoseanteil zurück. Fructose ist eine besonders hochwertige Zuckerart mit einer deutlich größeren Süßkraft als Glucose. Glucose ist die zweite Zuckerart, die die Weinrebe bildet. Während sie zu Beginn der Reifephase im August noch über 80 Prozent des Zuckers im Traubensaft ausmacht, nimmt der Fructoseanteil mit zunehmender Reife überproportional zu. Am Ende der Reifephase ist etwa gleich viel Fructose wie Glucose im Traubensaft enthalten. In überreifen Beeren überwiegt sogar die Fructose. Der Botrytis-Pilz, ohne den es praktisch keine Überreife gibt, baut mehr Glucose als Fructose ab.

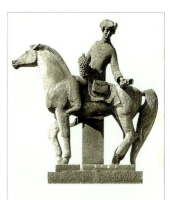

Historischer Zufall: Wie es zur Spätlese kam

Die Entdeckung der späten Lese geht auf das Jahr 1775 zurück. Der Fürstabt von Fulda, damals Eigentümer von Schloß Johannisberg im Rheingau, mußte jedes Jahr schriftlich die Erlaubnis für den Beginn der Lese geben. Das entsprechende Dokument überbrachte ein Reiter. Aufgrund verschiedener Umstände verspätete sich der Herbstbote in jenem Jahr. Bei seiner Ankunft war ein Teil der Trauben schon faul. Die Mönche kelterten die faulen Trauben separat. Über den Wein, der aus ihnen gewonnen wurde, berichtete einer von ihnen später dem Abt: „Solche Weine habe ich noch nicht in den Mund gebracht." Eine Statue des Reiters steht heute im Hof des Schlosses. Allerdings wurde im ungarischen Tokaj schon 1650 aus edelfaulen Trauben Wein erzeugt. Damals verschob der Verwalter auf der Burg von Tokaj die Lese wegen eines bevorstehenden Angriffs der Türken. Nachdem die Gefahr vorüber war, hatte sich die Edelfäule ausgebreitet. Der Legende zufolge entstand so der erste süße Wein aus edelfaulen Trauben. In Frankreich wurde die Edelfäule erstmals 1847 auf Château d'Yquem erwähnt. Marquis Bertrand de Lur-Saluces, der Besitzer, kam verspätet von einer Reise aus Rußland zurück, so daß die Trauben in seinen Weinbergen schon Fäule angesetzt hatten. Dennoch wurde gelesen, und der 1847er erwies sich als der größte Jahrgang des 19. Jahrhunderts. Sicher ist allerdings, daß Château d'Yquem und das Sauternais bedeutende Süßweine hervorgebracht hatten. Die Weine der Jahre 1811 und 1825 sind legendär.

Dritte Reifestufe: Beerenauslese
Überwiegend aus edelfaulen Beeren bestehende Traube mit einem Mostgewicht von 125 bis 159° Oechsle (mindestens 25° KMW). Teilweise werden die edelfaulen Teile mit der Schere aus der Traube geschnitten. Geringe Mostausbeute, aber hoher Extrakt und hohe Konzentration an Fructose und Säure.

Vierte Reifestufe: Trockenbeerenauslese
Vollständig edelfaule Traube mit über 160° Oechsle (mindestens 30° KMW). Die Trauben sind bereits zu Rosinen geschrumpelt und enthalten nur noch wenig, dafür aber umso zucker- und säurereicheren Saft. Oft müssen die edelfaulen Beeren auch mit den Fingern oder der Pinzette aus der Traube „gepiedelt" werden.

Die Weinlese

Höhepunkt des Weinjahres

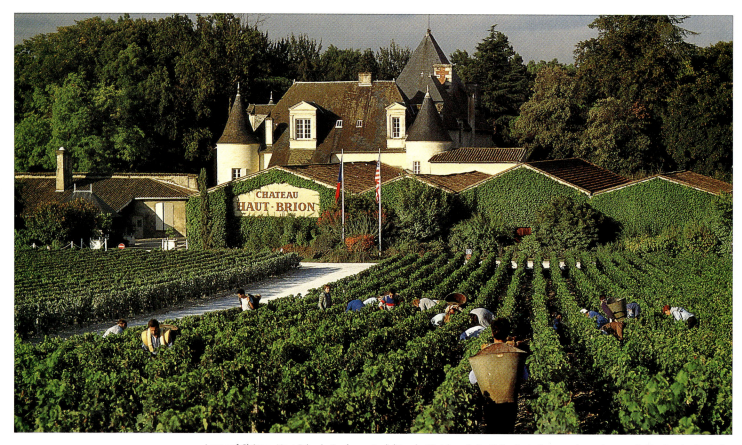

Lese auf Château Haut Brion in Bordeaux: Je dichter der Weinberg beim Keller liegt, desto rascher gelangen die Trauben in den Keller.

Die Lese ist der Höhepunkt eines jeden Weinjahres, aber auch der kritischste Punkt. Nur durch sorgfältige Leseplanung gelingt es, die Trauben in der Qualität, die der Weinberg hervorgebracht hat, auf die Kelter zu bringen.

Vordergründig ist die Lese ein einfacher Vorgang. Die Trauben werden mit einer Schere vom Stiel geschnitten, in Körben oder Wannen aus Kunststoff gesammelt, dann in hölzerne Bütten umgefüllt, die in einen Traubentransporter entleert werden. Der Traubentransporter bringt das Lesegut zum Kelterhaus, wo es verarbeitet wird. In groben Zügen spielt sich dieser Vorgang überall auf der Welt, wo Wein erzeugt wird, so ab. Ob aus sehr guten Trauben auch ein ebensolcher Wein wird, hängt allerdings von vielen Details ab, etwa sauberem, geeignetem Lesegeschirr. Außerdem dürfen die Bütten, Lesekörbe und Lesewannen nicht zu groß sein und nicht bis zum Rand mit Trauben vollgepackt werden. Sonst kann es passieren, daß die untersten Trauben durch das Gewicht der über ihnen liegenden gequetscht werden. Die Schale reifer Beeren ist empfindlich dünn.

Gefahr der Oxydation
Am wichtigsten ist es, die Trauben möglichst unverletzt und schnell auf die Kelter zu bringen. Austretender Traubensaft oxydiert rasch, wenn er Sauerstoff ausgesetzt ist – insbesondere bei weißen Trauben. Um eine Oxydation zu verhindern, müssen die Trauben geschwefelt werden – eine erste Minderung der Qualität. Hinzu kommt, daß auslaufender Traubensaft angesichts der hohen Temperaturen, die oftmals noch während der Lese herrschen, angären kann. Most oder Maische bekommen durch solch eine wilde Gärung leicht einen Essigstich. Außerdem werden durch den Traubensaft Phenole aus den Stielen gelaugt – ein bei weißen wie roten Trauben gleichermaßen unerwünschter Vorgang.

Schnelle Verarbeitung
Je dichter Weinberg und Keller beieinander liegen, desto weniger Probleme tauchen auf. Bei Spitzenweingütern wie der Domaine Romanée-Conti oder Château Mouton Rothschild sind die Trauben maximal zwei Stunden nach der Lese im Keller. Genossenschaften und Großkellereien sind froh, wenn es ihnen gelingt, ihre Trauben wenigstens am gleichen Tag zu keltern, an dem sie gelesen worden sind – was angesichts starrer Arbeitszeiten und rigider Arbeitsvorschriften keineswegs einfach ist.

Geringere Jahrgangsunterschiede
In feuchten Herbsten wenden einige Châteaus in Bordeaux völlig neue Techniken an, um die Folgen des Regens möglichst gering zu halten. Damit die Beeren sich durch die plötzliche Wasserzufuhr nicht aufblähen und der wertvolle Traubensaft verwässert, haben einige Güter den Boden mit Plastikfolien abgedeckt, damit das Wasser nicht in ihn eindringen kann. Andere Châteaus versuchen, den verwässerten Most durch Hydrolyse, also künstlichen Wasserentzug, zu konzentrieren (sog. „Umkehr-Osmose"). Wieder andere schicken ihre Trauben vor dem Mahlen durch eine Heißluftschleuse, in denen sie wenigstens äußerlich getrocknet werden. Die Besitzer von Château Pétrus haben gelegentlich einen Helikopter zwei Stunden lang tief über dem Weinberg kreisen lassen, um die regennassen Trauben zu trocknen. Nicht alle diese Maßnahmen hatten einen durchschlagenden Erfolg. Viele Versuche waren nur teuer. Sicher

Die Weinlese

Wichtig ist, daß die Trauben rasch und unversehrt zum Keller gebracht werden. Je kleiner das Sammelgefäß ist, desto größer die Wahrscheinlichkeit, daß sie nicht gequetscht werden:

1 Geschlossene Kunststoff-Sammelbehälter
2 Luftdurchlässige Weidenkörbe
3 Kleine, luftdurchlässige Kastenbehälter
4 Traditionelle Holzbütten
5 Stapelbare, mittelgroße Sammelwannen
6 Alte, hölzerne Kleinstkörbe

ist aber, daß die Nachteile schlechter Jahrgänge heute erheblich gemildert werden können.

Nachtlese

Um Oxydation oder eine wilde Gärung zu verhindern, sind viele Weingüter in heißen Anbaugebieten Australiens, in denen die Tagestemperaturen zwischen 35°C und 45°C liegen, dazu übergegangen, nachts zu lesen. Dann kühlt es ab: Auf die sonst unumgängliche Schwefelung der Trauben kann verzichtet werden. Allerdings ist die Nachtlese nur möglich, wenn maschinell gelesen wird. Die Erntemaschinen sind mit Halogenscheinwerfern ausgestattet, die die Reben hell erleuchten.

Handlese oder maschinelle Lese?

In immer mehr Weinanbaugebieten wird die Lese nicht mehr von Hand, sondern von Maschinen erledigt, sogenannten Vollerntern. Das geschieht nicht nur in Massenwein-Anbaugebieten. Auch renommierte Domänen im Burgund und Grand-Cru-Classé-Châteaus aus Bordeaux setzen im Herbst Lesemaschinen ein. Sie fahren auf hohen Rädern über die Rebzeilen und sind so konstruiert, daß sie die Trauben durch einen komplizierten Schüttel- oder Schlagmechanismus von den Fruchtruten trennen. Der größte Vorteil der Vollernter besteht in ihrer Schnelligkeit. Sie ernten in einer Stunde, wozu sonst 30 Lesehelfer nötig wären. Auf diese Weise ist es meist möglich, alle Trauben zum idealen Lesetermin einzubringen. Auch in feuchten Jahren bewährt sich der Vollernter, da er in den kurzen Regenpausen zumindest einen großen Teil der Trauben ernten kann. Freilich müssen die Trauben, gerade wenn Grauschimmel auftritt, von Hand nachverlesen werden. Selektieren kann die Maschine nicht. Die Nachteile des Vollernters: Die Laubwand der Reben wird bei der maschinellen Lese oft in Mitleidenschaft gezogen, und die Beeren werden häufiger beschädigt als bei der Handlese.

Die Edelfaulen Trauben

Süßer Schweiß der Engel

Arbeit am Lesebrett: Im Weinberg des Ruwer-Gutes Maximin Grünhäuser werden edelfaule Trauben, die von der Botrytis befallen sind, zu hochwertigen Auslesen und Beerenauslesen verlesen.

Die Sauternes verbinden Süße mit hohem Alkohol (14–15 Vol.%). Deutsche Beeren- und Trockenbeerenauslesen bestechen dagegen durch die Kombination Süße und hohe Säure. Der Alkohol ist sehr niedrig (um 7 Vol.%).

Am spätesten werden die Trauben für die edelsüßen Weine gelesen: im November. Sie sind dann höchst unansehnlich: braun, geschrumpelt, faul. Die Lese ist Filigranarbeit. Für Trockenbeerenauslesen müssen die Beeren teilweise mit den Fingern oder der Pinzette aus der Traube gezupft werden.

Wenn die Trauben über die Vollreife hinaus an den Stöcken hängenbleiben, beginnen sie, Saft zu verlieren. Auf diese Weise werden Zucker und Säure in den Beeren konzentriert. Das ist die Voraussetzung für die Erzeugung edelsüßer Weine. Zwei Vorgänge sind es, die den Saftschwund auslösen: das langsame Dünnerwerden und schließliche Durchlässigwerden der Beerenhaut sowie das Auftreten des Schimmelpilzes *Botrytis cinerea*, dessen Sporen durch die Beerenhaut wachsen und feinste Löcher hinterlassen. Im ersten Fall entstehen rosinenartige, im zweiten mit Schimmel besetzte Schrumpeltrauben. Gemeinsam ist ihnen, daß der Wasseranteil am Traubensaft (der rund 90 Prozent beträgt) durch die poröse Haut der Beeren verdunstet, so daß der Anteil der restlichen Inhaltsstoffe automatisch ansteigt. Die bekanntesten Weine, die so entstehen, sind die französischen Sauternes, die ungarischen Tokajer sowie die deutschen beziehungsweise österreichischen Beeren- und Trockenbeerenauslesen. Sie gedeihen nur in warmfeuchtem Klima und gehören zu den rarsten, teuersten und gesuchtesten Weinen der Welt. Doch was heißt Weine? Nektar, sagen die Kenner. Oder: Schweiß der Engel.

Besondere klimatische Verhältnisse

Der Schimmelpilz *Botrytis cinerea* tritt nur in Anbaugebieten mit gemäßigtem Klima, und dort auch nur unter bestimmten Voraussetzungen auf: wo feuchte Morgennebel auftreten, die von milder, warmer Herbstluft aufgelöst werden, so daß die Trauben im Laufe des Tages wieder abtrocknen. Solche Voraussetzungen findet man nur selten. In Sauternes bringt das Flüßchen Ciron die Feuchtigkeit und die Sonne Bordeaux' die Wärme. In Deutschland sind es die Flüsse Rhein, Mosel, Saar und Ruwer, über denen sich die Frühnebel bilden. Die hohen Temperaturen kommen durch die intensive Herbstsonne sowie die Strahlungsthermik zustande, die vom Boden und von den Gewässern ausgeht. In Österreich ist es die Kombination Neusiedler See und pannonische Wärme, die solch einzigartige Weine hervorbringt, im ungarischen Tokaj die Verbindung der Flüsse Tisza und Bodrog mit dem Wärmestau im Karpatenbogen.

Mit und ohne Botrytis

Edelschimmel tritt nicht in jedem Jahr auf. 1985 und 1990 sind in Sauternes zum Beispiel nur wenige Trauben von der *Botrytis cinerea* befallen worden. Konzentration und Süße der Sauternes-Weine waren ein Resultat normaler Wasserverdunstung in den Beeren. Weine aus solchen Jahren sind etwas weniger süß und haben eine etwas höhere Säure als Botrytis-infizierte Weine. Ob diese Edelsüß-Variante den Botrytis-Weinen vorgezogen wird, hängt vom persönlichen Geschmack ab.

DIE EDELFAULEN TRAUBEN

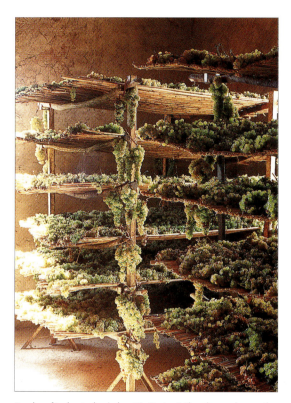

Trauben für den toskanischen Vin Santo: Früh gelesen, dann auf Strohmatten getrocknet.

Größere Komplexität

Liebhaber edelsüßer Weine schmecken schnell heraus, daß Botrytis-Weine eine größere geschmackliche Komplexität als andere edelsüße Weine besitzen. Tatsächlich unterscheidet sich der Saft Botrytis-infizierter Trauben deutlich von dem normal-edelfauler Trauben. Er enthält mehr ölig-süßes Glycerin sowie mehr Essigsäure (eine flüchtige Säure) und mehrere eigene Enzyme. Außerdem baut der Edelschimmelpilz mehr Säure als Zucker ab. Botrytis-Weine schmecken daher süßer als Weine aus normal geschrumpeltem Lesegut. Bei letzteren werden Zucker und Säure im gleichen Verhältnis abgebaut.

Unerwünschte Graufäule

Feucht-warmes Klima gibt es in vielen Anbaugebieten der Welt. Wenn die Feuchtigkeit aber nicht schnell wieder trocknet, breitet sich der Botrytis-Pilz großflächig aus, insbesondere bei anhaltenden Regenfällen. Die Trauben faulen dann am Stock. Graufäule heißt diese gefürchtete Variante der *Botrytis cinerea*. Sie hat zur Folge, daß die Schale der Beeren aufplatzt und das Fruchtfleisch ausgewaschen wird. Dieses Risiko ist besonders in den warmen Mittelmeerländern groß. Deshalb werden, um Dessertweine zu erzeugen, die Trauben dort früh gelesen, dann auf Strohmatten getrocknet und erst nach etwa zwei Monaten gekeltert. Entsprechend zuckerreich ist der Most – aber nicht edelsüß.

Wein, der aus der Kälte kommt

Eine besondere edelsüße Rarität ist der Eiswein. Er ist ebenfalls ein edelsüßer Wein, entsteht aber dadurch, daß die Trauben in gefrorenem Zustand gelesen und gekeltert werden. Dazu ist Frost nötig. Der Wasseranteil des Traubensafts ist dann weitgehend zu Eis gefroren, so daß sich Zucker, Säuren und andere Inhaltsstoffe in dem wenigen, von der Kelter laufenden Most konzentrieren. Das heißt: Je tiefer die Temperaturen und je höher der Vereisungsgrad, desto konzentrierter der Most. Die Trauben müssen bei mindestens minus 7°C auf die Kelter kommen. Gelegentlich herrschen erst um Weihnachten herum oder im neuen Jahr solche Minustemperaturen. Eiswein, der in nennenswerten Qualitäten nur in Deutschland, Österreich und in Kanada erzeugt wird, hat eine höhere Säure als Weine aus Botrytis-infiziertem Lesegut. Zufalls-Eisweine wurden schon im 19. Jahrhundert gekeltert. In diesem Jahrhundert tauchten die ersten Eisweine 1949 an der Saar, in großem Stil dann 1961 überall in Deutschland auf. Versuche, Eiswein künstlich zu gewinnen, indem frisch gelesene, vollreife Trauben im Kühlhaus gefrostet werden, haben keine zufriedenstellenden Ergebnisse erbracht und sind inzwischen verboten.

Eiswein-Trauben: Purer Extrakt.

Eisweinlese in Rheinhessen: Eiswein-Trauben müssen bei minus 7°C abgepreßt werden. Je höher der Vereisungsgrad, desto höher auch die Zuckerkonzentration und damit das Mostgewicht des Weins.

Nur die besten überlebten

In den Werken der Rebenforscher sind etwa 10 000 verschiedene Rebsorten aufgeführt. Aber nur wenige haben eine wirtschaftliche Bedeutung. Die 50 am häufigsten angebauten Sorten machen rund 95 Prozent der Weltweinproduktion aus. In prähistorischer Zeit muß eine ungleich größere Zahl an Sorten existiert haben. Durch Krankheiten, Trockenheit und Kälte wurden sie allerdings immer wieder dezimiert. Nur jene Reben überlebten, die sich den örtlichen Klima- und Bodenbedingungen anpassen konnten. Die Anpassung ging so weit, daß sich die Beeren einiger Reben rot färbten – als Schutz gegen die Sonne in warmen Gegenden. Jedenfalls entwickelten sich im Laufe der Jahrtausende unzählige Mutationen. Hinzu kamen zufällige Kreuzungen verschiedener Sorten, denn Wildreben sind zweigeschlechtlich. Sie besitzen entweder nur männliche oder nur weibliche Blüten. Später selektierte der Mensch die Reben nach ihrer Eignung zur Weinerzeugung, kultivierte und vermehrte sie durch Stecklinge. So entstand die Basis für das heutige Rebensortiment. Die meisten Weinreben sind europäischen Ursprungs oder in Vorderasien beheimatet. In der botanischen Fachsprache heißen sie *Vitis vinifera*.

Die Roten Sorten

Cabernet Sauvignon

Alte Rotweinrebe, die wegen ihrer geringen Erträge und ihres großen Gerbstoffgehalts hochklassige, dunkelfarbige, langlebige Weine hervorbringt und deshalb in vielen Teilen der Welt angebaut wird. Im Duft erinnert sie an schwarze Johannisbeeren, Zedernholz und schwarzen Pfeffer. Doch Cabernet-Sauvignon-Weine bestechen weniger wegen der Art als wegen der Feinheit und Fülle ihrer Aromen. Wenn die Traube voll ausreifen kann, ergibt sie vielschichtige, gerbstoffreiche Weine. Als spätreifende Sorte muß sie in warmen Lagen stehen, damit der Wein nicht grasig oder nach grünem Pfeffer schmeckt. Die Trauben sind mittelgroß und dicht mit dunkelblauen, dickschaligen Beeren besetzt. Die Herkunft dieser Sorte war lange unklar. Inzwischen haben Forscher der Universität Bordeaux herausgefunden, daß sie eine spontane Kreuzung von Cabernet Franc und Sauvignon Blanc ist. In Bordeaux wurde sie in großem Stil erst gegen Ende des 18. Jahrhunderts angebaut. Da sie Bidure genannt wurde, halten Ampelographen es für wahrscheinlich, daß sie mit der *Biturica*-Traube identisch ist, die Plinius im ersten Jahrhundert nach Christus in seiner „Naturalis Historia" beschrieben hat. Der Name stammt von dem Stamm der Bituriker, die zu jener Zeit am Nordrand der Pyrenäen siedelten. Heute gilt Bordeaux als Urheimat der Cabernet Sauvignon, speziell das Médoc mit seinen kieselsteinhaltigen, wasserdurchlässigen Böden. Sie wird aber auch im Süden und Südwesten in den letzten Jahren verstärkt angebaut. In Italien und Spanien ist die Sorte ebenfalls stark in Mode gekommen. Die größten überseeischen Anbauflächen befinden sich in Kalifornien, Chile, Südafrika, Australien und Neuseeland. Fast immer wird die Cabernet Sauvignon mit anderen Sorten assembliert.

Aglianico
Aus Griechenland stammende, heute in den süditalienischen Regionen Kampanien und Basilikata vorherrschende Sorte, die zu den besten Rotweinsorten Italiens zählt. Liefert dunkelfarbene, rauhsamtige Weine mit kräftigem Gerbstoff, die lange haltbar sind. Der bekannteste Aglianico-Wein ist der Taurasi.

Alicante Bouschet
Französische Teinturier-Rebe (Petit Bouschet x Grenache), die vor allem im südlichen Frankreich viel angebaut und farbschwachen Rotweinen beigemischt wird.

Aramon
Qualitativ wertlose Massenweinsorte, die vor allem im Languedoc, Roussillon und Hérault angebaut wird. Aus ihr werden Meere von blassen, geschmacksarmen Rotweinen erzeugt.

Blauer Portugieser
Qualitativ mittelmäßige, aber reichtragende Traube, aus der milde, gerbstoffarme Konsumweine erzeugt werden, die entfernt burgunderart aufweisen. Ob die Sorte aus Portugal stammt, ist unklar. Nachweisbar ist sie im 18. Jahrhundert in Österreich, von wo sie nach Ungarn, Jugoslawien und Deutschland gelangte.

Blauer Wildbacher
Uralte Sorte, die aus der Weststeiermark stammt und heute – von wenigen Ausnahmen abgesehen – nur dort noch erhalten ist. Unter dem Namen Schilcher wird aus ihr ein urtümlicher, zwiebelfarbener Wein gekeltert, der sich durch eine hohe Säure auszeichnet.

Blaufränkisch
Dunkelbeerige, herb-würzige Traube, die heute die wichtigste Rotweinsorte Österreichs ist. Sie wird vor allem im Burgenland, aber auch im Anbaugebiet Carnuntum kultiviert. Sie liefert prägnante, facettenreiche Weine und wird neuerdings in edlen Cuvées mit Cabernet Sauvignon oder anderen Sorten verwendet. In Deutschland heißt die Sorte Lemberger und wird in Württemberg angebaut, wo sie oft bessere Weine ergibt als der Spätburgunder. In Ungarn als Kékfrankos bekannt.

Brachetto
Selten gewordene Sorte aus dem Piemont, die meistens für einen süßen Frizzante-Rotwein oder für süße Dessertweine benutzt wird, ursprünglich jedoch charaktervolle, trockene Rotweine ergab. In Frankreich ist sie unter dem Namen Braquet bekannt.

Die Roten Sorten

Syrah
Eine der edelsten Rotweinsorten der Welt, vor allem an der Rhône zu Hause. Mehr oder minder reinsortige Syrah-Weine sind der majestätische Hermitage, der elegantere Côte Rôtie, die leichteren St-Joseph und Condrieu, sowie der rote Crozes-Hermitage. Im Châteauneuf-du-Pape und anderen Weinen der südlichen Rhône ist die Syrah ebenfalls enthalten. Sie alle sind dunkelfarbig, tanninstark und mit einem bittersüßen, würzigen Beerenaroma ausgestattet. Ob die Sorte von der Rhône stammt oder durch Händler aus der Stadt Shiraz in Persien dorthin gebracht wurde, ist unklar. In Australien wird sie Shiraz genannt und ist neben der Cabernet Sauvignon die häufigste Rotweinsorte.

Cabernet Franc
Vermutlich eine Mutation der Cabernet Sauvignon, jedoch nicht annähernd von deren Rang. Deshalb wird die Sorte vor allem zur Assemblage mit Cabernet Sauvignon und Merlot benutzt. Fünf bis fünfzehn Prozent Cabernet Franc verleihen dem Bordeaux zum Beispiel seine pikante Würze. Hochwertige Weine aus dieser Sorte gibt es nur in St-Emilion, gute an der unteren Loire (Bourgueil, Chinon, Anjou-Villages, Champigny). Stark verbreitet ist die Sorte auch in Südtirol, Venetien und dem Friaul, wo sie reinsortig gekeltert wird, aber meist grasige und relativ einfache Weine hervorbringt. In den Weinbauländern der Neuen Welt wird sie fast ausschließlich als Komplementärtraube angebaut.

Gamay
Traditionelle Rotweintraube des Beaujolais, aus der meist leichte, herzhaft-fruchtige, aber auch einige substanzreichere Weine gewonnen werden. Diese kommen immer aus den Beaujolais-Cru-Lagen wie Brouilly, Morgon, Chiroubles, Fleurie oder Moulin-à-Vent. Letztere können ein paar Jahre altern, während erstere, weil säure- und tanninarm, eher jung getrunken werden müssen. Außerdem wird die Gamay an der Loire angebaut, wo sie vorwiegend für einfache Tafelweine gebraucht wird. Größere Gamay-Anbauflächen gibt es auch in der Schweiz. In Kalifornien hat sich die Sorte nicht durchgesetzt.

Garnacha (Grenache)
Häufigste rote Sorte in Spanien, die sowohl im Norden (Navarra, Rioja) als auch im Süden (La Mancha) zu finden ist. Meist als Massenträger mißbraucht, können auf kargen Böden jedoch feine, zum Teil hochfeine Weine aus ihr gewonnen werden. Die besten kommen aus dem Priorato, wo die Garnacha einst weit verbreitet war, dann jedoch von der Cariñena verdrängt wurde. Ihr Ursprung dürfte im nordspanischen Aragón liegen. Von dort ist sie nach Südfrankreich gekommen, wo sie als Grenache weite Verbreitung gefunden hat. Die Garnacha ist die Basissorte des Châteauneuf-du-Pape, außerdem sind die Roséweine Lirac und Tavel aus ihr gewonnen. Auf Sardinien wird sie Cannonau genannt.

Brunello
In der südtoskanischen Stadt Montalcino gebräuchliche Bezeichnung für die örtliche Spielart der Sangiovese-Grosso-Traube, aus der der Brunello di Montalcino gewonnen wird.

Canaiolo
Ertragsstarke, etwas rustikale Sorte, die aus Mittelitalien stammt. Traditionell die zweite Sorte im Chianti, jedoch stärker im umbrischen Torgiano vertreten.

Corvina
Tiefdunkle Rotweintraube, welche die Basis für den Valpolicella bzw. den Amarone bildet. Meist zusammen mit Rondinella und Molinara vinifiziert, neuerdings jedoch auch vereinzelt sortenrein als Tafelwein gekeltert.

Cot
Synonym für die Sorte Malbec, die in Südwestfrankreich, vor allem in Cahors anzutreffen ist, jedoch immer weniger verwendet wird.

Counoise
Qualitativ gute, spätreifende Sorte, die zu einem geringen Anteil in vielen Weinen von Châteauneuf-du-Pape zu finden ist.

Dolcetto
Autochthone piemontesische Sorte, aus der violettrote, fleischige, trockene Weine erzeugt werden, die vor allem im Monferrato und in den Langhe als sehr populäre Alltagsweine gelten.

Dornfelder
Deutsche Kreuzungsrebe (Helfensteiner x Heroldrebe), die in den letzten Jahren vor allem in der Pfalz und in Württemberg verstärkt angebaut wurde. Ergibt dunkelrote, aromatisch-fruchtige Weine, die dort nicht selten besser gelingen als der Spätburgunder.

Durif
In Kalifornien gebräuchlicher Zweitname für die Petite Sirah.

Feteasca Neagra
Quantitativ bedeutendste Sorte Rumäniens, qualitativ ziemlich minderwertig. Besser als Schwarze Mädchentraube bekannt.

Freisa
Alte, selten gewordene Traube aus dem piemontesischen Monferrato, aus der meist süße, schäumende Rotweine gekeltert werden, die aber auch prägnante, trockene Rotweine ergibt.

Die Roten Sorten

Merlot

Die Merlot-Traube bietet ein heterogenes Bild. Einerseits ist sie eine ertragsstarke Sorte und ergibt, wenn keine mengenbegrenzenden Maßnahmen ergriffen werden, einfache bäuerliche Weine. Andererseits sind einige der größten Rotweine der Welt aus ihr gekeltert: die aus St-Emilion und vor allem aus Pomerol, allen voran die legendären Château Pétrus und Le Pin. Auf den lehmigen und sandigen Böden, die in diesem Teil Bordeaux' vorherrschen, ergibt sie rubinrote, fleischige Weine von großer Distinktion. Allerdings weisen sie weniger Tannin, eine niedrigere Säure und eine geringere Langlebigkeit auf als Cabernet-Sauvignon-Weine, dafür eine höhere Alkoholgradation. Ihr Aroma ähnelt in der Jugend dem der Cabernet-Weine, wobei statt der herben, aristokratischen Strenge eher süße, malzige Töne in den Vordergrund treten. Die ältesten Zeugnisse lassen den Schluß zu, daß die Merlot aus dem Bereich Saint-Emilion und Pomerol stammen könnte. Zumindest wurde sie dort schon Anfang des 18. Jahrhunderts in großem Stil angebaut. Von dort gelangte sie ins Médoc, wo sie nach der Cabernet Sauvignon die zweite Sorte in den Weinbergen ist. Heute ist sie in der ganzen Welt verbreitet. Ihre Rebfläche wächst schneller als die der Cabernet Sauvignon. Mindestens vier Gründe sind dafür ausschlaggebend. Erstens reift sie eine Woche bis zehn Tage früher – kann also risikoloser ausreifen. Zweitens ordnet sich die Merlot in der Assemblage problemlos anderen Rebsorten unter. Drittens stellt sie nicht so hohe Ansprüche an die Lage und gedeiht auch in kühlerem Mikroklima. Viertens ist sie ertragreicher. Italiener, Osteuropäer und Australier bauen sie verstärkt an. In Kalifornien ist sie seit den 90er Jahren eine Modesorte geworden. Im Tessin wird die Merlot schon seit Jahrzehnten kultiviert.

Frühburgunder
Frühreife, aber dickschalige Rebsorte, die für eine Mutation des Spätburgunders gehalten wird. In geringen Mengen in Deutschlands Rotwein-Anbaugebieten zu finden. Trotz ihrer Farbschwäche kann sie teilweise hervorragende Qualitäten ergeben. In Frankreich heißt sie Pinot Madeleine.

Gaglioppo
Beste Rotweinsorte Kalabriens, die körperreiche, feinwürzige Weine mit kräftigem Tannin liefert. Sie stammt aus Griechenland, wurde aber schon vor über 2000 Jahren nach Italien importiert. Der bekannteste Gaglioppo-Wein ist der Cirò.

Jurançon Noir
Ziemlich einfache Rotweinsorte, die heute nur noch zu Verschnittzwecken angebaut wird, etwa im Anbaugebiet von Gaillac, seltener in Cahors. Auch in Jurançon selbst anzutreffen, wird aber nicht für den weißen Jurançon verwendet.

Lambrusco
In Italien von Venetien bis Sizilien verbreitete Sorte, die von der Getränkeindustrie nicht selten süß und frizzante abgefüllt wird. Der klassische Lambrusco ist jedoch ein stiller, trockener und durchaus wohlschmeckender Alltagswein.

Marzemino
In einem kleinen Bezirk im Trentino wachsende Sorte, aus der einfache, aber wohlschmeckende, kirschfruchtige Rotweine erzeugt werden.

Montepulciano
In Mittelitalien verbreitete Sorte mit Kerngebiet in den Marken und den Abruzzen. Liefert etwas derbe, oft alkohollastige, in ihren besten Qualitäten jedoch feine, würzige Weine (oft assembliert mit Sangiovese oder Uva di Troia). Die bekanntesten sind der Rosso Conero und der Rosso Piceno. In der Stadt Montepulciano wird die Sorte nicht angebaut.

Morellino
Bezeichnung für eine regionale Spielart der Sangiovese Grosso, die in der Südtoskana um den Ort Scansano zu finden ist.

Mourvèdre
Ursprünglich spanische Sorte, die heute in der Provence eine Renaissance erlebt, etwa in Bandol. Mit ihren kleinen, dickschaligen Beeren ergibt sie dunkelfarbige, tannin-

Die Roten Sorten

Cinsaut

In ganz Südfrankreich weit verbreitete Sorte, die in den letzten Jahrzehnten von Qualitätsweinwinzern in den Départements Aude und Hérault neu entdeckt wurde. In guten Lagen und mit strengem Beschnitt eignet sie sich wegen ihrer dunklen Farbe und Fruchtigkeit gut zur Assemblage mit Mourvèdre, Grenache und auch Cabernet Sauvignon, denen sie Duft und Geschmeidigkeit gibt. Sie wird jedoch fast nie allein gekeltert. Auch in Algerien, Marokko und dem Libanon ist sie weit verbreitet (alternative Schreibweise: Cinsault).

Carignan

Neue Massenweinsorte, die vor allem in Südfrankreich angebaut wird und maßgeblich für die Weinüberschüsse in Europa verantwortlich ist. Auch im Nordosten Spaniens noch weit verbreitet, wo sie Cariñena heißt. Wegen ihrer großen Erträge auch in Südkalifornien, Mexiko und Lateinamerika beliebt, wo schlichteste Industrieweine aus ihr gewonnen werden. Jedoch zeigen sowohl Winzer im Languedoc und Roussillon als auch in Spanien (etwa im Priorato), daß sich aus ihr durchaus auch feine, charaktervolle Weine erzeugen lassen, wenn sie entsprechend zurückgeschnitten wird.

Barbera

Eigenständige Rotweinsorte aus dem Piemont, die meist reinsortig vergoren wird und bekannte Weine wie den Barbera d'Asti und Barbera d'Alba ergibt. 1799 wurde sie zum ersten Mal als *vitis vinifera Monferratensis* erwähnt. Heute wird sie nahezu überall in Italien kultiviert, etwa im Oltrepò Pavese, in der Franciacorta, im Valpolicella, im Trentino, in der Emilia Romagna und in Süditalien. Sogar in Kalifornien stehen Barbera-Reben. Barbera-Weine zeichnen sich durch einen geringen Gerbstoffgehalt und hohe Säure aus. Die Sorte neigt, wenn sie nicht zurückgeschnitten wird, zu Massenerträgen, so daß aus ihr auch viele einfache und einfachste Weine produziert werden.

Nebbiolo

Eine anspruchsvolle, spätreifende Traube aus dem Piemont, die relativ hellfarbene, aber tanninreiche und langlebige Weine ergibt. Sie ist seit 1303 im Nordwesten Italiens aktenkundig. Vermutlich ist sie aber sehr viel älter. Die berühmtesten Nebbiolo-Weine sind der Barolo und Barbaresco. Beide werden sortenrein vergoren. Gattinara und Ghemme können zu einem geringen Anteil mit anderen Sorten assembliert werden. Auch der Roero und der Nebbiolo d'Alba sind sortenreine Nebbiolo-Varianten.

---

reiche Weine von urtümlicher Fruchtigkeit, die sich gut zum Verschneiden eignen. In Spanien heißt die Sorte Monastrell und herrscht in den Anbaugebieten Alicante, Valencia, Jumilla und Almansa vor.

Petit Verdot
Wertvolle, spätreifende Sorte, die vor allem in Bordeaux angebaut wird und dort länger heimisch ist als die Cabernet Sauvignon. Sie ergibt nahezu schwarzrote, tanninreiche und stark säurehaltige Weine mit feiner Würze, wird aber nur noch wenig angebaut: In den meisten Margaux-Weinen ist sie zu rund fünf Prozent enthalten.

Petite Sirah
Mittelmäßige Rebsorte mit nicht ganz klarem Ursprung, in Kalifornien auch Durif genannt. Sicher ist, daß sie mit der echten Syrah nichts zu tun hat. Angebaut wird sie im heißen San Joaquin Valley, aber auch im kühleren Monterey Distrikt. Hat sich als Verschnittsorte für Zinfandel und Pinot Noir bewährt.

Picpoul
Im Languedoc beheimatete, alte Rebsorte, die auf den Sandböden des Küstenlitorals am Mittelmeer wächst. Zudem eine der 13 zugelassenen Rebsorten des Châteauneuf-du-Pape.

Pinotage
Im Jahre 1925 aus Pinot Noir und Cinsaut eingekreuzte Rebsorte, die vor allem in Südafrika weit verbreitet ist und dort die besten Ergebnisse gezeitigt hat. Die Weine sind relativ dunkel in der Farbe, haben in der Jugend ein erdig-würziges Bouquet, entwickeln aber schnell eine schöne, ausdrucksvolle Frucht. Daneben gibt es aber auch viele belanglose, minderwertige Pinotage-Weine in Südafrika.

Pinot Meunier
Wegen ihrer Frosthärte die am häufigsten angebaute Sorte in der Champagne, wo sie als dritte Varietät in den Champagner eingeht – allerdings nur zu einem kleinen Prozentsatz. Sie gilt als rustikal, derbfruchtig. Nach traditioneller Auffassung gehört sie jedoch in jeden guten Champagner. Die Sorte, die von der Pinot Noir abstammt, wird auch in Württemberg angebaut und heißt dort Schwarzriesling oder Müllerrebe. Ihre Blätter sind wie mit Mehl bestreut.

Plavac Mali
Beste Rotweinsorte in Slowenien und Kroatien, die vollmundige, körperreiche Weine von außerordentlich großer Haltbarkeit liefert.

Die Roten Sorten

Pinot Noir

Eine der ältesten Rebsorten der Welt, aus der Weine von erhabener Eleganz, aber auch von plumper Schlichtheit erzeugt werden. In der Farbe präsentieren sie sich in mittlerem Purpurrot, ihr Aroma ist von süßer Fruchtigkeit geprägt. Die Trauben sind auffällig klein mit vielen dünnschaligen Beeren. Entsprechend tanninarm ist der Wein. Viele Pinot-Noir-Winzer keltern daher die Trauben mit den Kämmen, um tanninreichere Weine zu erhalten. Die Urheimat der Sorte ist mit Sicherheit das Burgund, wo sie bereits im 14. Jahrhundert urkundlich nachgewiesen ist. Vermutlich existierte sie dort aber schon mindestens tausend Jahre früher. Heute ist die Pinot Noir praktisch die einzig vertretene rote Sorte an der Côte d'Or, wo sie die Gamay völlig verdrängt hat. Chambertin, Musigny, Pommard und Volnay sind einige der bekanntesten Weinnamen dieser Gegend. Das berühmteste Weingut ist die Domaine de la Romanée-Conti. Auch außerhalb des Burgund hat die Pinot Noir weite Verbreitung gefunden. Sie wird im Elsaß und in der Champagne angebaut, wo sie – zu Weißwein gekeltert – die Basis für den Champagner liefert. In Deutschland, wo sie Spätburgunder oder Blauer Burgunder heißt, findet man sie in der Südpfalz, in Baden, in Assmannshausen am Rhein, an der Ahr und am Mittelmain um Klingenberg. Vereinzelt trifft man die Sorte auch im österreichischen Burgenland, in Südtirol und in der Toskana an. Allerdings gelingen die Weine in warmem Klima weniger gut. In Amerika wird die Pinot Noir deswegen nicht in Kalifornien, sondern im kühleren Oregon angebaut. In Südafrika und Australien ist sie nur vereinzelt vertreten. Sie gehört zu den wenigen roten Trauben in der Welt, die fast immer sortenrein gekeltert werden.

Prugnolo Gentile
Örtliche Spielart der Sangiovese-Traube im toskanischen Anbaugebiet Montepulciano.

Sagrantino
Hochwertigste Rotweinsorte Umbriens mit Hauptanbaugebiet um die Stadt Montefalco. Liefert kräftige, dunkelrote Weine mit spürbarer Würze und leichter Süße im Bouquet. Mangels überregionalen Interesses wurden aus ihr jahrelang süße Dessertweine erzeugt. Heute keltert man aus ihr wieder zunehmend hochklassige, trockene Weine von großer, innerer Komplexität.

Samtrot
Mutation der Müllerrebe, in Württemberg neu vermehrt. Dort erzeugt man daraus solide bis feine Sortenweine.

Schiava
Italienischer Name für den Südtiroler Vernatsch.

Schwarzriesling
In Württemberg übliche Bezeichnung für die Pinot Meunier.

Shiraz
In Australien gebräuchliche Bezeichnung für die Syrah-Traube. Benannt nach der persischen Stadt Shiraz.

St. Laurent
Wahrscheinlich aus dem Elsaß stammende, heute nur noch in Österreich anzutreffende Sorte, die geringe Ansprüche an den Boden stellt, gute Erträge garantiert und im besten Fall einen delikaten, herbfruchtigen Rotwein ergibt, oft aber auch fade und ausdruckslos ausfällt.

Tannat
Anspruchsvolle Sorte aus dem Südwesten Frankreichs, die schwarzrote Weine mit hohem Gerbstoffgehalt ergibt. Allerdings wird die Traube selten allein, sondern meist zusammen mit anderen Sorte vergoren. Man findet sie vor allem in Weinen aus dem Pyrenäenvorland, etwa dem Madiran, dem Irouléguy, dem roten Tursan und dem Béarn, aber auch dem Cahors.

Teinturier
Französische Bezeichnung für alle Deckweinsorten, die eigens gezüchtet wurden, um farbschwachen Rotweinen mehr Farbe zu geben. Basis der meisten Teinturier-Reben ist die dunkelfarbene Teinturier de Cher, die mit der blassen Aramon eingekreuzt wurde und so die Sorte Petit Bouschet ergab. Die Petit Bouschet,

Die Roten Sorten

Sangiovese
Wichtigste italienische Rotweinsorte, deren Hauptverbreitungsgebiet in der Toskana liegt. Dort bildet sie die Basis des Chianti, des Vino Nobile di Montepulciano und des Brunello di Montalcino. Aber auch in der Emilia-Romagna, in Umbrien, Latium und in den Marken ist sie weit verbreitet. Sie existiert in zahlreichen Varietäten, deren wichtigste die Sangiovese Grosso und die Sangiovese Piccolo sind. Sie reift relativ spät und bringt fruchtige, aber auch tanninherbe, säurebetonte, reifebedürftige Weine hervor. Erwähnt wird die Sangiovese erstmals 1722 in der Toskana. Doch spricht vieles dafür, daß sie schon 2000 Jahre früher in Italien bekannt war und von den Etruskern angebaut wurde.

Tempranillo
Bedeutendste spanische Rebsorte, aus der die Weine der Ribera del Duero und (zu einem hohen Anteil) der Rioja gekeltert sind. Örtlich auch Tinto Fino oder Tinto del País (etwa in der Ribera del Duero) genannt, ergibt sie dunkelfarbene Weine mit viel Gerbstoff und einer kräftigen Säure, die sie für ein langes Leben prädestinieren. Unsicher ist, ob die Sorte in ihrem Ursprung aus Spanien stammt oder im Mittelalter aus Frankreich importiert wurde. Heute ist sie in Frankreich jedenfalls nicht mehr anzutreffen.

Malbec
Früher sehr populäre, heute wegen ihrer Ertragsunsicherheit (sie neigt zum Verrieseln) auf dem Rückzug befindliche Rotweinsorte, die einen dunkelfarbenen, tanninstarken Wein ergibt. Der berühmteste ist der Cahors aus dem Südwesten Frankreichs. Dort wird die Sorte Cot genannt und mit anderen Sorten zum „schwarzen Wein von Cahors" verschnitten. Früher wurde sie viel in Bordeaux angebaut, heute ist sie nur noch in wenigen Weinen zu einem geringem Anteil enthalten – etwa einigen Gewächsen aus dem Graves.

Zinfandel
Rote Traube, aus der Weine ganz unterschiedlicher Art erzeugt werden: Rotweine, Roséweine, Weißweine (wenn ohne Schalen vergoren). Der typische und charaktervollste Wein ist jedoch immer ein roter Zinfandel. Die Sorte wird fast ausschließlich in Kalifornien angebaut. Dort werden aus ihr teilweise hochklassige, edle Rotweine erzeugt, aber auch zahlreiche Konsumweine, die die Amerikaner mit Eiswürfeln trinken. White Zinfandel ist ein süßer Zinfandel. Vermutlich stammt die Zinfandelrebe von der italienischen Primitivo-Rebe ab, die in großen Mengen in Apulien angebaut wird und aus der ebenso schlichte, einfache Tafelweinverschnitte wie süße, gespritete Likörweine erzeugt werden.

---

die noch heute in Frankreich viel angebaut wird, wurde dann in zahlreichen Versuchen weiter zur Teinturier-Traube eingekreuzt.

Teroldego
Alte Rotweinsorte aus dem Trentino, die auf den flachen Schwemmlandböden um Mezzocorona angebaut wird. Da als Massenträger angesehen, sind die meisten Teroldego-Weine gerbstoff- und säurearm und recht eindimensional. Die besten besitzen allerdings Charakter und eine große Aromentiefe.

Trollinger
In Württemberg beheimatete Sorte, hinter der sich die Südtiroler Vernatschtraube verbirgt. Aus ihr werden meist blaßrote, schlichte, gelegentlich aber auch durchaus delikate Weine gewonnen, die sich örtlich großer Beliebtheit erfreuen.

Touriga
Hochwertigste portugiesische Rotweinrebe, die die Basis aller guten Portweine bildet. Die kleinbeerige Traube liefert nur geringe Erträge, weshalb die Sorte im Anbau zurückgegangen ist. Oft auch Hauptbestandteil guter Dãos.

Tsimlyansky Cherny
Wichtigste Schaumweintraube der GUS-Staaten, vor allem am Don, aber auch auf der Krim angebaut, wo sie die Basis für den roten Krimsekt liefert. Da alkoholreich und säurearm, muß der Wein verschnitten werden.

Vernatsch
Am häufigsten angebaute Sorte in Südtirol, die in besseren Versionen einen leichten, samtigen Wein mit delikatem Frucht- und Mandelaroma, meist aber einen schlichten Wein ohne große Ausdruckskraft ergibt. Die bekanntesten Vernatschweine sind der St. Magdalener und der Kalterer See. Es gibt mindestens ein Dutzend Spielarten der Vernatsch-Rebe.

Xynomavro
Beste Rotweinsorte Griechenlands, in den bekannten makedonischen Weinen Naoussa und Amynteon enthalten.

Zweigelt
Erfolgreiche österreichische Kreuzungsrebe (Blaufränkisch x St. Laurent), deren Weine sich durch fruchtiges Bouquet, samtigen Körper und prägnanten Kirschgeschmack auszeichnen. In fast allen österreichischen Rotweingegenden anzutreffen.

DIE WEISSEN SORTEN

Chardonnay

Noble Rebsorte, die mit großer Sicherheit aus dem Burgund stammt (es gibt im südlichen Burgund sogar ein Dorf namens Chardonnay), heute aber weltweit verbreitet ist und ebenso feine wie gewöhnliche Weißweine hervorbringt – je nach Standort, Klon und Pflege. Unter allen weißen Rebsorten verzeichnete sie in den letzten 20 Jahren die größten Zuwächse. Die berühmtesten Chardonnay-Weine wachsen auf den kalkhaltigen Böden von Puligny-Montrachet, Meursault, Corton-Charlemagne und Chablis. Dort werden die Weine reinsortig aus Chardonnay-Trauben erzeugt und haben nussige, im Alter leicht petrolige Aromen. Im Champagner ist die Chardonnay in der Regel zu 50 bis 70 Prozent vertreten (im Blanc-de-Blancs-Champagner zu 100 Prozent). Andere größere Anbaugebiete finden sich im Maconnais und an der Côte Chalonnaise. In Italien findet man die Sorte vor allem im Trentino, in Südtirol, in der Franciacorta und im Friaul. Neuerdings wird sie auch erfolgreich in Österreich kultiviert, wo sie Morillon (Südsteiermark) beziehungsweise auch Feinburgunder (Wachau) genannt wird. Außerhalb Europas hat die Sorte weite Verbreitung in Kalifornien (Carneros oder Sonoma County), Chile (Maipo), Südafrika, Neuseeland und Australien gefunden. Dort wird sie größtenteils in kleinen, neuen Eichenfässern vergoren, wodurch sie einen leicht karamelligen Geschmack bekommt. Der Erfolg der Chardonnay-Traube beruht darauf, daß sie auf nahezu jedem Bodentyp ansprechende Qualitäten hervorbringt. Sie treibt früh aus und darf nicht zu spät gelesen werden, weil sonst die Säure absinkt. In jedem Fall ist sie eine eigenständige Sorte und keine Mutation des Weißen Burgunders, wie in zahlreichen Büchern noch zu lesen ist.

Airén
Häufigste spanische Weißweinrebe, wegen ihrer Trockenheitsbeständigkeit vor allem in der heißen La Mancha-Region angebaut, wo sie in der Vergangenheit schwere, alkoholreiche Weine hervorbrachte. Heute werden aus ihr meist leichte, neutral-fruchtige Tropfen erzeugt.

Albana
Ursprüngliche, italienische Sorte, die heute vor allem in der Romagna verbreitet ist. Ergibt dort einen leichten, mäßig fruchtigen und recht kurzlebigen Wein, der nach der Rebsorte benannt ist.

Albariño
Interessante, leicht aromatische Traube, aus der im galizischen Anbaugebiet Rias Baixas charaktervolle, trockene Weißweine erzeugt werden. In Portugal ist sie im weißen Vinho Verde enthalten und heißt dort Alvarinho.

Aligoté
Charaktervolle, eigenständige Sorte aus dem Burgund, aus der kräftige, körperreiche Weißweine erzeugt werden, die jung getrunken werden. Der beste kommt aus dem Dorf Bouzeron. Allerdings hat die Chardonnay die Aligoté weitgehend verdrängt.

Außerhalb Frankreichs findet man die Sorte in Bulgarien, Rumänien und anderen osteuropäischen Ländern.

Assyrtiko
Typische Sorte von der Insel Santorin, liefert kräftige, trockene Weißweine sowie die berühmten Liastos: süße, likörähnliche Trockenbeerenweine.

Auxerrois
Name für eine Vielzahl verschiedener Sorten. Im Ursprung aber wohl eine eigenständige Rebe, die über Frankreich nach Deutschland gekommen ist. Heute wird sie noch in geringen Mengen im Elsaß und in der Pfalz angebaut. Sie hat nichts mit Chardonnay oder Pinot Blanc zu tun. Im südwestfranzösischen Cahors wird die Malbec-Traube Auxerrois genannt.

Bacchus
Aus (Silvaner x Riesling) x Müller-Thurgau gekreuzte Sorte, die in vielen Anbaugebieten Deutschlands wächst und süffige, unkomplizierte Weine ergibt, nicht selten mit Restsüße.

DIE WEISSEN SORTEN

Chasselas

Klassische Schweizer Sorte, die schon vor 400 Jahren im Wallis (dort auch Dorin genannt) nachweisbar ist und heute knapp die Hälfte der Anbaufläche des Landes bedeckt. Sie ergibt einfache, leichte, oft etwas säurearme und ausdruckslose Weißweine. Es existieren jedoch auch bessere Qualitäten. Bekannte Chasselas-Weine sind der Fendant, Yvorne, Aigle, Saint-Saphorin oder Dézaley beispielsweise. In Deutschland heißt die Sorte Gutedel. Anfang des 20. Jahrhunderts war sie die am häufigsten angebaute Sorte. Heute ist sie in größeren Mengen nur noch im südlichen Baden (Markgräflerland) vorhanden.

Chenin Blanc

In Frankreich beheimatete und wegen ihrer hohen Erträge beliebte Weißweinsorte (Anjou und Touraine an der unteren Loire), aus der einfache Weine wie Vouvray und Saumur gewonnen werden. Diese Weine werden oft mit Restsüße und schäumend ausgebaut. In besten Lagen werden aus der Chenin Blanc jedoch kraftvolle, äußerst langlebige Weißweine mit markanter Säure erzeugt (Coulée de Serrant). Außerhalb Frankreichs wird die Sorte vor allem in Südafrika anbebaut. Dort heißt sie teilweise noch Steen.

Gewürztraminer

Hochwertige Rebsorte mit leicht rötlich gefärbten Beeren, die wegen ihres niedrigen und unsicheren Ertrags nur noch selten angebaut wird. Sie ist vermutlich eine Variante des Traminers, der seinerseits gelbe Beeren aufweist und weniger aromatisch ist. Als dessen Heimat wird Südtirol angegeben. Spät gelesen, kann der Gewürztraminer große Qualitäten ergeben: goldgelbe, kräftige, „männliche" Weine, die nicht selten deutlich über 13 Vol.% aufweisen und nicht nur trocken, sondern auch halbtrocken, süß oder edelsüß ausgebaut werden. Trotz niedriger Säure sind sie langlebige Weine. Große Gewürztraminer mit typischem Rosen- und Lycheeduft findet man im Elsaß und in Deutschland.

Grauer Burgunder

Populäre Weißweinsorte, aus der viele einfache, aber auch einige gehaltvolle und gelegentlich feine Weine gewonnen werden. Die wichtigsten Verbreitungsgebiete sind Frankreich (besonders das Elsaß, wo sie Pinot Gris oder Tokay genannt wird), Deutschland und Österreich (dort bisweilen Ruländer gerufen) sowie Norditalien (Südtirol, Friaul). In Venetien und im Trentino werden aus ihr sorten-untypische, aber kommerziell sehr erfolgreiche Konsumweine erzeugt. Die Beeren haben teilweise einen rötlichblauen Schimmer, was ein Beleg dafür ist, daß die Sorte von der Pinot Noir (Blauburgunder) abstammt.

Bouvier
Österreichische Kreuzungsrebe, vor allem im Burgenland und der Steiermark angebaut. Als Massenträger und „Zuckersammler" bekannt, deshalb meist als Tafeltraube und oft für die Erzeugung von Prädikatsweinen benutzt.

Clairette
In Südfrankreich beheimatete Sorte, aus der früher vorzugsweise Wermuth, heute einfache Tafelweine erzeugt werden.

Cortese
Einfache, ertragreiche Traubensorte aus dem Piemont, vor allem bekannt durch den Gavi, der zu 100 Prozent aus ihr gewonnen wird.

Feteasca
Die häufigste in Rumänien angebaute Weißweinsorte, die duftige, in ihren besten Qualitäten körperreiche und dauerhafte Weine ergibt. Auch in Bulgarien, Ungarn und Rußland weit verbreitet.

Folle Blanche
Früher in Frankreich weit verbreitete, heute praktisch nur noch um Nantes und Cognac kultivierte Sorte (zur Cognac-Herstellung verwendet).

Furmint
In ganz Osteuropa, vor allem aber in Ungarn weit verbreitete Rebsorte, die feurige, alkoholreiche Weine ergibt, die ebenso trocken wie süß ausgebaut werden. Der berühmteste ist der edelsüße Tokajer, einer der besten und langlebigsten Dessertweine der Welt.

Grechetto
Klassische umbrische Sorte, traditionell im Orvieto und in den Weißweinen von Torgiano enthalten.

Greco di Tufo
Aus Griechenland stammende, in Süditalien kultivierte Sorte, aus der körperreiche und bisweilen feine Weine wie der kampanische Greco di Tufo, der kalabrische Cirò Bianco und der süße Greco di Bianco hergestellt werden.

Gutedel
Deutscher Name für die Chasselas-Traube. Heute in größerer Menge nur noch im Markgräflerland (Süd-Baden) angebaut.

Die Weissen Sorten

Riesling

Anspruchsvolle, spätreifende Sorte, die in kühlen Anbaugebieten besonders feine Weine ergibt. Das Hauptverbreitungsgebiet der Riesling-Traube ist Deutschland und das Elsaß. Aber auch in Österreich, in Rußland und – auf kleiner Fläche – in Australien und Kalifornien wird die Sorte angebaut. Ob ihre Urheimat am Rhein, an der Mosel oder in der Pfalz liegt, ist schwer festzustellen. Sicher ist, daß sie im 15. Jahrhundert am Rhein und im 16. Jahrhundert an der Mosel schon weit verbreitet war. Möglicherweise ist sie aber auch schon um 800 n. Chr. auf Befehl von König Ludwig dem Deutschen am Rhein angebaut worden. Andere Vermutungen gehen dahin, daß sie sich dort aus der Wildrebe *vitis vinifera* entwickelt habe. In jedem Fall ist sie eine anspruchsvolle Sorte (korrekte Bezeichnung: Weißer Riesling), die zumindest in Deutschland, im Elsaß und in Österreich nur in sonnenzugewandten Steillagen bedeutende Weine ergibt. Rieslingweine haben, auch wenn sie spät gelesen werden, stets eine betonte Säure. Sie sind extraktreich und ausgesprochen langlebig.

Wegen der dicken Beerenhaut ist der Riesling gegen Fäule ziemlich resistent – Voraussetzung für die Erzeugung edelsüßer Beerenauslesen. Im Vergleich zu anderen Sorten verliert sie auch bei leicht erhöhten Erträgen nicht nennenswert an Qualität. Trotzdem gibt es als Resultat von Massenproduktion viele schlichte Weine, vor allem aus Deutschland. Auch in der Liebfrauenmilch kann sie enthalten sein. In Amerika wird diese Sorte Johannisberger Riesling, White Riesling oder Rhine Riesling genannt.

Kerner
Kreuzung Trollinger x Riesling, vor allem in Deutschland verbreitet. Frostharte Rebe, die teilweise sehr gute, leicht bouquet- und säurebetonte Weine ergibt.

Macabeo
Traditionelle Weißweinsorte der Rioja, Navarras und anderer Regionen Nordspaniens. Wird auch für die Cava-Produktion kultiviert.

Malvasia
Sortenname für etwa ein Dutzend Spielarten einer Weißweinrebe, die in der Regel einfache, alkoholreiche Weine hervorbringt. Sie ist vor allem in Italien (Friaul, Piemont, Toskana, Latium, Sizilien, Sardinien), aber auch in Portugal als Bestandteil des Portweins und auf Madeira (Malmsey) verbreitet.

Manseng
Aus dem französischen Baskenland stammende Sorte, dessen hochwertige Spielart Petit Manseng in den letzten Jahren wiederentdeckt und vermehrt angebaut wurde. Sie bildet die Basis für die berühmten Jurançon-Weine um die südwestfranzösische Stadt Pau, (den Jurançon Sec und die süße Variante, bei der die Trauben getrocknet werden, bevor sie auf die Kelter gehen). Sie wird aber auch in Béarn und in der Gascogne sehr geschätzt, besonders für den Pacherenc du Vic-Bilh. Die weniger feine Manseng Gros dient meist zu Verschnittzwecken.

Marsanne
Ertragsstarke Weißweinsorte, die an der nördlichen Rhône zu finden ist und schwere, kurzlebige und eher plumpe Weine ergibt. Basissorte des Crozes-Hermitage.

Melon
Relativ anspruchslose, neutralschmeckende Sorte, die fast ausschließlich an der Loire-Mündung angebaut wird. Dort werden aus ihr die weißen Muscadet-Weine gewonnen (Muscadet de Sèvre-et-Maine). Aus dem südlichen Burgund stammend, wird daher auch Melon de Bourgogne genannt.

Morio-Muskat
Stark im Rückgang befindliche Kreuzungsrebe (Silvaner x Weißburgunder), die vor allem in Deutschland angebaut wurde und bouquetreiche Weißweine ergibt.

Die Weissen Sorten

Grüner Veltliner
Populäre und ertragreiche Sorte, die vor allem in Österreich weit verbreitet ist (sie bedeckt etwa ein Drittel der Rebfläche des Landes). Sie treibt früh aus und wird relativ spät gelesen. Sie ergibt leichte, spritzige Weine mit pfeffriger Würze, die jung und oft mit einem Schuß Wasser („G'spritzter") getrunken werden. Das Weinviertel ist das Hauptanbaugebiet in Österreich. In beste Lagen gestellt, lassen sich jedoch auch extrakt- und alkoholreiche Spätlesen ernten, etwa im Kremstal, im Kamptal und vor allem in der Wachau. Dort wird der Grüne Veltliner seit knapp 100 Jahren angebaut. In seiner höchsten Vollendung als Smaragd ergibt er hochfeine Weine, die langlebiger als Rieslinge sind.

Müller-Thurgau
Die am häufigsten angebaute Sorte in Deutschland. Bekannt als Kreuzung Riesling x Silvaner, nach neueren Forschungen jedoch Riesling x Chasselas. Die Traube wurde 1882 an der Weinbauschule Geisenheim am Rhein von dem Rebenforscher Hermann Müller gezüchtet, der aus dem Schweizer Kanton Thurgau stammte. Sie ergibt meist einfache, duftige Weine mit leichtem Muskatton – Basis der Liebfrauenmilch. Unter der Bezeichnung Rivaner werden aber auch geschmeidige, elegante Tischweine produziert. Schließlich werden aus ihr, weil sie früh reift und rasch Zucker sammelt, auch Auslesen und Beerenauslesen hergestellt. Synonyme: Riesling x Silvaner, Rizlingszilvani (Ungarn).

Muskateller
Sehr alte, aromatische Sorte, die wahrscheinlich schon bei den Griechen (*anathelicon moschaton*) und Römern (*uva apiana*) bekannt war. Heute ist diese Sorte über die ganze Welt verbreitet. Es gibt viele Spielarten von ihr. Der Gelbe Muskateller (in Frankreich Muscat Blanc, Muscat de Frontignan oder Muscat Blanc de Petits Grains genannt) ist die hochwertigste. Aus ihr werden zum Beispiel der elsässische Muscat, der piemontesische Moscato d'Asti, der trockene steirische Muskateller und der spanische Moscadel del Grano Menudo erzeugt.

Scheurebe
Eine Kreuzung Silvaner x Riesling, im Jahre 1916 von Dr. Georg Scheu, dem Leiter der ehemaligen Hessischen Rebenzuchtstation Pfeddersheim bei Worms, gezüchtet. In Deutschland eine der wenigen erfolgreichen Neuzüchtungen. Die Scheurebe bringt zarte, bouquetbetonte Weine mit typischem Cassis-Duft hervor, wenn sie in guten Lagen steht. Dort ist sie allerdings nur selten zu finden, weil diese für den Riesling reserviert sind. So kommt es, daß aus ihr blumige, bouquetreiche Weine hergestellt werden, die nicht selten mit Restsüße abgerundet sind.

Mtsvane
In Georgien und auf der Krim beheimatete Sorte, die stilvolle, fruchtfrische Weißweine von guter Qualität ergibt. Hochwertigste Sorte in der GUS.

Muscadelle
Zu großen Erträgen neigende, frühreife Sorte, die in den meisten Weißweinen Bordeaux' in geringer Menge enthalten ist. Besitzt eine grobfruchtige, rustikale Note und wird kaum mehr neu angepflanzt. Hat nichts mit dem Muskateller zu tun.

Muscat d'Alexandrie
Mindere Spielart des Muskateller, vor allem in Spanien, Portugal, auf Sizilien (dort Zibibbo genannt) sowie in Südafrika und Chile zur Herstellung süßer Likörweine oder Brandys verwendet. Ansonsten eher eine Tafeltraube, die auch zur Herstellung von Rosinen angebaut wird.

Muscat d'Hambourg
Teilweise blau pigmentierte Tafeltraube aus der Muskateller-Familie, die heute kaum mehr zur Weinproduktion genutzt wird.

Muskat-Ottonel
Spielart der Muskateller-Traube (wahrscheinlich durch Einkreuzung von Chasselas), jedoch weniger hochwertig als der Gelbe Muskateller. In Österreich und Ungarn noch weit verbreitet, dort jedoch ebenso auf dem Rückzug wie in Deutschland.

Neuburger
In Österreich (Burgenland, Thermenregion) angebaute Rebsorte unbekannten Ursprungs, die kraftvolle, neutral-fruchtige Weine mit zartem Nußaroma hervorbringt.

Pedro Ximénez
Früher in großen Mengen in Jerez zur Sherryherstellung angebaute, derzeit stark zurückgehende Traube. Die größte Pedro-Ximénez-Anbaufläche befindet sich heute in Australien, wo aus ihr vor allem Brandys und Likörweine hergestellt werden.

Picolit
Weiße Rebsorte aus dem Friaul, aus der ein einfacher, süßer, preislich sehr teurer Dessertwein erzeugt wird. Die Picolit neigt zum Verrieseln, weshalb die Erträge niedrig und sehr unbeständig sind.

Die Weissen Sorten

Sauvignon

Hochklassige und weltweit stark verbreitete Rebsorte, die in den letzten Jahren große Zuwachsraten verzeichnete. Sie treibt spät aus, kann aber auch schon relativ früh gelesen werden. Mit großer Wahrscheinlichkeit stammt sie aus Bordeaux, wo sie heute die am meisten angebaute weiße Sorte ist. In den Weißweinen von Graves, Pessac-Léognan, Entre-Deux-Mers sowie in den Bordeaux Blancs und den edelsüßen Sauternes bildet sie zusammen mit der Sémillon (und teilweise der Muscadelle) eine bewährte Einheit. Das bedeutendste Anbaugebiet ist heute jedoch die mittlere Loire mit den Weinbauzentren Sancerre und Pouilly Fumé. Auf den dortigen Silex-Böden (Feuerstein) kommt das kräftige, an Stachelbeeren, Brennnesseln oder Schotenfrüchte erinnernde Aroma am klarsten zum Ausdruck. Andere wichtige Anbaugebiete sind die Steiermark, das Burgenland (in Österreich ist die Sorte noch unter dem irreführenden Namen Muskat-Silvaner bekannt), Slowenien und Friaul. Außerhalb Europas gibt es regelrechte Sauvignon-Moden in Kalifornien (im Holzfaß ausgebaut unter der Bezeichnung Fumé Blanc), Chile, Australien und vor allem Südafrika. Sauvignon-Weine aus Neuseeland fallen wegen ihrer aggressiven, herbvegetalen Note auf. Die meisten Sauvignon-Weine sind schwer. Ihr Alkoholgehalt liegt häufig über 13 Vol.%, vor allem bei den Sauvignons aus Übersee. Im Gegensatz zu hochklassigen Chardonnays zeigen Sauvignon-Weine ihre Feinheiten schon im jungen Stadium. Sie sind keine ausgesprochenen Altersweine.

Plavac
Die wichtigste Weißweinsorte Sloweniens, aus der einfache, neutralfruchtige, nicht selten sehr vollmundige Weine erzeugt werden.

Prosecco
In Venetien beheimatete Traube, die relativ spät reift und Weine mit leicht erhöhter Säure ergibt. Bekannt vor allem durch den Prosecco Frizzante beziehungsweise Prosecco Spumante, weniger bekannt als Stillwein.

Ribolla
Im Friaul werden aus ihr leichte, rassige, etwas rustikale Weine erzeugt.

Rkatsiteli
Mit Abstand häufigste Sorte Rußlands, zugleich eine der meistangebauten Weißweintrauben Europas. Kann kräftige, körper- und säurebetonte Weißweine hervorbringen, aber auch likörähnliche Süßweine und Sherry-gleiche Meditationsweine.

Rotgipfler
Traditionelle Rebsorte aus dem österreichischen Gumpoldskirchen. Bringt körperreiche, langlebige Weißweine mit Charakter hervor.

Roussanne
Anspruchsvolle Weißweinsorte an der Rhône. Meistens zusammen mit der Marsanne vinifiziert.

Ruländer
Synonym für den Grauen Burgunder. In Deutschland häufig für körperreiche Grauburgunder mit Restsüße verwendet.

Savagnin
Im französischen Jura anzutreffende, vornehme Traube, aus der der berühmte, sherry-ähnliche Vin Jaune hergestellt wird. Sie ist auch im Arbois enthalten.

Savatiano
Die meistverbreitete Weißweintraube Griechenlands. Liefert die Basis für den alkoholstarken, geharzten Retsina-Wein.

Steen
Traditionelle Bezeichnung für die Chenin Blanc in Südafrika.

Tocai
Autochthone Sorte, mit der der größte Teil der Weinberge Friauls bestockt ist. Die meisten Tocai sind fruchtig-frische Alltagsweine. Die besten können Charakter haben.

Die Weissen Sorten

Sémillon

Aus Bordeaux stammende und als nobel angesehene Rebsorte, weil aus ihr viele hochwertige edelsüße Weine erzeugt werden. Sie besitzt eine dünne Beerenhaut, was sie für Attacken des Edelschimmels anfällig macht. Der berühmteste edelsüße Wein ist der Château d'Yquem. In ihm ist die Semillon zu 80 Prozent enthalten. Normal ergibt sie körperreiche, „fette" Weine, die im jungen Stadium eher neutral schmecken. Deshalb wird sie in der Regel auch mit Sauvignon oder anderen Sorten assembliert. Wird sie nicht zurückgeschnitten, neigt sie zu Massenerträgen. Angebaut wird sie vor allem in und um Bordeaux und in der Dordogne, aber auch in Chile (Maipo) und in Australien (Hunter Valley und Barossa Valley).

Silvaner

Alte, autochthone Rebe, die zu den am häufigsten angebauten Sorten in Deutschland gehört. Da sie als Massenträger gilt, werden aus ihr jedoch oft schlichte, ausdruckslose Weine erzeugt. Wenn ihr Ertrag begrenzt wird, ergibt sie jedoch volle, zartfruchtige, erdige Weine. Diese findet man vor allem in Franken, im Elsaß und in Österreich (dort Sylvaner geschrieben). In Rheinhessen werden aus ihr einfache Konsumweine erzeugt. In der Schweiz heißt die Sorte Johannisberg oder Gros Rhin und kann ebenfalls sehr markante Weine ergeben.

Viognier

Alte, ertragsarme Rebsorte, die im trockenen, warmheißen Klima des Rhônetals ihre besten Ergebnisse bringt. Die bekanntesten Weine sind der weiße Condrieu und der seltene Château Grillet, beides schwere, langlebige Weißweine mit relativ hohem Alkoholgehalt. Die Rotweine der Côte Rôtie dürfen 20 Prozent Viognier-Trauben enthalten. Im Languedoc und Roussillon wird die Viognier häufig mit anderen weißen Sorten zusammen vinifiziert. Seit Ende der 80er Jahre werden aus ihr nicht nur dort, sondern auch in Italien und Kalifornien zunehmend sortenreine Weißweine erzeugt.

Weißer Burgunder

Alte Rebsorte, aus der sehr gute Weine mit viel Eigencharakter erzeugt werden können. Sie wird auch Weißburgunder oder Clevner genannt und ist vor allem in Baden und in der Pfalz verbeitet, wird aber auch mit gutem Erfolg in Österreich, Südtirol und im Friaul, in Ungarn, Slowenien und Kroatien angebaut. In Frankreich wird sie praktisch nur im Elsaß kultiviert, dort allerdings mit gutem Erfolg (Pinot Blanc). Der Weiße Burgunder wurde jahrzehntelang fälschlich als Pinot Chardonnay bezeichnet. In Wirklichkeit ist er eine Mutation des Pinot Noir (Blauburgunder). Charakteristisch ist das sanftwürzige Bouquet und die rassige Säure.

Traminer
Auch Roter Traminer genannt: Mutterrebe des Gewürztraminers, aus der leicht aromatische, qualitativ gute, aber selten herausragende Weine gewonnen werden.

Trebbiano
Italienischer Name für die Sorte Ugni Blanc, die zu den am meisten angebauten Weißweinsorten der Welt gehört. Anspruchslose und ausdrucksschwache Sorte, die in Italien in zahlreichen Variationen vorkommt (Frascati, Soave, Lugana, Procanico, Bianco di Val di Chiana). Cognac-Traube.

Verdejo
Vornehme, alte Rebe aus Spaniens Weißweinregion Nummer Eins, dem Rueda. Ist Basissorte aller dortigen Weißweine.

Verdelho
Alte charakteristische Rebsorte auf der Insel Madeira, die heute leider im Verschwinden begriffen ist.

Verdicchio
Vor allem in den italienischen Marken angebaute Rebe, die dort seit dem 14. Jahrhundert bekannt ist und meist neutral-fruchtige Weißweine ergibt.

Vermentino
Charaktervolle Weißweinsorte, die heute in größeren Mengen nur noch auf Korsika und Sardinien, in kleinen Mengen in Ligurien und in der nördlichen Toskana, speziell in der Maremma, angebaut wird.

Vernaccia
Alte, aber nicht sonderlich hochwertige Traube, die auf den Hügeln des toskanischen Städtchens San Gimignano einen delikaten, trockenen Weißwein ergibt. Ist nicht verwandt mit dem Vernaccia di Oristano aus Sardinien.

Welschriesling
Zweithäufigste Sorte Österreichs, angebaut am Neusiedler See, in der Steiermark und im Weinviertel. Ergibt teils leichte, teils kräftige Weißweine, in ihren besten Qualitäten feinwürzig und rassig, sonst mastig und neutral. Mit dem Riesling hat sie nichts gemein. In Ungarn Welsch Rizling und in Italien Riesling Italico.

Zierfandler
Qualitativ gute Weißweinsorte, die körperreiche, säurebetonte Weißweine hervorbringt. Wichtigste Traube im österreichischen Gumpoldskirchener.

Der menschliche Faktor

Wein ist ein natürliches Produkt, kein Resultat wissenschaftlicher Arbeit. Die alten Griechen bezeichneten ihn folgerichtig als „Geschenk der Götter". Sie waren es, die die Rebe wachsen und die Trauben reifen ließen. Auch der Saft ihrer Beeren vergärt ohne menschliches Zutun. Und wenn der gesamte Zucker des Mostes in Alkohol umgewandelt ist, hört die Gärung von selbst auf. An alledem hat sich bis heute wenig geändert. Theoretisch bedarf es also nicht einmal eines Kellermeisters, um Wein herzustellen, geschweige denn komplizierter Kellertechnik. Praktisch beeinflussen den Wuchs der Rebe und den Gärvorgang jedoch eine Vielzahl von Faktoren. Diese zu kontrollieren, ist die Aufgabe des Kellermeisters. Er ist zwar kein Weinmacher. Aber er schafft die Voraussetzungen dafür, daß feiner, wohlschmekkender Wein entsteht. Zum Beispiel sorgt er dafür, daß der Most während der Gärung gekühlt wird. Die Weingüter sehen dann zwar wie Raffinerien aus, doch nur so gelingt es, auch in warmen Anbaugebieten wie dem neuseeländischen Marlborough feine Weine entstehen zu lassen.

Die Weinbereitung

Von der Traube zum Wein

Traubenanlieferung in einem Weingut am Russian River in Kalifornien: Qualität vom Weinberg in den Keller zu bringen, ist das oberste Ziel der Weingüter.

Traditionelles Stampfen der Portweinmaische mit den Füßen: eine der schonendsten Methoden der Maischebehandlung, jedoch arbeitsaufwendig und heute am Douro nur noch Folklore.

Wein kann nie besser sein als die Trauben, aus denen er gewonnen wird. Doch immer wieder gelingt es Kellermeistern, aus guten Trauben schlechte Weine zu keltern.

Unter Weinbereitung wird die Verarbeitung der Trauben zu Wein verstanden. Sie beginnt mit der Annahme der Trauben im Keller und endet beim Abstich des vergorenen Weins von der Hefe. Sie zieht sich also über einen Zeitraum von einer Woche bis zu drei Monaten hin – je nach Wein und Art der Vergärungsmethode. Die meisten Weine gären zehn bis 15 Tage. Manch einfacher, leichter Rotwein ist aber auch schon nach vier Tagen vergoren. Weißweine können dagegen durchaus drei bis fünf Wochen gären, edelsüße Weißweine drei Monate lang. Das Gärtempo hängt von der Temperatur im Gärkeller ab. Diese bestimmt in der Regel der Kellermeister. Je höher die Temperatur, desto rascher verläuft die Gärung – je niedriger, desto langsamer geht sie vonstatten.

Alkohol und Kohlendioxid

Bei der alkoholischen Gärung handelt es sich um einen komplizierten chemischen Prozeß, der in mehreren Schritten abläuft und nicht nur Alkohol, sondern auch zahlreiche Nebenprodukte hervorbringt: erwünschte und unerwünschte. Das wichtigste Nebenprodukt ist Kohlendioxid (CO_2). Dieses geruchlose Gas entweicht dem gärenden Wein in Form von

Die Weinbereitung

Kelterstation in Montalcino: Frisch angelieferte Brunello-Trauben werden mittels Schnecke zur Traubenmühle befördert.

Blasen. Deshalb sind die meisten Gärgefäße zur Oberseite hin offen. Wenn also der Wein im Gärgefäß „blubbert" oder „prickelt", zeigt das dem Winzer an, daß der Wein schon (oder noch) gärt.

Unterschiede bei Rot- und Weißwein

Die Bereitung von Weißwein und Rotwein ist nicht grundsätzlich verschieden. Der wichtigste Unterschied besteht darin, daß beim Rotwein die Schalen mitvergoren werden, beim Weißwein hingegen nur der Saft vergoren wird. Das heißt: Die weißen Trauben werden gleich nach Ankunft im Keller abgepreßt. Der Saft wird aufgefangen und vergoren. Rote Trauben werden dagegen nur gemahlen oder ganz sanft gequetscht, so daß die Beerenhaut aufplatzt. Saft, Fruchtfleisch, Schale und Traubenkerne bilden zusammen die Maische. Sie wird vergoren. Erst nach der Gärung wird die Maische ausgepreßt. Der ohne Preßdruck frei ablaufende Wein ist das hochwertigere Produkt. Der Preßwein ist dagegen ein Wein zweiter Qualität. In ihm finden sich zahlreiche harte Tannine, weshalb er dem Hauptwein in der Regel nicht zugefügt wird. Lediglich in schwächeren Jahren kann es passieren, daß ein kleiner Anteil Preßwein dem Hauptwein zugegeben wird – in Bordeaux zum Beispiel eine übliche Praxis.

Was mit dem Trester geschieht

Die ausgepreßten Schalen wurden früher getrocknet, zu Briketts gepreßt und als Brennstoff verwendet. Im Winter spendeten sie dann Wärme in kalten Winzerstuben. Auch Weinstein (Kalziumbitartrat) wurde aus ihnen gewonnen. Weinstein ist für die pharmazeutische Industrie (Seignettesalz) und die Lebensmittelherstellung (Backpulver) ein wichtiger Grundstoff. Inzwischen wird Kalziumbitartrat synthetisch hergestellt, so daß diese Nebenerwerbsquelle für Winzer versiegt ist. Heute wird der Trester meist kompostiert und als organischer Dünger in den Weinbergen ausgebracht. Einige Winzer verkaufen den Trester auch an Destillationsbetriebe, die Tresterschnaps herstellen (in Italien Grappa, in Frankreich Marc genannt). Die Schalen der weißen Trauben, die immer noch Reste von Zucker enthalten, werden mit Most aufgegossen, vergoren, und der so entstehende Wein wird destilliert. Auf diese Weise entstehen Traubenbrände aus weißen Sorten.

Haupt- und Nebenprodukte der alkoholischen Gärung

Äthylalkohol	47–48%
Kohlendioxid	46–47%
Glycol	2,5–3%
Bernsteinsäure	0,2–0,5%
Butylenglycol	0,05–0,1%
Essigsäure	0–0,25%
Milchsäure	0–0,2%
Acetaldehyd	0–0,01%
Methanol	0,05–0,3%

Die chemische Formel für die Umsetzung des Zuckers in Alkohol und Kohlendioxid lautet: $C_6H_{12}O_6$ (Zucker) $\rightarrow 2\,C_2H_5OH$ (Alkohol) $+ 2\,CO_2$ (Kohlendioxid). Das Kohlendioxid kann auch in gelöster Form als Kohlensäure (H_2CO) vorhanden sein. Die Nebenprodukte machen zusammen etwa vier bis fünf Prozent des Weins aus. Nur wenige Nebenprodukte sind unerwünscht: etwa Acetaldehyd, weil es den Wein oxydiert, und Methanol. Methanol ist Spiritus, also ein höherwertiger Alkohol und ein Fuselöl. Es ist eine giftige Substanz, die unvermeidlich bei jeder alkoholischen Gärung entsteht und ab 25 Gramm pro Liter tödlich wirken kann. Allerdings ist Methanol nur in verschwindend geringen Mengen im Wein vorhanden: maximal 0,3 Gramm pro Liter. Ebenso bemüht sich der Kellermeister, die Essigsäure so niedrig wie möglich zu halten. Sie ist eine flüchtige Säure und kann zur Geruchsbeeinträchtigung führen.

Rote Trauben werden heute fast überall auf der Welt von den Stielen getrennt, bevor sie gemahlen und vergoren werden. Früher konnten sich nur wohlhabende Châteaux das Abbeeren leisten.

DIE WEINHEFEN

Erreger der Gärung

Jeder Wein braucht Hefen, um zu gären. Ohne Hefen bleibt er Traubenmost. Allerdings gibt es zahlreiche Hefestämme, und jeder hat seine Eigenarten – nicht immer nur positive. Die Qualität des Weins hängt also auch von der richtigen Hefe ab.

Die Umsetzung des Zuckers in Alkohol wird durch Hefen bewerkstelligt. Hefen sind Pilze und gehören, wie auch Algen und Bakterien, zu den einzelligen Pflanzen und damit zu den einfachsten Mikroorganismen im Pflanzenreich. Sie vermehren sich durch Abtrennung ausgestülpter Zellen. Die Energie dazu liefert der Zucker, der im Traubenmost als Glucose und Fructose gelöst ist. Er bildet gleichsam die Nahrung für die Hefen, während der Alkohol, der am Ende entsteht, ihre Tätigkeit sogar ganz ein. Die Gärung bleibt stecken – der Alptraum eines jeden Kellermeisters.

Durchgären der Weine

Bei einer Temperatur des Mostes von etwa 15°C an vermehren sich die Hefen kontinuierlich, und zwar so lange, bis der gesamte Zucker verarbeitet und der Wein staubtrocken ist. Danach sterben die Hefen ab und fallen auf den Boden des Fasses. „Geläger" sagt der Fachmann zu dem Hefetrub. Das bedeutet: Wenn der Kellermeister nicht einschreitet, gärt jeder Wein automatisch durch. Nur bei extrem zuckerreichen Mosten kann es passieren, daß die Gärung steckenbleibt, bevor der Zucker ganz vergoren ist. Hat nämlich der Wein einen Alkoholgehalt von etwa

Verschiedene Hefestämme

Der botanische Name für die Weinhefe lautet *Saccharomyces ellipsoideus* (auch *Saccharomyces cerevisiae* genannt). Ähnliche Gärhefen werden auch bei der Bierherstellung und in der Brotproduktion verwendet. Allerdings besteht jede Hefegattung aus zahlreichen Hefestämmen – so auch die Weinhefe. Jeder Hefestamm reagiert in unterschiedlicher Weise auf die Inhaltsstoffe des Traubenmosts und prägt demzufolge den Wein auf seine Weise – ähnlich wie der Boden oder die Lage es tun. So gibt es zum Beispiel alkoholempfindliche Hefen, die nur bis etwa 5 Vol.% arbeiten. Danach übernehmen andere Hefen ihre Arbeit. Wieder andere sind wärmeempfindlich oder produzieren viel Schwefelwasserstoff, womit die Wahrscheinlichkeit

In Gärung befindlicher Rotwein: Die Hefen bewirken, daß der Traubenzucker in Alkohol transformiert wird.

nur ein Nebenprodukt des Vermehrungsprozesses ist. Allerdings ist die Tätigkeit der Hefen an bestimmte Voraussetzungen gebunden. Bei hohen Temperaturen vermehren sich die Hefen schnell und bewirken eine stürmische Gärung. Niedrige Temperaturen machen die Hefen träge und führen zu einer langsamen Gärung. Bei Temperaturen unter 12°C stellen die meisten Hefen

15 Vol.% erreicht, sterben die Hefen ab. Zuviel Alkohol ist der Feind der Hefen. Dies passiert regelmäßig bei edelsüßen Weinen, gelegentlich aber auch ungewollt bei hochgrädigen Mosten, die eigentlich durchgären sollen. Spektakulärstes Beispiel war der 92er Le Montrachet von der berühmten Domaine de la Romanée-Conti. Er kam nie auf den Markt, weil er nicht durchgärte und restsüß blieb.

steigt, daß der Wein später einen „Böckser", einen Geruchsfehler, aufweist. Es gibt aromatisierende Hefen für junge Weißweine und Hefen, die speziell für die Sorte Sauvignon Blanc selektiert wurden, um ihr einmal ein weiches, einmal ein aggressiveres Aroma zu geben. Champagnerhefen zeichnen sich dadurch aus, daß sie nach dem Absterben große Flocken bilden.

Die Weinhefen

Saccharomyces chevalieri: elliptische Hefezellen, vor allem zur Vergärung von Rotweinmaischen eingesetzt.

Saccharomyces oviformis: eiförmige Hefezellen, die einem erhöhten Alkoholgehalt standhalten.

Torulopsis stellata: kleine, längliche Hefezellen, besonders geeignet zur Vergärung edelfauler Traubenmoste.

Wo die Weinhefen herkommen

Weinhefen kommen aus der Natur oder aus dem Labor. Im ersten Fall handelt es sich um natürliche oder wilde Hefen, im zweiten Fall um Reinzuchthefen. Da Hefen fast überall vorkommen, wo Trauben wachsen, hat nahezu jeder Landstrich, manchmal auch jeder Weinberg seine eigenen natürlichen Hefekulturen. Sie kommen im Normalfall mit den Trauben in den Keller oder befinden sich bereits dort, sofern dieser in einem Weinanbaugebiet liegt. In regnerischen, kühlen Jahren bilden sich allerdings nur wenige Hefen. Starkes Spritzen von Fungiziden und Insektiziden beeinträchtigt ebenfalls die Bildung der Hefekulturen. Außer durch den Wind werden die Sporen des Hefepilzes nämlich durch Insekten, insbesondere durch die Fruchtfliege, weitergetragen. In solchen Jahren ist der Kellermeister auf Reinzuchthefen angewiesen. Reinzuchthefen sind selektierte natürliche Hefen, die in speziellen Labors vermehrt werden und als Trockenhefe in den Handel kommen. Mit ihnen wird der Most „geimpft".

Zwei Lehrmeinungen über Hefen

Die meisten Weinerzeuger benutzen heute Reinzuchthefen zur Vergärung des Weins. Reinzuchthefen sind berechenbarer und mindern das Risiko, daß der Most nicht angärt, daß die Gärung steckenbleibt oder der Wein unangenehme Nebentöne annimmt. Die Weinerzeuger der Neuen Welt verwenden nahezu ausschließlich Reinzuchthefen (in einigen Weinanbaugebieten Kaliforniens, Südafrikas und Australiens bleibt ihnen gar nichts anderes übrig, weil es dort klimabedingt keine Hefekulturen gibt). Aber auch in Europa schwören viele Weinproduzenten aus leidvoller Erfahrung inzwischen auf Reinzuchthefen – und keineswegs nur Großkellereien und Genossenschaften. Die Kehrseite der Medaille ist, daß die Weine ganzer Landstriche manchmal so uniform sind, daß Boden- und Sortenunterschiede nicht mehr in der gewünschten Weise zutage treten – vor allem, wenn alle Weinerzeuger die gleichen Reinzuchthefen verwenden.

Erhaltung natürlicher Hefekulturen

Bei natürlichen Hefen, so beteuern Winzer aus Bordeaux, Burgund und vielen Teilen Deutschlands, könne das nicht passieren. Sie ergeben charaktervolle, vielschichtige Weine, weil die Hefekulturen im Weinberg nicht nur aus einem Hefestamm, sondern aus mehreren wilden Hefestämmen bestehen, und jeder einzelne trägt zum Gelingen des Weines bei. Amerikanische und australische Önologen schmunzeln über solch einen Märchenglauben. Doch die Europäer lassen sich nicht beirren. Zumindest die Spitzenwinzer pflegen mit Inbrunst ihre Hefekulturen, indem sie geschnittenes Rebholz, Preßrückstände und das „Geläger" kompostieren, um sie als organischen Dünger später wieder im Weinberg auszubringen und so zur Erhaltung ihrer eigenen Hefekulturen beizutragen.

Louis Pasteur (1822-1895)

Entdecker der Weinhefe

Der französische Chemiker Louis Pasteur hat als erster den Vorgang der alkoholischen Gärung vollständig und präzise beschrieben. Zwar wurde lange vor ihm schon Wein erzeugt und ebenso lange war bekannt, daß es der Zucker im Traubenmost ist, der sich in Alkohol verwandelt. Aber daß es dazu der Aktivität der Hefen bedarf, wußte noch niemand. Die Entdeckung der Hefen als Erreger der Gärung hat freilich auch mit der Erfindung eines technischen Hilfsmittels zu tun: des Mikroskops.

Explosion der Hefen

Hefen sind mit dem Auge nicht sichtbar. Unter einem Mikroskop mit mindestens 600facher Vergrößerung kann man sie aber genau erkennen. Während der Gärung vermehren sie sich extrem stark. So enthält ein Kubikzentimeter Most auf dem Höhepunkt der Gärung zwischen 80 Millionen und 120 Millionen Hefezellen. Zu Beginn der Gärung waren es nur 260 000 Hefezellen bei der gleichen Saftmenge, im Weinberg sogar nur 120 000 Hefezellen.

Die Maischegärung

Nieder mit dem Tresterhut

Es gibt nur wenige Grundregeln für die Rotweinvergärung, aber viele Maßnahmen, die jedes Jahr neu erfunden werden müssen. Der französische Önologe Emile Peynaud hat die Schwierigkeiten im Umgang mit Rotwein einmal so zusammengefaßt: Ein mittelmäßiger Jahrgang wird ganz anders vinifiziert als ein großer Jahrgang.

Zu den Grundregeln gehört, daß die roten Trauben entrappt und gemahlen werden. Die so entstehende Maische fermentiert dann in Edelstahltanks oder in offenen Holzkufen. Ist der gesamte Zucker vergoren, wird der Wein von der Maische gezogen und die Maische abgepreßt. Damit ist die Vinifikation beendet. In der Praxis ist die Maischegärung allerdings viel komplizierter. Denn sie umfaßt mehr als nur die alkoholische Gärung. Sie beinhaltet die Extraktion von Farbe und Gerbstoff aus den Traubenschalen. Früher verwendete der Kellermeister auf diesen Teil der Maischegärung wenig Gedanken. Die Extraktion verläuft nämlich fast parallel zur alkoholischen Gärung, und es bedarf, damit Farbe und Tannin in den Wein übergehen, keiner besonderen Vorkehrungen von seiner Seite. Heute wird der Mechanismus der Extraktion genau beobachtet und ihr Ablauf präzise gesteuert. In kleinen Jahren, wenn die Schalen wenig Farbe und Tannin enthalten, darf der Wein nicht zu lange auf der Maische stehen, sonst gelangen zu viele harte, unreife Tannine in den Wein.

Offene Maischegärung

Rotweine gären normalerweise schneller an als Weißweine. Bereits nach wenigen Stunden bilden sich erste Bläschen auf der Maische, nach zwölf Stunden „blubbert" sie, nach einem Tag befindet sie sich in voller Fermentation. Ursache des zügigen Angärens: Die Gärgefäße sind offen. Die Maische hat Luftkontakt und unter Sauerstoff vermehren sich die Hefen schneller als unter Sauerstoffabschluß. Offen sind die Gärgefäße deshalb, weil das Kohlendioxid, das bei der Gärung entsteht, nach oben entweicht und die in der Flüssigkeit schwimmenden Schalen mitreißt. Sie bilden schnell einen festen „Tresterhut"

Technik der Rotweinbereitung: Die Trauben werden entrappt und danach gemahlen. Zwei gegeneinander laufende Gummirollen brechen die Haut auf, so daß der Saft abläuft. Saft, Fruchtfleisch und Schalen bilden die Maische, die in Stahltanks (oder offene Holzbottiche) gepumpt und dort vergoren wird.

Die Maischegärung

im oberen Teil des Gärtanks. Dieser „Tresterhut" muß immer wieder nach unten gedrückt werden. Der gärende Wein hat sonst zu wenig Kontakt mit den Schalen. Früher geschah das von Hand, indem Kellerarbeiter auf die hölzernen Gärbottiche kletterten und mit langen Stangen und Stampfern den Tresterhut zerkleinerten oder gar selbst mit den Füßen den Tresterhut nach unten drückten. Im Burgund wird diese Form der *pigeage* noch heute praktiziert. Ansonsten wird der Wein unten am Faß abgezogen, in einem Gefäß aufgefangen, von dort mit einem Schlauch nach oben gepumpt und über den Tresterhut gespült. Im Zeitalter der Edelstahltanks ist das Umwälzen von Hand freilich durch einen geschlossenen Pump-Kreislauf ersetzt worden.

Länge der Maischegärung

Wie lange der Rotwein auf der Maische gärt, hängt vor allem von der Gärtemperatur ab. Je niedriger sie ist, desto langsamer gärt die Maische. Umgekehrt gilt: Je höher sie ist, desto rascher geht die Gärung vonstatten. Da heute fast alle Rotweine temperaturkontrolliert vergoren werden, kann der Kellermeister die Länge der Maischegärung genau steuern. In Edelstahltanks ist es am leichtesten, die Maische zu kühlen. Wo noch traditionelle große Holzcuves zur Vergärung verwendet werden (wie zum Beispiel auf vielen Bordeaux-Châteaux), sind diese im Inneren mit Kühlschlangen ausgestattet. Manchmal werden auch einfach nur Kühlplatten oder Plastikbeutel mit Eis in den Gärbottich gehängt, um zu verhindern, daß die Temperaturen allzu stark ansteigen. Einfache Rotweine wie Valpolicella oder Beaujolais gären etwa vier Tage auf der Maische. Gehaltvollere Rotweine wie Elsässer Pinot Noir, Badischer Spätburgunder oder Blaufränkisch aus dem österreichischen Burgenland haben etwa acht Tage Schalenkontakt. Schwerere Rotweine machen eine fünfzehntägige Maischegärung durch. Traditionelle Barolos oder Cabernet Sauvignons werden vier Wochen auf der Maische belassen.

Ende der Maischegärung

Der größte Teil der Farbstoffe ist schon nach wenigen Tagen aus den Schalen extrahiert. Das bedeutet: Der Wein ist dunkelrot, die Schalen sind hellviolett. Gelöst werden die Farbstoffe durch den Alkohol, der durch die Umwandlung des Zuckers entsteht. Unterstützt wird der Extraktionsprozeß durch die Gärungswärme. Die Tannine brauchen etwas länger, um ausgewaschen zu werden (siehe Grafik). Wenn der Kellermeister der Meinung ist, daß der Wein genügend „Struktur" besitzt, wird er von der Maische abgezogen. Die Schalen sinken, weil die Gärung sich verlangsamt und kein CO_2 mehr produziert wird, auf den Boden. Der Kellermeister öffnet ein Ventil im Gärbehälter und läßt die Maische ablaufen. Schalen, tote Hefen und Fruchtfleischteilchen, die sich am Boden des Gefäßes gesammelt haben, werden in eine Presse gepumpt und ausgepreßt. Ist noch Zucker in der Flüssigkeit, wird sie ohne Schalen weitervergoren. Sonst ist die Gärung beendet.

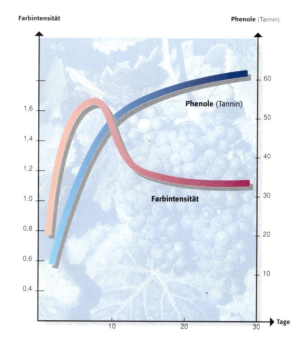

Farbentwicklung und Tanningehalt

Extraktion: Das Herauslösen der Farbe und des Tannins aus den Schalen der Beeren wird Extraktion genannt. Die Farbpigmente sind schon nach kurzer Zeit extrahiert. Bei den Tanninen dauert es etwas länger.

Schon nach drei Stunden beginnt die Maische zu gären. Das Kohlendioxid bildet einen Schaumkranz.

Nach fünf Stunden haben sich die Hefen so stark vermehrt, daß es fast in der ganzen Maische „stürmt".

Am zweiten Tag befindet sich die Maische in voller Gärung. Die Gärtemperatur steigt rapide an.

Die Seele des Rotweins

Die Güte großer Rotweine hängt von der Qualität seiner Tannine ab. Sie sind die Seele des Weins, wie der verstorbene Baron Philippe de Rothschild es einmal formulierte. Wie man es anstellt, nur die besten Tannine in den Wein zu bekommen, darüber zerbrechen sich Önologen den Kopf.

Tannine finden sich in drei verschiedenen Bestandteilen der Rotweinmaische: in den Schalen, in den wenigen Stielfragmenten, die beim Entrappen und Mahlen nicht entfernt wurden, sowie in den Traubenkernen. Das weichste, am wenigsten verholzte Zellgewebe weisen die Schalen auf. Die in ihnen enthaltenen Tannine sind besonders fein, zumal wenn die Trauben sehr reif waren. Das Tannin aus den grünen Stielteilen ist stumpfer, das aus den verholzten Kernen am härtesten. Das Stieltannin wird deshalb von den Kellermeistern meistens verschmäht, das Tannin der Kerne ist immer unerwünscht. Sie konzentrieren sich auf die Extraktion des edlen Schalentannins. Es macht zwischen 20 und 30 Prozent des insgesamt vorhandenen Tannins aus.

Umwälzen der Maische

Das Tannin aus den Schalen läßt sich verhältnismäßig leicht lösen. Schon geringe Mengen Alkohol reichen aus, damit die Extraktion beginnt. Allerdings müssen die Schalen viel Kontakt mit der Flüssigkeit haben. Das Umwälzen der Maische – in Frankreich *remontage*, in Italien *rimontaggio*, in der englischsprachigen Welt *pumping over* genannt – ist deshalb eine der wichtigsten Operationen während der Maischegärung. Vor allem in den ersten Tagen der Gärung muß die Maische mehrmals am Tag gewendet werden. In dieser Phase gehen sowohl die Farbstoffe als auch die Tannine aus den Schalen in den Wein über. Später reicht ein einmaliges Umpumpen pro Tag aus. Wenn die Schalen ausgelaugt sind, darf der Wein nicht mehr umgewälzt werden. Es würde zu viel Tannin aus Stielresten und Kernen in den Wein gelangen, was unerwünscht ist. In jedem Fall bedarf es langer Erfahrung und großen Fingerspitzengefühls, um die Extraktion zu steuern. In kleinen Jahren, in denen die Schalen wenig phenolische Substanzen enthalten, wird die Maische weniger oft übergepumpt, in guten Jahren öfter. Die Häufigkeit des Umwälzens variiert auch von Rebsorte zu Rebsorte. Farbintensive Sorten wie Syrah und Cabernet Sauvignon müssen öfter bewegt werden als etwa eine relativ farbschwache Vernatsch-Maische aus Südtirol.

Kurze, aber intensive Maischegärung

Die Dauer der Maischegärung hat nur indirekt Einfluß auf den Tanningehalt. Wichtiger ist die Gärtemperatur. Viele moderne Önologen plädieren bei tanninhaltigen Maischen für eine kurze Fermen-

Kohlensäuremaischung

Louis Pasteuer entdeckte 1872, daß ungemahlene, intakte Beeren unter Sauerstoffabschluß zu gären beginnen – ohne daß Hefen daran beteiligt sind. Diese Erkenntnis machten sich Weinerzeuger in Frankreich bald zunutze und vergoren zumindest einen Teil ihrer roten Trauben nach dieser Methode. *Macération carbonique* lautet der Fachausdruck: Kohlensäuremaischung. Das Resultat sind extrem fruchtige, aromatische Weine. Die Kohlensäuremaischung wird meist in einem geschlossenen Edelstahltank durchgeführt, in den Kohlendioxid gepumpt wird, um den Sauerstoff vollständig zu verdrängen. Die Gärung selbst spielt sich dann in den Saftzellen des Fruchtfleisches ab. Allerdings werden durch diese intrazelluläre Gärung nur etwa 2 Vol.% Alkohol erreicht. Danach müssen die Trauben ganz normal gemahlen und vergoren werden.

Beaujolais und andere

Typisch ist die Kohlensäuremaischung für das Beaujolais. Dort wird immer noch der größte Teil der Trauben zu Beaujolais Primeur verarbeitet, der schon wenige Wochen nach der Lese ohne malolaktische Gärung in den Handel kommt. Andere Gebiete Frankreichs, aber auch Italiens haben ebenfalls höchst erfolgreich die Primeur- beziehungsweise Novello-Produktion aufgenommen. Aber auch mancher Erzeuger regulärer Rotweine fügt der Maische einen kleinen Teil ungemahlener Trauben hinzu, um das Traubenaroma seines Weins stärker zu betonen.

Traditionelles Umwälzen der gärenden Maische: Der bereits rot gefärbte Wein wird unten vom Faß abgezogen.

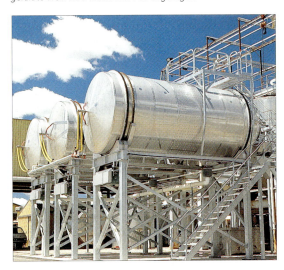

Moderne Rotofermenter: Sich periodisch drehende Edelstahltanks wirbeln die Maische immer wieder auf.

Alte Holzcuves auf Château Margaux: Viele Spitzenerzeuger in Bordeaux vergären ihre Maische noch in offenen Holzbottichen.

DIE TANNINE

Durch Rühren mit Stangen wird verhindert, daß sich die auftreibenden Trester zu einem festen Hut verdichten.

„Pigeage" an der Rhône: Kellerarbeiter des Weingutes Chapoutier drücken mit Füßen die auftreibenden Trester unter die Flüssigkeit.

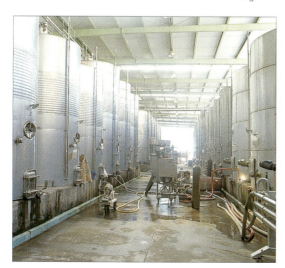

Moderne Rotwein-Fermentation: In der chilenischen Santa Rita Winery wird die Maische automatisch umgewälzt.

tationsdauer (nur wenige Tage, im Extremfall gar nur 36 Stunden). Die Fermentation muß dann aber bei hohen Temperaturen stattfinden: über 30°C, manchmal sogar bis 35°C. In dieser kurzen Zeit werden nur die leicht löslichen, weichsten Tannine extrahiert. Danach wird der angegorene Wein von den Schalen gezogen und kann in einem anderen Faß ohne Schalen langsam zu Ende fermentieren. Viele Burgunder Rotweine werden so vinifiziert, die neue Generation der italienischen Barolo ebenfalls. Ihre Tannine sind weich und süß, und sie sind oft auch in größerer Menge vorhanden als bei einer gewöhnlichen Niedertemperatur-Gärung. Die Länge der Maischegärung besagt also nichts über die Tanninstärke eines Weins.

Rotationstanks

Um die Extraktion zu optimieren, tüfteln Ingenieure und Önologen an immer neuen Tankkonstruktionen. In Australien werden zur Vergärung der Rotweinmaische häufig horizontale Rototanks verwendet, die sich in bestimmten Zeitabständen drehen und so die Maische neu aufwirbeln. Allerdings dient der Rototank vor allem dazu, Arbeit zu sparen: Ein Umwälzen der Maische von Hand ist nicht mehr nötig. Aus Deutschland kommen Rototanks, in deren Innerem sich Paddel drehen und die Maische aufrühren. Die Kerne fallen in eine Rinne am Boden des Fasses und werden nicht mitbewegt. Entwickelt wurde diese Technik, um den tänninarmen, farbschwachen deutschen Rotweinen mehr „Struktur" zu geben. In Italien wurden Tanks erfunden, bei denen zwei Kolben abwechselnd die auftreibenden Trester unter die Flüssigkeit drücken. All diese Konstruktionen sind freilich nur technische Varianten des traditionellen Herunterdrückens des Tresterhuts mit Stangen und Stampfern.

Vergärung mit Stielen

Da es früher keine Abbeermaschinen gab, wurde der größte Teil der Rotweine mit Stielen vergoren. Nur wenige Châteaux, die hohe Preise für ihre Weine erzielten, konnten es sich leisten, die Trauben von Hand entrappen zu lassen. Bis heute haben einige Weingüter den alten Brauch, die Trauben unentrappt zu vergären, beibehalten – allerdings nicht aus Bequemlichkeit. Für sie ist das Stieltannin erwünscht. Das gilt vor allem für Pinot-Noir-Weine, die von Natur aus tanninarm sind. Im Burgund wird fast regelmäßig ein Teil der Trauben mit den grünen Stielen vergoren. Dort ist man der Überzeugung, daß, wenn die Trauben reif sind, auch das Tannin in den Stielen reif sein muß. Ein weiterer Vorteil ist, daß die Stiele in dem Tresterkuchen, der sich im Gärtank bildet, Kanäle schaffen, durch die der übergepumpte Wein ins Innere des Kuchens eindringt und ihn schneller aufweicht.

Kurzzeiterhitzung

In Deutschland und der Schweiz ist es Brauch, die Maische farbschwacher Sorten (Lemberger, Trollinger, Spätburgunder, Gamay) zu erhitzen, um mehr Farbstoffe zu extrahieren. Maischehocherhitzung heißt dieses Verfahren. Dabei werden kurzzeitig Temperaturen von 80°C erreicht. Derart behandelte Weine haben eine dunkle Farbe, aber nicht mehr Tannin. Sie können in den ersten zwei Jahren recht attraktiv wirken, bauen jedoch schneller ab als normal vergorene Weine.

Roséweine

Echte Roséweine sind aus roten Trauben hergestellt. Ihre hellrote Farbe erhalten sie dadurch, daß sie vor der Gärung eine zeitlang auf der Maische stehen (vier bis zwölf Stunden), dann abgepreßt werden, und der Most allein vergoren wird. Die internationale Weinindustrie ist jedoch längst dazu übergegangen, Roséweine aus einem Verschnitt von Rot- und Weißweinen herzustellen. In einigen Ländern, Deutschland etwa, ist das nicht erlaubt. Ausnahme: Württemberger Schillerwein.

Zusammensetzung des Rotweins

70–85%	Wasser
11–13%	Alkohol
17–19%	Inhaltsstoffe

Die Inhaltsstoffe bestehen aus:

10–12 g/l	Glykol
3–3,5 g/l	Aschen (Salpeter, Kalzium, Eisen etc.)
2–3,5 g/l	Tannin
2–2,5 g/l	Weinsäure
2–2,5 g/l	Milchsäure
1–1,8 g/l	Anthocyane
0,5–1 g/l	unvergorener Restzucker
0,5–1 g/l	Bernsteinsäure
0,4–1 g/l	flüchtige Säuren
0,6–0,8 g/l	Butylenglycol
0,4–0,5 g/l	Stickstoffverbindungen
0,2–0,3 g/l	gelöstes Kohlendioxid
0,1–0,3 g/l	Zitronensäure
0,005–0,03 g/l	freie schweflige Säure

Die Malolaktische Gärung

Angriff der Bakterien

Alle Rotweine machen, nachdem die alkoholische Gärung beendet ist, eine zweite Gärung durch. Sie heißt Milchsäuregärung oder einfach „Malo". Malo kommt vom lateinischen Wort *malum*: der Apfel. Im Wein befindet sich nämlich eine Säure, die so herb schmeckt wie ein unreifer Apfel. Um sie geht es bei der malolaktischen Gärung.

Rotweine aus allen gemäßigten Anbaugebieten haben einen mehr oder minder großen Überschuß an Apfelsäure. Selbst bei warmen Temperaturen und später Lese wird sie nicht vollständig abgebaut (siehe Seite 44). Die roh, bisweilen adstringierend schmeckende Apfelsäure ist auch im vergorenen Wein noch anzutreffen – in kühlen Jahren in besonders hohem Maße. Diese Apfelsäure wird irgendwann von den Milchsäurebakterien angegriffen. Sie spalten die Apfelsäuremoleküle und wandeln sie in die mildere Milchsäure um. Der Säuregehalt im Wein sinkt dadurch, der Wein schmeckt weicher und voller.

Natürlicher Vorgang
Die malolaktische Gärung wird also nicht durch Hefen, sondern durch Bakterien in Gang gesetzt. Sie ist ein natürlicher Vorgang. Oft wird er auch als biologischer Säureabbau bezeichnet. Er findet in vielen Anbaugebieten spontan im Frühling statt. Die einzige kellertechnische Maßnahme, die dazu nötig ist: Die Fenster öffnen, so daß die Frühlingswärme in den Keller strömt. Wenn die Temperaturen steigen und der Keller sich erwärmt, wird der durchgegorene Wein wieder aktiv. Er beginnt fein zu prickeln, später zu blubbern – sicheres Anzeichen dafür, daß etwas in ihm vorgeht. Was genau mit ihm passiert, darüber herrschte lange Zeit Unklarheit. Erst vor dem Zweiten Weltkrieg wurde die genaue chemische Reaktion am Institut Œnologique der Universität Bordeaux erforscht. Man fand unter dem Mikroskop Bakterien, die sich auch in einem sauren Milieu vermehren und keinen Zucker brauchen.

Erst nach der Malo stabil
Genau betrachtet, sind es drei Milchsäurebakterien: *Pediococcus*, *Leuconostoc* und *Lactobacillus*. Man findet sie bereits im Weinberg unter die Hefen gemischt, aber auch im Keller und in den Gärfässern (ein leeres Faß enthält rund fünf Liter Flüssigkeit mit Hefen und Bakterien vermischt, die im Holz gespeichert sind). Allerdings sind sie träge. Sie werden überhaupt erst bei Temperaturen ab 20°C aktiv – also normalerweise erst, wenn es warm wird. Besonders *Pediococcus* und *Leuconostoc* greifen ausschließlich die Apfelsäure an, lassen aber das Glycerin und die Weinsäure unberührt. Da der Wein nicht stabil ist, bevor die malolaktische Gärung abgeschlossen ist, wird in modernen Weingütern der Keller nach der alkoholischen Gärung beheizt, um die Malo zu stimulieren. Sie dauert etwa zwei oder drei Wochen. Danach enthält der Wein keine Apfelsäure mehr.

Mit Bakterien „geimpft"
In vielen Anbaugebieten der Neuen Welt, vor allem in Kalifornien, Südafrika, Australien finden sich oftmals nicht genügend, manchmal auch gar keine Bakterien in den Kellern. Um die malolaktische Gärung durchführen zu können, muß der Wein mit ausgesuchten, kultivierten Milchsäurebakterien „geimpft" werden. Auch in einigen europäischen Regionen wird gelegentlich so verfahren. Wichtig ist allein, daß der Wein ohne Apfelsäure auf die Flasche kommt. Ansonsten besteht die Gefahr, daß er auf der Flasche nachgärt. Typisches Indiz: Der Korken hebt sich unter dem Druck des entweichenden Kohlendioxids.

Malo bei Weißweinen
Auch Weißweine enthalten Apfelsäure – solche aus kühlen Anbaugebieten mehr, aus warmen Anbaugebieten sehr wenig. Doch die meisten Weißweinwinzer lehnen eine malolaktische Gärung ab. Sie sind über jedes Gramm Säure froh, das ihr Wein aufweist. Säure macht Weißweine lebendig, erfrischend, fein. Vor allem für junge Weißweine ist Säure unverzichtbar. Neben der fruchtigen Weinsäure, die den größten Anteil ausmacht, sind ein paar Gramm Apfelsäure durchaus tolerabel. Selbst beim Elsässer und beim deutschen und österreichischen Riesling, die trotz später Reife hohe Säurewerte aufweisen, wird praktisch nie der biologische Säureabbau durchgeführt. Bei anderen Weißweinen ist er dafür die Regel. Ursprünglich waren es weiße Burgunderweine aus Chardonnay-Trauben und die weißen Bordeaux-Weine aus Sémillon und Sauvignon, die vorangingen. Heute sind es nahezu alle im kleinen Holzfaß vergorenen Chardonnay-Weine, unabhängig davon, ob sie aus Italien, Australien, Kalifornien oder Chile kommen. Manchmal wird nur die Hälfte des Weins der malolaktischen Gärung unterzogen, die andere nicht, damit die Säure nicht zu tief sinkt.

Während der malolaktischen Gärung entweicht Kohlendioxid aus dem Rotweinfaß: Es „blubbert" im Siphon.

Sonne aus dem Zuckersack

Verbesserung oder Mißbrauch? Durch Anreicherung des gärenden Mostes mit Zucker wird der Alkoholgehalt korrigiert.

Gäbe es ein ideales Weinklima, so könnten jedes Jahr makellos reife Trauben geerntet werden. Körper und Alkoholgehalt des Weins würden sich in perfekter Harmonie befinden. Leider muß der Kellermeister manchmal die Versäumnisse der Natur ausgleichen und dem Wein künstlich zu einem höheren Alkoholgehalt verhelfen.

In kühlen, sonnenarmen Jahren bilden die Trauben nur wenig Zucker. Resultat ist, daß die Weine hinterher einen niedrigen Alkoholgehalt aufweisen. Sie sind leicht und wirken mager. Gerade körperreichen und aromatischen Weinen fehlt es an Harmonie. So kommt es, daß viele Kellermeister dem Most oder dem gärenden Wein Zucker zusetzen. Der Zucker wird von den Gärhefen wie natürliche Glucose beziehungsweise Fructose angesehen und zu Alkohol verarbeitet. Das heißt: Der Wein ist nach Beendigung der Gärung trocken. Damit 100 Liter Wein ein Grad Alkohol mehr bilden, müssen diesem 2,4 Kilogramm Zucker zur Vergärung beigemischt werden.

Zuckerung rettet den Weinbau
Die Anreicherung des Weins mit Zucker zur Erzielung eines höheren Alkoholgehalts heißt Chaptalisation. Der Begriff geht auf den französischen Wissenschaftler und Politiker Jean-Antoine Chaptal zurück (1756-1832). Als Innenminister unter Napoleon machte ihm der Verfall der Weinqualität in der Zeit nach der Französischen Revolution große Sorgen. So schlug er vor, die Gradation der Weine durch Anreicherung mit konzentriertem süßen Most oder mit Rohrzucker zu erhöhen. Wie das konkret vor sich geht, beschrieb zum ersten Mal der Trierer Chemiker Ludwig Gall gegen Mitte des 19. Jahrhunderts, als zahlreiche Moselwinzer wegen mehrerer schlechter Jahrgänge hintereinander keine Trauben ernteten, den Weinbau aufgeben mußten und auswanderten. Die von ihm beschriebene Anreicherung ermöglichte es, auch in kleinen Jahren harmonische Weine zu erzeugen. „Sonne aus dem Sack", frohlockten die Moselaner damals.

Mißbrauch der Chaptalisation
Chaptalisiert wird in nahezu allen Weinbauländern der Welt (lediglich in den warmen Zonen Kaliforniens, in Südafrika, Chile und in Australien ist die Chaptalisation verboten – allerdings auch nicht nötig). Die europäische Weingesetzgebung hat allerdings die Grenzen der Chaptalisation genau festgelegt. In den kühlsten Regionen Europas, der Weinbauzone A (England, Luxemburg, Mosel-Saar-Ruwer, Württemberg), dürfen die Weine im Regelfall um maximal 3,5 Vol.% angereichert werden (Rotweine 4 Vol.%), in Zone B (Champagne, Elsaß, Baden) um 2,5 Vol.%, in Zone C (Bordeaux, Burgund) um 2 Vol.%. Gleichwohl kommt es vor, daß Weine aus der Zone C auch in guten Jahren und ohne Not chaptalisiert werden, um ihnen mehr Gewicht zu geben.

Für einen besonders großzügigen Umgang mit Zucker sind die Winzer aus dem Burgund und aus der Schweiz bekannt. Dort wird häufig versucht, kleinen Weinen durch Chaptalisierung mehr Alkohol zu geben, als sie von Natur aus mitbringen. In Italien darf nicht mit Zucker, es muß mit Traubenmostkonzentrat angereichert werden, wogegen die Weinwirtschaft Sturm läuft (durch ein Konzentrat aus fremden Trauben kann der Weingeschmack eines Weins verfälscht werden). Auf eine andere Gefahr, die von der Chaptalisation ausgeht, weisen die EU-Politiker immer wieder hin: Mancher Winzer treibt bewußt die Traubenerträge in die Höhe, um den entsprechend niedrigeren Alkoholgehalt seiner Weine später mit Zucker auszugleichen.

Umkehr-Osmose
In Frankreich wurde 1989 ein neues Verfahren zur Konzentration des Mosts erfunden, das die Anreicherung mit Zucker ersetzen kann. Das Verfahren heißt Umkehrosmose. Dabei wird dem vergorenen Wein Wasser entzogen, so daß sich Alkohol und Inhaltsstoffe automatisch konzentrieren. Bei dem Verfahren wird ein Tank mit einer porösen Membran in zwei Kammern unterteilt. Die eine enthält Wasser,

Zuckersäcke in einer Großkellerei.

die andere den Wein. Ist der osmotische Druck beim Wein größer als beim Wasser, beginnen die Wassermoleküle des Weins durch die Membran in die Wasserkammer überzutreten. Diese inverse Osmose wird vor allem in St-Emilion und Pomerol angewendet und hat dazu geführt, daß dort auch in verregneten Jahren extrem dichte, konzentrierte Weine entstehen. Allerdings ist dieses Verfahren so aufwendig und teuer, daß es sich nur wenige große Bordeaux-Châteaux leisten können.

Stationen der Weinherstellung

Die planvolle Bereitung von Rotwein spiegelt sich nirgendwo so deutlich wider wie in der klaren inneren Gliederung der Weingüter von Bordeaux. Von der Traubenannahme bis zur Tresterentsorgung hat jede Tätigkeit ihren genau definierten Platz im Chateau-System.

1 Annahme der roten Trauben: automatische Messung des Zuckergehalts.

2 Abbeermaschine und Traubenmühle: Die roten Trauben werden entrappt, angequetscht und über unterirdische Leitungen in die Gärtanks gepumpt.

3 Gärkeller: In den Edelstahltanks wird die Maische nach Sorten getrennt vergoren. In der ersten Gärphase wird sie mindestens zweimal täglich automatisch umgewälzt, um eine maximale Extraktion der Tannine zu gewährleisten.

4 Computerboard: Die Gärtemperatur wird automatisch kontrolliert. Wenn sie über 30° Celsius steigt, setzt die Kühlung ein.

5 Mikrovinifikation: Kleine Edelstahltanks, in denen der Kellermeister mit ausgewählten Chargen von Trauben experimentiert, um beispielsweise eine bessere Extraktion zu erreichen.

6 Gärkeller Weißwein: Viele Bordeaux-Châteaux erzeugen neben dem Rotwein auch eine kleine Partie Weißwein. Der Weißweinmost wird nach dem Abpressen in kleinen Eichenholzfässern vergoren.

7 Tankpressen: Nach der Gärung wird die Maische abgepreßt und der frei ablaufende Wein (*vin de goutte*) vom Preßwein (*vin de presse*) getrennt.

8 Alter Holzcuvier: Früher wurde die Maische nicht in Edelstahltanks, sondern in großen, offenen Holzbottichen vergoren. Auch heute noch schwören einige der besten Châteaux auf diese traditionellen Gärbehälter. Andere haben den Holzcuvier zum Museum umfunktioniert.

9 Gästehaus mit Speisesaal für Gesellschaften und Lesehelfer.

10 Reifekeller für das erste Jahr (*chai*): Nach dem Abpressen wird der junge Wein in kleine Barriques gefüllt, wo er die malolaktische Gärung durchmacht. Danach reift er zwischen acht und zwölf Monaten in den kleinen Eichenholzfässern, die genau 225 Liter fassen.

11 Reifekeller für das zweite Jahr: Im zweiten Jahr wird der Wein über unterirdische Leitungen in einen anderen *chai* gepumpt. Dort reift er ein weiteres Jahr. Während dieser Zeit wird er geklärt.

12 Wohnhaus des Château-Besitzers mit Garten.

13 Abfüllanlage: Nach eineinhalb bis zwei Jahren wird der Wein auf Flaschen gefüllt, wobei er vorher leicht geschwefelt und in der Regel auch leicht gefiltert wird. So ist sichergestellt, daß er frei von jedem Trub ist.

14 Flaschenlagerung: Nach der Abfüllung werden die unetikettierten Flaschen in Buchten gestapelt. Der Kellermeister kontrolliert, ob die Korken dicht sind und keine Nachgärungen auf der Flasche stattfinden.

15 Kistenlager und Speditionshalle: Je nach Geschäftspolitik eines Châteaus werden 50 bis 80 Prozent eines Jahrgangs nach der offiziellen Freigabe sofort verkauft. Der Rest verbleibt als Reserve im Château. Vor der Konfektionierung in Holzkisten wird der Wein etikettiert.

16 Trestersammelstelle: Der Trester wird kompostiert und in einer Destille verkauft.

17 Degustationsraum: Alle größeren Bordeaux-Châteaux haben einen Raum, in dem Besucher die Weine des neuen Jahrgangs verkosten können.

Innenansicht

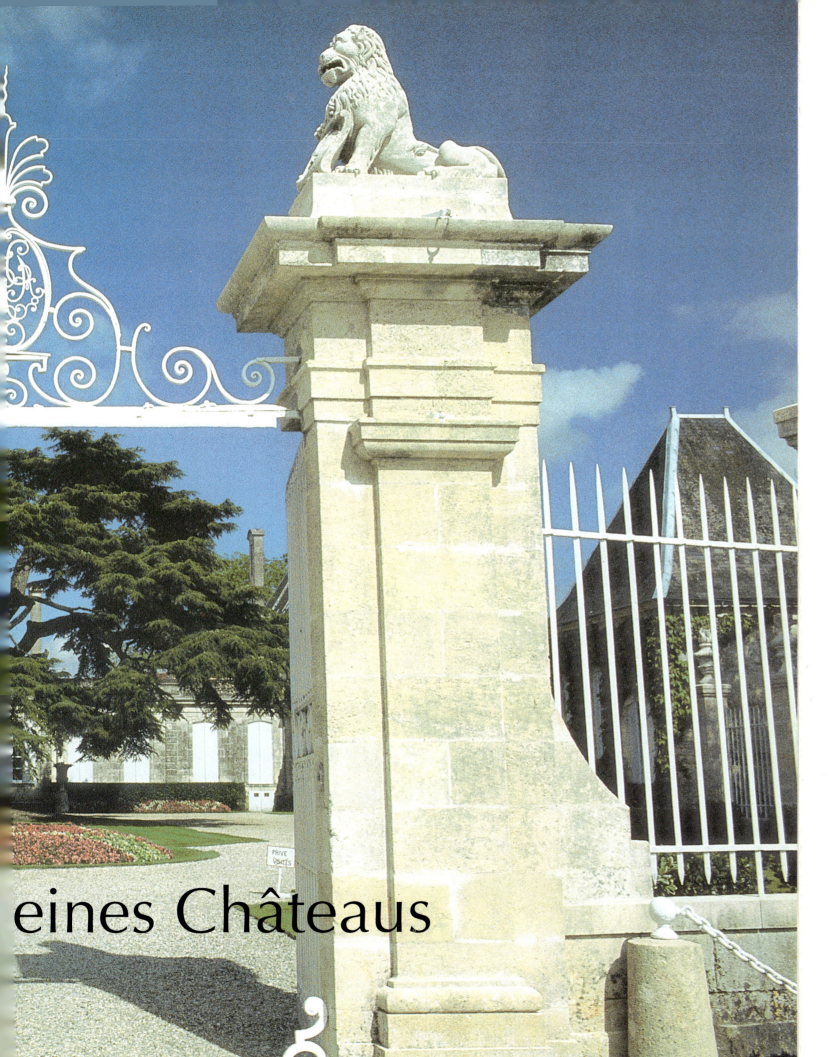

eines Châteaus

Die Kelterung des Weissweins

Mit sanfter Kraft gewonnen

Aus bestem Lesegut wird nur dann ein hochwertiger Weißwein entstehen, wenn der Kellermeister die Trauben vorsichtig, schonend, schnell und mit Köpfchen verarbeitet. Nicht allen gelingt das.

Traditionell werden weiße Trauben nach der Anlieferung zunächst von den Stielen getrennt und gemahlen. Unter Mahlen versteht man das Quetschen der Trauben: Sie werden über zwei gegeneinanderlaufende Gummirollen geschickt, so daß die Zellen des Fruchtfleisches aufbrechen und ein Teil des Mostes frei abfließt: etwa 30 Prozent. Dieser Vorlaufmost ergibt den hochwertigsten Wein. Aber kein Hersteller kann es sich leisten, nur den Vorlaufmost zu verwenden.

Das Keltern
Das Mahlen der Trauben ist mithin nur eine Vorstufe der Kelterung. Die Maische, also das Gemisch aus Schalen, Fruchtfleisch und Kernen, wird danach in eine Presse befördert und vorsichtig abgepreßt. Dieser Vorgang heißt Kelterung. In modernen Kellereien werden dazu Spindelpressen oder Tankpressen benutzt. Sie drücken die Maische zunächst nur sanft an, so daß diese mehr entsaftet als abgepreßt wird. Bei einem Druck von 1 bar werden bereits über die Hälfte der Zellen im Fruchtfleisch zerstört. Auf diese Weise erhält man weitere 30 bis 40 Prozent Most. Erst danach wird der Preßdruck kontinuierlich erhöht. Die letzten noch unaufgeschlossenen Zellen des Fruchtfleisches brechen auf und geben ihren Saft frei. Er wird als Preßmost bezeichnet. Auf diese Weise können weitere zehn bis 15 Prozent Most gewonnen werden. Unter Spitzenwinzern herrscht jedoch die Auffassung vor, daß die Mostausbeute insgesamt nur maximal 70 Prozent betragen sollte, eher weniger. Denn der Preßmost fällt qualitativ deutlich gegenüber dem Most aus der Erstpressung ab.

Müssen weiße Trauben entrappt werden?
Mit der Erfindung mechanischer Abbeermaschinen werden die weißen Trauben in fast allen Anbauländern der Welt vor dem Mahlen entrappt. Das heißt: Die Stiele werden von den Beeren getrennt und nur die Beeren abge-

Weißwein kann auf zweierlei Art gekeltert werden: Normalerweise werden die Trauben in der Abbeermaschine entrappt, abgepreßt, und der Most wird im Stahltank vergoren. Bei der Ganztraubenpressung werden sie gleich in die Presse befördert und mit Stielen gepreßt.

Die Kelterung des Weissweins

preßt. Der Most hat mithin keinen Kontakt mit den Stielen. Das Abbeeren führt also zu reintönigeren Weinen. Es bringt aber auch noch andere Vorteile mit sich: Der Kellermeister kann auf das Mahlen der Trauben verzichten. Schon das Schlagwerk der Abbeermaschine knackt die Beerenhaut nämlich auf, so daß eine Weißweinmaische entsteht, die – zumindest bei hochwertigen Weißweinen – vor dem Preßvorgang ein paar Stunden im Abtropfbehälter stehengelassen wird. In dieser Zeit würden unerwünschte phenolische Substanzen und Pflanzensäfte in den Most übergehen, wenn Stiele in der Maische wären. Sie würden sich als bitterer, spröde schmeckender Gerbstoff bemerkbar machen.

Ganztraubenpressung

In einigen Anbaugebieten wird auf das Abbeeren weißer Trauben bewußt verzichtet: in der Champagne etwa und bei vielen spätgelesenen, edelsüßen Weinen. Allerdings dürfen die Trauben nicht gemahlen und müssen sofort nach Ankunft im Keller abgepreßt werden, damit keine Phenole in den Most übertreten. Die Ganztraubenpressung wird auch zunehmend in der normalen Weißweinbereitung praktiziert, weil die Trauben durch diese Behandlung weniger strapaziert werden und die Stiele im Preßkuchen Kanäle schaffen, durch die der Most schnell ablaufen kann. Meist wird allerdings nur ein kleiner Prozentsatz der Trauben nach dieser Methode gekeltert, und das auch nur in guten Jahren.

Ganztraubenpressung mit Stielen: bei Schaumweinen üblich, aber auch bei normalen Weißweinen praktiziert.

Korbpresse

Die vertikalen Korbpressen sind nach dem Prinzip der Keltern früherer Jahrhunderte konstruiert. Sie haben den Nachteil, daß sie meist ein geringes Fassungsvermögen besitzen. Für moderne Großkellereien sind sie deshalb wenig geeignet. Bei Qualitätsweinerzeugern erfreuen sie sich in letzter Zeit wieder großer Beliebtheit. In der Champagne werden die großen, über 4000 Kilo fassenden Marmonnier-Korbpressen von einigen renommierten Champagnerhäusern bis heute für ihre besten Weine verwendet. Die ersten 250 Liter bilden die *Cuvée*, den besten Teil des Mosts. Sie füllen 10 Fässer (Piècen zu 205 Liter). Die zweite Pressung (*Taille*) ergibt 615 Liter (3 Fässer).

Spindelpresse

Die horizontale Spindelpresse besteht aus zwei Platten, welche an Spindeln montiert sind, sich innerhalb des Preßzylinders horizontal aufeinander zubewegen und dabei die Trauben zwischen sich pressen. Der Most fließt durch die Siebwand des Zylinders ab. Der Zylinder ist geschlossen, so daß der Preßvorgang unter Luftabschluß stattfinden kann. Weil die Preßfläche der beiden Platten in Relation zur Menge der Maische, die sich im Zylinder befindet, klein ist, muß erheblicher Druck ausgeübt werden, um sie zu entsaften und abzupressen. Für die Weißweinbereitung wird die Spindelpresse selten verwendet.

Tankpresse

Die modernen, pneumatisch arbeitenden Pressen haben einen Luftsack im Füllraum des Tanks. Wenn sich der Luftsack aufbläst, werden die Trauben gegen die perforierte Innenwand des Zylinders gedrückt, bis sie aufplatzen. Durch die Löcher fließt der Most ab. Tankpressen arbeiten mit wesentlich geringerem Druck als Spindelpressen. Hinzu kommt, daß durch die siebartige Zylinderwandung nur wenig Schalenbestandteile in den Most gelangen – was bei Weißweinen höchst unerwünscht wäre. Tankpressen sind deshalb besonders zum Keltern von Weißweinen geeignet und werden heute in fast allen Weingütern verwendet.

Die Vorklärung

Trübe Moste, klare Sache

Der Most, der beim Abpressen der Trauben abläuft, ist relativ dickflüssig und von trüber, gelbgrüner Farbe. Er muß geklärt und entschleimt werden, bevor er zu gären beginnt. Nur so entstehen reintönige Weine.

Zusammensetzung des Weißweinmostes	
70–85%	Wasser
15–27%	Zucker
0,3–1,8%	Wein- und Apfelsäure, Bernstein- und Milchsäure
0,3–0,6%	Kalium, Natrium, Phosphat und andere Mineralstoffe
0,01–0,2%	Tannine
0,03–0,5%	Aminosäuren, Proteine
unter 0,01%	Vitamine, Aldehyde, höherwertige Alkohole

Bevor der Most weißer Trauben vergoren wird, muß er entschleimt werden. So lautet der Fachausdruck für das Vorklären. Doch Vorsicht ist geboten. Wenn der Most zu stark geklärt wird, besteht die Gefahr, daß der Wein hinterher wie „ausgezogen" schmeckt: mager, eindimensional, ohne Körper.

Most, der von der Kelter fließt, ist gelbgrün, dickflüssig und trüb. Er enthält Fruchtfleischteilchen, Schalenfragmente, Stielreste, Erde und andere Schmutzpartikel. Wird er von diesen Feststoffen nicht befreit, leidet die Qualität des späteren Weins darunter, fürchten viele Kellermeister. Deshalb muß der Most entschleimt werden: Sie setzen dem Most beispielsweise Enzyme zu, die das Pektin lösen. Pektin ist für die Dickflüssigkeit verantwortlich. Es befindet sich in jedem Most, und zwar umso mehr, je später die Trauben gelesen wurden. Die hohe Viskosität des Mostes verlangsamt das Absinken der Feststoffe. Ohne Pektine ist der Most dünnflüssiger. Er kann schneller entschleimt und dann sofort vergoren werden. Für große Weingüter ist ein rasches Entschleimen schon aus praktischen Gründen wichtig: Sie müssen in kurzer Zeit sehr große Traubenmengen verarbeiten. Aber auch kleinere Weingüter legen auf eine schnelle Vergärung Wert. Weißweinmost ist nämlich oxydationsanfällig. Wegen des geringen Gehalts an Phenolen reagiert er leicht mit dem Sauerstoff in der Luft, wird braun, verliert an Frische. Ein frühzeitiges Angären verringert die Oxydationsgefahr.

Ungeklärte Moste

Das Vorklären des Mostes ist umstritten – genauer: die Art des Vorklärens. Früher wurden alle Weißweine ohne Vorklärung vergoren – mit dem Risiko, daß die Weine wenig reintönig sind. Auch heute noch entstehen einige der bedeutendsten Weißweine der Welt nahezu ohne Vorklärung, zum Beispiel viele Burgunder Weißweine wie Meursault, Puligny-Montrachet und Corton-Charlemagne. Allerdings sind die Moste dieser Weine durch sorgfältiges Verlesen der Trauben, durch vorsichtiges Pressen und dadurch, daß sie überwiegend aus Vorlaufmost bestehen, meist von vornherein relativ sauber. Und nicht alle Weißweine besitzen die Statur weißer Burgunder. In der Regel ist eine gewisse Vorklärung des Mostes jedenfalls nötig, besonders in Jahren mit einem hohen Anteil an faulem Lesegut. Es kommt nur darauf an, nicht durch zu scharfes Vorklären andere, qualitätsfördernde Inhaltsstoffe zu zerstören. Deshalb werden ambitionierte Kellermeister ihre Moste immer möglichst schonend zu klären versuchen.

Die Vorklärung

Die Absetzmethode
Die einfachste und natürlichste Methode ist das Absetzen. Der frisch gepreßte Most wird in einen Absetztank gepumpt, in dem er einen Tag lang ruht. Schon nach wenigen Stunden ist ein Teil der Feststoffe auf den Boden gesunken. Die mosteigenen Enzyme spalten die Pektine gar nicht oder nur teilweise. Der Most behält weitgehend seine Viskosität. Nach 24 Stunden sind alle Feststoffe auf den Boden des Tanks gesunken. Der Most hat sich selbst geklärt. Voraussetzung für diese Selbstklärung ist, daß der Most auf 5°C oder 8°C gekühlt wird, damit er nicht zu gären beginnt. In kühlen Weinregionen genügt es, den Absetztank im Freien aufzustellen, da die Nachttemperaturen niedrig sind. Der Nachteil der Absetzmethode ist, daß der Most häufig leicht geschwefelt werden muß, um eine Oxydation zu verhindern. Nur bei hochwertigen, phenolhaltigen Mosten (etwa nach einer kurzen Hülsenmaischung) ist das Oxydationsrisiko gering.

Andere Vorklärmethoden
Ist keine Kühlmöglichkeit vorhanden, muß der Most mit anderen Methoden vorgeklärt werden. Er kann zum Beispiel durch Zugabe von Bentonit geschönt werden. Allerdings wird dadurch nur das Eiweiß gebunden, nicht aber der Trub beseitigt. Viele Kellermeister schwören deshalb auf eine mechanische Klärung. Dabei werden Separatoren oder Vakuum-Drehfilter eingesetzt, die 10 000 Liter Most in einer Stunde klären können. Dadurch kann der Most schnell vergoren werden. Das Oxydationsrisiko ist gering, eine Mostschwefelung häufig nicht erforderlich. Zumindest kann die Schwefeldosis gering gehalten werden, weil der Most nur sehr kurz Luftkontakt hat – wesentlich kürzer als bei der Absetzmethode. Der Nachteil ist, daß beim Zentrifugieren wertvolle Inhaltsstoffe verlorengehen können: Kolloide zum Beispiel. Diese Polymere machen oft die Klasse feiner Weißweine aus. Sie geben ihnen Körper, Langlebigkeit und eine Vielschichtigkeit des Geschmacks, wie sie einfache Konsumweine nicht besitzen. Schließlich gehen durch die Fliehkraft des Separators beziehungsweise durch die Saugkraft des Vakuum-Drehfilters auch Hefen verloren. Der Most muß dann mit Reinzuchthefen vergoren werden. Ehrgeizige Erzeuger empfinden das als einen Verlust, weil eigene Hefen den Charakter eines Weins mitprägen.

Die Kieselgur-Filtration
Viele Großkellereien und Genossenschaften benutzen einen Vakuum-Drehfilter zur Vorklärung des Mostes. Der ungeklärte Most wird mit Hilfe einer Vakuumpumpe durch einen dicken Kieselgurkuchen gesaugt, in dem Feststoffe und Trub hängenbleiben. Mit dieser Methode können große Mengen Most in kurzer Zeit geklärt werden. Kieselgur ist ein weißer, locker verfestigter, hochporöser Stoff, der aus natürlichen Ablagerungen fossiler Kieselalgen besteht.

Der Separator
Kammer- oder Teller-Separatoren sind Zentrifugen, bei denen die Festteile des ungeklärten Mostes durch die Fliehkraft von der Flüssigkeit getrennt werden (immerhin kann der Most bis zu 15 Prozent aus Festteilen bestehen). Bei hoher Umdrehungszahl (10 000 Umdrehungen/Minute) wird der Most stärker, bei niedriger Drehzahl (4000 Umdrehungen) weniger stark geklärt. Im Vergleich zur schonenderen Absetzmethode strapazieren Separatoren den Most zweifellos stärker.

Nach drei Stunden: Feststoffe und Trub sinken im Absetztank langsam zu Boden.

Nach acht Stunden: Ein Teil des Mostes, der auf 5°C gekühlt wird, ist bereits klar.

Nach 24 Stunden: Der Trub hat sich abgesetzt, der Most ist klar und kann in den Gärtank umgepumpt werden.

Die Kaltvergärung

Prickelnde Frische, knackige Aromen

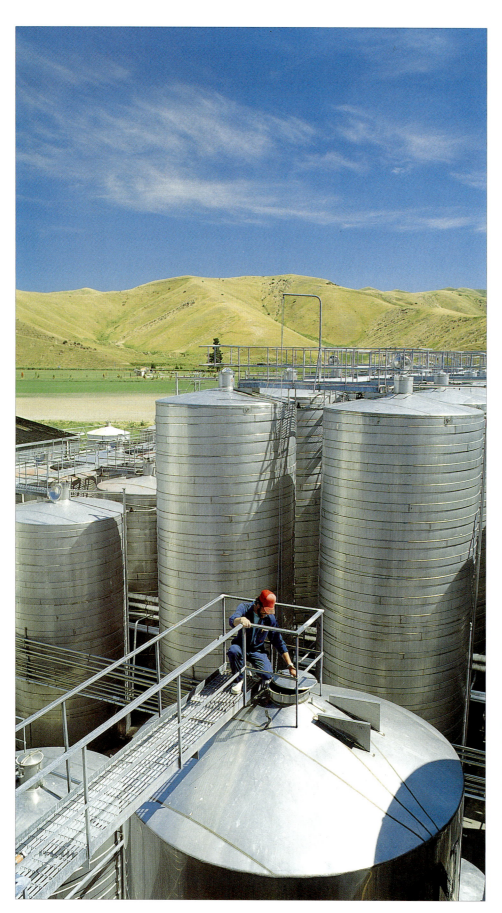

Dank moderner Kältetechnik kann heute auch in warmen Gegenden der Welt Weißwein erzeugt werden, sogar unter freiem Himmel wie auf Neuseelands Nordinsel.

Die Methoden der Weißweinvergärung sind in den letzten 30 Jahren revolutioniert worden. Die Möglichkeit, den Most künstlich zu kühlen und dadurch langsamer fermentieren zu lassen, hat einen neuen Typ von Weißwein geschaffen: den reintönigen, duftigen, frischen Wein.

Für viele Weißweinwinzer war früher ein naturkühler Gärkeller fast ebenso wichtig wie ein guter Weinberg. Er ermöglichte die gezügelte Vergärung des Weißweins ohne technische Hilfsmittel. Eine gezügelte Gärung ist deshalb so wichtig, weil Weißweine mehr von Primäraromen leben als Rotweine. Bei hohen Gärtemperaturen würde der Alkohol versieden und zahlreiche Aromen verfliegen.

Wie gekühlt wird

Möglich wurde die Kühlung des Mostes durch die Einführung der Edelstahltanks. Sie kühlen den gärenden Wein auf zweierlei Art. Die einfachste Methode ist, kaltes Wasser von oben über die Stahltanks rieseln zu lassen. Die aufwendigere, aber auch wirksamere Methode besteht darin, doppelwandige Edelstahltanks zu konstruieren, in deren Zwischenräumen Kühlschlangen verlaufen. Durch sie fließt die Kühlflüssigkeit Glykol. Auf diese Weise ist es möglich, nahezu jede gewünschte niedrige Temperatur im Tank zu erzeugen – selbst unter freiem Himmel.

Temperaturkontrollierte Gärführung

Bei einer Temperatur von etwa 15°C gärt der Most normalerweise innerhalb von ein oder zwei Tagen an. Bald haben sich die Hefen so stark vermehrt, daß die Gärtemperatur auf 18°C bis 20°C ansteigt. Innerhalb kurzer Zeit würde die Temperatur sogar bis auf 30°C hochschießen, wenn die Kühlung nicht einsetzt. Sie bremst den Temperaturanstieg und sorgt so für eine gezügelte Gärung. Die meisten Weißweinmoste werden heute zwischen 15°C und 18°C vergoren. Temperaturkontrollierte Gärführung lautet der Fachausdruck dafür.

Neue Weißwein-Nationen

Die Möglichkeit, Moste zu kühlen, hat die Weißwein-Landkarte der Welt grundlegend verändert. Heute können auch in warmen

Die Kaltvergärung

Regionen frische Weißweine hergestellt werden. Spanien, Sizilien, Australien, Südafrika, Chile und Kalifornien sind Beispiele dafür. Freilich ist dazu ein großer technischer Aufwand nötig. Viele Gärkeller dieser warmen Länder und Regionen sehen aus wie Raffinerien: Batterien von Edelstahltanks, surrende Kühlaggregate, chromblitzende Rohrleitungen, über die der Wein von einem in den anderen Tank gepumpt wird.

Die Azidifikation

Eine lebendige, fruchtige Säure ist für Weißweine, die temperaturkontrolliert kühl vergoren worden sind, besonders wichtig. Doch immer wieder passiert es, daß Weine aus warmen Anbaugebieten trotz vorgezogener Lese zu wenig Säure aufweisen. In warmen Weinbauregionen oder in heißen Jahren, in denen die natürliche Säure auf Werte unter vier Gramm pro Liter sinkt, kann daher eine Anreicherung des Mostes mit Säure sinnvoll sein. Azidifikation heißt der Fachausdruck. In Australien, Südafrika, Chile und Kalifornien ist sie grundsätzlich gestattet und wird häufig praktiziert. Dabei wird dem Wein Zitronen- oder Apfelsäure zugesetzt. In Europa ist eine Azidifikation selten. Bei chaptalisierten Weinen ist sie sogar verboten.

Snobs sprechen von „Tankweinen"

Gegenüber den plumpen, teilweise oxydierten, gerbigen Weißweinen der Vergangenheit stellt die neue Generation von Weißweinen

Kaltvergärung

Die unbegrenzten Möglichkeiten der Kühlung ließ experimentierfreudige Önologen bereits in den 70er Jahren einige Weine bei 12°C, 10°C oder sogar bei 8°C vergären. Bei so niedrigen Temperaturen vermehren sich die Hefen nur sehr zögerlich. Entsprechend langsam und lange gärt der Most. Resultat: extrem frische, reintönige, attraktive Weine mit knackigen Aromen – gerade das richtige für eine neue Schicht von Weintrinkern, die unkomplizierte Weine lieben und auf ein ausgeprägtes Sortenaroma keinen großen Wert legen. Kaltvergärung lautet der Fachausdruck. Die Kaltvergärung ist nur mit bestimmten, genau selektierten Hefestämmen möglich, die auch bei niedrigen Temperaturen arbeiten. Außerdem müssen die Moste sehr gut vorgeklärt sein. Scharf vorgeklärte Moste aber sind arm an Pektinen: an Kohlenhydratpolymeren, welche die Eigenschaft haben, Moleküle „zusammenzuschweißen" und dafür zu sorgen, daß der Wein eine höhere Viskosität erhält, also dickflüssiger wird. Pektinarme Moste ergeben körperarme, eher süffige Weine. Kaltvergorene Weine sind daher selten vielschichtig. Ihre Aromenstruktur ändert sich wenig beim Übergang vom Moststadium zum Weinstadium. Die Weine sind traubig – aber nicht weinig. Das typische Beispiel eines kaltvergorenen Weißweins ist der italienische Pinot Grigio.

zweifellos einen Fortschritt dar. Doch nicht jeder Weintrinker liebt sie. Manche Weinsnobs nennen sie verächtlich „Tankweine", weil sie geschmacklich zu eindimensional und bisweilen schwer einer Rebsorte oder einer Region zuzuordnen sind. Außerdem führt die Vergärung unter Sauerstoffabschluß häufig dazu, daß die Weine hinterher umso anfälliger für Oxydation sind. Sie altern auf der Flasche relativ schnell und werden früh firnig. Es sind also Weine für den schnellen Genuß. Die anfängliche Begeisterung für eine allzu reduktive Vergärung ist bei Winzern, die facettenreiche, anspruchsvolle Weine erzeugen wollen, schon seit einigen Jahren merklich gesunken. Sie suchen nach Wegen, um reintönige und dennoch gehaltvolle Weine zu erhalten. Es gibt aber auch Weißweine, die bei Temperaturen bis 25°C vergoren werden, ohne daß sie dabei Schaden nehmen. Im Gegenteil: Je höher die Gärtemperatur, desto stärker reagieren die Kohlenwasserstoffverbindungen, die Träger der Aromen sind, mit anderen Substanzen. Dadurch ändert sich der Geschmack des Weins. Neben primärfruchtige Aromen treten komplexe, manchmal bizarre Gäraromen, wie sie in manchen Chardonnays, Sauvignons und Viognier-Weinen zu finden sind.

Hülsenmaischung und Kryomazeration

Bei der Hülsenmaischung werden die weißen Trauben nicht abgepreßt, sondern wie beim Rotwein nur gemahlen. Auf diese Weise entsteht eine Weißweinmaische. Most und Schalen ruhen dann ein paar Stunden lang zusammen. In dieser Zeit wird eine kleine Menge phenolischer Substanzen einschließlich Aromastoffe aus der Beerenhaut gelöst. Sie geben dem Wein später mehr Nuancen, mehr „Struktur". Farblich weisen Weine mit Hülsenmaischung einen kräftigen Gelbton auf. Ein längeres Verweilen des Mostes auf der Weißweinmaische ist nur bei niedrigen Temperaturen von etwa 0°C möglich, weil die Maische anderenfalls angären würde. Die Hülsenmaischung unter Kälteeinwirkung wird in vielen Ländern als Kryomazeration bezeichnet.

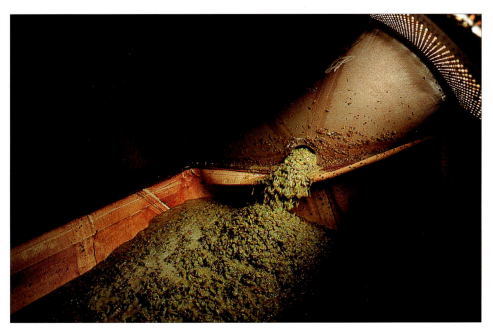

Hülsenmaischung: Durch einen kurzen Schalenkontakt können Geschmacksstoffe in den Weißweinmost übergehen.

Die Vergärung im Holzfass

Der Kuß des Holzes

Der Siegeszug der fruchtig-frischen Weißweine, die Mode der Kaltvergärung, das unaufhaltsame Vordringen der Reinzuchthefen – all das hat manche Winzer nachdenklich gemacht. Sie suchen nach Wegen, um andere Weine zu bekommen. Dabei haben sie das Holzfaß wiederentdeckt.

Bevor es Edelstahltanks gab, wurden alle Weine im Holzfaß vergoren. Eine Innovation ist es also nicht, wenn viele Winzer heute ihre Weine wieder dem Holzfaß anvertrauen.

Vergärung im kleinen Eichenfaß: Gewinn für substanzreiche Weine, Schminke für mittelgewichtige Weine.

Neu ist an dieser Entwicklung lediglich, daß es sich bei den Holzfässern größtenteils um Barriques handelt: kleine Fässer aus neuer Eiche, die nicht einfach nur Gärbehälter sind, sondern die Entwicklung des Weins entscheidend beeinflussen.

Vergärung in Barriques

Lediglich im Burgund und in Bordeaux wurden die Weißweine schon immer in kleinen Eichenholzfässern vergoren (früher auch in der Champagne). Wenn jetzt viele qualitätsorientierte Winzer anderer Weinbaunationen diesen Brauch übernehmen, so deshalb, weil sie von der Individualität dieser französischen Weine beeindruckt sind. Insbesondere Chardonnay wird häufig, fast regelmäßig in Barriques vergoren. Die Vergärung im Holzfaß unterscheidet sich von der Vergärung im Stahltank vor allem dadurch, daß die Gärtemperatur nicht kontrolliert werden kann. Sie steigt auf 23°C bis 25°C an. Dadurch nimmt die Gärung einen anderen Verlauf. Es entstehen neue Esterkomplexe, die den Wein geschmacklich ganz anders prägen als bei einer Kaltvergärung: Er verliert an Frucht und entwickelt spezielle Gäraromen. Dazu gehören zum Beispiel laktische Aromen (wie Käse), Tee- und Tabakaromen, vegetabile Aromen (wie Heu und Paprika), Karamelaromen (Butter und Butterscotch). Sie geben dem Wein ein komplexes Geschmacksbild. Noch höher darf die Gärtemperatur allerdings nicht steigen, wenn nicht schädliche Bakterien aktiviert werden sollen. Diese Gefahr ist allerdings gering. Denn die Holzoberfläche, die die kühlen Kellertemperaturen an den gärenden Wein weiterleitet, ist relativ groß im Verhältnis zur geringen Flüssigkeitsmenge.

Malolaktische Gärung

Weine, die im kleinen Eichenfaß vergoren werden, machen größtenteils eine malolaktische Gärung durch. Sie findet gleich im Anschluß an die alkoholische, manchmal schon während der alkoholischen Gärung statt. Dabei wird die im Wein enthaltene Apfelsäure abgebaut. Durch diesen biologischen Säureabbau (siehe Seite 76) wirken sie voller und körperreicher. Wegen der größeren Temperatursensibilität läßt sich die malolaktische Gärung im kleinen Holzfaß leichter durchführen als in Stahltanks. Der Kellermeister braucht den Gärkeller nur zu erwärmen.

Ausbau in Barriques

Nach der Gärung werden Weine gerne im kleinen Eichenfaß ausgebaut. Holz ist nämlich porös. Es findet also ein geringer, aber stetiger Sauerstoffaustausch statt. Dadurch wird die Feinoxydation des Weins gefördert: Er reift schneller als im sauerstoffarmen Milieu und entwickelt eine größere Aromenfülle. Das gilt besonders, wenn er einige Monate lang auf der Hefe liegt. Durch die Hefesatzlagerung erhält er zusätzliche Geschmacksnuancen. Sie können noch gesteigert werden, indem die Hefe regelmäßig aufgerührt wird. *Bâtonnage* lautet der französische Fachausdruck dafür.

Mißbrauch des Holzfasses

Allerdings eignet sich nicht jeder Weißwein zur Vergärung und zum Ausbau in kleinen Eichenfässern. Diese Behandlung ist nur für schwere, substanzreiche Weißweine erdacht worden. Ein Le Montrachet, ein Haut Brion Blanc oder ein großer Pouilly Fumé erreichen durch sie eine komplexere Reife, das Eichenholz verleiht ihnen einen zarten Vanilleton, die Hefesatzlagerung mehr Frische. Mittelgewichtige, gar leichte Weine werden durch die Feinoxydation eher gezehrt und vom Holzgeschmack regelrecht maskiert. Leider hat das viele Winzer nicht abgeschreckt, ihren Wein ins Holzfaß zu geben. Der Wunsch, einen Weißwein internationaler Klasse zu produzieren, ist häufig größer als die Einsicht, daß es ihnen an geeigneten Reben, am richtigen Standort und an der notwendigen Einstellung fehlt.

Traditionelle Fässer

Traditionelle Holzfässer, die 10, 20 oder mehr Jahre zählen, sind aus den Kellern fast völlig verschwunden. Nur in Deutschland, Österreich und im Elsaß sind sie teilweise noch anzutreffen. Der Wert solcher Fässer, die keinen Geschmack mehr an den Wein abgeben, ist umstritten. Wenn sie regelmäßig von innen gesäubert werden, können sie dem Wein zusätzliche Nuancen geben. Wenn eine fingerdicke Schicht Weinstein an den Innenwänden sitzt, haben sie dagegen die Funktion eines Stahltanks. Oft dienen sie mit ihren Schnitzereien nur zur Zierde des Kellers.

Fein wie französische Eiche

Weinfässer wurden in den vergangenen Jahrhunderten aus dem Holz der Kastanie, Akazie, Kirsche, Pinie, Palme, Rotzeder und des Eukalyptusbaums hergestellt. Aber kein Holz eignet sich zur Lagerung des Weins so sehr wie das der Eiche.

Eiche ist härter und dichter als die meisten anderen Holzarten. Das süße, würzige Tannin ihres Holzes kann das Aroma feiner Weine hervorragend unterstützen. Aus diesem Grunde wurden schon im 17. Jahrhundert vorzugsweise Eichenholzfässer zum Ausbau des Weins verwendet. Allerdings wachsen Eichen langsam. Sie müssen mindestens 80 Jahre alt sein, bevor sie eingeschlagen werden, und der Stammdurchmesser muß mehr als 50 Zentimeter betragen.

Drei Hauptquellen für Faßeiche

Es gibt rund 300 verschiedene Eichenarten auf der Welt, aber nur drei kommen für den Faßbau in Frage: die Steineiche (*Quercus sessilis*) und die Sommereiche (*Quercus peduncolator*), die beide in Europa kultiviert werden, sowie die amerikanische Weißeiche (*Quercus alba*), die in Nordamerika zu Hause ist. Bis vor dem Ersten Weltkrieg reiften die besten europäischen Rotweine in Fässern, deren Holz aus Polen, Lettland und Estland kam. Heute gibt es drei Hauptquellen. Die erste ist Frankreich, vor allem die Forste in Zentralfrankreich und in den Vogesen. Die zweite Quelle ist das Gebiet des ehemaligen Jugoslawien: Slowenien, Kroatien, Bosnien-Herzegowina und Serbien (slawonische Eiche). Als dritte Quelle haben sich seit einigen Jahren die USA etabliert. Das Holz ihrer Eiche wird vor allem in Australien und Spanien, zunehmend auch in Südfrankreich hochgeschätzt. Österreich und Deutschland haben als Eichenholzlieferanten nur regionale Bedeutung.

Französische Eiche

Die französische Eiche gilt heute weltweit als die beste. Sie ist nicht nur sehr aromatisch, die Feinheit ihrer Aromen ist unübertroffen. Allerdings ist sie auch die teuerste, so daß sich nur Erzeuger hochwertiger Weine Fässer aus französischer Eiche leisten können. Sie wird größtenteils zu Barriques, Piècen oder anderen kleinformatigen Weinbehältnissen verarbeitet. Der hohe Preis hat damit zu tun, daß die französischen Forste zwar groß sind, aber äußerst restriktiv bewirtschaftet werden. Außerdem wächst die hochwertigste Eiche nur in wenigen Gebieten, in denen die Böden nicht zu feucht sind und kein Eisen enthalten. Noch wichtiger ist, daß der Verarbeitungsaufwand und der Materialverbrauch bei französischer Eiche sehr viel höher ist als zum Beispiel bei amerikanischer oder slawonischer Eiche. Französisches Eichenholz kann nämlich nicht gesägt, sondern muß von Hand gespalten werden (siehe Seite 104). Da dies nur längs der Faserrichtung möglich ist, ist die Ausbeute sehr gering und der Abfallanteil sehr hoch.

Slawonische Eiche

Slawonische Eiche besteht fast ausschließlich aus der Sorte *Quercus peduncolator*. Sie wird seit alters zum Faßbau verwendet, insbesondere für größere Fässer von fünf bis 150 Hektolitern, wie sie traditionell für italienische Weine verwendet werden: etwa für Barolo, Brunello di Montalcino und Chianti. In der Faserstruktur ist sie etwas grober als französische Eiche, im Geschmack neutraler. Das Forstmanagement der neuen Balkanrepubliken ist freilich von französischen Standards weit entfernt. Immer wieder passiert es, daß Bäume zu jung eingeschlagen werden und später strenge Gerbsäure an den Wein abgeben. Oder das Holz wird gesägt statt gespalten, was später zu Leckagen an den Fässern führt. Als neue Eichenholzlieferanten drängen derzeit Ungarn, Rumänien, Ukraine und Rußland auf den Markt.

Amerikanische Eiche

Die amerikanische Eiche besitzt wesentlich härteres Holz als die europäischen *Quercus*-Arten und läßt sich wesentlich leichter verarbeiten. Es ist eine sehr aromatische Eiche, die sich zum Ausbau geschmacksintensiver Rotweine, etwa aus Shiraz- (Syrah-) oder Tempranillo-Trauben, bewährt hat. Auf delikate, elegante Weine wirkt sie jedoch zu stark, weshalb auch viele amerikanische Weinmacher die französische Eiche vorziehen. Amerika hat die größten Bestände an Weißeichen in der Welt. Die Faßeiche kommt meist aus Pennsylvania, Minnesota oder anderen östlichen Bundesstaaten. Aber auch in Oregon, teilweise sogar in Kalifornien wird sie angebaut.

Die wichtigsten Eichenforste Frankreichs

1 Allier: *Departement in Mittelfrankreich um den gleichnamigen Zufluß der Loire. Die Eiche wächst auf kargen Böden und wird wegen ihrer Feinporigkeit und ihrer süßen, nach Vanille schmeckenden Tannine als die hochwertigste angesehen. Die besten Forste in Allier sind Tronçais, Gros Bois, Dreuille.*

2 Nevers: *Stadt an der Loire im Departement Nièvre. Berühmt geworden für feinporiges, dichtgemasertes Eichenholz, etwas tanninhaltiger als Allier-Eiche, aber ebenfalls sehr weich und süß.*

3 Cher: *Mittelfranzösisches Departement um die Stadt Bourges, in dessen Forsten feinfaseriges, enggemasertes Eichenholz wächst, das leicht tanninhaltiger als das aus Allier, gleichzeitig aber sehr elegant ist und deshalb hochgeschätzt wird.*

4 Burgund: *Nicht genau eingegrenztes Gebiet, das vom Departement Yonne im Norden bis zum Departement Rhône im Süden reicht. Entsprechend unterschiedlich ist das Eichenholz: mal hart und feingemasert, mal grobporig und herb im Tannin.*

5 Limousin: *Großflächige Waldgebiete in den Departements Creuse und Haut-Vienne, in denen auf kalkhaltigen, verhältnismäßig fruchtbaren Böden ein grobporiges Holz wächst, dessen Tannine schnell ausgelöst werden. Wird vor allem für die Reifung von Cognac verwendet.*

6 Vosges: *An den westlichen Vogesen-Ausläufern im gleichnamigen Departement ist die Eiche kleingemasert, feinporig, sehr geschmacksintensiv und ähnelt ein wenig der von Allier.*

Die Kunst der Feinoxydation

Fast alle Weine müssen, bevor sie in Flaschen gefüllt werden, eine Zeit der Reife durchmachen. Das gilt für Rotweine wie für Weißweine. Die Reifezeit kann ein paar Wochen dauern. Sie kann sich aber auch über mehrere Jahre hinziehen. Diese Reifezeit wird Ausbau genannt, weil der Wein sich in dieser Zeit verändert, sein Aromenspektrum erweitert und „ausbaut". Der traubige Geschmack, den der Wein direkt nach der Gärung aufweist, weicht einem weinigen Aroma. Ausgelöst wird die Veränderung des Weins durch kleinste Mengen von Sauerstoff, die auf den Wein einwirken. Feinoxydation heißt dieser Vorgang. Diese Sauerstoffmengen sind so gering, daß man besser umgekehrt sagt: Ausbau ist die Lagerung des Weins unter möglichst weitgehendem Luftabschluß. Der Ausbau kann im Holzfaß stattfinden, aber auch im Edelstahltank beziehungsweise auf der Flasche. Häufig entscheidet sich der Kellermeister für eine Mischung von allen. Es gibt allerdings auch Reifeprozesse des Weins, an denen Sauerstoff gar nicht beteiligt ist.

DER REIFEPROZESS

Kontrollierter Luftzutritt

Nach dem Ende der Gärung ist der Wein fertig, aber noch nicht trinkbar. Er schmeckt roh, ist hart, muß reifen. Der Reifeprozeß ist nichts anderes als die Lagerung des Weins unter kontrollierter Zufuhr von Sauerstoff.

Sauerstoff gilt als Feind des Weins. Er läßt ihn rasch alt werden und verdirbt ihn am Ende. Ohne Sauerstoff geht es jedoch auch nicht. Der Ausbau des Weins erfordert zumindest ein geringes Quantum. Wie groß die Sauerstoffmenge sein darf, mit der der Wein reagiert, läßt sich nur allgemein sagen: So wenig wie möglich, so viel wie nötig. Rotweine benötigen zum Beispiel mehr Sauerstoff, Weißweine vertragen durchweg weniger.

mit Sauerstoffmolekülen, so daß sich komplexere Duftkombinationen ergeben. Sehr reaktionsfreudig sind auch die Tannine. Sie verschmelzen unter Luftzufuhr mit anderen phenolischen Verbindungen, so daß sich neben den rein fruchtigen Geschmackskomponenten auch neue Aromen entwickeln können: Es können etwa erdige oder würzige Töne zutage treten.

Die Polymerisation

Das Verschmelzen von phenolischen Verbindungen unter Sauerstoffeinfluß wird Polymerisation genannt. Das Wort klingt kompliziert, beschreibt aber einen einfachen Vorgang: Kleine, kurzkettige Phenolmoleküle verbin-

Reduktiver Ausbau

Die Lagerung des Weins unter weitgehendem Luftabschluß birgt allerdings eine andere Gefahr: die Gefahr der Reduktion. Reduktion bedeutet, daß der Wein mangels Sauerstoff nicht oder nur reduziert chemisch reagieren kann. Die Folge ist, daß übelriechende chemische Verbindungen, wie sie nach jeder Gärung im Wein enthalten sind (etwa Schwefelwasserstoff oder Mercaptane), nicht neutralisiert werden können. Wein, der unter zu starkem Luftabschluß lagert (egal, ob im Stahltank oder auf der Flasche), entwickelt daher leicht unangenehme Gerüche von faulen Eiern oder von Kuhstall. Der Kellermeister, der eine reduktive Ausbauweise praktiziert, vermeidet die Ausbreitung solcher Aromen im Wein, indem er den Wein nach dem Ende der Gärung und dem Abzug von der Maische lüftet.

Oxydierte Weine

Eine übermäßige Zufuhr von Sauerstoff hat jedoch negative Wirkungen auf den Wein. Beim Kontakt zwischen Alkohol und Sauerstoff entsteht nämlich Acetaldehyd, eine Substanz, die, wenn sie im Wein gelöst ist, fade und unfrisch riecht. Der Wein ist dann oxydiert: Er hat einen Sherry- oder Madeiraton – typisch für angebrochene und zu lange offen stehengelassene Flaschen. Ein Zahlenbeispiel mag verdeutlichen, wie schnell Wein oxydieren kann. Ist ein Faß nicht ganz gefüllt, und weist es eine Oberfläche von etwa einem Quadratmeter auf, die mit Luft Kontakt hat, so werden in ihm 150 Kubikzentimeter Sauerstoff pro Stunde gelöst. Das bedeutet: Innerhalb weniger Tage ist der Wein komplett oxydiert. Damit das nicht passiert, muß der Kellermeister seine Fässer stets „spundvoll" halten, d.h. bis zum Spundloch füllen. Oder er muß Stickstoff in den Leerraum des Fasses pumpen – als Schutzgas gegen Sauerstoff. Baut er den Wein in Edelstahltanks aus, kann er im Inneren des Tanks einen luftdicht abschließenden Deckel von oben bis auf die Oberfläche des Weins absenken, um diesen vor Sauerstoffzutritt zu schützen.

Erster Luftkontakt: Am meisten Sauerstoff gelangt an den Wein beim Umziehen von einem Faß ins andere.

Chemische Reaktionen

Der Wein enthält nach der Gärung viele Bestandteile, die auf Sauerstoff reagieren. Dazu gehören die Anthocyane, die für die Farbe des Weins verantwortlich sind. Sie verbinden sich, wie alle Phenole, sehr rasch mit Sauerstoff. So tendieren Weißweine vom anfänglichen Strohgelb ins Goldgelbe, während Rotwein seine dunkelrote Farbe verliert, sich aufhellt und am Ende purpurrote oder granatrote Töne annimmt. Auch der Duft des Weins ändert sich. Kohlenwasserstoffverbindungen – Träger der Primäraromen – verbinden sich

den sich zu größeren Molekülen. Auf diese Weise entstehen zum Beispiel Tannin-Polymere oder die noch komplexeren Tannin-Polysaccharide. Die Auswirkungen dieser Polymerisation auf das Aroma des Weins sind beträchtlich. Die größeren Molekülstrukturen lassen den Wein sanfter, abgeklärter, eleganter erscheinen. Sie nehmen ihm das Ungestüme und geben ihm Komplexität und Feinheit. Bei fortschreitender Reife verketten sich die Tanninmoleküle so lange, bis sie nicht mehr in Flüssigkeit löslich sind und als Bodensatz in der Flasche ausgefällt werden.

Ester – Element der Reife

Es gibt wichtige Reifeprozesse des Weins, die sich auch unter Abschluß von Sauerstoff vollziehen. Der wichtigste ist die Veresterung. Ester sind organische Verbindungen, die entstehen, wenn Alkohol und Säure reagieren. Ester bilden sich bei der Gärung des Weins. Der am häufigsten vorkommende Ester ist das Äthylacetat, eine Verbindung von Essigsäure

Der Reifeprozess

Zweiter Luftkontakt: Über die kleine Luftblase hinter dem Spundstopfen hat der Wein Sauerstoffkontakt.

und Äthylalkohol. Von diesem Ester stammt das fruchtige Aroma des Weins. Ester bilden sich auch nach der Gärung, wenn Weinsäure, Bernsteinsäure und Apfelsäure mit dem Alkohol reagieren. Diese Ester „entschärfen" die Säuren, so daß der Wein nach einigen Jahren oft milder schmeckt. Auf dem Höhepunkt ist der Wein, wenn er ein optimales Verhältnis von Säure, Estern und Alkohol aufweist.

Flasche statt Holzfaß

Eine längere Lagerung im Holzfaß birgt die Gefahr, daß die Weine geschwächt und müde werden. Sie verlieren ihre Frische. Um dieser Gefahr aus dem Wege zu gehen, versuchen immer mehr Weinerzeuger, ihre Weine früher auf Flaschen zu füllen und sie dort verfeinern zu lassen, bevor sie zum Verkauf freigegeben werden. Die Bodegas Vega Sicilia, die ihre Weine früher bis zu sieben Jahren im Holzfaß ausbauten, füllen sie heute spätestens nach vier Jahren ab, lassen die Flaschen aber bis zu 20 Jahren im Keller. Sicher ein extremes Beispiel, das ohne die spanische Tradition, nur reife, trinkfertige Weine freizugeben, nicht verständlich wäre. Aber es illustriert eine überall auf der Welt zu beobachtende Tendenz, die Faßreifung zugunsten der Flaschenreifung zu verkürzen. Genaugenommen spricht man von der „Reifung" im Faß und von der „Verfeinerung" auf der Flasche. Der Luftzutritt in der Flasche ist wesentlich geringer als im Faß. Eine gewisse Periode der Flaschenlagerung ergibt mithin ausgeglichenere Weine mit einer besseren Verschmelzung der Aromen und der Integration von Tannin und Säure. Kurz: Die Weine werden harmonischer. Die Verfeinerung auf der Flasche ist nämlich in den ersten Jahren ein weitgehend reduktiver Prozeß. Das heißt: Er findet mehr oder minder unter Sauerstoffabschluß statt. In manchem Weinbaugebiet verhindert freilich die Gesetzgebung ein frühzeitiges Abfüllen auf die Flasche. Die Produktionsstatute, oft 20 oder mehr Jahre alt, legen nicht selten fest, daß ein bestimmter Wein mindestens ein oder zwei oder zweieinhalb Jahre im Holzfaß reifen muß, bis gefüllt werden darf. In vielen Gebieten Italiens, etwa beim Brunello di Montalcino, ist man erst in den letzten Jahren dazu übergegangen, die Statute zu modernisieren.

Gefahr zu großen Luftkontakts

Es gibt grundsätzlich drei Möglichkeiten des Luftzutritts während der Ausbauphase: durch das poröse Holz des Fasses, durch die kleine Oberfläche des Faßspunds und beim notwendigen Umpumpen des Weins von einem zum anderen Faß. Beim Umpumpen von einem Faß ins andere oxidiert der Wein am stärksten, beim Ausbau im Holzfaß am wenigsten.

- Pro Liter Wein, der durch den Schlauch fließt, werden 3 bis 4 cm^3 Sauerstoff gebunden. Bei viermaligem Umziehen im ersten Jahr bedeutet dies eine Sauerstoffzufuhr von 12 bis 15 cm^3.
- Durch den Luftkontakt über das Spundloch nimmt der Wein 15 bis 20 cm^3 Sauerstoff pro Jahr auf.
- Durch die Dauben des Holzfasses dringen 2 bis 5 cm^3 Sauerstoff pro Jahr ins Faß ein und werden im Wein gelöst.

Dritter Luftkontakt: Durch die Dauben des Holzfasses dringt nur wenig Sauerstoff ein.

Die Stabilisierung: Weisswein

Blank gemacht

Bevor der Wein auf die Flasche kommt, muß sichergestellt werden, daß er stabil ist. Stabil heißt: Er muß dauerhaft frei von Trübungen und Schlieren sein. Er darf nicht nachgären und keine Bestandteile enthalten, die später unerwünschte Veränderungen bewirken können.

Weißweine müssen in einem relativ kurzen Zeitraum stabil gemacht werden, weil die meisten bereits im Februar oder März nach der Lese auf den Markt kommen. Die Stabilisierung ist ein Prozeß, der sich aus vielen einzelnen Schritten zusammensetzt und schon lange vor der Flaschenabfüllung einsetzt. Er beginnt mit der Klärung des Weins. Die Klärung hat den Zweck, den Wein von Schwebeteilchen zu befreien und optisch „blank" zu machen, wie der Kellermeister sagt. Danach muß er in einen Zustand versetzt werden, der ihn vor mikrobiologischen Veränderungen dauerhaft schützt. Früher wurden Weine zu diesem Zweck pasteurisiert. Heute erreicht man dasselbe Ziel durch Filtern und Separieren oder – schonender – durch Kühlen und Absetzenlassen.

Erster Abstich und Klärung

Die Stabilisierung beginnt mit der Klärung des Jungweins nach dem Ende der alkoholischen Gärung. Dabei wird der Wein von der groben Hefe getrennt, die in einem dicken Satz auf dem Boden des Fasses liegt. Genau betrachtet, handelt es sich um ein Gemisch aus toten Hefezellen, Bakterien, Weinsteinkristallen, Schalenresten und Fruchtfleischteilchen. *Geläger* lautet der Fachausdruck. Der mehr oder minder klare Wein über dem Geläger wird abgezogen und in ein anderes Faß gelegt. Mit diesem ersten Abstich erfolgt also zugleich eine erste Klärung (sie findet übrigens immer unter Sauerstoffkontakt statt, um den Wein zu belüften). Oft ist diese Klärung sogar schon ziemlich vollständig, besonders dann, wenn der Wein beim Umziehen filtriert oder gar zentrifugiert wird. Allerdings werden die Weine dadurch stark strapaziert. Für einfache Konsumweine mag das recht sein, für hochwertige, teure Weine nicht.

Die Hefesatzlagerung

Viele ehrgeizige Kellermeister legen geradezu Wert darauf, daß die Weine sich möglichst langsam klären. Sie zögern den ersten Abstich hinaus, um den Wein noch ein paar Wochen auf der Hefe liegen zu lassen. Dadurch gelangen zusätzliche Gäraromen in den Wein, die ihn voller und delikater machen. Besonders Weine, die in kleinen Holzfässern vergoren werden, profitieren von dieser Hefesatzlagerung. Sie sollen sowieso eine malolaktische Gärung durchmachen, und die Bakterien, die diese auslösen, befinden sich in den Hefezellen am Boden der Fässer. Deshalb wird der Hefesatz auch mit einem „Stock" regelmäßig aufgerührt. Bâtonnage heißt diese Maßnahme im Burgund. Durch das Hefesatzaufrühren wird der Wein zugleich belüftet. Das Risiko, daß er unangenehme Gerüche annimmt, ist dann gering. Erst danach wird der Abstich vorgenommen.

Erster Abstich des Weins: Die Gärung ist beendet, der Wein muß „belüftet" werden.

Die Kaltstabilisierung

Eine häufig ausgeübte Praxis ist es, den Weißwein nach dem Abstich von der Hefe in den kältesten Teil des Kellers zu legen oder ihn im Stahltank auf null Grad zu kühlen. Bei derart niedrigen Temperaturen wird überschüssige Weinsäure ausgefällt und sinkt als Weinstein auf den Boden des Fasses. Auf diese Weise ist die Wahrscheinlichkeit gering, daß der Wein später auf der Flasche Weinkristalle bildet, die wie Glassplitter aussehen und beim unkundigen Verbraucher Irritationen hervorrufen können. Weinstein ist Kaliumtartrat und stellt weder eine Verunreinigung des Weins dar noch beeinträchtigt er dessen Geschmack.

Die Schönung des Weißweins

Ein geklärter Wein ist freilich kein stabiler Wein. Er enthält noch zahlreiche organische Verbindungen, die unter bestimmten äußeren Bedingungen reagieren und den Wein negativ verändern können. Dazu gehören zum Beispiel Proteine. Sie sind im Wein gelöst und nur unter dem Mikroskop erkennbar. Um sie zu entfernen, muß der Wein geschönt werden. Die Schönung dient also nicht dazu, den Wein „schön" zu machen, sondern, Enzyme oder andere Polymere in einen festen Zustand zu überführen, so daß sie auf den Boden sinken und leicht entfernt werden können. Das am häufigsten verwendete Schönungsmittel für Weißweine ist Bentonit, eine Tonerde aus Silizium- und Aluminiumoxid. Sie wird in Wasser gelöst und dem Wein zugegeben. Folge: Das Protein flockt aus und sinkt zu Boden. Ohne Schönung würden die Proteine später, wenn der Wein abgefüllt und wärmeren Temperaturen ausgesetzt ist (etwa im Regal einer Weinhandlung), koagulieren und Schlieren in der Flasche bilden. Früher wurde zur Schönung auch häufig Fischleim (Hausen- oder Störblase) verwendet. Er gehört zu den erlaubten Behandlungsmitteln und hinterläßt im Wein ebensowenig Geschmacksspuren wie Bentonit.

Die Stabilisierung: Weisswein

Schönung als Geschmacksverbesserung

Unter Schönung wird aber auch die Beseitigung etwaiger Geruchs- und Geschmacksfehler verstanden, die Weine nach der Gärung manchmal aufweisen. Dabei werden ihnen kleine Mengen von Kohle oder Gelatine beigemischt (etwa gegen Schwefelwasserstoffgeruch), seltener von Hefe, Tannin, Kieselsol oder von gelbem Blutlaugensalz (zur Entfernung von Schwermetallen). Alle diese Substanzen sind offiziell zugelassen (siehe Seite 99). Sie sind geruchlos und haben keinen Eigengeschmack. Allerdings müssen sie eher als Behandlungs- denn als Schönungsmittel angesehen werden. Sie dienen lediglich dazu, unsachgemäß vergorene Weine zu „reparieren". Geruchs- und Geschmacksfehler sind stets das Resultat von Vinifikationsfehlern.

Der zweite Abstich

Etwa acht Wochen nach dem ersten Abstich wird der Wein ein zweites Mal abgestochen – diesmal unter Luftabschluß. Bei diesem Abstich wird er vom Feintrub getrennt. Der Feintrub besteht aus kleinsten, noch im Wein verbliebenen Schwebeteilchen, wie Hefereste oder Kaliumsalzkristalle sowie den Ausflockungen der Schönungsmittel. Wenn die Klärung nach dem ersten Abstich nur sehr grob war, ist entsprechend mehr Feintrub im Wein. Manche Weißweinwinzer legen sogar Wert darauf, ihren Wein lange auf der Feinhefe auszubauen. Dazu gehören nicht nur die französischen Muscadet-Winzer, die sogar *sur lie* auf ihr Etikett schreiben. Für viele österreichische und deutsche Riesling-Winzer ist ein *sur-lie*-Ausbau selbstverständlich – ohne dies groß zu erwähnen. Gegen Ende der Ausbauzeit ist der größte Teil dieser Stoffe auf den Boden des Fasses gesunken. Der darüberliegende Wein ist klar. Ein dritter oder vierter Abstich ist ganz selten nötig. Der letzte Trub wird durch Filtern vor der Flaschenabfüllung entfernt. Der Wein ist dann nicht nur blank, er ist auch stabil.

Was wird aus den leeren Fässern?

Fässer, die lange leerstehen, womöglich erst im nächsten Jahr wieder gebraucht werden, müssen mit Wasser oder einer Wasser-Wein-Lösung gefüllt werden, damit die Dauben nicht austrocknen und sich zusammenziehen. Das Faß würde undicht werden. In manchen Weinanbaugebieten wird dem Wasser ein Teil des Hefetrubs zugegeben. In ihm befinden sich zum Beispiel jene Bakterien, die die malolaktische Gärung bewerkstelligt haben. Auf diese Weise überleben die Bakterien und können ein Faß für den nächsten Weinjahrgang „präparieren". Am besten ist es jedoch, das Faß stets mit Wein zu füllen – oder es gleich auszurangieren. Kleine Eichenholzfässer werden zum Beispiel entsorgt, nachdem drei bis fünf Jahrgänge in ihnen gelegen haben.

Umziehen des Weins unter Luftabschluß (oben): Stickstoff oder Kohlensäure wird aus der Druckflasche von oben in das alte Faß geleitet und drückt den Wein über den ablaufenden Schlauch in das neue, vorher mit Stickstoff gefüllte Faß. Das Gas entweicht durch den offenen Spund. Umziehen unter Luftkontakt (unten): Der Wein wird aus seinem Faß abgelassen. Mit Hilfe einer Pumpe gelangt er durch den Spund in das neue Faß.

Weinstein nach der Ausfällung.

Die Stabilisierung: Rotwein

Schöner durch Umziehen

Schönung beim Rotwein: In jedes Faß werden zwei Eiweiß gegeben, die Trubstoffe und Schwebeteilchen im Wein sofort binden und ausfällen.

Auch beim Rotwein findet die Stabilisierung während des Ausbaus statt. Sie zieht sich aber meist über einen längeren Zeitraum hin als beim Weißwein, weil Rotweine in der Regel später auf den Markt kommen.

Eine erste Stabilisierung hat der Rotwein schon erfahren, bevor er ins Faß kommt. Während der malolaktischen Gärung ist die gesamte Apfelsäure in Milchsäure transformiert worden, so daß eine Nachgärung auf der Flasche ausgeschlossen ist. Die Klärung und die weitere Stabilisierung finden dann während der Ausbauphase statt.

Umziehen des Weins

Bordeauxweine werden im ersten Jahr traditionell viermal umgezogen. Soutirage heißt dieser Faßwechsel. Er dient dazu, den Wein von dem Sediment zu befreien, das auf den Boden gesunken ist. Es besteht nicht nur aus Heferesten, Bakterien und anderen Mikroorganismen, sondern auch aus Weinstein und Mineralsalzen, die sich später bei steigenden Temperaturen wieder in der Flüssigkeit lösen könnten. Bei jedem Faßwechsel fällt weniger Sediment an. Im zweiten Jahr ist der Wein schon fast klar. Es genügt, ihn dreimal oder auch nur zweimal umzuziehen.

Gefahr zu häufigen Umziehens

Rotweine anderer Anbaugebiete (mit anderen Faßgrößen als in Bordeaux) werden eher seltener umgezogen. Jedes Umpumpen strapaziert den Wein. Der Druck des Kompressors und die unvermeidlichen Erschütterungen können nämlich zu unerwünschten Ausscheidungen von Stoffen führen. Das chemische Gleichgewicht des Weins wird gestört. Bei den ersten Faßwechseln ist es wichtig, daß Sauerstoff an den Wein kommt, zumal die Oxydationsgefahr gering ist. Der Wein ist noch mit Kohlendioxid gesättigt. Die folgenden Faßwechsel werden dann meist unter Sauerstoffabschluß durchgeführt. Der Verlust an Wein durch Verdunstung des Wasseranteils über die Kapillaren des Holzes ist gering (ein bis zwei Prozent pro Jahr) – vorausgesetzt, die Keller haben eine Luftfeuchtigkeit um 85 Prozent. Luftblasen um den Spund entstehen vor allem durch das Zusammenziehen der Flüssigkeit im Winter. Wichtig ist deshalb, daß die Fässer nach jedem Umziehen

Die Stabilisierung: Rotwein

wieder aufgefüllt werden, damit sie „spundvoll" sind. Hierfür legt jeder Kellermeister ein Faß mit Reservewein an.

Die Schönung des Weins

Rotwein muß, ebenso wie Weißwein, chemisch stabil gemacht, also geschönt werden. Dazu gehört, daß ein Teil der im Wein enthaltenen Kolloide entfernt werden. Kolloide sind feinste Schwebeteilchen: vor allem Tannine, Anthocyane und andere Phenole sowie Proteine. Sie würden sonst später ausgefällt und hinterließen einen dichten Bodensatz in der Flasche. Einfache Konsumweine wären so nicht verkäuflich. Aber auch hochwertige, feine Weine brauchen ein bestimmtes Maß an Schönung, damit instabile Tannine und Anthocyane sowie wärmeempfindliche Proteine ausgeschieden werden können. Beim nächsten Umziehen werden sie dann als Bodensatz entfernt.

Die Schönungsmittel

Geschönt wird mit tonhaltigen Mineralerden wie Bentonit (weniger häufig Kieselsol, Kaolin, Kohle) und eiweißhaltigen Produkten (Gelatine oder Hausenblase, seltener Albumin und Kasein). Alle diese Mittel sind in pulverisierter Form käuflich. Häufig wird auch frisches, aufgeschlagenes Hühnereiweiß ins Faß gegeben – besonders bei feinen Weinen. Innerhalb weniger Minuten bindet es Tannine und Farbstoffe und bildet großflockige Kolloide, die sich leicht aus dem Wein entfernen lassen. Bentonit eignet sich vor allem, um Proteine zu binden, wird aber bei Rotweinen vorsichtig eingesetzt, weil es die Tannine angreift. Alle Schönungsmittel hinterlassen keine oder nur minimale Spuren im Wein. Früher wurde mit Milch und Tierblut geschönt.

Filtern des Weins

Das Filtern des Weins ist eine weitere Möglichkeit, ihn stabil zu machen. So wird Weißwein häufig schon beim Abstich von der Hefe, Rotwein nach dem Abzug von der Maische filtriert. Man benutzt dafür grobe Schichtenfilter, die aus Zellulose, Kieselgur (fossile Kieselalgen) oder Perlit bestehen (glasartiger Filterstoff, überwiegend aus Aluminiumsilikat). Mit ihnen wird der Wein von seinen groben Bestandteilen befreit. Diese Filter ersetzen Siebe und Tücher, mit denen schon die Sumerer ihren Wein zu klären pflegten. Danach wird der Wein normalerweise erst wieder vor der Füllung gefiltert. Für diese Feinfiltration werden heute Membranfilter eingesetzt. Sie bestehen aus einer porösen Kunststoffolie, in der die kleinen, für das Auge unsichtbaren Trubteilchen hängenbleiben. Bei Weißweinen und jungen Rotweinen ist eine Feinfiltration notwendig. Bei lange im Faß ausgebauten Rotweinen ist sie umstritten, weil der Wein sich durch Absetzen bereits weitgehend selbst geklärt hat.

Pro und Contra Filtration

Einige Erzeuger hochwertiger Rotweine versuchen neuerdings, ohne Filtration auszukommen, um den Wein nicht wichtiger Geschmacksträger zu berauben. Darin liegt immer ein kleines Risiko, daß der Wein sich später auf der Flasche unerwartet oder nicht optimal entwickelt. Dieses Risiko gehen die Hersteller ein, um die bestmögliche Qualität zu erhalten. So werden einige der berühmtesten Weine der Welt direkt vom Faß auf die Flasche gebracht – zum Beispiel im Burgund. Dazu muß angemerkt werden, daß ein reicher, kraftvoller Cabernet Sauvignon unter der Filtration weniger leidet als ein zarter, duftiger Pinot Noir. Es kommt also auf die Erfahrung und das Fingerspitzengefühl des Kellermeisters an.

Auffüllen des Fasses nach dem Umziehen des Weins.

Von Hausenblase bis Gummi arabicum

Alle Weine müssen während des Ausbaus geschönt werden. Die Schönung dient dazu, den Wein von jeglichen Trübungen zu befreien. Dazu sind spezielle Weinbehandlungsmittel nötig:

Hausenblase	Rot- und Weißwein
Eiweiß	Rotwein
Gelatine	Rot- und Weißwein
Tannin	Weißwein
Kieselsol	Rot- und Weißwein
Kaolinerde	Süßwein
Bentonit	Rot- und Weißwein

Zur Beseitigung von Geruchs- oder Geschmacksfehlern sind folgende Weinbehandlungsmittel zugelassen:

Kasein	gegen Altersfirne
Weinhefe	zur Auffrischung
Kohle	gegen Geruchsfehler
Blutlaugensalz	gegen Schwermetalle
Kalziumphytat	gegen Schwermetalle
Gummi arabicum	gegen Weinstein
Kupfersulfat	gegen Schwermetalle

Die Schwefelung

Auf die Dosis kommt es an

Praktisch alle handelsfähigen Weine sind geschwefelt. Wäre das nicht so, würden sie schnell oxydieren und zu Essig werden. Freilich ist Schwefel kein Stoff, der dem Wein bedenkenlos zugefügt werden sollte. Er darf aber auch nicht verteufelt werden. Vielmehr gilt der Satz: Die Dosis macht, daß er dem Wein und dem Menschen keinen Schaden zufügt.

Schwefel wurde bei der Weinherstellung schon von den Griechen als Konservierungsmittel benötigt. Er verhindert, daß Wein oxydiert. Ein geschwefelter Wein hat daher saubere, klare Aromen, ein ungeschwefelter würde fade schmecken, unfrisch riechen und schnell braun werden. Die Schwefeldosen sind gering – so gering, daß der Schwefel weder zu schmecken noch zu riechen ist. Auch gesundheitliche Beeinträchtigungen sind weitgehend auszuschließen. Zwar ist Schwefel ein Gift, doch rühren Kopfschmer-

Erste Schwefelung: Nach der Gärung wird jeder Wein leicht geschwefelt.

zen und Übelkeit eher von zu hohem Alkoholgenuß, Sodbrennen und Magenverstimmungen eher von einer Säure-Unverträglichkeit her. In Australien und Amerika ist dennoch ein Schwefelhinweis auf dem Weinetikett vorgeschrieben.

Chemische Wirkungsweise

Kaum eine andere Substanz hat die Eigenschaft, so schnell auf Sauerstoff zu reagieren wie der Schwefel. Dadurch können die Attacken des Sauerstoffs auf die natürlichen Inhaltsstoffe des Weins verhindert werden. Das gilt nicht nur für den Moment der Schwefelung, sondern auch für die künftige Konservierung des Weins. Der Kellermeister muß den Wein mit so viel SO_2 ausstatten, daß er möglichst lange frisch bleibt, seine natürlichen Aromen dabei aber nicht beeinträchtigt werden. Natürlich hält der Schwefel nicht ewig vor. Im Laufe des Reifeprozesses nimmt er kontinuierlich ab und ist irgendwann verbraucht. Das ist der Punkt, an dem der Wein durch Oxydation zu Essig wird. Schwefel kann in kristalliner Form als Pulver, in Gasform aus der Stahlflasche (SO_2), als wässrige Lösung (H_2S) oder aber auch als Kaliumdisulfit in Tablettenform ($K_2S_2O_5$) zugesetzt werden.

Wann geschwefelt wird

Früher wurden die Fässer geschwefelt, bevor der Wein hineinkam. Heute wird der Wein geschwefelt, und zwar an drei Punkten seines Herstellungsprozesses: im Most- beziehungsweise Maischestadium, nach Beendigung der Gärung und vor der Flaschenabfüllung.
Die Mostschwefelung dient dazu, die Enzyme (das sind sauerstoffübertragende Oxydasen) zu hemmen. Nach der Gärung bindet der Schwefel das im Wein enthaltene Acetaldehyd. Acetaldehyd entsteht beim Kontakt von Alkohol mit Sauerstoff und macht sich im Wein durch einen unangenehmen Alterston bemerkbar. Schwefel ist in der Lage, dieses Acetaldehyd zu neutralisieren. Die letzte

Château Latour 1956: Große Rotweine müssen nur leicht geschwefelt werden. Ihr Tannin „frißt" den Sauerstoff.

Die Schwefelung

Schwefelgabe vor der Füllung dient dazu, den Wein in der Flasche zu konservieren.

Hauptproblem Acetaldehyd

Der Hauptzweck der Schwefelung ist die Bindung des Acetaldehyds, ohne die kein Wein auskommt. Die Mengen sind jedoch gering: zwischen zehn und 30 Milligramm pro Liter. Weißweine benötigen wegen der erhöhten Oxydationsanfälligkeit etwas mehr Schwefel, Rotweine etwas weniger. Manchmal muß der Wein wegen kleinster Nachgärungen, die neue Acetaldehyde bilden, während des Ausbaus erneut geschwefelt werden: Dabei werden die Schwefelgaben noch geringer bemessen. Schwefel bindet aber nicht nur das Acetaldehyd. Er reagiert auch mit anderen Inhaltsstoffen des Weins, etwa der Benztraubensäure, der Ketoglutarsäure und der Glucose. Schwefel verändert und beeinträchtigt also das Aroma des Weins. Schon aus diesem Grund bemühen sich die

Zweite Schwefelung: vor der Flaschenabfüllung.

Erzeuger feiner Weine, die Schwefelgaben so niedrig wie möglich zu halten.

Gebundener und freier Schwefel

Der im Wein enthaltene Schwefel läßt sich in zwei Kategorien einteilen: den freien und den gebundenen Teil. Der gebundene Schwefel ist derjenige Teil, der mit dem Acetaldehyd und anderen Inhaltsstoffen reagiert hat. Er ist sensorisch nicht wahrnehmbar und gesundheitlich ohne Bedeutung. Anders der freie Schwefel: Er liegt im Wein als Sulfit vor, also als Salz beziehungsweise Ester der schwefligen Säure – und damit als reaktionsbereites Schwefelpotential. Dieser freie Schwefel ist es, der eventuell riechbar ist und gesundheitliche Beschwerden hervorrufen kann, falls der Wein zu hoch geschwefelt wurde. Für die gesundheitliche Bewertung kommt es deshalb auf den Gehalt an freier schwefliger Säure an.

Schwefelung vor der Abfüllung

Nach der Gärung wird der Wein normalerweise nur so schwach geschwefelt, wie es für die Neutralisierung der Acetaldehyde nötig ist. Erst bei der Abüllung wird dem Wein dann jene Schwefelmenge beigefügt, die ihn vor Oxydation auf den Flaschen schützen soll. Dieser Schwefel ist in ihm dann als freier Schwefel vorhanden. Ein Weißwein enthält, nachdem er abgefüllt wurde, zwischen 35 und 45 Milligramm pro Liter, ein Rotwein zwischen 20 und 35 Gramm an freiem Schwefel. Die höchsten Mengen enthalten edelsüße Weine mit 60 bis 80 Milligramm. Die Werte sind umso niedriger, je gesünder das Traubengut war (möglichst wenig faule Trauben) und je sorgfältiger ein Wein vinifiziert wurde (etwa durch Reduzierung der Acetaldehyd-Bildung). Bezogen auf den Gesamtschwefel macht der freie Schwefel knapp 20 Prozent, der gebundene über 80 Prozent aus.

Schwefelarme oder schwefelfreie Weine

Bis heute ist kein wirksamer Ersatz für den Schwefel gefunden worden. Schwefelfreie Weine zu produzieren, ist deshalb ohne erhebliche Einbußen an Qualität beziehungsweise an Haltbarkeit nicht möglich. Immerhin verwenden einige Weinerzeuger – vor allem in den Ländern der Neuen Welt – vor der Flaschenfüllung oft Ascorbinsäure statt Schwefel. Ascorbinsäure ist Vitamin C und besitzt ebenfalls eine oxydationshemmende Wirkung. Allerdings hemmt sie nicht die Enzyme. Deshalb kann die Zugabe von Ascorbinsäure die Mostschwefelung nicht ersetzen. Wichtig ist es jedoch, die Schwefelgaben so niedrig wie möglich zu halten: Durch zügige Verarbeitung der gelesenen Trauben kann eine Mostschwefelung vermieden oder zumindest weitgehend minimiert werden. Vor allem auf eine Schwefelung der Trauben sollte verzichtet werden – wie sie in warmen Massenanbaugebieten mit langen Wegen zwischen Weinberg und Kellerei leider immer noch üblich ist. Schwefel mindert deutlich die Traubenqualität.

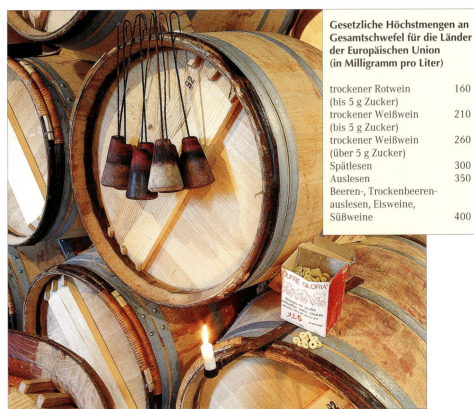

Schwefel in Tablettenform: Der Wein, nicht die Fässer, wird geschwefelt.

Gesetzliche Höchstmengen an Gesamtschwefel für die Länder der Europäischen Union (in Milligramm pro Liter)	
trockener Rotwein (bis 5 g Zucker)	160
trockener Weißwein (bis 5 g Zucker)	210
trockener Weißwein (über 5 g Zucker)	260
Spätlesen	300
Auslesen	350
Beeren-, Trockenbeerenauslesen, Eisweine, Süßweine	400

Wie er reift, so schmeckt er

Das am häufigsten verwendete Gefäß zur Reifung des Weins ist das Holzfaß. Seine wichtigste Eigenschaft ist, daß der Wein in ihm atmen kann. Die Sauerstoffzufuhr beschleunigt die Polymerisation. Dadurch wird der Wein weicher, harmonischer, komplexer.

Vor allem Rotwein wird im Holzfaß ausgebaut. Während die meisten Weißweine bei längerer Lagerung im Holzfaß an Frische verlieren und müde werden, kann der Sauerstoff, der durch die Faßwand eindringt, dem Rotwein wenig anhaben. Wegen des hohen Gehalts an Phenolen verträgt er den Sauerstoff nicht nur, er braucht ihn geradezu zur Reifung. Reifung ist, so betrachtet, nichts anderes als die Feinoxydation des Weins.

Die Größe des Fasses

Allerdings darf die Menge des Sauerstoffs, der durch die Faßdauben dringt, nur gering sein. Wie gering, hängt von der Größe des Fasses ab. Sie ist von entscheidender Bedeutung für das Tempo des Reifeprozesses. 1000 Liter Wein, die in einem großen Faß liegen, haben halb so viel Holzkontakt wie 1000 Liter, die auf vier kleine Barriques von 225 Liter Inhalt verteilt worden sind. In kleinen Fässern dürfen also nur Weine ausgebaut werden, die so phenolreich sind, daß sie der größeren Luftzufuhr standhalten. Die Premiers Grands Crus aus Bordeaux, die großen Rotweine aus dem spanischen Priorato, einige kalifornische Cabernet Sauvignons und die besten australischen Shiraz reifen in guten Jahren bis zu 24 Monaten in diesen Fässern. Ein leichter Pinot Noir aus dem Elsaß würde vermutlich schon nach sechs Monaten erste Ermüdungserscheinungen zeigen. In großen Holzfässern läßt er sich jedoch entsprechend länger lagern. Die besten italienischen Brunello werden in großen Holzfässern sogar zwei bis drei Jahre ausgebaut, die größten Barolo teilweise fünf Jahre, ohne Schaden zu nehmen.

Auf die Größe des Holzfasses kommt es an. In kleinen Fässern hat der Wein stärkeren Kontakt mit Holz, in größeren weniger. Die kleinsten der gebräuchlichen Holzfässer sind Barriques (linkes Foto und großes Foto unten). Sie stammen aus Bordeaux und fassen genau 225 Liter. Im Burgund sind sie mit 205 Litern etwas kleiner. Auch im portugiesischen Douro-Tal werden kleine Fässer zur Lagerung des Portweins benützt. Sie heißen Pipes (rechtes Foto) und enthalten teils 550, teils 580 Liter.

Die Dicke des Holzes

Die Größe des Fasses bestimmt auch die Dicke der Faßdauben. Je größer das Faß, desto dicker müssen sie sein, um das Gewicht der Flüssigkeitsmenge zu halten. Damit sie unter dem Druck des Weins nicht bersten, müssen sie mit Metallbändern zusammengehalten werden. Dauben, die 10 Zentimeter dick sind, wie bei großen 50-Hektoliter-Fässern, lassen nur minimale Mengen Sauerstoff passieren. Bei kleinen Barriques sind die Dauben dagegen nur 2,5 Zentimeter stark. Entsprechend mehr Sauerstoff dringt durch die Wandungen. Auch deswegen vollzieht sich der Reifeprozeß in kleinen Fässern rascher als in großen.

Der Einfluß neuen Holzes

Der Ausbau in kleinen Fässern hat noch einen anderen Effekt. Es werden Tannine aus dem Holz gelöst, die in den Wein übergehen und ihn geschmacklich mehr oder minder stark verändern. Zumindest gilt das, solange die Fässer neu sind. Die Menge des Tannins ist nicht gering. Im ersten Jahr gibt ein neues Barrique etwa 200 Milligramm an den Wein ab. Das entspricht etwa einem Zehntel des Tannins aus den Traubenschalen. Allerdings ist das Holztannin von völlig anderer Konstitution als das Schalentannin. Es polymerisiert nicht, ändert sich folglich mit zunehmendem Alter des Weins nicht und besteht aus anderen Kohlenwasserstoffverbindungen. Sie sind für die typischen Geruchsnoten von süßer Vanille, gerösteten Haselnüssen, Gewürznelken und Karamel verantwortlich. Leider unterstreichen diese Noten nicht immer das Eigenaroma des Weins, sondern dominieren es. Nach drei, spätestens fünf Jahren Gebrauch ist der Einfluß des Faßholzes auf den Geschmack des Weins gleich Null. Kommerzielle Weinmacher benutzen einfach Eichenholzspäne oder – billiger noch – chemische Essenzen, um einen Eichenholzton in den Wein zu bekommen. Seriöse Kellermeister lehnen solche Schminke ab.

Am Rhein werden viele deutsche Rieslinge noch in alten Stückfässern vergoren und ausgebaut (rechtes Foto). Sie fassen 1000 Liter. An der Mosel ist das Doppelstückfaß gebräuchlich (2000 Liter), anderswo das Halbstückfaß (500 Liter). Traditionelle Rotweine reifen hingegen in großen, alten Fässern aus Eiche, Kastanie, Akazie, Kirsche oder noch anderen Hölzern (linkes Foto). Ganz große Fässer fassen 150 Hektoliter, die kleinsten 7,5 Hektoliter.

Der Fassbau

Der Faßbau – ein altes Handwerk
Viele alte Faßbau-Werkzeuge sind heute durch Maschinen ersetzt worden, etwa das Kröseisen und der Gargelkamm, mit dem einst die Nut ausgekerbt wurde, in die der Faßboden eingesetzt wird. Das Öffnen gebrauchter Fässer, um den Weinstein von der Innenseite der Dauben zu entfernen und einen neuen Toast aufzubringen, gehört ebenfalls zu den Aufgaben des Faßbauers.

Spalten des Holzes
Das Vierteilen des Baumstamms längs der Fasern des Holzes wird schon lange nicht mehr von Hand, sondern von mechanischen Spaltmeißeln erledigt. Das Spalten hat gegenüber dem Sägen den Vorteil, daß die Zellstruktur des Holzes nicht beschädigt wird. Allerdings werden die Stämme heute vielfach nicht mehr geviertelt, sondern gleich Dauben aus ihnen gesägt. Die Ausbeute ist größer, der Abfall geringer.

Lagern im Freien
Der Faßbau ist Technik, das Lagern des Holzes jedoch ein Qualitätsfaktor erster Güte. Traditionell müssen die Dauben drei Jahre lang unter freiem Himmel gelagert werden. Die Sonne dörrt das Holz, der Regen wäscht die scharfen Tannine sowie Polysaccharide und Glucose aus. Heute wird der größte Teil des Faßholzes künstlich im Ofen getrocknet, so daß sich die ganze Prozedur auf drei bis zwölf Monate reduziert.

DER FASSBAU

Zusammensetzen der Dauben zu einem Faß
Die Größe der Faßdauben für ein Barrique wird nach einer mathematischen Formel berechnet, das Daubenholz dann entsprechend gehobelt, gesägt und die einzelnen Dauben trocken zusammengesetzt. Daß die Stoßkanten der Dauben später dichthalten, dafür sorgt der Wein selbst: Er läßt das Holz aufquellen, so daß keine Flüssigkeit entweichen kann.

„Toasten" des Faßholzes
Bevor der Boden eingesetzt wird, muß das Faß „getoastet" werden. So lautet der Fachausdruck für das Flämmen der inneren Faßwandungen. Der Toast beeinflußt die chemische Struktur des Holzes und gibt den Weinen später einen leichten Röstton. Je nach Typ des Weins, der in ihm reifen soll, werden die Fässer leicht, medium oder stark getoastet.

Anlegen der Faßreifen
Wenn der Küfer die Faßböden eingepaßt hat, werden die provisorischen Faßbänder abgenommen und die endgültigen metallenen Faßreifen um den Bauch des Barriques gelegt. Sie halten das Faß zusammen und verhindern, daß es später unter dem Gewicht des Weins auseinanderbricht. Zuletzt wird das Spundloch in eine der Dauben gesägt.

Weine ohne besonderen Anlaß

Champagner, Port und Sherry haben eines gemeinsam: Sie verdanken ihre Entstehung besonderen Umständen oder dem Zufall. Beim Port waren die besonderen Umstände der Spanische Erbfolgekrieg, beim Sherry ein Verbrechen: der Raubüberfall Sir Francis Drakes auf Cádiz. Beim Champagner spielten Zufälle eine Rolle, etwa der, daß die Entdeckung der Perlen in Frankreich und des druckstabilen Glases in England nahezu gleichzeitig erfolgten. Der Siegeszug des Champagners begann. Madame Lily Bollinger antwortete einmal einem Reporter auf die Frage, zu welchen Gelegenheiten sie Champagner trinke: „Ich trinke ihn, wenn ich glücklich bin, und ich trinke ihn auch, wenn ich traurig bin. Manchmal trinke ich ihn, wenn ich allein bin. In Gesellschaft trinke ich ihn sowieso. Selbst wenn ich keinen Appetit habe, nehme ich gern ein Gläschen zu mir. Und wenn ich Appetit habe, greife ich natürlich auch zu ihm. Aber sonst rühre ich ihn nicht an – außer wenn ich durstig bin." Viele taten und tun es der großen, alten Dame gleich. Nur ein paar Engländer fanden Champagner zeitweise dekadent: „Verschmäh' den Champagner und trinke hinfort, am heimischen Herd den bescheidenen Port." Aber das ist Geschichte. Heute trinken sie beides – und Sherry ebenso.

Champagner und andere Schaumweine

Die Welt der feinen Perlen

„Ich trinke Sterne", rief Dom Pérignon aus, als er zum ersten Mal schäumenden Wein trank. Der Mönch aus der Abtei Hautvillers bei Reims hat den Champagner nicht erfunden. Aber er hat begriffen, wozu Perlen gut sind: Sie heben den Geschmack des Weins.

Champagner ist der berühmteste Schaumwein der Welt. Seine feinen Perlen und das zarte Aroma haben ihn zum Inbegriff des gehobenen französischen Weingeschmacks werden lassen. Er wächst in dem gleichnamigen Département etwa 150 Kilometer nordöstlich von Paris – das nördlichste und damit kühlste Anbaugebiet Frankreichs. Nur dort darf er sich Champagner nennen – vorausgesetzt, er wurde nach der Flaschengär-Methode hergestellt.

Wie Schaumwein entsteht

Schaumwein entsteht dadurch, daß Weißwein ein zweites Mal vergoren wird. Dies geschieht, indem der fertige Wein auf Flaschen gezogen wird und ihm dabei eine kleine Menge (24 Gramm pro Liter) Fülldosage

Veuve Nicole Clicquot kam auf die Idee, Champagnerflaschen zu rütteln, um die Hefe zu lockern.

zugefügt wird – ein Gemisch aus Wein, Zucker und speziellen Hefen, auch *liqueur de tirage* genannt. Die Hefen beginnen sofort, den Zucker in der Flasche zu vergären. Nach ein bis zwei Monaten ist die Gärung beendet. Der Wein enthält dann rund 1,2 Vol.% mehr Alkohol, als er vorher aufwies. Wie bei jeder Gärung entsteht auch bei der Flaschengärung Kohlendioxid. Es kann nicht entweichen, weil die Flasche fest mit einem Kronenkorken verschlossen ist. Folglich bleibt es im Wein als Kohlensäure gelöst.

Das Degorgieren

Die Flaschen liegen in Buchten im Keller waagerecht gestapelt, so daß sich die abgestorbenen Hefen, die zu Boden sinken, im Bauch der Flasche absetzen. Je nach Typ liegt der Schaumwein zwischen neun Monaten und fünf Jahren unbeweglich auf der Hefe. Dieses Hefelager ist wichtig für den Wein: Es hält ihn frisch und verleiht ihm den typischen Hefegeschmack. Danach muß die Hefe allerdings entfernt werden. Dazu wird die Flasche etwa 40 Sekunden lang mit dem Hals in ein Eisbad getaucht. Die Hefe gefriert sofort zu einem eisigen Klumpen. Wenn danach der Kronenkorken gelöst wird, schießt sie unter dem Druck, der in der Flasche herrscht, in hohem Bogen heraus. Der Wein ist klar und kann sofort endverkorkt werden. Dieser Vorgang heißt Degorgieren.

Das Rütteln

Allerdings muß sich das Hefedepot vorher im Flaschenhals gesammelt haben. Die Witwe Clicquot kam damals auf die Idee, Löcher in ihren Küchentisch zu bohren und die Flaschen vor dem Degorgieren einige Tage lang kopfüber hineinzustecken. Heute werden die Flaschen leicht geneigt in ein Pult gesteckt, so daß die Hefe langsam in den Hals der Flasche rutschen kann. Da das Depot ziemlich fest an den Wandungen der Flasche sitzt (obwohl die Champagnerhefen so gewählt werden, daß sie einen recht grobkörnigen Niederschlag ergeben), müssen sie gelöst werden. Jeden Tag wird die Flasche im Pult ein bißchen gedreht, damit die Hefe sich lockert. Rütteln heißt dieser Vorgang, französisch: *remuage*. Genau 21 Tage dauert es, bis sich der gesamte Hefetrub im Flaschenhals befindet.

Die Dosage

Nach dem Degorgieren ist der Schaumwein klar. Die Flaschen werden, damit nicht zuviel Kohlensäure verloren geht, sofort verkorkt und etikettiert. Vorher muß er allerdings noch dosiert werden: mit Wein, in dem Zuckersirup gelöst ist. Dadurch werden einerseits die Flaschen, deren Füllniveau durch den Auswurf der Hefe leicht gesunken ist, wieder aufgefüllt. Andererseits wird der Champagner dadurch gesüßt. Fast alle Standard-Champagner und jahrgangslosen Schaumweine

– 108 –

Champagner und andere Schaumweine

erhalten eine mehr oder minder große „Versanddosage" (*liqueur d'expédition*) zur Harmonisierung des Geschmacks. Da sie meist eine leicht erhöhte Säure aufweisen, schmecken sie dennoch trocken (brut). Nur hochwertige Jahrgangschampagner oder Schaumweine, die lange auf der Hefe gelegen haben, werden ohne Dosage verkorkt. Brut Nature, Dosage Zéro oder Pas Dosé steht dann auf ihrem Etikett. Der Kohlensäuredruck nach dem Verkorken liegt zwischen fünf und sechs bar. Das entspricht etwa dem dreifachen Druck eines Autoreifens.

Die Assemblage

Rund 80 Prozent aller Champagner kommen ohne Jahrgangsangabe auf den Markt. Das bedeutet: Sie sind aus Weinen zweier oder mehrerer Jahrgänge zusammengestellt. Das Zusammenstellen verschiedener Grundweine zu einem homogenen, harmonischen Wein wird Assemblage genannt. Assembliert werden vor allem drei verschiedene Rebsorten. Von Pinot Noir und Chardonnay werden gern auch ältere Jahrgänge einbezogen, die zwölf oder 24 Monate in Stahltanks ausgebaut wurden. Gelegentlich wird auch auf kleine Partien noch älterer, hochwertiger Reserve-Weine zurückgegriffen, um die Assemblage zu „adeln". Kenner meinen, daß die Fähigkeit, eine gute Assemblage herzustellen, die Größe eines Champagnerhauses ausmache. Entscheidend ist die Fähigkeit, Hunderte von Weinen zu verkosten und zu bewerten, um am Ende fünf oder gar zehn Millionen Flaschen eines möglichst gleichartigen Weins zu bekommen, – so viel lassen große Champagnerhäuser pro Jahr heraus. Nur etwa 20 Prozent der Produktion kommt als Jahrgangschampagner auf den Markt.

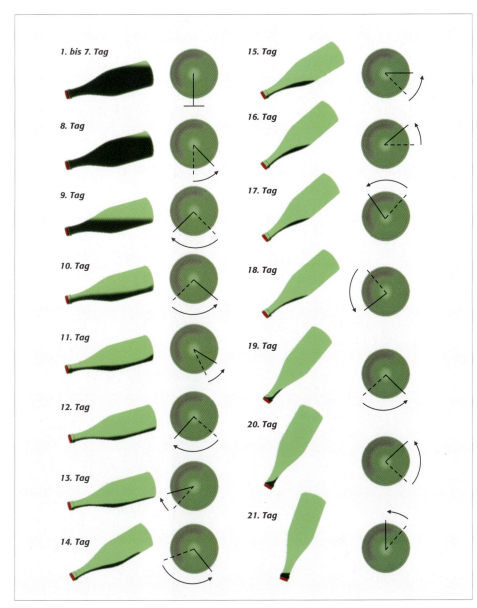

Das Rüttelverfahren: Drei Wochen lang wird der Champagner von Hand gerüttelt. Dabei werden die Flaschen in einem bestimmten Winkel gedreht und gleichzeitig immer stärker geneigt.

Alle Schaumweine, die eine Flaschengärung durchmachen, müssen gerüttelt werden ...

... damit die toten Hefen, die zu Boden gesunken sind, sich sammeln, in den Hals rutschen ...

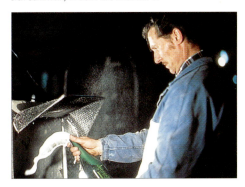

... und der Wein im Eisbad degorgiert werden kann: das heißt, von der Hefe befreit werden kann.

Champagner und andere Schaumweine

Es muß nicht immer Champagner sein

Erster Kellermeister

Dom Pérignon (1639-1715) hat herausgefunden, daß die kluge Mischung von Weinen verschiedener Rebsorten und Lagen einen besseren Endwein ergeben kann. Die Entdeckung des Schaumweins vollzog sich dagegen in London, nicht in der Champagne. Während die Franzosen noch luftdurchlässige, ölgetränkte Lumpen benutzten, um ihre Flaschen zu verschließen, besaßen Kaufleute in England um 1650 bereits Korken. Bei ungewollten Nachgärungen auf der Flasche konnte das CO_2 nicht entweichen. Es blieb als Kohlensäure im Wein gefangen. Wurde die Flasche geöffnet, schäumte der Wein. Die gezielte Flaschengärung wurde erstmals um 1700 in der Champagne angewendet – mit geringem Erfolg. Die meisten Flaschen platzten. Erst als die Engländer festeres Glas liefern konnten, setzte sich das Flaschengärverfahren durch.

Der Glanz, der vom Champagner ausgeht, hat dazu geführt, daß die Technik der Flaschengärung heute weltweit kopiert wird. Die hohe Kunst der Schaumweinerzeugung beherrschen dagegen nur wenige. Diese wenigen haben jedoch gezeigt, daß sich auch außerhalb der Champagne hochklassige Schaumweine erzeugen lassen – aus den gleichen oder aus anderen Sorten.

Champagner wird traditionell aus einer Mischung von drei verschiedenen Sorten hergestellt: der weißen Chardonnay und den roten Pinot Noir und Pinot Meunier. Die beiden roten Sorten werden zu Weißwein verarbeitet, indem der Saft ohne die Schalen vergoren wird. Die Farbe, die in den Schalen sitzt, kann also nicht in den Wein übertreten. Pinot Noir gibt dem Wein die Fülle, Chardonnay die Finesse, Pinot Meunier die Fruchtigkeit.

Die Assemblage

Vor der Flaschengärung müssen die Weine aus den drei verschiedenen Sorten zu einem Wein werden. Assemblage heißt dieser Vorgang. Dabei wird festgelegt, in welchem Verhältnis die drei Weine gemischt werden. Die Assemblage erfordert großes Verkostungsgeschick. Oft müssen Dutzende von Weinen verschiedener Tanks und Fässer verkostet werden, bevor die Entscheidung fällt, ob und in welchem Umfang sie in den endgültigen Wein eingehen. Die Assemblage ist daher immer Aufgabe mehrerer Personen. Der Kellermeister schlägt zwei oder drei Mischungen vor, die Besitzer, der Verkaufsdirektor und andere gute Zungen sind eingeladen, sie zu probieren und gegebenenfalls abzuändern.

Die Champagnerstile

Die Assemblage bestimmt den Stil eines Champagnerhauses. Bollinger benutzt traditionell einen hohen Anteil Pinot Noir, Billecart-Salmon einen erhöhten Anteil Chardonnay. Hochwertige Champagner enthalten oft auch einen kleinen Anteil älterer Weine. Krugs Grande Cuvée besteht immer aus mindestens sechs verschiedenen Jahrgängen. Sie auszuwählen, gehört zur Kunst der Assemblage dazu. Auch muß Champagner nicht zwangsläufig aus allen drei Sorten erzeugt werden. Er kann auch nur aus Chardonnay (Blanc de Blancs) oder nur aus Pinot Noir (Blanc de Noirs) gekeltert werden – letzteres ist zum Beispiel beim Rosé-Champagner der Fall. Von der Assemblage hängt maßgeblich der Erfolg eines Champagnerhauses ab.

Crémant, Sparkling Wine, Spumante, Cava, Sekt

Die Kunst der Schaumweinherstellung beherrschen heute nicht nur die Champagner-Erzeuger. Aus Kalifornien und Australien kommen einige erstklassige Schaumweine aus Chardonnay- und Pinot-Noir-Trauben. Sparkling Wines werden sie dort genannt. Auch in Italien werden aus diesen Sorten einige hochklassige Spumante erzeugt. In Frankreich selbst, etwa im nördlichen und südlichen Burgund, wird Schaumwein überwiegend aus Chardonnay-Trauben gekeltert. Crémant heißen alle außerhalb der Champagne erzeugten Schaumweine. Neben

Viele der großen Champagnerhäuser von Epernay lagern ihren Wein in unterirdischen Kalkstollen mit kilometerlangen Gängen.

Champagner und andere Schaumweine

Champagne: Blick von der Montagne de Reims auf das Dörfchen Ville-Dommange. An den Hängen wächst ein stahliger Chardonnay.

dem Crémant de Bourgogne gibt es den Crémant de Loire (Sorte: vorwiegend Chenin Blanc), den Crémant de Die (Sorte: Clairette), den Crémant d'Alsace (Sorten: Pinot Blanc, Pinot Gris, Pinot Noir, Auxerrois, Riesling), Crémant de Limoux (Sorte: Blanquette), den Crémant de Bordeaux (Sorten: Sémillon, Sauvignon Blanc, Muscadelle). Einige sind Champagnern ebenbürtig. Auch in Österreich und Deutschland, dessen Sekte im 19. Jahrhundert die größten Konkurrenten Frankreichs waren, erreichen manche Schaumweine durchaus das Niveau guter Champagner – auch wenn sie aus anderen Rebsorten gewonnen werden (in Österreich Grüner Veltliner, Welschriesling und Riesling, in Deutschland überwiegend Riesling). Gleiches gilt für den Cava aus dem Penedès, den bekanntesten spanischen Schaumwein. Der Ruhm des roten russischen Krim-Sekts ist seit 1917 verblichen.

Prestige-Cuvées und Jahrgangsschaumweine

Neben ihrem Standard-Schaumwein, der in großen Mengen hergestellt wird und ein Jahrgangs-Verschnitt ist, erzeugen fast alle Häuser besonders hochwertige Cuvées in begrenzter Anzahl. Berühmte Prestige-Cuvées sind „R.D." und „Grande Année" (Bollinger), „Louise Pommery" (Pommery), „Cristal" (Roederer), „La Grande Dame" (Veuve Cliquot), „Comtes de Champagne" (Taittinger) und „Nicolas François" (Billecart-Salmon). Sie bestehen aus Wein der ersten Pressung, enthalten einen großen Anteil Reserve-Weine, haben lange auf der Hefe gelegen und besitzen ein Alterungsvermögen von bis zu 20, 30 Jahren. Ähnliches gilt für Jahrgangs-Schaumweine.

Die traditionelle Korbpresse der Champagne heißt Marmonnier. Sie faßt 2400 Kilogramm Trauben. Sie werden ungemahlen angepreßt, wobei maximal 1500 Liter Most aus ihnen gewonnen werden dürfen. Die ersten 900 Liter heißen Cuvée – die beste Qualität. Die nächsten 350 und 250 Liter sind die 1. und 2. Taille.

Andere Verfahren der Schaumweinherstellung

Die Flaschengärung mit jahrelanger Lagerung sowie dem späteren Rütteln und Degorgieren ist arbeitsaufwendig und teuer. Deshalb haben Fachleute einfache, weniger kostspielige Methoden der Schaumweinherstellung erfunden. Keines dieser Verfahren ergibt jedoch eine so feine Perlage wie die *méthode champenoise*.

Charmat-Methode

Die Zweitgärung der Grundweine findet in großen Drucktanks aus Edelstahl statt. Das Hefedepot wird vor der Flaschenabfüllung durch Filtern entfernt. Industrielle Methode, in Bordeaux erfunden und für einfachere Schaumweine gut geeignet, etwa für den italienischen Prosecco, für Spumante und viele deutsche Sekte.

Transvasionsverfahren

Flaschengärung wie bei der Champagnermethode. Danach wird die Flasche jedoch geöffnet, der Wein in einen Drucktank gefüllt, das Hefedepot abgefiltert und der Wein unter Druck auf neue Flaschen gefüllt. In Amerika entwickelte und dort auch bei hochwertigen Schaumweinen angewendete Methode.

Karbonisierungsverfahren

Verzicht auf eine Zweitgärung, stattdessen Zusatz von Kohlensäure zum Wein und Abfüllen desselben unter Druck. Auf diese Weise entstehende Weine gelten nicht als Schaum-, sondern als Perlweine (ital.: *frizzante*, frz.: *pétillant*). Sie weisen nur einen Druck zwischen 1 und 2,5 bar auf.

Dosage bei Schaumweinen (Gramm Zucker pro Liter)

Brut Nature, Pas Dosé, Dosage Zéro, Naturherb	bis 3
Extra Brut	unter 6
Brut	unter 15
Extra Trocken	12–20
Trocken	17–35
Mild	über 50

PORTWEIN UND MADEIRA

„The Englishmen's Wines"

Portwein – die wichtigsten Stile

Ruby
Dunkelrubinroter, konfitürenhaft süßer Port mit zwei bis vier Jahren Reife. Er macht den größten Teil allen Portweins aus. Ein Ruby wird immer aus Grundweinen verschiedener Jahrgänge zusammengestellt.

Tawny
Mahagonibrauner Portwein, meist länger im Faß gereift als ein Ruby, gelegentlich mit kleinen Chargen von 20, 30 oder 40 Jahre alten Portweinen assembliert und dann sehr fein. Trinkreif. Ein Tawny sollte nach dem Öffnen der Flasche schnell getrunken werden, da er leicht oxydiert.

Colheita
Tawny Port aus einem einzigen Jahrgang, mindestens sieben Jahre Faßreife, meist mehr.
LBV (Late Bottled Vintage): Jahrgangsportwein aus einem kleineren Jahrgang mit vier bis sechs Jahren Faßreife: Er kann zwar sehr gut sein, ist aber häufig nur ein besserer Ruby.

Vintage Port
Jahrgangsportwein, der nur in als „groß" oder „sehr gut" deklarierten Jahren erzeugt wird. Reift zwei Jahre im Holzfaß und braucht dann 20, 30 oder mehr Jahre, um seine beste Trinkreife zu erreichen. Macht ein Prozent der Produktion aus.

White Port
Portwein, der nur kurz auf der Maische gestanden hat oder aus den wenigen weißen Sorten gekeltert wurde, die am Douro wachsen. Er reift maximal 18 Monate im Tank, ist etwas weniger süß (manchmal fast trocken) und hat einen Alkoholgehalt von etwa 17 Vol.%. Macht zehn bis 15 Prozent der Produktion aus.

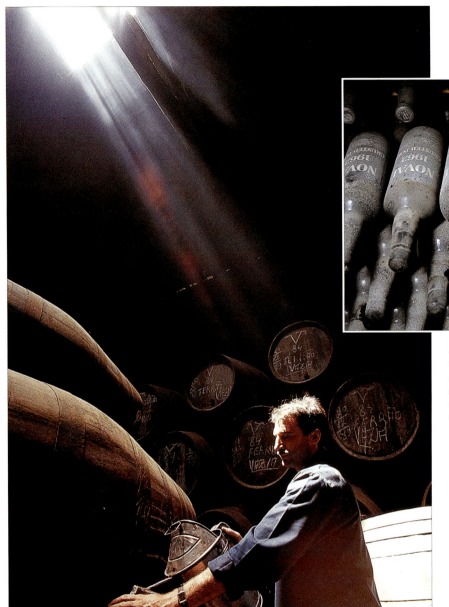

Jahrgangsport muß in der Regel mindestens 20 Jahre altern, um trinkreif zu werden. Tawny Port ist reif, wenn er auf den Markt kommt.

Nachfüllen von Fässern, in denen Tawny reift: Drei Prozent des Weins verdunsten im Jahr.

Port und Madeira wurden von englischen Händlern erfunden. Besonders geschätzt wurden sie von der intellektuellen Oberschicht des Landes. Da die Winter auf der Insel lang und die Colleges im 18. Jahrhundert meist kalt waren, bevorzugten die Gelehrten zum Aufwärmen Port oder Madeira. Im Zeitalter der Zentralheizung hat sich ihre Bestimmung leicht geändert. Sie werden jetzt nur noch zum Genuß getrunken.

Portwein ist ein süßer Rotwein, der durch die Zugabe einer kleinen Menge Weinbrands aufgespritet wird. So entsteht ein schwerer, berauschender Wein von opaker Farbe, der zwischen 19 und 22 Vol.% Alkohol aufweist und in seiner Art von unerreichter Feinheit ist. Er stammt von den terrassierten Hängen des Douro-Flusses im Norden Portugals. Seinen Namen hat er von der Stadt Porto am unteren Flußlauf. Am Ufer, das der Stadt gegenüber liegt, befinden sich die Lagerhäuser der großen Portweinfirmen. Dort reift der Wein. Das englische Element ist noch heute auf dem Portweinmarkt stark vertreten. Die Lagerhäuser heißen Lodges, die Firmen haben Namen wie Cockburn, Taylor, Dow, Sandeman oder Graham, und Port selber gilt noch immer als „the Englishmen's wine", obwohl er längst erfolgreich in alle Welt verkauft wird.

Portwein und Madeira

Wie Portwein entsteht

Zur Herstellung des Portweins sind 48 verschiedene Rebsorten zugelassen (von über 100, die im Douro-Tal noch kultiviert werden). Die meisten sind rote Sorten. Früher wurden sie in hölzernen Bottichen (*lagares*) mit den Füßen zerstampft, heute verrichten hydraulische Pressen diese Arbeit. Danach wird die Maische vergoren. Aber bereits nach ein bis zwei Tagen wird die gärende Maische mit 77prozentigem Weinbrand aufgespritet. Die Hefen stellen ihre Tätigkeit ein, der Wein weist, wenn er von der Maische gezogen wird, zwischen 40 und 60 Gramm unvergorenen Restzucker auf. Im Frühjahr wird der Wein mit Tanklastwagen nach Porto gefahren und in Fässer oder in Holzfässern wird er mehrere Monate lang auf 40 bis 50° Celsius erwärmt – durch eine Art Tauchsieder oder durch Aufheizen in *Estufas*, sog. „Ofenräumen". Durch die Wärmebehandlung soll der Wein schneller reifen und der Zucker karamelisieren. Reife hat der Madeira nämlich dringend nötig. Er bringt viel Tannin mit und besitzt eine hohe Säure – übrigens auch eine hohe flüchtige Säure, wie an seinem Bouquet deutlich erkennbar ist. Sein Geschmack reicht von schokoladig-süß bis ranzig-trocken.

Nur wenige hochklassige Madeiras

Der größte Teil der Madeiras ist gerade zum Kochen gut. Es gibt jedoch auch hochklassige Vetreter ihrer

Die Engländer haben Port und Madeira erfunden, aber getrunken werden sie in aller Welt.

In den Weinbergen am Douro wachsen knapp 100 verschiedene Rebsorten: Fast alle dürfen für den Port verwendet werden.

eingelagert (traditionell Pipes genannt, 520 Liter fassend). Dort reift er mindestens zwei Jahre, manchmal aber auch 20, gelegentlich sogar 40 Jahre.

Wie Madeira entsteht

Auch der Madeira ist ein alkoholverstärkter, süßer Rotwein. Er kommt von der gleichnamigen Atlantikinsel und wird überwiegend aus der Sorte Tinta Negra Mole gekeltert – eine qualitativ mittelmäßige Sorte, die erst nach der Reblauskatastrophe angepflanzt wurde. Im Unterschied zum Portwein wird der Madeira nach dem Aufspriten jedoch einer speziellen Wärmebehandlung unterzogen. In gemauerten Betonbottichen, in Stahltanks, in Glasballons

Art. Die besten wachsen auf Höhen bis 1800 Meter. Dort werden die Terrassen zunehmend mit den alten weißen Sorten Sercial, Boal, Malvasia und Verdelho kultiviert (ihre dunkle Farbe erhalten Madeiras dieser Sorten durch die Wärmebehandlung). Diese traditionellen Qualitäten reifen langsam, ohne erhitzt zu werden. Sie werden in 600-Liter-Pipes gefüllt und mindestens 20 Jahre unter dem Dach der Handelshäuser gelagert, wo es im Winter kühl und im Sommer sehr heiß ist. Vinhos de canteiro werden sie genannt. Sie haben einen Geruch von Malz und Karamel, von Vanille, süßen Mandeln, Rosinen und kandierten Früchten. Kaum ein anderer Wein scheint so langlebig zu sein wie sie.

Madeira – die wichtigsten Stile

Der Standard-Madeira ist ein Jahrgangsverschnitt, der selbst dann, wenn er als Extra Dry deklariert ist, eine spürbare Restsüße aufweist. Meist sind die Madeiras jedoch mehr oder minder vollsüße Weine. Die besten werden aus den noblen Weißweinsorten gewonnen und tragen deren Namen auf dem Etikett.

Zusatz-Prädikate:
Finest (3 Jahre)
Reserve (5 Jahre)
Special Reserve (10 Jahre)
Extra Reserve (15 Jahre)
Vintage (mindestens 20 Jahre).

Sercial
Relativ leichter, meist mäßig trockener Madeira mit schneidiger Säure. Feiner, aber reifebedürftiger Aperitifwein. Im Alter fast trocken.

Verdelho
Würziger, kräftiger Madeira von der Nordseite der Insel, trocken bis mäßig süß mit feinem Nußaroma. Lange alterungsfähig.

Boal
Dunkler, karamelfarbener Wein, reich und duftig im Bouquet, deutliche Süße, oft etwas „angebrannt" im Geschmack. Auch Bual geschrieben.

Malmsey
Der rarste, süßeste, dunkelste Madeira, nur aus Malvasia-Trauben gewonnen, die an den Südhängen der Insel angebaut werden. Der volle Geschmack wird vom Alkohol getragen, der die zitronenhaft frische Säure mildert.

Feuer des Südens

Soleras in einer Bodega von Jerez: Fino, Amontillado und Oloroso heißen die feinsten Sherrysorten.

Der Weißwein, aus dem Sherry erzeugt wird, ist flach und ziemlich belanglos. Erst durch Aguardente, jenen Branntwein, der ihm in kleinen Mengen zugegeben wird, erhält er seinen vollen, würzigen Geschmack und sein unnachahmliches Feuer.

Sherry existiert in zahlreichen Varianten. Er kann trocken oder vollsüß sein, dunkel oder hell, stark oder mäßig alkoholreich. Man unterscheidet zwei Grundtypen: den strohgelben, trockenen Fino und die dunklen Oloroso. Diese beiden Grundtypen sind der Ausgangspunkt für Dutzende von Spielarten, in denen der Sherry auf den Markt kommt: mal als sirupartiger Likör, mal als hochfeiner, in Würde gereifter, trockener Wein.

Solera
In Sherry-Bodegas sind die Fässer in bis zu fünf Reihen übereinander geschichtet. Die oberste enthält den jüngsten Wein, die unterste – Solera genannt – den ältesten. Den Solera-Fässern wird ein- bis zweimal im Jahr etwa 20 bis 30 Prozent Wein zur Abfüllung entnommen. Aufgefüllt werden die Fässer mit Wein aus der darüberliegenden Faßreihe. Diese Fässer werden ihrerseits mit dem entsprechenden Anteil an criaderos verschnitten – so heißen die jüngeren Weine. Die jüngeren Weine passen sich so schnell dem Geschmack der älteren an.

Fino und Manzanilla

Der Fino ist der klassische, trockene Sherry aus dem Anbaugebiet von Jerez de la Frontera, auch wenn er mengenmäßig nicht an oberster Stelle der Sherry-Produktion steht. Er wird zunächst wie ein normaler Weißwein vergoren und zum Reifen ins Faß gelegt. Im Faß bildet sich dann eine graugelbe Florhefe auf der Weinoberfläche, die immer weiter wächst. Schließlich legt sie sich wie ein wächserner Film über den ganzen Wein, so daß dieser praktisch unter Luftabschluß reift. Florhefe macht die Besonderheit des Sherrys gegenüber anderen alkoholverstärkten Weißweinen aus. Sie hinterläßt charakteristische Geschmacksnuancen von Bittermandeln im Wein, weshalb sie sorgfältig gepflegt wird. Zum Beispiel reagiert sie empfindlich auf zuviel Alkohol. Deshalb wird ein Fino-Sherry nur vorsichtig aufgespritet und weist selten mehr als 15 Vol.% Alkohol auf. Ähnliches gilt für den Manzanilla, die Fino-Variante aus der benachbarten Stadt Sanlúcar de Barrameda an der Mündung des Flusses Guadalquivir. Der Manzanilla ist im Vergleich zum Fino zarter. Die Einheimischen in Sanlúcar trinken ihn zu Fisch und Langusten.

Der Amontillado

In den heißen andalusischen Sommern wird es auch in den oberirdischen Lagerhallen der großen Sherryhäuser ziemlich warm. Dann kann es passieren, daß die Florhefeschicht auf dem Wein zusammenbricht. Florhefe ist nämlich wärmeempfindlich. In diesem Fall gelangt Sauerstoff an den Wein und oxydiert ihn. Der Fino wird zum Amontillado. Er entwickelt mehr Fülle und nimmt eine bernsteinfarbene Tönung an. Ein echter Amontillado ist also ein ohne Florhefe gealterter Fino und vollkommen trocken: ein köstlicher Tropfen mit feinem Aroma von Orangen und

Fino Sherry mit Florhefe: Unter der Florhefeschicht reift der Wein praktisch unter Sauerstoffabschluß.

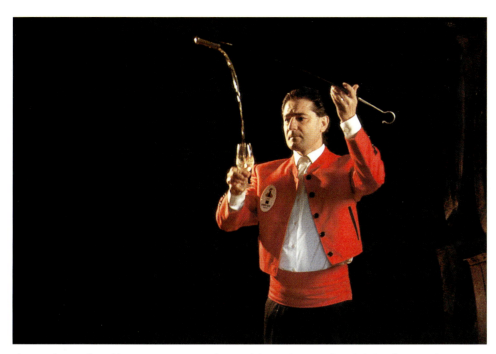

Sherry-Proben werden zelebriert: Die Venencia wurde entwickelt, um Sherry aus dem Florhefe-Faß zu entnehmen.

Haselnüssen. Allerdings sind echte Amontillados selten, weil die wenigsten Sherrymacher auf den zufälligen Zusammenbruch der Florhefe warten, sondern diesen bewußt fördern. Meistens spriten sie den Fino auf 16 Vol.% auf, so daß die Hefe abstirbt. Dann werden sie in der Solera verschnitten und mit *Vinos Dulces* gesüßt: Süßreserve. Der handelsübliche Amontillado ist *medium dry*.

Der Oloroso

Oloroso ist ein Sherry ohne Florhefe. Der Wein wird nämlich nach der Gärung auf 18 Vol.% angereichert, so daß diese sich gar nicht erst entwickeln kann. Ein Oloroso reift also unter Sauerstoffkontakt. Durch diese oxydative Ausbauweise erhält er seine karamellig-dunkle Farbe und den würzigen Geschmack mit Anklang an Trockenfrüchte. Da während des jahrelangen Ausbaus in der Solera Flüssigkeit verdunstet (drei bis sechs Prozent pro Jahr und Faß), kann der Alkoholgehalt bis auf über 23 Vol.% ansteigen. Auch Olorosos sind von Natur aus trockene Sherrys. Alte, gereifte Olorosos gehören sogar zu den exquisitesten und teuersten Sherrys überhaupt. In der Praxis wird jedoch der größte Teil der Oloroso mit süßem Most verschnitten, um als Cream Sherry in die Regale der Supermärkte zu gelangen. PX wird diese Süßreserve – spanisch: *mistela* – genannt, nach der Traube, aus der sie gewonnen wird: Pedro Ximénez. Sie war einst in Jerez weit verbreitet, ist heute aber nur noch selten zu finden. Sherry-Produzenten haben sich deshalb das Recht erstritten, PX-Trauben von außerhalb ihrer Zone verwenden zu dürfen: aus dem Gebiet von Montilla-Moriles.

Das Solera-System

Die zweite Besonderheit des Sherry ist das System der Reifung. Es heißt Solera. Dabei werden junge und alte, gereifte Sherry-Jahrgänge über mehrere Jahre hinweg miteinander verschnitten. In sehr alten Manzanillas können bis zu 19 verschiedene Jahrgänge enthalten sein. Das System garantiert, daß bei jeder Abfüllung ein Sherry gleichen Stils entsteht. Entwickelt wurde die Solera jedoch aus einem anderen Grund: Damit die Florhefe nicht abstirbt, muß alten Fässern immer wieder jüngerer Wein zugesetzt werden. Da der Alkoholgehalt alter Sherrys steigt und die Florhefe zu zerstören droht, muß ihm immer wieder jüngerer Wein mit niedrigerem Alkoholgehalt beigefügt werden.

Palo Cortado: Rarer, hochklassiger Sherry-Typ, aus einem Querverschnitt mehrerer kleiner Partien Olorosos aus der Solera entstanden. Selten zu finden, weil Sherry normalerweise entweder als Fino oder als Oloroso angelegt wird.

Pale Cream: Heller, kommerzieller Sherry, der mit *Mistela* gesüßt wurde.

Manzanilla Pasada: Hochfeiner, gereifter Manzanilla, der nur kurz unter der Florhefe gelegen hat. Er zeigt eine salzige Note.

Raya: Schlichtsüßer Sherry-Typ, der aus getrockneten Trauben hergestellt und praktisch nie abgefüllt, sondern nur als Verschnittwein verwendet wird.

Trocknende Pedro-Ximénez-Trauben: Sie werden noch heute aus dem benachbarten Montilla-Moriles importiert.

Grande Nation des Weins

Frankreich ist der große Lehrmeister des Weins. Kein anderes Land hat sich, historisch betrachtet, so große Verdienste um die Entwicklung hochklassiger Weine erworben wie das Land im Herzen Europas. Eine zweihundertjährige Tradition glanzvoller Weingeschichte, die bis in die Gegenwart hineinreicht – wo gibt es das bei anderen Nationen? Bordeaux, Burgund und die Champagne bringen bis heute Weine von unnachahmlicher Feinheit hervor, und es gibt wenig Grund anzunehmen, daß sich in Zukunft etwas daran ändern könnte. Aber Frankreich besteht nicht nur aus drei, sondern aus über 300 Anbaugebieten, und der Glanz, der von den großen ausgeht, strahlt nicht immer auf die kleinen ab. Außerdem scharen sich um große Lehrmeister viele Schüler, und manche dieser Schüler, die heute in Kalifornien, Australien, Chile oder Spanien wirken, haben die Lektionen, die sie gelernt haben, ebenso beherzigt wie französische Winzer oder Kellermeister in der Tiefe der Provinz. Kurz, Frankreichs Ruhm strahlt hell wie immer – aber nicht gleichmäßig aus jedem Winkel des Landes.

Frankreich und sein „terroir"

Nach der französischen Weinphilosophie hat Wein Ausdruck des Bodens und des Klimas zu sein. Diese Philosophie wird mit dem Wort *terroir* beschrieben. Das klingt wie eine Selbstverständlichkeit, wird aber keineswegs überall in der Welt als solche verstanden. In Frankreich wird Wein allerdings streng nach dieser Konzeption hergestellt.

Nirgendwo kommt die französische Weinphilosophie besser zum Ausdruck als bei den großen Spitzenweinen des Landes. Was wäre Pinot Noir ohne das Burgund? Was Cabernet Sauvignon ohne die wasserdurchlässigen Kiesschotterbänke an den Ufern der Gironde? Die beiden Rebsorten werden heute überall auf der Welt erfolgreich kultiviert. Aber nirgendwo besitzen die Weine aus ihnen eine solche Ausdrucksfülle wie in ihren angestammten Herkunftsgebieten. Für die Qualität ist der Mensch zuständig, für den Charakter die Rebsorte, für die Größe des Weins sorgt ausschließlich die Natur. Hervé de Villaine, Direktor der Domaine de la Romanée-Conti, bringt diese Philosophie so auf den Punkt: „Die Wahrheit ist der Weinberg, nicht der Mensch."

Assemblage und Rebsortenweine

Freilich gibt es große regionale Unterschiede in Frankreich. Im Süden und Südwesten Frankreichs ist man der Überzeugung, daß die Weine – vor allem die Rotweine – aus mehreren Rebsorten bestehen sollten. Dadurch werden sie vielschichtiger, und das Risiko allzu großer Jahrgangsschwankungen wird reduziert. Der Châteauneuf-du-Pape darf zum Beispiel aus 13 verschiedenen Sorten gewonnen werden. In den nördlicheren Anbaugebieten Frankreichs werden die meisten Weine dagegen aus nur einer einzigen Rebsorte gekeltert: an der Loire, in Chablis, in Savoyen, im Beaujolais, im Elsaß und vor allem im Burgund. Nicht einmal die Lagen vermischt man dort miteinander (außer bei einfachen Gemeindeweinen). Die Premier und Grand Crus werden Weinberg für Weinberg getrennt geerntet, vergoren und abgefüllt. Nur in der Champagne kennt man die Assemblage – wie der Fachausdruck für das Mischen lautet: Champagner wird traditionell aus Pinot Noir, Chardonnay und Pinot Meunier hergestellt.

Kaiser Probus und die Anfänge des Weinbaus

Die ersten Reben kamen wahrscheinlich 600 Jahre v.Chr. durch die Griechen nach Frankreich. Von Marseille bis Banyuls an der spanischen Grenze setzten sie Rebstöcke in den Boden. Doch erst die Römer sorgten für die systematische Ausbreitung des Weinbaus in ihrer gallischen Provinz. Zunächst verbreitete sich die Rebe im stark besiedelten Rhônetal. Im 2. Jahrhundert gelangte sie bis nach Burgund und Bordeaux, im 3. Jahrhundert sprossen an den Ufern der Loire die ersten Reben. Die französische Weinkultur beginnt nach Meinung der Historiker mit Kaiser Aurelius Probus (232–282 n.Chr.), der die Anpflanzung von Rebstöcken in ganz Gallien befahl, was die Menschen im Lande mit großem Eifer befolgten. Der Kaiser wurde später von seinen Soldaten erschlagen, aber der Weinbau florierte. Im 4. Jahrhundert drangen die Reben sogar bis in die Champagne vor.

Der Aufstieg des französischen Weins

Die Ausbreitung des Weinbaus ging mit der Missionierung des Landes Hand in Hand. Die Kirchen brauchten Meßwein, und die Benediktiner-, später die Zisterziensermönche sahen es als fromme Tat an, um ihre Klöster herum Weingärten anzulegen. Dabei erlagen nicht nur sie der Verführung des berauschenden Getränks, sondern auch der weltliche Adel und die neuen Bürgerschichten, die sich am Ende des Mittelalters herausbildeten. Schon im 12. Jahrhundert entwickelte sich ein reger Handel mit England, später mit Schottland, Holland und Deutschland. Die steigende Nachfrage nach den edlen Tropfen aus dem Reich der Franken beflügelte

Château d'Yquem: Frankreichs berühmtester süßer Wein.

die Menschen, immer mehr Reben anzubauen. Zu Beginn des 17. Jahrhunderts gab es dreimal mehr Rebland als heute. Nach der Französischen Revolution übernahmen Bürgerliche die adeligen Weinlatifundien und nach der folgenden Säkularisierung auch die kirchlichen. In Bordeaux waren es vor allem Mitglieder des Parlaments, die Grundbesitz im Médoc erwarben. 1855 erstellte die Handelskammer von Bordeaux im Auftrag von Kaiser Napoleon III. eine Klassifikation der Bordeaux-Châteaus. Sie hat bis heute Gültigkeit behalten.

Champagne

Große Nische für Weißweine

Die Champagne ist das nördlichste Weinanbaugebiet Frankreichs. Die Faszination, die vom Champagner ausgeht, hat vergessen lassen, daß auch an der Loire hochklassige Weiß- und Schaumweine erzeugt werden.

Das Anbaugebiet des Champagners ist stark gesplittet. Noch über hundert Kilometer südlich von Reims liegen Weinberge dieses AOC-Bereichs. 95 Prozent der Rebflächen sind mit den drei Champagnersorten Chardonnay, Pinot Noir und Pinot Meunier bestockt, wobei die beiden letzteren zusammen etwa dreiviertel der Rebfläche einnehmen (zu gleichen Teilen) und Chardonnay etwa 25 Prozent ausmacht. Die kühlen Temperaturen und die extrem kargen Kalkböden, die der Rebe nur durch regelmäßige Düngung ausreichend Nährstoffe bieten, sind für die besondere Qualität der Weine verantwortlich. Die großen, marktbeherrschenden Champagnerhäuser besitzen zusammen nur etwa zehn Prozent der Rebfläche. Den größten Teil ihrer Trauben müssen sie kaufen. Die Weinbau-Gemeinden der Champagne sind offiziell klassifiziert und auf einer Skala nach Rang geordnet, die von 80 bis 100 Prozent reicht – je nach Güte. 90- bis 99-Prozent-Lagen gelten als Premier Cru, 100-Prozent-Lagen als Grand Cru. Das heißt: Ein Winzer mit einer 99-Prozent-Lage bekommt 99 Prozent des offiziell festgesetzten Höchstpreises für seine Trauben. Die besten Chardonnay-Trauben wachsen südlich der Marne um die Dörfer Chouilly, Cramant, Avize, Oger und Mesnil, während die besten Pinot Noir aus Bouzy und Ay kommen. Die Markenchampagner bestehen immer aus einer Mischung vieler Crus und mehrerer Jahrgänge (weshalb auf den Etiketten kein Jahrgang angegeben ist). Die Prestige Cuvées und Jahrgangschampagner sind teilweise außerordentlich langlebig und verfeinerungsfähig. Ein kleiner Teil des Weins kommt als roter beziehungsweise weißer Stillwein auf den Markt.

Loire

Nantais
Das Gebiet um die Stadt Nantes an der Mündung der Loire hat einen zur Küche der Atlantikküste passenden Weißwein: den Muscadet. Ein preiswerter, einfacher Wein, der durch seine Frische den Fischgerichten Paroli bieten kann. *Sur lie* steht bei vielen Weinen auf dem Etikett: „auf der Hefe gelagert". Da die Muscadet-Traube (auch Melon de Bourgogne genannt), aus der er gewonnen wird, etwas geschmacksarm ist, sind die Winzer schon früh auf die Idee gekommen, den Wein bis zur Abfüllung auf der Feinhefe zu lagern und dann direkt abzufüllen, um ihm etwas mehr Nuancen zu geben. Ein großer Teil der Weine hat jedoch in Wirklichkeit gar nicht auf der Hefe gelegen, sondern ist mit Kohlensäure versetzt worden. Der Bereich Maine-et-Sèvre östlich von Nantes produziert die anspruchsvollsten Weine.

Coteaux du Layon
Kleine Appellation südlich der Loire, in der aus spätgelesenen Chenin-Blanc-Trauben zwei hochfeine, edelsüße Weine gewonnen werden: Quarts-de-Chaume und Bonnezeaux. Je nach Jahrgang können sie so opulent wie ein Sauternes und so rassig wie eine Beerenauslese sein.

Savennières
Die winzige Appellation Savennières bringt sehr gute, trockene Chenin-Blanc-Weine (aus der Unterzone Roche-aux-Moines) und einen außergewöhnlichen Wein hervor: den Coulée de Serrant. Für Weinkenner ein Kultwein und einer der besten, langlebigsten Weißweine der Welt.

Anjou
Traditionelles Rotwein-Anbaugebiet um die Stadt Angers, bekannt für seine würzigen, fruchtigen und relativ preiswerten Cabernet-Franc-Weine. Sie enthalten oft auch kleinere Anteile von Cabernet Sauvignon und anderen Sorten. Das gilt zum Beispiel für den gehaltvollen Anjou Villages, den Saumur Rouge und den Saumur Champigny. Als Spezialität des Anjou gelten die halbtrockenen Roséweine: der Cabernet d'Anjou und der Rosé d'Anjou, der auch aus Cot, Gamay und lokalen Trauben hergestellt wird. Allerdings erschließt sich nicht jedem Konsumenten der besondere Geschmack dieser Weine. Seit einiger Zeit

Champagne-Weinberge, Prince Philippe Poniatowski, Erzeuger eines der besten, langlebigsten Vouvray.

In Sancerre und Pouilly wachsen die besten Sauvignons der oberen Loire.

schon wird in Anjou aber auch kräftig Weißwein gepflanzt, speziell die Chenin-Blanc-Traube. Aus ihr werden große Mengen Saumur Mousseux hergestellt, ein feiner Schaumwein, der nach der klassischen Flaschengärmethode erzeugt wird und dessen Preise weit unter Champagnerniveau liegen. Der Stillwein Saumur Blanc ist ebenfalls ein sehr guter und merkwürdig unbekannter Wein der Gegend. Er enthält, wie die Schaumweine, neben Chenin Blanc oft ein bißchen Sauvignon und Chardonnay. Schließlich wird im ganzen Anjou und in der Touraine aus den Sorten Chenin Blanc, Cabernet Franc und anderen der Crémant de Loire produziert.

Touraine
Recht umfängliches Anbaugebiet um die Stadt Tours an der Loire, in dem leichte, einfache Rot-, Weiß- und Roséweine aus einer Vielzahl von Sorten und in zahlreichen Varianten erzeugt werden. Die Unterappellationen Bourgueil und Chinon sind bekannt für ihre würzigen, unkomplizierten, jung zu trinkenden Cabernet-Franc-Weine. In den Weingärten um das Städtchen Vouvray wachsen fruchtig-leichte Weißweine aus der Chenin-Blanc-Traube, die dort Pineau de Loire genannt wird. Es gibt sie in der trockenen, halbtrockenen und süßen Geschmacksrichtung. Mal sind sie belanglos, mal ausgesprochen köstlich, obendrein erstaunlich langlebig, die besten sogar beinahe unsterblich. Einige Weine werden zu einem feinen Schaumwein (Vouvray Mousseux) verarbeitet.

Sancerre
Von der oberen Loire kommt ein herb-fruchtiger, nach Stachelbeeren und Paprika duftender Weißwein, der nach dem hoch über dem Fluß thronenden Dorf Sancerre benannt ist. Da sich die Appellation über mehrere Nachbargemeinden erstreckt, wechseln die Böden und damit auch der Charakter der Weine. Sancerre wird immer reinsortig aus Sauvignon Blanc gewonnen.

Pouilly Fumé
Gegenüber von Sancerre liegt die Appellation von Pouilly Fumé, deren Weine zumindest in der Spitze kraftvoller, alkoholreicher und feiner sind. Auf den kalk- und kieselhaltigen Böden erreicht die Sauvignon-Blanc-Traube ihre optimale Ausdruckskraft. Wegen des hohen Anteils an Flintstein (*silex*), haben viele Weine eine charakteristische Feuerstein-Note. Auf den weniger *silex*-haltigen Böden wird oft die Chasselas-Traube angebaut, die den leichteren, einfacheren Pouilly-sur-Loire ergibt.

Elsässer Spitzen

Die Weine aus dem Osten Frankreichs sind relativ unbekannt. Einzige Ausnahme: das Elsaß. Dessen weiße Spitzenweine gehören zu den echten Hochgewächsen des Landes.

Elsaß

Wer von Thann im Süden bis Marlenheim im Norden über die Elsässer Weinstraße fährt, könnte glauben, er reise auf der deutschen und nicht auf der französischen Seite des Rheins: kleine, gemütliche Dörfer mit viel Fachwerk, Weinstuben, in denen gesungen und geschunkelt wird, deutschsprachige Hinweisschilder und Speisekarten in den Restaurants. Dazu Weine, die Riesling, Gewürztraminer und Edelzwicker heißen und in den Kellern noch häufig in alten Holzfässern gären. Was den Einsatz von Edelstahl und die Temperaturkontrolle betrifft, ist das Elsaß wahrhaftig kein Vorreiter.

Französische Weinkultur

Doch wer die Menschen näher kennenlernt, merkt schnell, daß es sich um Franzosen handelt. Ihre Weinberglagen haben sie nach Bodenqualität und Klima klassifiziert. Nicht die Rebsorte ist wichtig, sondern daß sie in der richtigen Lage steht. Die Grand Crus gelten jeweils nur für eine Sorte. Steht eine andere in der Lage, darf diese nicht auf dem Etikett erscheinen. Auch erzeugen die Elsässer durchweg trockene Weine. Die einzige Ähnlichkeit mit deutschen Verhältnissen: Das Elsaß ist eine Großappellation. Alsace AC heißt sie auf den Etiketten. Sie zieht sich über fast 150 Kilometer am Fuße der Vogesen hin und umfaßt rund 13 000 Hektar Weinberge.

Das Dorf Turkheim im Elsaß mit seinem Grand Cru Brand im Hintergrund.

Weine aus einer Rebsorte

Die zulässigen Hektarerträge sind die höchsten ganz Frankreichs. Dennoch bringt das Anbaugebiet regelmäßig einige der schönsten Weißweine Frankreichs hervor. Wenn er in guten Lagen steht, ist der Riesling der König der Reben, auch wenn er meist recht alkoholstark ausfällt (viele Elsässer Winzer chaptalisieren gerne). Der Sylvaner, die zweithäufigste Rebsorte, ergibt stoffige Weine. Tokay (Pinot Gris) und der edle Gewürztraminer sind schwer – aber auch von unvergleichlicher Fülle. Letzterer wird meist trocken oder als Vendange Tardive (hochrangige Spätlese) beziehungsweise als Grains Nobles (Trockenbeerenauslese) angeboten. Pinot Blanc ist im Elsaß eher ein schlanker Wein. Daneben werden kleine Mengen Chasselas, Muscat und ein leichter Pinot Noir erzeugt. Alle diese Weine müssen reinsortig aus der angegebenen Rebsorte bestehen. Lediglich der Edelzwicker ist ein Verschnitt mehrerer Sorten.

Savoyen

Savoyen ist kein einheitliches, sondern ein aus vielen verschiedenen Kleinzonen bestehendes Anbaugebiet an der Grenze zur Schweiz. Seine Weine haben eines gemeinsam: Es sind einfache, fruchtig-trockene Kreszenzen, überwiegend aus weißen, aber auch aus roten Sorten, die in den Sommerfrischen und Wintersportorten in Strömen fließen. Sie kommen als Vin de Savoie in den Handel. Außerdem erwähnenswert: der Crépy (aus Chasselas-Trauben vom Südufer des Genfer Sees, der feine, weiße Roussette de Savoie vom Oberlauf der Rhône sowie der weiße Seyssel aus der gleichnamigen Gemeinde an der Rhône.

Jura

Der französische Jura ist ein Kalksteingebirge, das parallel zur Côte d'Or auf der westlichen Seite der Saône verläuft. Es ist ein kleines Anbaugebiet mit nur etwa 1500 Hektar Rebfläche. Der bekannteste Wein ist der Arbois, den es als Weiß-, Rot- und Roséwein gibt. Die Weißen werden aus der hellroten Poulsard-Traube oder der Chardonnay gewonnen, der manchmal ein paar Anteile Savagnin zugegeben werden, damit die Weine mehr Würze und einen nussigen Geschmack bekommen. Allein gekeltert, ergibt die Savagnin-Traube den berühmten, aber recht seltenen Vin Jaune: einen Sherry-ähnlichen Wein, der sechs Jahre unter einer Florhefeschicht reift. Bekanntester Produzent dieses Weins ist Château Chalon mit eigener Appellation.

Jura-Winzer mit jungem Vin Jaune.

Côte Chalonnaise, Mâcon, Beaujolais

Unbekanntes Burgund

Burgund ist mehr als nur die Côte d'Or. Im waldreichen, hügeligen Hinterland des illustren Weinanbaugebiets sowie im Süden des Burgund wachsen einige ausgezeichnete Weiß- und Rotweine. Ständen sie nicht im Schatten der weltberühmten Hochgewächse, würden sie vermutlich mehr Aufmerksamkeit bekommen.

Côte Chalonnaise

Im Süden an die Côte de Beaune anschließendes Weinanbaugebiet nahe der Stadt Chalon, von dem zwar nicht der Glanz der Côte d'Or ausgeht, das aber einige bemerkenswerte Weine hervorbringt. Der wichtigste ist der Mercurey, benannt nach dem Dorf südlich von Chagny. Dieser Pinot-Noir-Wein mag etwas derber als die weiter nördlich wachsenden Burgunder sein, ist dafür aber auch körperreicher und kräftiger. Ähnlich gut kann der Rote aus dem benachbarten Dorf Givry sein. Der Ort Rully, nur wenige Kilometer südlich von Chagny, ist vor allem für seine Weißweine aus Chardonnay-Trauben bekannt. Sie sind fruchtiger und wesentlich leichter als die von Chassagne-Montrachet. Ein großer Teil der im südlichen Burgund wachsenden Weißweine wird zu Crémant de Bourgogne verarbeitet.

Mâconnais

Weinbaubereich um die Stadt Mâcon an der Saône, bekannt für angenehm saftige Weißweine aus der Chardonnay-Rebe. Sie kommen als Mâcon Blanc oder Mâcon-Villages in den Handel und besitzen nicht die Feinheit und Fülle der weißen Burgunder von der Côte de Beaune. Dafür sind sie recht preiswert. Die besten Qualitäten wachsen auf den Kalksteinhügeln im Süden des Mâconnais um das Dörfchen Pouilly-Fuissé, nach dem sie benannt sind. Auch Pouilly-Vinzelles und St-Véran bieten überdurchschnittlich gute Qualitäten. Neben Chardonnay wird ein wenig Gamay angebaut. Der Wein heißt Mâcon Rouge und ist einer der wenigen Rotweine, in dem die Tradition der einstmals im gesamten Burgund weitverbreiteten Gamay-Traube noch fortlebt.

Beaujolais

Das Beaujolais gehört zum Burgund, ist aber der einzige Teil dieses Anbaugebiets, in dem die Pinot-Noir-Rebe nicht angebaut wird. Die Winzer des Beaujolais haben sich für eine andere rote Rebe entschieden: die Gamay. Sie bringt einen leichten, fruchtigen Wein hervor, der mit den Pinot-Noir-Weinen des nördlichen Burgund nicht das Geringste zu tun hat. Er heißt Beaujolais, ist einer der preiswertesten Rotweine Frankreichs und wird in gewaltigen Mengen produziert: knapp 200 Millionen Flaschen. Das ist mehr, als das restliche Burgund insgesamt produziert. Mag er einfach und vielleicht etwas dünn sein – in Lyon und Umgebung trinken die Einheimischen praktisch keinen anderen Wein. Das Erfolgsgeheimnis des Beaujolais liegt nicht nur in der Rebsorte, sondern in der Art der Weinbereitung. Ein Teil der Trauben wird nach dem Verfahren der Kohlensäuremaischung vergoren (siehe Seite 74), dadurch erhält der Wein seine außerordentliche Fruchtigkeit. Am stärksten kommt sie im Beaujolais Nouveau zum Ausdruck, der bereits am dritten Donnerstag im November ausgeliefert werden darf. Angesichts des kommerziellen Erfolgs dieses Weins ist in Vergessenheit geraten, daß im nördlichen Beaujolais, wo die Böden aus Granit, Porphyr und Schiefer bestehen, ein gehaltvoller, kräftiger Beaujolais wächst, der nicht schon nach sechs Monaten verblüht ist. In zehn Dörfern wird er erzeugt: St-Amour, Juliénas, Chénas, Moulins-à-Vent, Fleurie, Chiroubles, Morgon, Régnié, Brouilly und Côte de Brouilly.

Andere Weine:

Aligoté de Bourgogne: Stoffiger, kräftiger Weißwein aus der Aligoté-Traube, die vor allem im südlichen Burgund wächst. Der beste Aligoté kommt aus dem Dorf Bouzéron mit eigener AC: ein delikater, ziemlich körperreicher und weithin unterschätzter Weißwein.

Bourgogne Rouge, Bourgogne Blanc: Der Rotwein ist ein einfacher Pinot-Noir-Wein, der aus Trauben des gesamten Burgund erzeugt werden darf: ein gehobener Alltagswein, der mal rauh, mal samtig-weich ausfällt – je nach Erzeuger. Entsprechendes gilt für den Bourgogne Blanc aus Chardonnay-Trauben.

Bourgogne Passetoutgrain: Im gesamten Burgund erzeugter, herzhaft einfacher Rotwein aus Gamay- und Pinot-Noir-Trauben (mindestens 33 Prozent), der jung getrunken wird.

Hautes-Côtes de Beaune, Hautes-Côtes de Nuits: Kräftige, robuste Rotweine zumeist von Pinot-Noir-Trauben aus dem Hinterland der Côte d'Or.

Aus Pouilly-Fuissé im Süden des Burgund kommt ein üppiger, erdig-würziger Weißwein aus Chardonnay-Trauben.

Côte d'Or

Weine wie Samt und Seide

Weinberge um das Dorf Puligny-Montrachet: legendäre Weißweine von unüberbietbarer Feinheit.

Die Côte d'Or ist das Juwel unter den Weinlagen Burgunds. Sie reicht von Santenay im Süden über Beaune fast bis nach Dijon im Norden. Dort, wo kalkhaltige Bodenschichten an die Oberfläche treten, befinden sich einige der besten Weinlagen Frankreichs.

Nuits-St-Georges

Die Kleinstadt Nuits-St-Georges bildet das Handelszentrum der Côte de Nuits. Zahlreiche große Négociant-Eléveurs haben dort ihren Sitz, etwa Joseph Faiveley und Moillard. Die Weinberge liegen an den Hängen oberhalb des Städtchens und sind ausschließlich mit Pinot Noir kultiviert. Nuits-St-Georges und das benachbarte Prémaux-Prissey besitzen keine Grand Crus, dafür um so mehr Premier Crus, von denen einige Weine hervorbringen, die fast an Grand-Cru-Niveau heranreichen: etwa Clos de la Maréchales und Clos de l'Arlot, vor allem aber Les Saint-Georges und Les Vaucrains. Sie sind relativ hell in der Farbe, jedoch kraftvoll auf der Zunge und besitzen ein rauchiges, nach süßer Eiche schmeckendes Aroma.

Vosne-Romanée

Ein kleines, verträumtes Dorf, dessen Weinberge das Herzstück der Côte de Nuits bilden. Nirgendwo sind die Weine samtiger, duftiger, feinwürziger, kompletter als dort. Die Grand Crus liegen in der Mitte des Hangs, im Zentrum Romanée-Conti. Sie sind ganz oder teilweise im Besitz der Domaine de la Romanée-Conti (außer La Grande Rue und La Romanée). Die Weine von Echézeaux liegen zwar außerhalb des Gemeindegebiets, werden aber Vosne-Romanée zugeschlagen.

Vougeot

Clos de Vougeot ist mit 50 Hektar der größte Grand Cru der Côte de Nuits. Vollständig von einer Mauer eingefaßt, reicht er vom Schloß bis hinunter an die Staatsstraße N 74. Grand-Cru-Niveau haben allerdings nur die Weine vom oberen Teil, während die Weine von

Côte de Nuits
Heimat des roten Burgunderweins.

Nuits-St-Georges — La Tâche — Richebourg — Clos de Vougeot — Musig
La Grande Rue — Romanée-St-Vivant — Grands Echézeaux — Vougeot
Vosne-Romanée — La Romanée — Château de Vougeot
Romanée-Conti

Côte de Nuits

unten nur besseres Gemeindeniveau aufweisen. Da sich zahlreiche Besitzer die Lage teilen, gibt es auch in der Verarbeitung große Unterschiede.

Chambolle-Musigny

Direkt am Fuße der Côte liegend, liefert die Gemeinde Chambolle-Musigny eher leichte, dafür aber ungemein duftige Weine. Bei keinem anderen Wein kommt das faszinierende Pinot-Bouquet so deutlich zum Ausdruck wie bei ihnen: süßer Iris-Blütenduft mit herbem Pflaumenaroma unterlegt. Die Spitzenlagen sind Les Musigny, die unerhört zarte Weine hervorbringt (ein Teil dieser Lage ist mit Chardonnay bestockt), und Les Bonnes Mares. Daneben ragen die beiden Premier Crus von Les Amoureuses und Les Charmes heraus.

Morey-St-Denis

Die Grand Crus liegen alle oberhalb der Durchgangsstraße durch den Ort. Clos de Tart und Clos de Lambrays ergeben eher leichte, elegante Weine, während Clos St-Denis und Clos de la Roche schon die Statur und Festigkeit des Chambertin besitzen.

Gevrey-Chambertin

Die größte Weinbaugemeinde an der Côte de Nuits ist Gevrey-Chambertin. Die Rebenmeere ziehen sich von der Waldgrenze bis weit über die Route Nationale 74 in die Ebene hinab. Die Weine aus diesen tieferen Lagen sind einfach und ohne großen Charme. Die Grand Crus liegen alle am oberen Teil des Hangs, sind je nach Hangneigung oder Sonnenexposition in mehrere *Climats* unterteilt. Die Weine, die dort wachsen, gelten als männlich, fleischig, feurig – kurz: als die kräftigsten roten Burgunder überhaupt. Sie unterscheiden sich in Nuancen voneinander: Chambertin und Clos de Bèze sind die wuchtigsten Vertreter unter den Grand Crus, Mazis-Chambertin ist der samtigste. Die anderen Lagen bringen ebenfalls sehr gute, aber weniger einheitliche Weine hervor. Unter den Premier Crus ist der sehenswerte Clos St-Jacques hinter dem Dorf hervorzuheben, der bestes Grand-Cru-Niveau aufweist, allerdings auch keinen Franc billiger ist als diese. Die Gevrey-Chambertin-Gemeindeweine können ebenfalls von ausgezeichneter Qualität sein. Es empfiehlt sich jedoch, sie vor dem Kauf zu probieren. Gevrey-Chambertin ist bekannt für ausufernde Traubenproduktion.

Fixin

Nördlichste Weinbaugemeinde an der Côte de Nuits mit ausgezeichneten Premier-Cru-Lagen, die denen des benachbarten Gevrey-Chambertin nicht nachstehen. Das Dorf Brochon besitzt keine eigene Appellation. Die Weine gehören zur AOC Gevrey-Chambertin.

CÔTE D'OR

Weißweine von überwältigender Fülle

Côte de Beaune
Berühmt für ihre eleganten Rotweine und überwältigenden Weißweine.

Chassagne-Montrachet · St-Aubin · Le Montrachet · Bâtard-Montrachet · Bienvenues-Bâtard-Montrachet · Chevalier-Montrachet · Puligny-Montrachet · Les Perrières · Les Charmes · Les Genevrières

Der überwiegende Teil der Rebfläche an der Côte de Beaune ist auch mit Pinot Noir kultiviert. Doch berühmt sind viele Gemeinden vor allem wegen ihres Weißweins.

Diese Weißweine, die ausschließlich aus Chardonnay-Trauben erzeugt werden, haben es unter dem Sammelbegriff „Weißer Burgunder" weltweit zu Ruhm gebracht. Die besten unter ihnen sind schwer wie Rotweine, zugleich von großer Fülle und Langlebigkeit. Die Rotweine der Côte de Beaune sind kompakt und nuancenreich, sie besitzen jedoch nicht die Tiefe der Weine der Côte de Nuits.

Aloxe-Corton
Abseits der Touristenströme liegt das kleine Dorf am Fuß des Berges Corton, der mit seiner bewaldeten Kuppe unübersehbar ist. Fast der gesamte Hang besteht aus Grand-Cru-Lagen. In den oberen, direkt an den Waldrand grenzenden Weinbergen (vor allem in den südwestlichen Lagen) steht Chardonnay. Er ergibt den berühmten Corton-Charlemagne: volle, schwere Weißweine mit nussig-vanilligen Aromen. Der rote Corton ist ein robuster, langlebiger Wein, der an einen guten Gevrey-Chambertin erinnert.

Beaune
Die gesamten Hänge hinter der Stadt Beaune bestehen aus Weinbergen. Die meisten Lagen haben Premier-Cru-Status. Es sind harmonische, zartfruchtige, ausdrucksvolle Weine.

Pommard
Sanfte, mildfruchtige, den Premier Crus von Beaune ähnliche Weine, ausgenommen die von den Lagen Epenots und vor allem Rugiens, die mehr Tiefe und Feuer besitzen.

Volnay
Nicht sonderlich kompakte, aber ungemein filigrane Weine mit zarter Frucht, die zu den feinsten der Côte de Beaune gehören. Die zu Meursault gehörenden Lagen Santenots und Les Plures kommen ebenfalls als Volnay auf den Markt.

Meursault
Bedeutende Weißwein-Appellation mit weichen, homogenen und harmonischen Weinen, die selten überladen sind. Das gilt nicht nur für die Premier Crus Genevrières, Perrières und Charmes, sondern auch für manchen einfachen Meursault.

Puligny-Montrachet
Das Mekka der Weißwein-Liebhaber: Die vier Grand Crus Montrachet, Chevalier-Montrachet, Bâtard-Montrachet und Bienvenues-

Côte de Beaune

ault · Auxey-Duresses · Monthelie · Les Santenots · Clos des Chênes · Les Cailleret · Taille Pieds · Bousse d'Or · Volnay · Les Rugiens · Pommard · Les Epenots

Aloxe-Corton
Am Hügel mit der bewaldeten Kuppe wachsen vollmundige Weiß- und fleischige Rotweine.

Bâtard-Montrachet sind die wuchtigsten trockenen Weißweine des Burgund, so opulent, daß sie in manchen Jahren fast Gefahr laufen, überladen zu wirken. Mit rund 14 Vol.% und ihrem großen Körperreichtum können sie 20 Jahre und mehr alt werden. Die benachbarten Weinberge ergeben ebenfalls volle und unvergleichlich feine Weißweine von guter Haltbarkeit.

Chassagne-Montrachet
Die Weißweine ähneln denen von Puligny-Montrachet in puncto Fülle. Stahlige Wucht wird ihnen nachgesagt. Das gilt für den winzigen Grand Cru Criots-Bâtard-Montrachet, aber auch für die Premiers von Clos de la Maltroie und Les Ruchottes. Die Rotweine sind erdig-derb und ohne große Finesse.

Santenay
Das verträumte kleine Dorf liefert saftige, süffige Pinot Noirs ohne den Anspruch, zu den großen Burgundern gezählt zu werden.

Savigny-Lès-Beaune · Aloxe-Corton · Corton-Charlemagne · Clos du Roi · Les Bressandes · Ladoix · Les Renardes · Le Corton · Pernand-Vergelesses

– 127 –

NÖRDLICHE RHÔNE

Über dem Fluß die Reben

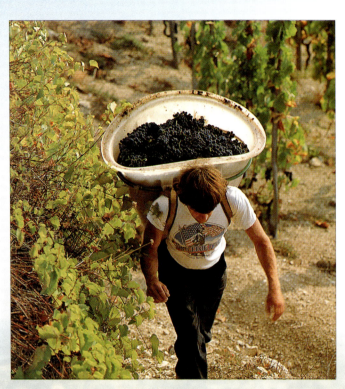

Dunkle Syrah-Trauben ergeben den Hermitage (hinten der gleichnamige Berg).

Die Rhône ist das verkannteste Anbaugebiet Frankreichs. Sie bringt unvergleichlich volle, feurige Weine hervor. Sie imponieren freilich mehr durch Wucht als durch Feinheit. Der Kenner unterscheidet zwischen der südlichen und der nördlichen Rhône. Der Norden ist die Heimat der Syrah-Rebe. Dort liegen die prestigeträchtigeren Anbaugebiete.

Côte Rôtie
Einer überraschenden Biegung nach Südwesten, die die Rhône bei der Stadt Vienne nimmt, verdankt die Côte Rôtie ihren Wein. Auf 300 Hektar steil zum Fluß abfallenden Hängen, die mit Syrah bestockt sind, wächst der wuchtigste Spitzenwein der Rhône. Um sein animalisch-strenges Aroma und den Tanninreichtum zu mildern, dürfen ihm bis zu 20 Prozent weiße Viognier-Trauben zugegeben werden. Côte Blonde und Côte Brune heißen Unterzonen mit verschiedenen Böden. Die Weine beider werden traditionell miteinander verschnitten. Einige der besten Winzer füllen sie jedoch unverschnitten ab.

Hermitage
Auch bei Tain macht die Rhône einen Knick, so daß an dieser Stelle ein reiner Südhang gebildet wird. Dort wächst ein legendärer Rotwein, der Hermitage. Er wird meist reinsortig aus Syrah-Trauben gewonnen. Sein schokoladig-strenges Aroma, sein Himbeerduft und seine Altersfähigkeit (erst ab zehn Jahren trinkbar) haben ihn weltberühmt gemacht. Die Appellation ist nur 125 Hektar groß. Entsprechend teuer ist der Wein. Der Hermitage Blanc ist ein rarer Weißwein aus Marsanne- und Roussanne-Trauben.

Cornas
Der dritte große Rotwein der Rhône, aus einer kleinen Appellation südlich von Tain stammend. Ausschließlich aus Syrah gewonnen, kann er einem Hermitage nahekommen. Würzig-erdiger Geschmack, Himbeeraroma, viel rauh-süßes Tannin und eine lange Lebenserwartung zeichnen ihn aus.

Crozes-Hermitage
Größtes Anbaugebiet der nördlichen Rhône mit Syrah-Weinen, deren Qualität von exzellent bis nichtssagend reicht. Der weiße Crozes-Hermitage besteht aus Marsanne- und Roussanne-Trauben.

St-Joseph
Der leichteste Syrah-Wein der Zone, fruchtig, delikat und schon früh entwickelt. Die Reben wachsen auf leichten Sand- und Kiesböden.

Condrieu und Château Grillet
Eine kleine und eine winzige Weißwein-Appellation an der nördlichen Rhône mit hochkarätigen, teuren Weinen aus Viognier-Trauben, bei denen Kenner mit der Zunge schnalzen. In Château Grillet gibt es nur einen Erzeuger, in Condrieu lediglich eine Handvoll.

Rotweine mit loderndem Feuer

Südlich von Valence wird die Landschaft flacher und nimmt fast provenzalische Züge an. Reben säumen freilich erst ab Montelimar wieder das Rhône-Ufer. Dort herrscht die Grenache-Traube vor, wenngleich sie kein solches Monopol hat wie die Syrah im Norden.

Côtes du Rhône
Riesiges Anbaugebiet, das fast das gesamte Rhônetal umfaßt. Erzeugt werden zumeist einfache, aber schmackhafte Rotweine, die aus nahezu allen Sorten der Rhône gewonnen werden dürfen, vorwiegend Grenache, Carignan, Mourvèdre, Cinsaut und Syrah, dazu einige weiße Sorten. Die Weine von Côtes du Rhône-Villages sind in der Regel anspruchsvoller.

Gigondas
Kleine Appellation im Hinterland der Rhône, aus der gehaltvolle, anfangs etwas vegetabil schmeckende, später weichere Weine kommen. Sie werden überwiegend aus Grenache gewonnen. In der Spitze sind es harmonische, geschmacksintensive Weine mit gutem Alterungsvermögen.

Vacqueyras
Nachbardorf von Gigondas mit eigener AOC. Die Rotweine ähneln denen von Gigondas, sind jedoch aufgrund des höheren Syrah-Anteils etwas strenger.

Châteauneuf-du-Pape
Feuriger, alkoholreicher Rotwein, der auf eigenartig steinigen Böden um die alte, gleichnamige Stadt wächst, die als ehemalige Papstresidenz berühmt ist. Angeblich dienen die Steine dazu, nachts die Wärme zu reflektieren. Dabei ist es in der Gegend eigentlich heiß genug – sonst würden es viele Weine nicht auf 14 Vol.% bringen. Die besten Châteauneuf-du-Pape sind zweifellos majestätische Weine mit einem ihrem Alkohol angemessenen Körperreichtum. Grenache dominiert in ihnen, zwölf weitere Sorten sind erlaubt (weiße inklusive). Freilich nutzen sie nicht alle Winzer. Leider ist der größte Teil der Weine nur schwer, aber nicht sonderlich fein.

Tavel und Lirac
Zwei kleine Anbaugebiete, die sich hauptsächlich mit zwiebelfarbenen, schweren Roséweinen einen Namen gemacht haben. Sie werden aus nahezu allen Rhône-Sorten gewonnen. In Lirac werden sie auch zu leichten, süffigen Rotweinen verarbeitet.

Côtes du Tricastin und Côtes du Luberon
Zwei große, bis tief ins Hinterland reichende Anbaugebiete mit einfachen, den Côtes du Rhône ähnlichen Weinen, jedoch leichter und durch Einbeziehung lokaler Sorten unterschiedlich akzentuiert. Auch Rosé- und Weißweine werden dort erzeugt.

Sommerschnitt an der Côtes du Rhône: Beschnitt der üppig wuchernden Reben.

Für den Ausbau des Châteauneuf-du-Pape werden meist kleine, alte Eichenholzfässer verwendet.

Bordeaux

Champs-Élysées des Weins

St-Estèphe

Auf dem hochgelegenen Kiesplateau wachsen tanninharte, spröde We...

Ch. Cos d'Estournel · Ch. Cos Labory · Marbuzet · Ch. Montrose · Ch. Calon-Ségur · St-Estèphe

Seinen Ruf als Land, aus dem die Spitzenweine kommen, verdankt Frankreich vor allem Bordeaux. Die drei Grundpfeiler für den Erfolg des roten Bordeaux lauten: Boden, Qualitätsstreben, jahrhundertealte Tradition.

Bordeaux bildet das mit Abstand größte AOC-Gebiet Frankreichs. Über 110 000 Hektar Reben stehen im Ertrag. Das Gebiet ist nach Größe und Qualität der Böden aufgegliedert. Die berühmtesten Gebiete liegen auf der rechten (etwa St-Emilion, Pomerol) und auf der linken Seite der Gironde (Médoc, Haut Médoc). Dort wachsen die bedeutendsten Rotweine Bordeaux' – wenn nicht der Welt.

Pauillac und St-Julien

Die beiden Dörfer an der Gironde sind das Herz des Médoc. Dort wachsen Weine von unvergleichlicher Tiefe und Feinheit.

Ch. Gruaud-Larose · Ch. St-Pierre · Ch. Talbot · Ch. Branaire-Ducru · Ch. Ducru-Beaucaillou · Ch. Léoville-Barton · Ch. Léoville-Las-Ca... · Ch. Beychevelle · Ch. Langoa-Barton · Ch. Léoville-Poyferré · St-Julien

Haut médoc, St-Estèphe, St-julien

Haut Médoc

Von den Weinen, die auf den leicht erhöhten Kiesbänken am linken Ufer der Gironde wachsen, geht der größte Glanz Bordeaux' aus. Dort dominieren Cabernet Sauvignon, Merlot und Cabernet Franc. Aus diesen drei Sorten bestehen fast alle Weine der Appellation.

St-Estèphe

Ehemaliges Fischerdorf an der Gironde, das dem Wein der Gemeinde den Namen geliehen hat. Es liegt am nördlichen Zipfel des Haut Médoc, wo schwerer Lehm den Untergrund bildet. Die Weine von St-Estèphe gelten als die sprödesten des Gebiets, dunkelfarbig, gerbstoffgeprägt und sich nur langsam öffnend, später aber geradezu „explodierend" von Wohlgeschmack.

Pauillac

Das Handels- und Hafenstädtchen bildet das Herzstück des Haut Médoc. Hier sind die tiefgründigsten Kiesböden zu finden, hier stehen drei erstrangige Châteaus – mehr als in jeder anderen Appellation Bordeaux': Lafite-Rothschild, Mouton-Rothschild und Latour. Ihre Weinberge befinden sich in unmittelbarer Nähe zum Strom und legen Beweis für den häufig zu hörenden Satz ab: „Großer Wein muß Wasser sehen". Die Weine von Pauillac sind die üppigsten und geschliffensten des ganzen Haut Médoc. Sie besitzen die dichteste Tanninstruktur, ohne überladen zu wirken. Die Tannine selbst sind außerordentlich fein und weich – zumindest in guten Jahren. Außerdem sind sie in der Regel die langlebigsten Weine von Bordeaux. Selbst in den hinteren Bereichen des fast sechseinhalb Kilometer breiten Rebengürtels, wo der Boden stärker mit Sand und Lehm durchsetzt ist, wachsen noch volle, muskulöse und zugleich feine Weine. Die Cabernet Sauvignon ist in den Weinen normalerweise zu 65 bis 75 Prozent enthalten. Fachleute behaupten, daß die Cabernet Sauvignon in Pauillac ihren maximalen Ausdruck erreiche. Gleichwohl ist ihr Anteil in den letzten Jahren zugunsten der weicheren Merlot spürbar gesunken.

Weinflaschen im Château Pontet-Canet, einem der besten unter den fünftrangigen Cru Classés von Pauillac.

Feinheit und Würze

Château Margaux: die Nummer eins in Margaux.

St-Julien

Nur ein unscheinbares Bächlein trennt das Gebiet von St-Julien und Pauillac. Die Weinberge von Château Latour grenzen somit direkt an die von Château Léoville-Las-Cases, dem herausragenden Wein aus der kleinen Gemeinde St-Julien. Diese besteht aus nicht viel mehr als einer Ansammlung von einfachen Landarbeiterbehausungen um ein knappes Dutzend strahlender Châteaus. Entscheidend ist jedoch auch hier der Boden: Ein großer Teil liegt direkt am Fluß auf leicht welligen Kieskuppen, die eine optimale Drainage besitzen – ein wichtiges Qualitätskriterium im Médoc. Trotzdem besitzt St-Julien keinen Premier Cru, aber Fachleute sind sich einig, daß Léoville-Las-Cases eigentlich schon lange in diese Kategorie gehört, und die große Zahl von „zweitrangigen" Gewächsen zeugt ebenfalls von der außerordentlichen Exquise der Weine von St-Julien. Sie mögen nicht so kompakt und auch nicht ganz so langlebig wie die von Pauillac sein, besitzen dafür mehr Würze und ein hohes Maß an Eleganz. Merlot und Cabernet Franc sind in ihnen stärker vertreten als bei den meisten Pauillac-Weinen. Léoville-Las-Cases verwendet sogar zweieinhalb bis fünf Prozent Petit Verdot, eine Komplementärsorte, die normalerweise nur in Margaux angebaut wird.

Margaux

Das Dorf Margaux liegt am südlichen Ende des Haut Médoc, die Appellation selbst ist relativ groß. Sie umfaßt die benachbarten Gemeinden Issan, Cantenac, Labarde und Arsac. Die Böden sind in Margaux nicht weniger wasserdurchlässig als in den anderen Gemeinden an der Gironde, jedoch karg und arm an Stickstoff. Die Weine zählen nicht zu den körperreichsten Bordeau, gelten aber als die vornehmsten und duftigsten. Ihre zarte, würzig-rauchige Frucht, das elegante, perfekt verwobene Tannin und das meist gut ausbalancierte Verhältnis von Alkohol, Säure und Körper – all das hat zu dem Weltruhm der Weine beigetragen. Allerdings findet man – bedingt auch durch die große Zahl an Châteaus – zahlreiche Stile und noch größere Qualitätsunterschiede zwischen den Weinen, auch bedingt durch die große Ausdehnung der Appellation und die verschiedenartigen Böden. Einsam herausragend: der Wein von Château Margaux, dem einzigen Premier Cru der Appellation; Licht und Schatten jedoch schon unter den zweitklassifizierten Gewächsen und riesige Unterschiede zwischen den dritt- und viertrangigen Weinen. Dafür gibt es eine beachtliche Anzahl von Cru Bourgeois, deren Weine eigentlich Grand-Cru-Qualität besitzen. Auch die Weine von Margaux basieren auf der Cabernet Sauvignon, jedoch kommen bei der Assemblage nicht nur Merlot und Cabernet Franc hinzu, sondern immer auch einige Anteile Petit Verdot, die einen extrem dunklen und säurehaltigen Wein ergibt.

Margaux

Liefert elegante, seidige Weine, die zugleich von großer Festigkeit sind.

Ch. Giscours

Lab

Ch. Dauzac

Reben um das Château Prieuré-Lichine in Margaux: Die Appellation liefert die elegantesten Weine des Médoc.

Médoc, Graves

Listrac und Moulis
Zwei kleine zum Haut Médoc gehörende Gemeinde-Appellationen im Hinterland von Margaux mit kräftigen und feinen, aber manchmal auch etwas derben Weinen.

Pessac-Léognan
Die beiden Orte gehören zum großen Anbaugebiet Graves, das sich von Bordeaux südlich bis über Sauternes hinaus hinzieht – immer am linken Ufer der Garonne. Pessac liegt noch im Stadtgebiet von Bordeaux. Dort befindet sich der einzige Premier Cru der Appellation, Château Haut-Brion, sowie die hervorragenden Châteaus La Mission-Haut-Brion und Pape Clement, dazu einige weniger bedeutende Güter und das für seinen Weißwein berühmte Château Laville-Haut-Brion. Léognan liegt weiter südlich in einer abwechslungsreichen Wald- und Weinlandschaft, deren karge, sanddurchmischte Böden äußerst delikate, erdig-fruchtige Weine hervorbringen. Allerdings erreichen sie nicht die Vielschichtigkeit und Langlebigkeit der Médoc-Weine.

Graves
Fast alle Weingüter südlich von Bordeaux erzeugen auch Weißwein aus Sauvignon Blanc, Sémillon und ein wenig Muscadelle. Diese Weine – meistens im kleinen Eichenfaß vergoren – gehören wegen ihres Körperreichtums und ihrer Verfeinerungsfähigkeit zu den edelsten Frankreichs.

Sauternes
Kleines Anbaugebiet im Süden Graves', berühmt für seine schweren edelsüßen Weine aus Sauvignon Blanc und Sémillon. Mehr noch als der Boden um das gleichnamige kleine Dorf spielt die Edelfäule eine Rolle, die – bedingt durch die tiefe Lage und die Nähe zum Flüßchen Ciron – fast regelmäßig auftritt und einen großen Teil der Trauben infiziert. Der berühmteste Sauternes ist der von Château d'Yquem. Aus den gesunden Trauben werden, wie überall in der Gegend, körperreiche, volle, trockene Weißweine gekeltert, die unter der Bezeichnung Graves gehandelt werden.

Barsac und Cérons
Zwei nördlich von Sauternes gelegene Appellationen, die etwas leichtere, weniger üppige Süßweine ergeben, insbesondere die von Cérons. Während ein guter Barsac nicht weit von einem Sauternes entfernt ist, erreicht ein Cérons nicht dessen Klasse. Im Norden von Barsac wachsen die leichtesten edelsüßen Weine.

BORDEAUX

Auf Sand gebaut: das Reich der Merlot

Ch. Certan de May — Ch. Pétrus — Ch. L'Evangile — Ch. Canon
Ch. Lafleur — Vieux-Château-Certan — Ch. Beauséjour-Duffau-Lagarosse
Ch. Le Gay — Ch. Gazin — Ch. Beauséjour-Bécot
Ch. Clinet

Libourne — Ch. Latour-à-Pomerol — Ch. Le Pin — Ch. La Conseillante — Ch. Figeac — Ch. L'Angélus
Clos René — Ch. Trotanoy — Ch. Petit-Village — Ch. Cheval Blanc — Ch. L'Arrosée
Ch. Magd

Pomerol und St-Emilion

Üppige, alkoholreiche Weine aus der Merlot-Traube.

Am nördlichen Ufer der Dordogne herrschen sandig durchmischte Kiesböden, teilweise auch schwere Lehmböden vor. Dort ist die Heimat der Merlot-Rebe. Die Weine, die aus ihr gewonnen werden, sind durchweg schwerer als die aus dem Médoc.

St-Emilion

In St-Emilion werden die Weine traditionell aus je einer Hälfte Merlot und Cabernet Franc gewonnen. Eigentlich stecken in der großen Appellation zwei Anbaugebiete: das Hochplateau mit feinem Kiessand und die Hänge (*Côtes*) um das gleichnamige Dorf, wo sandiger Kalkstein den Untergrund bildet. In diesem Teil liegen die meisten Châteaus. Ihre Weine sind üppig, würzig, oft mit „süßer", zumindest sehr ausgeprägter Frucht, dafür nicht so vielschichtig und vor allem nicht so langlebig wie die Weine aus dem Médoc. Château Ausone ist der einzige Premier Grand Cru der Klasse A in diesem Distrikt. Die Weine vom Hochplateau sind fester und zugleich würzig-mineralisch im Aroma. Sie enthalten oft mehr Cabernet Franc, nicht selten sogar einen mehr oder minder großen Anteil an Cabernet Sauvignon. Der einzige Premier Grand Cru A ist Château Cheval Blanc. Er enthält 66 Prozent Cabernet Franc; Figeac, eines der besten B-Châteaus, sogar 70 Prozent.

Pomerol

Die Grenze zwischen St-Emilion und Pomerol verläuft mitten durch die Weinberge. Das kleine Anbaugebiet, noch in den 50er Jahren nahezu unbekannt, ist eine Verlängerung des Kiesplateaus von St-Emilion. Nach Libourne hin werden die Böden sandiger, während nach Norden hin der Lehmanteil steigt. Der Anteil der Merlot an den Weinen Pomerols schwankt zwischen 50 und 90 Prozent. Mit 95 Prozent hat Château Pétrus – der Star unter den Gütern – den höchsten Merlot-Anteil. Den Rest macht Cabernet Franc aus. Cabernet Sauvignon ist dagegen selten anzutreffen. Pomerol-Weine sind die verschwenderischsten, schwersten Rotweine Bordeaux' – und rar obendrein, denn das Anbaugebiet ist klein. Oft wird es als Vorgarten Libournes bezeichnet. Tatsächlich wirkt Pomerol wie eine gepflegte, saubere Parklandschaft mit Reben: Vor jeder Rebzeile wächst eine Rose, zwischen den Rebzeilen Rasen, und malerisch eingestreut liegen die Weingüter, 150 an der Zahl. Château heißen sie fast alle, aber es sind meist einfache, bürgerliche Landhäuser oder Villen. Klassifiziert wurden sie nie – wohl weil Pomerol so spät entdeckt wurde. Doch der Markt hat längst sein Urteil gesprochen. Neben Pétrus werden Le Pin, Lafleur, Trotanoy und L'Evangile am höchsten gehandelt – eine heimliche Klassifikation der Weinliebhaber.

St-Emilion und Pomerol

Ch. Trottevieille
Ch. Troplong-Mondot
Ch. Pavie
Ch. La Gaffelière
Ch. Canon-la-Gaffelière
Ausone

Andere Weinanbaugebiete

Lalande de Pomerol: Im Norden an Pomerol anschließendes Gebiet mit guten, aber etwas rustikalen Weinen, die mit denen von Pomerol wenig bis nichts gemein haben – außer den Namen.

Fronsac: Nordwestlich von Libourne gelegenes Anbaugebiet, in dem traditionell Merlot, Cabernet Franc und Malbec angebaut werden. Die Weine sind leichter als in St-Emilion – einige ebenso gut, nur preiswürdiger. An die Spitzen von St-Emilion kommen sie allerdings nicht heran.

Entre-Deux-Mers: Weißweingebiet zwischen Garonne und Dordogne mit einfachen, aber schmackhaften und recht preiswürdigen Weinen aus Sauvignon Blanc, Sémillon, Muscadelle und Ugni Blanc. Auch einige gute Rotweine werden dort produziert.

Premières Côtes de Bordeaux: Langgestrecktes, am rechten Garonne-Ufer gegenüber dem Graves liegendes Anbaugebiet, in dem sich in den letzten Jahren einige ehrgeizige Investoren niedergelassen haben. Auf kies- und kalkhaltigen Böden wachsen teilweise ganz exzellente Rotweine vor allem aus Merlot.

Das Weinland Frankreich in Zahlen

Rebfläche: 920 000 Hektar
Weinproduktion: 50 bis 60 Millionen Hektoliter
Jährlicher Weinkonsum pro Kopf: 63 Liter

Die 10 häufigsten Rebsorten

1.	Carignan	rot	18%
2.	Ugni Blanc	weiß	11%
3.	Grenache	rot	9%
4.	Merlot	rot	6%
5.	Syrah	rot	6%
6.	Cinsaut	rot	5%
7.	Aramon	rot	4%
8.	Gamay	rot	4%
9.	Cab. Sauvignon	rot	4%
10.	Chardonnay	weiß	2%

Das französische Weinrecht

Das französische Weinrecht ist streng hierarchisch geordnet: Je größer das Herkunftsgebiet, desto niedriger seine Stellung in der Qualitätspyramide.
Vin de Table: Tafelweine, die als Herkunftsangabe nur Frankreich haben.
Vin de Pays: Landweine, die für Großregionen stehen, zum Beispiel den Südwesten oder ein Département.
Vin Délimité de Qualité Supérieure (AO VDQS): Weine höherer Qualität und bestimmter Anbaugebiete, die etwas strengeren Anforderungen unterliegen als Landweine.
Appellation d'Origine Controllé (AOC): Qualitätsweine bestimmter Anbaugebiete mit eng umrissener Herkunft und strengen Produktionsvorschriften.

Die bestimmten Anbaugebiete sind ihrerseits hierarchisch geordnet: Je kleiner das Anbaugebiet, desto strenger die Vorschriften. Für ganze Regionen (z.B. Côtes du Rhône) sind die Vorschriften großzügig gestaltet. Danach kommen kleinere Regionen (z.B. Haut Médoc) und dann die Gemeinden (z.B. Pauillac). In Burgund wird sogar noch weiter differenziert. Dort haben auch Lagen eine eigene AOC: etwa Beaune Premier Cru „Les Amoureuses" oder Echézeaux Grand Cru.

Der kleine Hügel, auf dem Château Pétrus liegt, ist für die außerordentliche Exquise seines Weins verantwortlich.

SÜDWESTEN, MIDI

Masse und unbekannte Klasse

Unbekannter Wein vom Fuße der Pyrenäen: der Jurançon.

Der Südwesten ist die stille Provinz Frankreichs. Nur wenig dringt nach draußen, aber das wenige verdient Aufmerksamkeit – zumindest beim Wein. Ganz anders das Midi: Massenproduktion auf der einen Seite, überschäumender Ehrgeiz bei zahlreichen Neuwinzern auf der anderen.

Als Südwesten wird der Teil Frankreichs zwischen den Erhebungen des Zentralmassivs und den Pyrenäen verstanden. In der waldreichen Hügellandschaft wird an vielen Stellen Weinbau betrieben. Doch nur an wenigen schwingen sich die Weine zu stiller Größe auf. Die Rebsorten sind dem Fremden oft ebenso unbekannt wie der Landstrich selbst.

Cahors
Kleines Anbaugebiet um die gleichnamige Stadt am Lot, dessen Wasser durch die tief eingeschnittene Talsohle mäandrieren. Erzeugt wird dort ein dunkelfarbener Rotwein, der im 19. Jahrhundert mit dem Bordeaux konkurrierte. Er wird traditionell aus der Malbec-Traube erzeugt, die örtlich Cot oder Auxerrois heißt. Heute wird sie meist mit der geschmeidigeren Merlot, teilweise auch mit der Tannat verschnitten. Einige ausgesprochen schöne Gewächse sind die Zier des Gebietes.

Jurançon
Bernsteinfarbener, süßer Wein aus Gros Manseng, Petit Manseng und Courbu, die um Pau wachsen: selten zu finden, dann aber eine Offenbarung.

Madiran
Kantiger, gerbstoffreicher Rotwein aus Tannat-Trauben, der stets ein paar Jahre braucht, um genußreif zu werden. Oft ein eigenwilliger, nie ein bangloser Wein.

Midi
Als Midi wird vor allem die ausgedehnte Küstenebene von Marseille bis zur spanischen Grenze bezeichnet. Dort liegen die Massenanbaugebiete Frankreichs: Roussillon, Languedoc, Minervois, Fitou, Corbières. Sie steuern rund 40 Prozent zur gesamten französischen Weinproduktion bei. Bekannt sind die zahlreichen roten und weißen, preiswerten Landweine aus diesem Gebiet. Im bergigen Hinterland der Cevennen werden jedoch teilweise ganz andere Weine gekeltert: konzentrierte, samtige Rotweine (aus Grenache, Carignan, Cinsaut, Mourvèdre, Syrah, Cabernet Sauvignon, Merlot) und würzig-feine Weißweine (aus Picpoul, Clairette, Bourboulenc). Sie kommen als unscheinbare Côteaux-de-Languedoc auf den Markt.

Banyuls
Winzige Appellation im äußersten südlichen Zipfel des Midi mit ebenso schweren wie edlen, süßen Rotweinen, die entfernt an einen Portwein erinnern.

Andere Weinanbaugebiete

Gaillac: bekanntester Wein des Südwestens, den es in allen farblichen und geschmacklichen Varianten gibt. Qualitativ einfacher Wein.

Pécharmant: bester Rotwein von Bergerac, überwiegend aus Bordeaux-Sorten gewonnen. Die anderen Bergerac-Weine (rot, weiß, rosé) sind recht einfach.

Montbazillac: kleine Appellation in Bergerac mit edelsüßen Weinen, die wahrscheinlich so gut wie Sauternes sein könnten – aber es selten sind.

Iroulégy: eigenständige, gute Rot- und Roséweine aus dem französischen Baskenland, gekeltert aus Tannat, Cabernet Sauvignon und Cabernet Franc.

Béarn: AC-Dach für viele Rot-, Weiß- und Roséweine des Südwestens, etwa Madiran, Jurançon, Pacherenq-du-Vic-Bilh, Iroulégy.

Tursan: kleine Appellation mit interessanten Tannat-Weinen und einem exzellenten Weißwein.

Blanquette de Limoux: ein interessanter Weißwein aus Mauzan und Chardonnay, teils still, teils schäumend.

Von blassen Rosés zu kräftigen Rotweinen

Die Provence ist ein Ferienland. Der größte Teil des Weins wurde und wird in der Region konsumiert. Die Ansprüche an einen Urlaubswein sind nicht die höchsten. Aber es gibt Winzer, die gezeigt haben, daß die Provence auch andere Weine erzeugen kann: vor allem rote. Ihr Vorbild macht Schule.

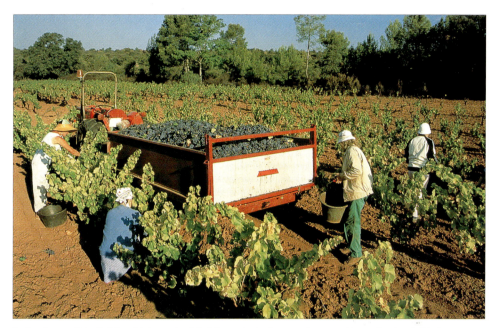

Boden, Sonne, Licht sind die wichtigsten Qualitätsfaktoren in der Provence: Lese von Cinsaut-Trauben bei Le Luc.

Lange Zeit wurde die Provence identifiziert mit dem blaßroten bis zwiebelfarbenen Rosé de Provence. Er gilt teilweise noch immer als der typische Urlaubswein an der Mittelmeerküste. Er wird überall in der Region erzeugt: in Cassis, Bellet, Bandol sowie den Großappellationen Coteaux Varois, Coteaux d'Aix-en-Provence und Côtes de Provence. Jede Appellation sieht neben Weiß- und Rotweinen auch Roséweine vor, und meistens sind sie es, die den größten Teil der Weinproduktion ausmachen. Im Glas entpuppte er sich früher oft als fader, plumper, viel zu schwerer Wein (oft 14 Vol.% Alkohol) ohne jede Feinheit. Am Rosé de Provence zeigt sich am deutlichsten der Wandel, der in der Region stattgefunden hat. Ein großer Teil dieser Weine ist heute frisch, leicht, fruchtig und mit milder, weniger Säure ausgestattet. Nicht nur, daß die Vinifikation verbessert wurde: auch die Traubensorten wurden teilweise gewechselt und der Lesezeitpunkt vorverlegt.

Côtes-de-Provence

Großappellation mit schillernder Weinproduktion: Massen von schlichten Industrieweinen, daneben einige hochklassige Weiß-, Rot- und Roséweine. Letztere kommen oft von ehrgeizigen, dynamischen Winzern, die aus den traditionellen Rebsorten das Optimum herausholen wollen und zugleich mit gebietsfremden Sorten wie Viognier, Cabernet Sauvignon, Merlot und Syrah experimentieren.

Bandol

Kleine Rotwein-Enklave um die gleichnamige Hafenstadt, aus der einige der besten Rotweine der Provence kommen. Die Basis dieser Rotweine liefern Mourvèdre-Trauben, die nirgendwo bessere Qualitäten bringen als dort. Der aus ihnen gewonnene Wein wird mit den anderen typischen Reben der Region assembliert. Der Bandol ist ein üppiger, feuriger Rotwein, der trotz seines Tannins sanft und würzig ist und sich mehrere Jahre auf der Flasche verfeinern und dabei qualitativ enorm steigern kann.

Palette

Winzige Appellation nahe Aix-en-Provence mit nur zwei Erzeugern, die hochklassige, langlebige Rotweine, exzellente Rosés und seine Weißweine erzeugen. Immer teuer, aber auch immer gut.

Korsika

Immer noch stark auf Land- und Tafelweine einfachster Art konzentrierte Weinbauregion, in der in den letzten Jahren jedoch mehrere Gebiete AOC-Status bekommen haben und dabei sind, bessere Qualitäten zu erzeugen. Einige Rot- und Weißweine aus den Anbaugebieten Patrimonio und Ajaccio konnten bereits heute erstaunliches Niveau erreichen.

Weinreben bei Propriano auf Korsika: Neben einfachem Vin de Pays werden auch einige exzellente AOC-Weine erzeugt.

Im Rausch des Weins

Der italienische Wein und Weinbau haben sich in den letzten 30 Jahren stärker verändert als in den 300 Jahren davor. Die gemischten Kulturen aus Reben, Oliven- und Obstbäumen sind größtenteils verschwunden. In den Weinbergen sind die Rebstöcke nach Sorten getrennt angepflanzt. Die Trauben werden getrennt gelesen und nicht mehr wie früher im gemischten Satz gekeltert. Auch in den Kellern hat sich viel verändert. Vor allem die Temperaturkontrolle während der Gärung hat dem italienischen Wein neue Qualitätshorizonte erschlossen – in einem warmen, bisweilen heißen Land geradezu eine Revolution. Angelo Gaja, Winzer aus Barbaresco und einer der ersten, der Weine auf internationalem Niveau produzierte, bezeichnet die „Temperaturkontrolle als die wichtigste Errungenschaft der Önologie nach der Erfindung des Holzfasses". Insgesamt hat die Modernisierung des Weinbaus und der Kellerwirtschaft zu einem ungeahnten Anstieg der Qualitäten geführt. Der Rausch des Weins ging Ende der 60er Jahre von der Toskana aus, erfaßte das Friaul und das Piemont, um schließlich alle Regionen mitzureißen.

Kurze Geschichte des modernen italienischen Weins

Italien ist der größte Weinproduzent der Welt. Durchschnittlich 60 Millionen Hektoliter werden jährlich produziert. Der einheimische Konsum sinkt dagegen beständig. Das heißt: Die Italiener sind tüchtige Weinproduzenten und schlechte Weintrinker.

Der größte Teil des Weins stammt aus den Massenwein-Anbaugebieten Apuliens, Siziliens, Latiums und des Veneto. Es handelt sich dabei um schlichten Tafelwein, der als Verschnittwein von europäischen Großkellereien aufgekauft wird oder als Überschußprodukt von den europäischen Weinbehörden aus dem Markt genommen und zu Industriealkohol destilliert wird. Der ausufernden Tafelweinproduktion hat Italien beizeiten die Ausweitung seiner Qualitätswein-Anbaugebiete entgegengesetzt. In den DOC- und DOCG-Statuten sind Mengenbegrenzungen für die Traubenproduktion festgelegt. So ist der Anteil der DOC-Weine seit den 80er Jahren auf 17 Prozent gestiegen. Das heißt: Die Menge des Weins, der offen im Tank verkauft wird, nimmt kontinuierlich ab, während die Zahl der Flaschenabfüller – und damit die Qualität steigt. Zur Verwirrung des Weintrinkers werden allerdings auch einige der besten Weine des Landes unter Phantasienamen als Tafelwein in den Handel gebracht. Die betreffenden Erzeuger wollen oder können sich nicht an die oft unflexible, gelegentlich qualitätsferne Gesetzgebung halten und deklassieren ihre Weine freiwillig zu Vini da Tavola, um starren Vorschriften aus dem Weg zu gehen und freier experimentieren zu können.

Italien begann in Griechenland

Die Geschichte des italienischen Weinbaus beginnt mit den Griechen, die schon um 1000 v. Chr. den Mittelmeerraum erkundeten und bei ihren Kolonisierungsfeldzügen in den eroberten Ländern Rebstöcke pflanzten. In Sizilien und Kalabrien entstanden die ersten griechischen Handels-Stützpunkte. Von dort verbreitete sich die Rebe langsam nach Norden. Spätestens seit dem 7. Jahrhundert erzeugten die Etrusker in der heutigen Toskana Wein und handelten damit. Im 3. Jahrhundert, als der Karthager Hannibal Rom überfiel, war ganz Süditalien schon mit Reben kultiviert. Der berühmteste Wein der Antike war der Falerno.

Niedergang unter Fremdherrschaft

In der Zeit des römischen Imperiums gelangte die Reben nach Norditalien und über die Alpen nach Deutschland und Frankreich. Mit dem Einfall der Goten und Langobarden brach der Weinbau zusammen. In der Hochkultur der Renaissance im 13. Jahrhundert erlebte der Wein eine neue Blüte. Große Weinhäuser wie Frescobaldi und Antinori sind in dieser Zeit gegründet worden. Nach dem Zusammenbruch der Medici-Herrschaft im 16. Jahrhundert, als Italien unter Spanisch-Habsburger Fremdherrschaft und allgemeiner Dekadenz litt, verfiel der Weinbau erneut. Durch die politischen Umwälzungen im 19. Jahrhundert konnte er sich nur regional erholen, und das auch nur, bis Reblauskatastrophe und Weltkriege die Weinberge verwüsteten. Der Wiederaufstieg des italienischen Weins begann erst um 1960.

Bacchus und Amor: Der Wein und die Liebe gehören in der Mythologie ebenso zusammen wie der Wein und die Götterverehrung.

NORDITALIEN

Land des Rotweins und der Trüffel

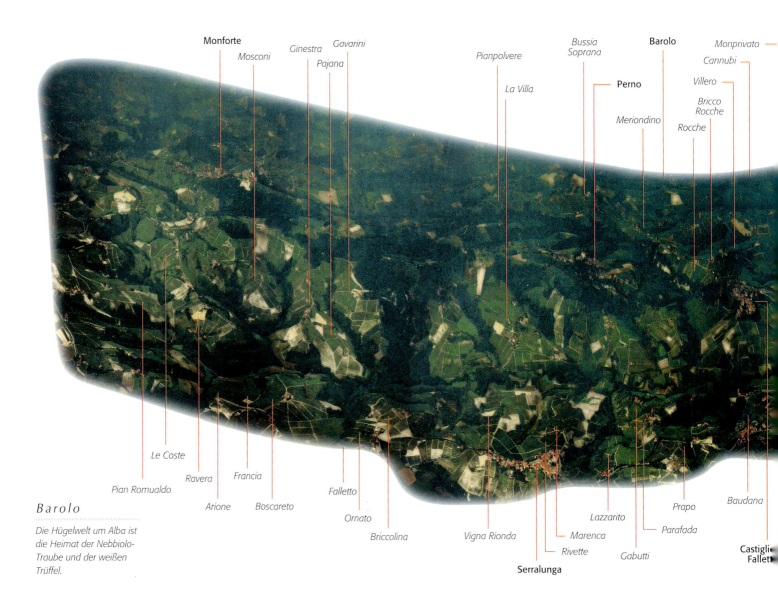

Barolo

Die Hügelwelt um Alba ist die Heimat der Nebbiolo-Traube und der weißen Trüffel.

Piemont: hochambitionierte Weinregion

Das Piemont ist eine ländliche, weinbaulich zugleich hochambitionierte Region Italiens. Berühmt für Barolo und Barbaresco, die in den 80er Jahren eine glanzvolle Wiedergeburt erfuhren, nachdem sie schon einmal, nämlich bei der Gründung Italiens 1860 eine Glanzzeit erlebt hatten. In den 90er Jahren sind auch der dunkelfarbene Barbera und einige bislang wenig bekannte andere Weine in den Mittelpunkt des Interesses gerückt.

Barolo und Barbaresco sind zwei der bedeutendsten Rotweine Italiens und gehören zu den wenigen in der Welt, die nur aus einer einzigen Rebsorte gewonnen werden: der Nebbiolo. Die Nebbiolo-Traube ist eine alte, einheimische Sorte, die wahrscheinlich aus dem Aosta-Tal stammt und heute praktisch nur im Piemont angebaut wird. Auf den kalk- und lehmhaltigen Verwitterungsböden der Langhe um die Stadt Alba bringt diese Sorte körperreiche, tanninstarke Weine mit einer unverwechselbaren Charakteristik hervor. In den ersten Jahren herb-fruchtig im Geschmack, entwickeln sie im Laufe der Jahre ein vielschichtiges, an welkende Blumen, Waldboden und süße Gewürznelken erinnerndes Bouquet. Die nicht sehr dunkle, eher kirsch- oder purpurrote Farbe darf nicht zu dem Schluß verleiten, es handle sich um leichte Weine. Tatsächlich können Barolo und Barbaresco in guten Jahren über 14 Vol.% Alkohol aufweisen.

Der Barolo

Barolo ist ein kleines Anbaugebiet. Es liegt südwestlich von Alba und umfaßt das Territorium von elf Dörfern. Die wichtigsten sind Serralunga, Monforte, Castiglione Falletto, La Morra und Barolo selbst. Die Rebkulturen ziehen sich bis auf Höhen von 500 Metern hin. Die Weine sind wuchtig und zart zugleich. Sie dürfen frühestens nach drei Jahren freigegeben werden und müssen davon mindestens zwei Jahre im Holzfaß reifen. Traditionell verbleiben sie wegen ihres Tanninreichtums sogar sehr viel länger im Holz, wobei stets große Fässer aus slawonischer Eiche verwendet wurden. In den letzten Jahren ist jedoch der Ausbau in kleineren Fudern und Barriques populär geworden. Während die Barolo früher oft als „Tanninpeitschen" bezeichnet wurden, ist zumindest ein Teil der Weine heute durch Konzentration auf gute Lagen, bessere Klonenwahl, sorgfältigere Vergärung und durch Mengenreduktion wesentlich feiner als in der Vergangenheit.

PIEMONT

Annunziata
Monfalletto
Conca
La Rosa
Fontanafredda
o Boschis

bevor sie nach zwei Jahren verkauft werden dürfen. Trotz der geographischen Nähe zu Barolo sind die Winzer von Barbaresco konservativ geblieben. Spitzenniveau erreichen weit weniger Weine als in Barolo. Die besten stehen jedoch an Üppigkeit und Langlebigkeit den größten Barolo nicht nach.

Der Barbera

Die Barbera-Traube ist die am weitesten verbreitete rote Sorte im Piemont. Vor allem in der Provinz Asti, aber auch um Alba ist sie stark vertreten. Der Barbera d'Alba ist eine Art Zweitwein vieler Barolo-Winzer: ein Wein von mittlerem Körper, tanninarm von Natur, dafür ausgesprochen fruchtig. Ihre besten Qualitäten bringt die Barbera-Traube im Monferrato, wie die mäßige Hügellandschaft nördlich und südlich um Asti genannt wird. Auf den sandig-kalkhaltigen Böden entstehen saftige, teilweise kräftig strukturierte Weine mit einem Alkoholgehalt zwischen 13 und 14 Vol.%. Traditionell werden sie in großen Holzfässern, seit einigen Jahren mit großem Erfolg auch in Barriques ausgebaut.

Der Barbaresco

Die Weinberge von Barbaresco beginnen schon an den nordöstlichen Ausläufern des Stadtgebiets von Alba und ziehen sich über das Gebiet von drei Gemeinden hin: Treiso, Neive und Barbaresco. Es ist ein noch kleineres Anbaugebiet als das von Barolo. Mehr als 2,5 Millionen Flaschen werden praktisch nie erzeugt. Die Weinberge liegen etwas tiefer als die von Barolo und haben etwas leichtere, sandigere Böden. Dadurch fallen die Weine im Durchschnitt weniger üppig aus. Die meisten sind mehr durch Frucht als durch Tannin geprägt. In den Spitzenlagen entstehen allerdings Weine, die an Opulenz und Schwere den Barolo nicht nachstehen. Auch die Barbaresco werden traditionell in großen, alten Fässern aus slawonischer Eiche ausgebaut, in denen sie mindestens ein Jahr reifen müssen,

Andere Weinanbaugebiete des Piemont

Gattinara: Kraftvoller Nebbiolo-Wein aus dem gleichnamigen Dorf bei Vercelli, jedoch ohne die Feinheit der meisten Barolo.

Ghemme: Mächtiger, aber etwas rustikaler Nebbiolo-Wein aus dem Dorf Ghemme, in unmittelbarer Nachbarschaft von Gattinara.

Roero: Aufstrebendes Anbaugebiet nördlich des Tanaro-Flusses bei Alba, berühmt für den delikaten, weißen Arneis und den roten Roero, einen Nebbiolo-Wein, der etwas leichter als Barolo und Barbaresco ausfällt, jedoch sehr fein sein kann.

Gavi: Hügelige Weißwein-Zone südöstlich von Alessandria, in der die Cortese-Traube leichte, etwas säurehaltige Weine ergibt.

Moscato d'Asti: Das gesamte südliche Monferrato umfassende Hügelgebiet, aus dem die süßen Schaumweine Asti und Moscato d'Asti kommen.

Der Barolo reift traditionell in großen, alten Fässern aus slawonischer Eiche. Bei der neuen Winzergeneration ist altes Holz weniger erwünscht, und die Fässer, in denen ihre Weine reifen, werden immer kleiner.

Norditalien

Neue Weine von uraltem Rebland

Der Südtiroler Weinbau ist fast 2000 Jahre alt. Doch die heutigen Weine haben mit den alten nichts mehr gemein.

Franciacorta

Das kleine, durch couragierte Unternehmerpersönlichkeiten bekannt gewordene Anbaugebiet zwischen Brescia und dem Lago d'Iseo gehört zur Lombardei und ist vor allem wegen seiner Schaumweine berühmt. Sie gelten zu Recht als die besten Italiens. Meist werden sie aus Chardonnay und (oder) Pinot Nero gewonnen, zwei Sorten, die auf den kalkhaltigen Böden der Zone sehr gute Bedingungen vorfinden. Die Spumante aus der Franciacorta zählen zu den besten Italiens und können sich in der Spitze mit guten Champagnern messen, auch wenn sie fruchtiger und weniger stahlig ausfallen. Aus Chardonnay-Trauben werden auch ausgezeichnete Stillweine erzeugt, während in dem etwas rustikalen Franciacorta Rosso verschiedene Sorten wie Cabernet, Barbera, Nebbiolo und Merlot gemischt werden dürfen.

Südtirol

Noch immer nimmt die Vernatsch-Rebe rund 55 Prozent der Südtiroler Rebfläche ein. Aus ihr werden einfache und einfachste Weine zum Törggelen erzeugt – wie das Zechen in Südtirol genannt wird. Jedoch bemühen sich sowohl Privatwinzer als auch Genossenschaften (die über 80 Prozent der Trauben verarbeiten) zunehmend, den traditionellen Sorten Traminer, Weißburgunder und Lagrein wieder mehr Raum zu geben. Die interessantesten Südtiroler Weine werden aber derzeit noch aus Chardonnay und Sauvignon erzeugt. Bei den Roten boomen Merlot und Pinot Nero – nicht immer mit durchschlagendem Erfolg. Cabernet Sauvignon reift nur in wenigen Lagen, ergibt aber, wenn er ausreifen kann, tanninreiche, sehr feine Weine.

Trentino

Die Region wurde zum wichtigsten Chardonnay- und Pinot-Grigio-Anbaugebiet Italiens, wobei Chardonnay vor allem an Italiens Spumante-Industrie ver-

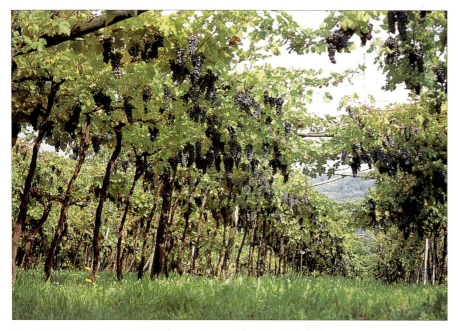

Pergola-Erziehung im Valpolicella: viel Massenwein, wenig klassischer Valpolicella.

FRANCIACORTA, SÜDTIROL, TRENTINO, VENETO, FRIAUL

kauft wird und Pinot Grigio zu einfachen Leichtweinen vergoren wird. Nur im Einzelfall werden aus diesen Sorten feine Weine gewonnen. Eigenständige rote Sorten sind vor allen Marzemino und Teroldego. In den besten Qualitäten ergeben sie konzentrierte, würzige, charaktervolle Weine – meist jedoch entstehen recht durchschnittliche Weine.

Valpolicella

Das in die Ebene ausgeweitete Valpolicella-Anbaugebiet ist auch heute noch ein Massenanbaugebiet. Lediglich aus dem hügeligen Valpolicella Classico kommen leichte, schmelzig-fruchtige Weine mit eigenem Charakter. Sie werden meist aus drei roten Sorten erzeugt: Corvina, Rondinella, Molinara. Der feurige Amarone, ein aus teilgetrockneten Trauben erzeugter, durchgegorener Wein mit einem Alkoholgehalt von 14 bis 17 Vol.%, macht dagegen nur einen verschwindend geringen Anteil der Produktion aus. Er ist ein typisch Veroneser Spezialwein, im Einzelfall kann er ein großer Wein sein.

Breganze

Dieses winzige Ursprungsgebiet um das gleichnamige Dorf nördlich von Vicenza ist vor allem durch exzellente Chardonnays, Cabernet Sauvignons und Dessertweine (Torcolato, Dindarello, Acininobili) eines Betriebs bekannt: Maculan. Der Rest der Produktion ist von solider, aber etwas biederer Art.

Friaul

Das warme, mediterrane Klima und die milden Winter haben das Friaul innerhalb der letzten 20 Jahre zu einem boomenden Anbaugebiet für Weiß- und Rotweine gemacht. In den hügeligen Unterzonen des Collio (um Gorizia) und der Colli Orientali (um Udine), sowie auf dem mageren Kiesschotterbett des Grave und den roten Böden Isonzos wachsen teilweise sehr gute Weine. Besonders die Weißweine sind berühmt. Wegen ihres Körperreichtums und ihrer frisch-fruchtigen Primäraromen werden sie oft als die besten Italiens bezeichnet. Chardonnay und Sauvignon haben in den letzten Jahren viele traditionelle Sorten zurückgedrängt. Allerdings ist die autochthone Tocai immer noch die mit Abstand am meisten angebaute weiße Sorte im Friaul. Der Tocai hat weder etwas mit dem ungarischer Tokaj noch mit elsässischem Tokay zu tun. Die Rebe stammt ursprünglich aus Istrien. Tocai-Weine altern jedoch schnell und ergeben meist nur durchschnittliche Qualitäten. Interessanter können Ribolla und Pinot Bianco sein. Verduzzo und Picolit, aus denen mildsüße Dessertweine erzeugt werden, besitzen nur regionale Bedeutung. Die Rotweine haben in den letzten Jahren einen deutlichen Aufschwung erlebt. Hochwertige Merlots, seltener Cabernet Sauvignons, haben von sich reden gemacht. Aus alten Sorten wie Schioppettino, Pignola, Tazzelenghe und Refosco werden urwüchsige, bisweilen aber auch recht feine Weine gewonnen – allerdings nur in kleinen Mengen.

Soave

Weißwein-Zone östlich von Verona, typisches Massenanbaugebiet, jedoch mit einigen bemerkenswerten Weißweinen aus der Classico-Hügelzone um die Dörfer Soave und Monteforte. Sie kommen von Betrieben wie Pieropan, Anselmi, Pra, Bolla und einigen anderen. Hauptsorte des Soave ist die Garganega, aus der wegen ihrer dicken Schale auch delikate Süßweine (Recioto) gewonnen werden.

Andere Anbaugebiete

Bianco di Custoza, Gambellara:
Ursprungsgebiete um den südlichen Gardasee, aus denen einfache, saubere Weißweine, vor allem aus Garganega- und Trebbiano-Trauben kommen.

Lugana:
Zur Lombardei gehörendes Anbaugebiet südlich von Sirmione am Gardasee, das relativ stoffige, vollmundige Weißweine aus Trebbiano-Reben erzeugt.

Weinlese im friulischen Collio: Heimat vollmundiger Weißweine und tanninreicher Roter.

Rotweine von karger Eleganz

Castelnuovo Berardenga:
Dunkelfarbene, üppige Chianti Classico mit viel Tannin.

San Gusmè — Pagliarese — Rancia — Fontalloro — Felsina — Castelnuovo Berardenga

Toskana – mythische Kulturlandschaft
Das Land zwischen dem Apennin und dem Tyrrhenischen Meer ist eine der schönsten und besterhaltenen Kulturlandschaften Europas. Ein 200 Kilometer langer Hügelteppich breitet sich von der nördlichen zur südlichen Grenze aus, durchzogen von gewundenen Flüßchen, gesprenkelt mit mittelalterlichen Dörfern, überzogen mit immergrünen Krüppeleichenwäldern. Weinbau findet in der Hügelzone fast überall statt. Allerdings gibt es wenige zusammenhängende Rebflächen. Ein Drittel der Toskana bedeckt das Chianti. Es beherbergt zahlreiche Unterzonen wie das Chianti Classico, aber auch einige eigene Ursprungsgebiete wie das des Brunello di Montalcino oder des Vino Nobile di Montepulciano.

Großes Chianti
Das Chianti reicht von Pisa im Norden über Florenz und Siena bis nach Montalcino im Süden. Es ist in sieben Chianti-Unterzonen unterteilt, von denen freilich nur eine größeren Bekanntheitsgrad besitzt: das Chianti Classico zwischen Florenz und Siena. Die anderen Zonen heißen Chianti Rufina (um Pontassieve), Chianti Colline Pisane (Pisa), Chianti Montalbano (Carmignano), Chianti Colli Fiorentini (Florenz), Chianti Aretini (Arezzo) und Chianti Colli Senesi (südlich Siena). Die Chianti-Weine aller Unterzonen gehören in die höchste italienische Qualitätsweinkategorie, die DOCG (siehe Seite 153), obwohl der größte Teil relativ einfache Rotweine hervorbringt. Das Chianti ist größer als die sieben Unterzonen. Deren Winzer können entscheiden, ob sie ihren Wein als einfachen Chianti oder als Chianti ihres Herkunftsgebiets auf den Markt bringen wollen. Für einfachen Chianti gelten die lockersten, für Chianti Classico die strengsten Qualitätsanforderungen. Gemeinsam ist allen Chianti-Weinen, daß sie ganz oder überwiegend aus Sangiovese-Trauben gewonnen werden müssen. In der Spitze ergeben sie konzentrierte Weine mit trockenem, adstringierendem Tannin und feinem Brombeeraroma – Weine von karger Eleganz.

Ausgebrauchte Barriques im Hof der Badia a Passignano: Antinoris neues Spitzenweingut im Chianti Classico.

Chianti Classico

Die Hügelzone zwischen Florenz und Siena gilt als Kerngebiet des Chianti. Sie setzt sich aus neun Gemeinden zusammen. Gemeinsam ist den Weinen, daß sie ausschließlich oder zu mindestens 75 Prozent aus Sangiovese-Trauben gewonnen werden. Canaiolo, Malvasia Nera, Mammolo oder andere einheimische Sorten dürfen bis zu zehn Prozent in ihnen enthalten sein. Außerdem sind 15 Prozent alternative Sorten wie Merlot und Cabernet Sauvignon zulässig. Auch weiße Sorten (sechs Prozent) dürfen hinzugefügt werden. Von dieser Möglichkeit machen Spitzenwinzer heute jedoch keinen Gebrauch mehr. Die Chianti-Formel wurde um 1860 erfunden, und die weißen Trauben dienten dazu, die Weine früher trinkbar zu machen.

Kein einheitliches Anbaugebiet

Das Chianti Classico ist kein einheitliches Anbaugebiet. Im Norden um San Casciano und Greve sind die Weine duftiger und mit feinerem Tannin ausgestattet als die Weine im Süden. Castellina, Gaiole, Radda und Castelnuovo Berardenga am südlichen Rand des Anbaugebiets liefern dagegen kräftigere, tanninstärkere, bisweilen auch rauhere Weine. Freilich unterscheiden sich die Weine auch dort je nach Höhenlage (bis 700 Meter) und Bodenformation deutlich. In tiefer gelegenen Gebieten finden sich sandige, feinschotterige Böden, auf denen zarte, elegante Weine wachsen. In höheren Lagen dominieren tonhaltige Letten (Galestro) und kalkhaltiger Sandstein (*Alberese*). Von dort kommen muskulösere Weine.

Ende des Vino da Tavola

Spätestens seit Beginn der 80er Jahre ist die Qualität des Chianti Classico erheblich gestiegen. Kapitalkräftige Privatleute haben Weingut um Weingut aufgekauft und die darniederliegende Weinwirtschaft saniert. Sie haben die Erträge reduziert, die Sangiovese-Traube wieder vermehrt angepflanzt, zugleich aber auch mit alternativen Sorten experimentiert. Einen Teil ihrer Weine haben sie, weil nicht gesetzeskonform, als Vini da Tavola auf den Markt gebracht. Als Super Tuscans sind sie berühmt geworden. Seit 1997 dürfen Tafelweine keinen Jahrgang mehr auf dem Etikett tragen. Sie müssen dann als IGT-Wein oder als Chianti Riserva verkauft werden, was sie letztlich auch sind (sofern es sich um Sangiovese-Weine handelt). In jedem Fall gehören die Jahrgangs-Chianti zu den schönsten jungen Weinen, die Italien besitzt, die Riserve mit ihrem spröden Tannin zu den eigenständigsten, teilweise besten Rotweinen des Landes.

Ama:
Geschliffene Chianti Classico aus einer der höchstgelegenen Zonen des Anbaugebietes.

Cacchiano und Brolio:
Altes Kerngebiet des Chianti Classico.

TOSKANA

Wiedergeburt der Sangiovese

Castello di Uzzano — Greve — Le Bocce — Vitigliano — **Panzano** — Montagliari — Vignamaggio

Panzano

Panzano: Die Südhänge des Dorfes, conca d'oro oder Goldgrube geheißen, gelten als eine der besten Lagen des Chianti Classico.

Rignana — Vecchie Terre di Montefili — Villa Cafaggio — Carobbio — La Massa — Vignole — Castello dei Rampolla — *Fontodi* — *Flaccianello*

Chianti Rufina

Östlich von Florenz bei Pontassieve liegt ein kleines Anbaugebiet, das in den 30er Jahren ins Chianti eingemeindet wurde und vorher unter der Bezeichnung Rufina einen eigenen Wein produziert hatte. Für den Rufina-Chianti gelten dieselben Vorschriften für die Traubenzusammensetzung wie für andere Chianti. Wegen der besonderen Sandstein- und Tonmergelböden entstehen aber recht eigenständige Weine. Sie sind etwas tanninstärker, besitzen aber eine zarte Frucht und sind in ihren besten Qualitäten ebenso gut wie die besten Chianti Classico. Allerdings umfaßt die DOCG-Zone lediglich knapp 600 Hektar, und es gibt nur wenige Spitzenerzeuger. Nipozzano und Pomino, ehemals zum Chianti Rufina gehörend, haben heute eine eigene DOC.

Carmignano: Kleines Anbaugebiet westlich von Florenz, das 1932 dem Chianti Montalbano zugeschlagen, 1975 wieder ein eigenständiges Anbaugebiet wurde. Der Carmignano wird aus Sangiovese- und Canaiolo-Trauben mit zehn Prozent Cabernet Sauvignon gewonnen. Aufgrund der tief gelegenen Weinberge fällt er säureärmer aus als der Chianti Classico. Wegen der sandigen Böden erreicht er nicht ganz dessen Körperreichtum.

Passignano

Badia a Passignano: Aus den Weinbergen um die alte Valombrosianer-Abtei kommt heute einer der besten Chianti Classico.

Tignanello — *Solaia* — Santa Maria Macerata — Santa Caterina (Antinori) — Badia a Passignano

Chianti und Bolgheri

Bolgheri

Das pittoreske kleine Dorf südlich von Pisa ist die Heimat des berühmtesten italienischen Weins: des Sassicaia. Er ist ausschließlich aus Cabernet-Sauvignon- und Cabernet-Franc-Trauben gekeltert – also untypischen Sorten für die Toskana. Doch in dem warmen, meernahen Landstrich bringen sie opulente, geschmacksintensive, langlebige Weine hervor. So hat der Sassicaia viele Nachahmer gefunden, allen voran den Ornellaia. Beide Weine sind seit 1994 nicht mehr Vino da Tavola, sondern haben eine eigene DOC. Die anderen Weine aus dem Bereich der Gemeinde Castagneto Carducci (in der auch Bolgheri liegt) heißen Bolgheri Rosso (bzw. Bolgheri Bianco). Sie können ebenso aus Cabernet-Sauvignon- oder Merlot- wie aus Sangiovese-Trauben gewonnen sein. Fast alle Bolgheri Rosso sind sehr gesuchte, nicht selten auch sehr teure Weine. Ihr Erfolg hat in dem Küstenstreifen der toskanischen Maremma einen regelrechten Weinboom ausgelöst. Zahlreiche neue Güter sind gegründet worden.

Andere Weinregionen

San Gimignano: Weißweininsel im Chianti, die einen schlichten, aber beliebten Wein aus Vernaccia-Trauben hervorbringt.

Rosso delle Colline Lucchesi: Kleines Anbaugebiet um die Stadt Lucca: An den Hängen des Apennin wächst ein Chianti-ähnlicher Rotwein aus Sangiovese- und Canaiolo-Trauben.

Radda

Von den Hängen Raddas kommen feinfruchtige, aber auch tanninherbe Chianti Classico.

Castello di Volpaia
Castello di Albola
Capaccia
Montemaggio
Castelvecchi
Montevertine
Poggerino

In den letzten Jahren haben sich dort ein halbes Dutzend kleiner Erzeuger niedergelassen, die feine, geschliffene Weine erzeugen.

Vin Santo: Nahezu überall im Chianti erzeugter Dessertwein, der aus angetrockneten Weißweintrauben gewonnen wird und dann zwischen drei und fünf Jahren in kleinen Fäßchen (*caratelli*) gärt, beziehungsweise reift. In seinen besten Qualitäten mehr als ein rustikaler Bauernwein.

Montescudaio: Kleines Ursprungsgebiet nördlich von Bolgheri, interessant vor allem für seine Rotweine auf Sangiovese-Basis.

Val di Cornia: Relativ unbekanntes Anbaugebiet um das Dörfchen Suvereto in der Maremma, das in den letzten Jahren wegen seiner ausgezeichneten Sangiovese- und Cabernet-Weine bekannt geworden ist.

San Gimignano: mittelalterliche Stadt im Chianti, bekannt wegen ihres Vernaccia-Weins.

Vin Santo: traditioneller Dessertwein der Toskana.

TOSKANA UND UMBRIEN

Die Entdeckung des süßen, weichen Tannins

Montalcino:

An den Hängen des südtoskanischen Städtchens wächst der Brunello di Montalcino.

Sant'Angelo in Colle   Castello la Banfi   Col d'Orcia

Brunello di Montalcino

Der Brunello ist der international am höchsten geschätzte DOCG-Rotwein Italiens: ein üppiger, muskulöser Wein mit einem tiefen Zedern- und Brombeerduft und viel weichem, aber kräftigen Tannin. Er wird reinsortig aus Sangiovese-Trauben erzeugt, freilich einer besonders kleinbeerigen Spielart, die zur Familie der Sangiovese-Grosso-Reben gehört und Brunello genannt wird. Dieser Sangiovese-Grosso-Klon wurde Mitte des 19. Jahrhunderts von Ferruccio Biondi-Santi isoliert und vermehrt. Auf ihm basiert die Erfolgsgeschichte des Weins. Bis in die 60er Jahre hinein hatte die Familie Biondi-Santi praktisch das Monopol auf den Brunello. Heute haben sich über 100 meist kleine Flaschenabfüller in der Zone niedergelassen. Die Anbaufläche hat sich seit Anfang der 80er Jahre mehr als verdoppelt. Neben großen Weinhäusern und kapitalkräftigen Privatleuten, die sich in Montalcino angesiedelt haben, füllen auch immer mehr kleinbäuerliche Betriebe ihren Wein selbst ab. Der Brunello ist dank der südlicheren Lage wuchtiger und schwerer als der Chianti Classico. Sein Tannin ist süßer und weicher, die Säure liegt niedriger. Er reift min-

Lesehelfer in Montalcino mit Sangiovese-Trauben.

Reifekeller des Weingutes Il Greppo von Biondi-Santi: Drei Jahre reift der Brunello im Holzfaß.

Montepulciano, Montalcino und Torgiano

destens zwei Jahre im Holzfaß (traditionell ein großes Holzfaß aus slawonischer Eiche) und darf erst nach vier Jahren in den Handel kommen. Allerdings rechtfertigt nicht jeder Brunello den Ruf, der ihm vorauseilt, und den Preis, den er kostet. Von exzellenter Qualität und vergleichsweise bescheidenem Preis kann der Rosso di Montalcino sein, der zweite Wein aus diesem südtoskanischen Anbaugebiet. Auch er ist reinsortig aus Brunello-Trauben gekeltert, braucht aber nur ein Jahr Faßreife.

Vino Nobile di Montepulciano

Der zweite bedeutende Rotwein der Südtoskana ist der Vino Nobile di Montepulciano. Er wächst auf den Hügeln um das gleichnamige mittelalterliche Städtchen und wird vor allem aus Trauben der Sorten Sangiovese (örtlich Prugnolo Gentile genannt) sowie Canaiolo und Mammolo (in kleinen Mengen) gewonnen. Das Anbaugebiet ist halb so groß wie das des Brunello, hat sandigere Böden und wegen seiner Meeresferne ein kühleres, gemäßigteres Klima: Grund dafür, daß der Vino Nobile nicht ganz die Fülle des Brunello beziehungsweise die Dichte und Eleganz der Chianti Classico erreicht. Gleichwohl sind die besten Vino Nobile würdige Vertreter der Sangiovese-Traube. Die weniger guten Lagen liefern die Trauben für den einfachen, aber delikaten Rosso di Montepulciano oder den noch einfacheren Chianti Colli Senesi.

Montalcino: einsame, waldreiche Hügellandschaft, aus der ein großer Rotwein kommt.

Morellino di Scansano

Im menschenleeren Hinterland der Maremma südlich von Grosseto wird ebenfalls die Sangiovese-Grosso-Rebe angebaut. Im warmen mediterranen Klima dort ergibt sie einen fleischigen, üppigen Wein, der jedoch nicht die Fülle eines Brunello hat.

Torgiano

Bekannt ist dieser umbrische Rotwein vor allem wegen der Familie Lungarotti, die über einen großen Teil der Weinberge um das kleine gleichnamige Dorf am Tiber verfügt und mit ihrer Riserva Monticchio, die erst nach zehnjähriger Lagerung (größtenteils auf der Flasche) auf den Markt kommt, schon früh Qualitätsstandards gesetzt hat. Der einfache Torgiano ist ein unprätentiöser, aber delikater Wein. Basis des Torgiano ist die Sangiovese-Traube. Den ausdrucksvollen, fruchtigen Geschmack steuert die Canaiolo bei, die zu 30 Prozent in ihm enthalten ist.

Sagrantino

Von den Hügeln um das Städtchen Montefalco kommt der heute wohl beste Rotwein Umbriens: der Sagrantino. Die Sangrantino-Traube ergibt einen vielschichtigen, traditionell etwas feurigen, heute eher kompakten Wein von dunkelrubinroter Farbe mit viel mürbem, bittersüßen Tannin.

Orvieto: Bedeutendste Weißwein-Zone Umbriens, in der Trebbiano und Grechetto-Trauben dominieren. Aus ihnen werden säurearme, einfache Weine gewonnen. Bessere Qualitäten liefern Weingüter, die Chardonnay und Sauvignon gepflanzt haben.

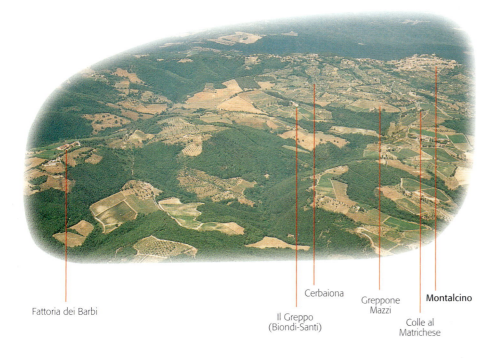

Fattoria dei Barbi | Il Greppo (Biondi-Santi) | Cerbaiona | Greppone Mazzi | Colle al Matrichese | **Montalcino**

MARKEN, ABRUZZEN, LATIUM

Neue Botschaften aus dem heißen Süden

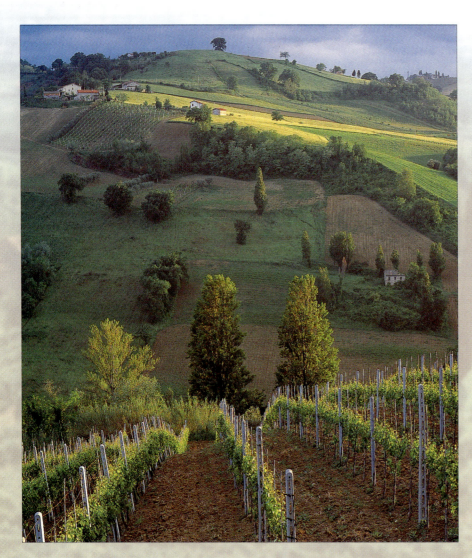

Abendlicht über den märkischen Hügeln bei Montecarotto: Land des Verdicchio und der Rotweine aus der Montepulciano-Traube.

Montefiascone
Im nördlichen Latium, nahe der Grenze zur Toskana gelegenes Anbaugebiet, das für seinen weißen Est! Est!! Est!!! bekannt geworden ist. Dieser rustikale, wenig aufregende Wein wird aus Trebbiano-Trauben erzeugt. Neben industriellen Weinerzeugern haben sich in jüngerer Zeit einige kleinere Betriebe dieses Weins angenommen – mit gutem Erfolg. Auch Merlot wird neuerdings sehr erfolgreich in Montefiascone angebaut.

Frascati
Zur Region Latium gehörendes Massenwein-Anbaugebiet vor den Toren Roms, das größtenteils schlichte, wässrige Weißweine einfachsten Zuschnitts liefert. Einige Betriebe haben neuerdings gehaltvollere Weine mit zarter Frucht auf den Markt gebracht.

Rosso Conero
Südlich der Hafenstadt Ancona, im Einflußbereich kühler Meerbrisen, wächst ein voller, feuriger Rotwein. Er heißt Rosso Conero und wird aus Montepulciano-Trauben gewonnen. Die Sangiovese, die ihm zu 15 Prozent beigemischt werden darf, bringt im warmen Adriaklima keine großen Qualitäten. Traditionell feurig und etwas derb, hat der Rosso Conero in den vergangenen Jahren durch sorgfältigere Weinbereitungs-Methoden deutlich an Feinheit gewonnen. Allerdings gibt es kaum mehr als ein knappes Dutzend Winzer, die gute Qualitäten anbieten.

Verdicchio
Der wichtigste Wein der Region Marken, am Fuße des Apennins auf lehmigen Kalkböden wachsend: Ein Weißwein, der nicht durch seine Säure, sondern durch seinen Körperreichtum besticht. Lediglich die industrielle Variante des Verdicchio ergibt einen schlanken Wein. Der charakteristische Verdicchio besitzt Fülle, Duft und Komplexität. Das gilt schon für den Verdicchio dei Castelli di Jesi, aber mehr noch für den Verdicchio di Matelica. Beide besitzen eine eigene DOC und werden reinsortig aus der gleichnamigen Traubensorte gekeltert.

Apulien, Kampanien, Kalabrien, Sizilien, Sardinien

Apulien
Die Fülle bekannter und namenloser DOC-Rotweine von teils ordentlicher, teils mittelmäßiger Qualität macht es schwer, einzelne Gebiete besonders hervorzuheben. Da das Klima von Norden nach Süden homogen warm ist und die Böden ganzer Landstriche für den Weinbau geeignet sind, hängt die Güte eines Weins stark vom einzelnen Erzeuger ab. Die Hauptsorte Negroamaro findet sich in fast allen, die Malvasia Nera und die Montepulciano-Traube in vielen Rotweinen wieder. Besonders interessante Weine ergeben die (stark rückgängige) Uva di Troia (zum Beispiel in den Weinen von Castel del Monte und Cerignola vertreten) sowie die urwüchsige Primitivo-Traube, aus der neuerdings einige großartige, trockene Rotweine erzeugt werden.

Kalabrien
Vergessene Weinregion im äußersten Süden Italiens, aus der nur noch wenige qualitativ gute Weine kommen. Diese wachsen ausschließlich im Hinterland der Hafenstadt Cirò: kräftige, tanninreiche Rotweine, die entfernt an einen Barolo erinnern, jedoch nicht dessen Langlebigkeit und Feinheit besitzen.

Kampanien
Klassische Weinregion Italiens, aus der heute eine Fülle solider Weiß- und Roséweine im mediterranen Stil kommen. Der bedeutendste Rotwein ist der Taurasi: ein schwerer, tanninstarker Wein mit ausdrucksvoller Frucht. Er wächst um die Stadt Avellino. Auch der weiße Fiano ist ein charaktervoller, gänzlich eigenständiger Wein.

Basilikata
Am Fuß des Monte Vulture, eines erloschenen Vulkans, wird in kleinen, versprengten Terrassen die Aglianico-Rebe angebaut. Aus ihren Trauben wird der Aglianico del Vulture gewonnen, einer der schönsten Rotweine des südlichen Italiens.

Sizilien
Das riesige Weinland tritt vor allem als Massenweinland in Erscheinung. Nur wenige Erzeuger haben es verstanden, das qualitative Potential der Insel auszunutzen. Die ersten waren die Staatskellerei Duca di Salaparuta in Casteldaccia, die Güter des Grafen Tasca d'Almerita in Scalfani Bagni und der Marsala-Erzeuger Vecchio Samperi. Inzwischen streben ihnen zahlreiche Erzeuger nach und stellen vor allem frische Weiß- und Roséweine im modernen Stil her.

Sardinien
Aus Sardinien kommen nicht nur leichte, frische Sommerweine (Sorten: Vermentino, Nuragus, Malvasia di Sardegna, Sauvignon), sondern auch substanzreiche Rotweine: Neben den traditionellen Sorten Cannonau, Carignano, Malvasia Nera und Sangiovese wird neuerdings auch Cabernet Sauvignon mit großem Erfolg angebaut.

Tempel der Segesta auf Sizilien inmitten alter Reben.

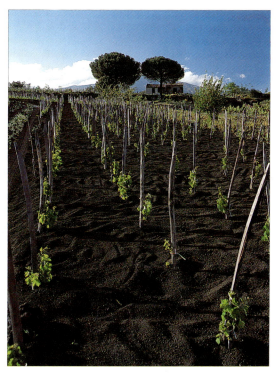

Vulkanasche auf Pantelleria: Insel der süßen Weine.

Das Weinland Italien in Zahlen
Rebfläche: 8 Millionen Hektar
Weinproduktion: 60 Millionen Hektoliter
Jährlicher Weinkonsum pro Kopf: 62 Liter

Die 10 häufigsten Rebsorten
1. Sangiovese — rot — 10,75 %
2. Catarratto Comune — weiß — 7,29 %
3. Trebbiano Toscano — weiß — 6,98 %
4. Barbera — rot — 4,55 %
5. Merlot — rot — 4,23 %
6. Negroamaro — rot — 4,14 %
7. Montepulciano — rot — 2,68 %
8. Trebbiano Romagnolo — weiß — 2,16 %
9. Catarratto Lucido — weiß — 2,03 %
10. Primitivo — rot — 2,02 %

Das italienische Weinrecht
Denominazione di Origine Controllata e Garantita (DOCG): kontrollierte und garantierte Ursprungsbezeichnung, die höchste Stufe des italienischen Weingesetzes. Die Bezeichnung wurde seit 1983 nur wenigen Weinen zuerkannt. Sie ist in der Regel mit strengeren Vorschriften, insbesondere strengeren Mengenbegrenzungen versehen als die DOC.
Denominazione di Origine Controllata (DOC): kontrollierte Ursprungsbezeichnung, wird seit 1964 vergeben. Enthält Vorschriften über die Grenzen der Anbaugebiete, die zugelassenen Rebsorten, die Art des Ausbaus der Weine sowie über den Zeitpunkt der Freigabe. Derzeit sind etwa 17 Prozent der italienischen Produktion DOC-Weine.
Indicazione Geografica Tipica (IGT): 1997 eingeführte Kategorie von Regionalweinen, die dem Landwein entspricht. Die Anforderungen an Mindestalkoholgehalt und Hektarhöchsterträge liegen unter DOC-Niveau. Auf dem Etikett dürfen Rebsorte, Jahrgang und Region angegeben werden.
Vino da Tavola (VdT): Tafelwein mit geringsten qualitativen Anforderungen. Er muß unverdorben und zum Verzehr geeignet sein. Auf dem Etikett dürfen nur die Farbe, der Alkoholgehalt und das Herkunftsland angegeben werden, nicht der Jahrgang.

Mehr als nur Rioja

Spanien ist nach dem Umfang seiner Rebfläche das größte Weinbauland der Erde. Gemessen an der Menge des Weins, die produziert wird, steht es freilich nur an dritter Stelle hinter Italien und Frankreich. Dieser Zwiespalt dokumentiert die Besonderheit Spaniens unter den weinerzeugenden Nationen. Durch die große Trockenheit, die in weiten Teilen des Landes herrscht, sind die Traubenerträge gering. Außerdem ist Spanien stark von Traditionen geprägt, die noch aus dem 18. und 19. Jahrhundert stammen. So stehen in keinem anderen Weinbauland Europas so wenig Rebstöcke auf einem Hektar wie dort. Seit den 60er Jahren hat in Spanien jedoch eine beispiellose Modernisierung des Weinbaus stattgefunden, die freilich zur Massenproduktion, zum Qualitätsverfall und damit zum Abstieg des spanischen Weinbaus führte. Der moderne, qualitätsorientierte Weinbau hat erst in den letzten Jahren in Spanien Einzug gehalten. Die Qualitätsrevolution ging dabei nicht von der Rioja, dem international bekanntesten Weinanbaugebiet Spaniens aus, sondern von vielen kleinen und kleinsten Anbaugebieten der Iberischen Halbinsel.

Weinverständnis und Geschichte

Langes Festhalten an der Tradition

Spanien ist heute eine der dynamischsten Weinnationen der Welt. In den meisten Anbaugebieten des Landes dominieren jedoch noch jene Rebsorten, die in den letzten 50 oder 100 Jahren der Landbevölkerung ein Auskommen ermöglichten, indem sie sichere, hohe Erträge bei geringen qualitativen Ansprüchen gaben.

In der Rebenstatistik liegt unter den weißen Sorten die Airén, unter den roten die Garnacha vorn – beides Sorten, die schlichte, einfache Weine ergeben. Die traditionelle Art der Weinbereitung – späte Lese und fehlende Temperaturkontrolle bei der Gärung – gehört jedoch der Vergangenheit an. Dafür bestimmen Genossenschaften, die sich der industriellen Massenweinproduktion verschrieben haben, weitgehend das Bild des spanischen Weins. Das führt dazu, daß viele Weißweine des Landes mager und plump ausfallen. Die Rotweine sind häufig alkoholreich und meist sehr niedrig in der Säure. Erst die neue Generation von Weinerzeugern, die in den 80er und 90er Jahren die Bühne betrat, hat sich um eine Änderung bemüht. Diese Pioniere haben den Weinbau aus den heißen in kühlere Zonen getragen und stark in moderne Kellertechnik investiert. Das Resultat: frische, saubere Weißweine und gehaltvolle, konzentrierte Rotweine, die weder überlagert noch zu säurearm ausfallen. Sie prägen mehr und mehr den heutigen spanischen Weinstil.

Von den Karthagern zu den Arabern

Kultiviert wurde die Rebe auf der Iberischen Halbinsel schon 4000 bis 3000 vor Christus. Doch erst als Phönizier die Stadt Cádiz gründeten und später die Karthager und Römer einen schwunghaften Handel im Mittelmeerraum begannen, erlebte Spanien seine erste Weinblüte (200 v. Chr.). Besonders in Rom trank man viel und gerne Wein aus Baetica (Andalusien) und Terraconensis (Tarragona). Nach der Eroberung Spaniens durch die Araber (711 n. Chr.) wurde der Weinbau nicht mehr gefördert – wohl aber geduldet. Der Prophet Mohammed hatte zwar den Weingenuß verboten, aber die Emire und Kalifen konnten auf die Weinsteuern nicht verzichten.

Weinbau in der Neuzeit

Nach der Rückeroberung der Iberischen Halbinsel durch die Christen im 15. Jahrhundert blühte der Weinbau zum zweiten Mal auf. Jerez und Málaga waren die wichtigsten spanischen Weinbauregionen. 1587 überfiel Sir Francis Drake Cádiz und erbeutete 2900 Pipes (Fässer) Sherry. Bald darauf kam der Weinhandel mit England in Schwung. Spaniens Weinbau florierte. Erst in der zweiten Hälfte des 19. Jahrhunderts vernichteten Mehltau und Reblaus die Weinberge von Katalonien bis Málaga. Einzige Ausnahme: die Rioja. Wegen seiner Randlage erreichte die Reblaus dieses Anbaugebiet erst, als die Reben schon weitgehend mit amerikanischen Unterlagen veredelt waren (1900 bis 1910). Zahlreiche Bordeaux-Winzer suchten in der Rioja Ersatz für ihre vernichteten Weinberge. Sie brachten ihre Barriques mit und führten neue Kellertechniken ein. Während der Weltkriege und des Spanischen Bürgerkriegs konnte sich der Weinbau kaum erholen.

Verfall und Wiederaufstieg

Nach 1950 wird der Weinbau durch Gründung zahlreicher Winzergenossenschaften neu belebt. Aber man konzentriert sich auf die Erzeugung einfacher Tafelweine sowie auf den Faßweinexport. Die Qualität verfällt. Nur Sherry und Rioja erleben seit den 60er Jahren einen Boom. Erst in den 80er Jahren bemüht sich Spanien, Anschluß an die Qualitätsbestrebungen anderer europäischer Länder zu bekommen. In Katalonien, Alt-Kastilien und einigen kleinen Anbaugebieten im Norden Spaniens starten junge Weinunternehmer und Investoren eine neue, atemberaubende Qualitätsoffensive.

Die Weine von Marqués de Murrieta verkörpern den aristokratischen Stil der Rioja. Es sind durch und durch traditionelle Weine mit enormem Alterungsvermögen. Der 59er Castillo Ygay verbrachte 25 Jahre im Holzfaß. Inzwischen hat der Besitzer des Weinguts, der Conde de Creixell, die Faßreife verkürzt.

Die Weinregionen Spaniens

Qualitätsrevolution in Spaniens Norden

Die Reblaus-Katastrophe, die im vorigen Jahrhundert Spanien heimsuchte, und die industrielle Massenproduktion, die nach dem letzten Weltkrieg einsetzte, haben die Ausbreitung des Qualitätsweinbaus auf der Iberischen Halbinsel stark behindert. Jetzt herrscht in Spanien jedoch eine beispiellose Aufbruchstimmung.

Bodegas Raimat in Costers del Segre: Neben Tempranillo stehen Cabernet Sauvignon, Merlot und Chardonnay.

Costers del Segre

Weinbauoase nahe der Stadt Lleida, berühmt wegen des äußerst modern ausgestatteten Spitzenweingutes Raimat. Die Raimat-Gewächse gehören zu den besten Weinen der neuen Generation spanischer Weine. Sie wachsen in einem frostkalten Hochland, in dem im Sommer große Trockenheit herrscht und das deshalb durch ein System von Kanälen bewässert werden muß. Neben den traditionellen Sorten (Parellada, Macabeo, Tempranillo) werden mit Erfolg Chardonnay, Merlot, Cabernet Sauvignon und Pinot Noir angebaut.

Penedès

Das kühle Hügelland südlich von Barcelona ist vor allem berühmt für den Cava, den bekanntesten spanischen Schaumwein, der nach dem Verfahren der Flaschengärung erzeugt wird. Er wird aus den weißen Rebsorten Macabeo, Xarel-lo und Parellada gewonnen. Seit 1988 darf auch Chardonnay verwendet werden. Cava wurde 1872 zum ersten Mal nach diesem Verfahren von dem Weinpionier José Raventos produziert. Seitdem ist seine Kellerei Codorníu landesweit bekannt. Cava muß mindestens neun Monate auf der Hefe liegen, Jahrgangs-Cava (Cava Vintage) mindestens vier Jahre.

Ansonsten werden auf den hellen, tonhaltigen Kreideböden des Penedès kräftige, fruchtbetonte Weißweine aus den drei Cava-Sorten erzeugt, daneben einige Rotweine aus Cariñena, Garnacha und Monastrell. Der bekannteste Winzer des Penedès ist Miguel Torres. Er hat in den 70er Jahren als erster in Spanien moderne Weinbautechniken eingeführt. Von seinem Weingut in Villafranca kommen heute auch edle Rotweine aus Cabernet Sauvignon. Neue, junge Avantgarde-Winzer haben mit Merlot große Erfolge.

Priorato

Das kleine Anbaugebiet umfaßt nur neun Dörfer. Sie liegen im bergigen Hinterland von Tarragona. Der größte Teil der Weinberge ist mit Cariñena kultiviert, aus der dunkelfarbene, alkoholreiche, aber einfache Rotweine gekeltert werden. Seit Ende der 80er Jahre haben sich jedoch ein gutes Dutzend Spitzenwinzer im Priorato niedergelassen, die die traditionelle Garnacha-Rebe wieder zu Ehren bringen und daneben ein wenig Cabernet Sauvignon anbauen. Aus diesen Sorten entstehen heute großartige, äußerst charaktervolle, langlebige Rotweine, die zu den besten und teuersten in ganz Spanien gehören.

Rioja

Das Anbaugebiet der Rioja ist 120 Kilometer lang und liegt an den Flußufern des Ebro. Berühmt ist es vor allem für seine tiefroten, würzigen Rotweine, die in ihren besten Reserva- und Gran-Reserva-Qualitäten mehrere Jahrzehnte alt werden und dabei eine unerhörte Feinheit entwickeln können. Allerdings wird über die Hälfte der Rotweine jung verkauft. Die Rioja besteht aus drei Unterzonen: die Rioja Alavesa im Westen liegt nördlich des Ebro-Flusses. Die Rioja Alta verläuft südlich des Flusses in den aufsteigenden Hügeln. Östlich von Logroño beginnt die Rioja Baja, die wärmste und trockenste Unterzone mit den schwersten Weinen (bis 15 Vol.%). Der typische Rioja besteht zu 80 Prozent aus Tempranillo. Dazu kommen kleinere Anteile Garnacha- und Cariñena-Trauben (örtlich Mazuelo genannt). Mit Sondergenehmigung darf dem Rioja auch Cabernet Sauvignon und Merlot hinzugefügt werden. Die Weine werden in kleinen *barricas* von 225 Litern aus amerikanischer Eiche ausgebaut. Die Qualität der Rioja-Weine ist sehr unterschiedlich. Es gibt viele magere Weine und zahlreiche überlagerte Reservas. Der Rioja-Boom der 60er Jahre hat die Massenwein-Produktion gefördert. Noch heute stehen den rund 100 abfüllenden Groß-Bodegas Tausende von kleinen Traubenproduzenten gegenüber, die trotz der Trockenheit im Sommer oftmals weit mehr als den gesetzlichen Höchstertrag von 50 Doppelzentnern pro Hektar ernten. Erst in den letzten Jahren haben einige Kellereien begonnen, eigene Wein-

KATALONIEN, RIOJA, NAVARRA, ALTKASTILIEN

Viele Riojas reifen heute in kleinen „barricas" aus amerikanischer Eiche, so auch der der Bodegas Palacio.

berge anzulegen, um die Traubenproduktion selbst kontrollieren zu können. Weiße Rioja-Weine kommen immer häufiger als frische, duftige, junge Weine auf den Markt. Es gibt aber noch die traditionellen holzfaßgelagerten Crianzas und Reservas. Sie machen etwa 20 Prozent der Produktion des Gebiets aus und werden meist aus Macabeo-Trauben gekeltert, nur gelegentlich noch aus der traditionellen Malvasia-Rebe.

Navarra
Bekannt geworden ist dieses Anbaugebiet vor allem durch seine einfachen, aber delikaten Roséweine aus der Garnacha-Rebe. Diese werden auch heute noch in großen Mengen gekeltert. Doch ersetzen immer mehr Weingüter die Garnacha durch die wesentlich feinere Tempranillo. Aus ihr lassen sich wohlstrukturierte Rotweine erzeugen, die ernsthaft mit den Riojas konkurrieren. Auch Cabernet Sauvignon und Merlot werden mit großem Erfolg angebaut. Navarra zählt heute zu den aufstrebendsten Anbaugebieten Spaniens.

Somontano
Somontano liegt an den Südhängen der Pyrenäen in der Region Aragón. Es ist eines der kleinsten (2000 Hektar) und jüngsten Ursprungsgebiete Spaniens (erst 1985 geschaffen). In dem kühlen, niederschlagsreichen Klima wachsen hervorragende Weißweine aus den Sorten Chardonnay und Chenin Blanc, während in wärmeren, tiefer gelegenen Zonen neben den Traditionsreben Monastrell und Garnacha zunehmend Cabernet Sauvignon, Merlot und Pinot Noir angebaut werden. Aus ihnen entstehen gehaltvolle, elegante Rotweine, die in den letzten Jahren beträchtliches Aufsehen erregt haben.

Ribera del Duero
Das bedeutendste Anbaugebiet der Region Castilla y León liegt östlich der Stadt Valladolid an den Ufern des Duero-Flusses. Seine Rebfläche entspricht mit 10000 Hektar etwa einem Fünftel der Rebfläche der Rioja. Qualitativ aber ist die Ribera zum großen Herausforderer für die Rioja geworden. Angebaut wird in erster Linie die Sorte Tempranillo, die dort Tinto fino oder Tinto del País heißt und deren Rebkulturen sich bis auf 900 Meter Höhe hinziehen. Ursprünglich wurde sie verwendet, um einfache Roséweine zu erzeugen. Heute ergibt sie dunkelfarbene, mächtige Rotweine von großer Feinheit und langer Lebensdauer. Die Bodegas Vega Sicilia sind das berühmteste Weingut. Sie fügen ihrem Wein zusätzlich Cabernet Sauvignon, Merlot und Malbec hinzu. Die meisten der neugegründeten Bodegas sind diesem Beispiel gefolgt. Andere keltern ausschließlich die Tinto fino. Zu diesen gehört Pesquera, die zweite bekannte Bodega der Zone. Mit dem Erfolg ihrer Weine begann in den 80er Jahren der kometenhafte Aufstieg dieser Region, in der noch heute Zuckerrüben und Reben direkt nebeneinander wachsen. Klimatisch ist die einsame Ribera ein Land der Extreme: lange, frostkalte Winter und kurze, trockene Sommer, die große Traubenerträge gar nicht zulassen.

Rueda
Vor hundert Jahren in Vergessenheit geratene, heute wieder im. Aufstieg begriffene Weißweinzone um die gleichnamige Stadt südwestlich von Valladolid. Nachdem dort jahrzehntelang nur die zuckerreiche Palomino-Traube angebaut wurde, um sherryähnliche Weine zu erzeugen, stellen die Winzer seit 1980 ihre Weinberge zunehmend um und pflanzen die traditionelle Verdejo-Traube. Sie bildet heute die Basis für die leichten, trockenen Weißweine der Gegend. Im Rueda Superior muß sie zu mindestens 60 Prozent enthalten sein. Den Rest teilen Viura und Sauvignon unter sich auf.

Toro
Kleine Rotwein-Enklave östlich der Stadt Zamora, aus der ein körperreicher, feuriger Wein kommt, der ganz aus Tempranillo-Trauben erzeugt wird.

El Bierzo
In Nordwesten Spaniens an der Grenze zu Galicien gelegenes Anbaugebiet, das noch stark traditionell geprägt ist und wegen seines kühleren Klimas eine große weinbauliche Zukunft besitzt, insbesondere für elegante Rotweine.

Rías Baixas
Galicien ist wegen seines feuchten, atlantischen Klimas besonders gut für Weißweine geeignet. Der südliche Bereich von der Stadt Cambados bis zur portugiesischen Grenze, Rias Baixas geheißen, gilt daher als bestes Weißwein-Anbaugebiet Spaniens. Angebaut wird dort zu 90 Prozent die Albariño-Rebe. Aus ihr werden frische, leicht würzige Weine erzeugt, die in Spanien selbst eine sehr hohe Wertschätzung genießen, daher recht teuer sind und nur in geringen Mengen ins Ausland gelangen.

DIE WEINREGIONEN SPANIENS

Neue Weine im heißen Süden

Für süße Sherrys werden in Jerez Pedro-Ximénez-Trauben verwendet, die vor dem Pressen in der Sonne angetrocknet werden. Der zuckersüße Most wird später dem durchgegorenen Sherry hinzugefügt. So entstehen die dunklen Oloroso-Varianten.

Das Weinland Spanien in Zahlen

Rebfläche: 1,3 Hektar
Weinproduktion: 2,5 bis 3,5 Milliarden Liter
Jährlicher Weinkonsum pro Kopf: 37 Liter

Die 10 häufigsten Rebsorten

1. Airén	weiß	35,4 %
2. Garnacha	rot	14,1 %
3. Bobal	rot	8,7 %
4. Monastrell	rot	8,3 %
5. Tempranillo	rot	4,9 %
6. Pardina	weiß	4,2 %
7. Macabeo	weiß	3,5 %
8. Palomino	weiß	2,8 %
9. Pedro Ximénez	weiß	1,5 %
10. Parellada	weiß	1,4 %

La Mancha

Das öde, einsame Hochland südöstlich von Toledo ist Spaniens größter Weinbaubereich. Obwohl die Trockenheit groß und Wasser knapp ist, kommen große Mengen von schlichten Massenweinen aus diesem Teil Neukastiliens. 90 Prozent der Rebfläche ist mit der für die Dürre unempfindlichen Airén-Rebe bestockt, die körperreiche, säurearme Weißweine ergibt. Einige Bodegas haben es fertiggebracht, aus ihr fruchtig-frische Weine zu keltern. Aufsehen erregt haben die Rotweine des Marqués de Grignón aus Cabernet Sauvignon und Merlot, die zu den besten ihrer Kategorie in Spanien gehören.

Valdepeñas

Das ausgedehnte, in 700 Meter Höhe gelegene Weinanbaugebiet um die gleichnamige Stadt Valdepeñas ist bekannt für seine milden, glutvollen Rotweine. Sie werden meist zu 90 Prozent aus der weißen Airén-Traube gewonnen. Zehn Prozent Tempranillo (örtlich Cencibel genannt) reichen aus, um den Weinen Farbe und Gerbstoff zu geben. Einige ambitionierte Winzer keltern ihren Rotwein inzwischen ganz aus Cencibel- oder anderen roten Trauben und bauen ihn als Reserva in kleinen Eichenfässern aus. Der größte Teil der Valdepeñas-Produktion besteht jedoch aus einfachen Weißweinen.

Jerez und Sanlucar

Sherry ist der bedeutendste Wein Andalusiens. Von seinem Charakter und seiner Bereitung her gibt es nirgendwo auf der Welt einen vergleichbaren Wein. Er darf aus den drei weißen Rebsorten Palomino, Pedro Ximénez und Muscat d'Alexandrie erzeugt werden. Tatsächlich wird Sherry – zumindest der trockene – zu 90 Prozent aus der Palomino-Traube erzeugt. Er wächst in der Provinz Cádiz nahe des Meeres, wo trotz der hohen Temperaturen, die in Andalusien herrschen, immer eine kühle Brise vom Atlantik herüberweht. Zentrum der Sherry-

La Mancha, Valdepeñas, Andalusien

In den heißen Anbaugebieten Zentral- und Südspaniens beginnt der Fortschritt mit Edelstahltanks, die eine Temperaturkontrolle während der Gärung ermöglichen.

Einige der Weine aus Valdepeñas und Penedès gehören heute zu den besten Gewächsen aus Spaniens weniger bekannten Weinbauprovinzen. Statt durch ihr Feuer bestechen sie mit vollfruchtiger Eleganz.

Produktion ist die Stadt Jerez de la Frontera. Auf den weißen Albariza-Kreideböden, die sich dort befinden, erreicht Sherry seine besten Qualitäten. Die Besonderheit des Sherry liegt darin, daß er mit Branntwein aufgespritet wird, um ihm einen höheren, zu seinem Körperreichtum passenden Alkoholgehalt zu geben. In den letzten Jahren hat sich die Anbaufläche um Jerez halbiert, weil die Nachfrage nach Sherry weltweit gesunken ist. Unter Kennern genießt der Wein jedoch nach wie vor einen einzigartigen Ruf.

Andere Weinanbaugebiete

Jumilla: Ausgedehntes, heißes Gebiet im Hinterland von Alicante, in dem vor allem die rote Monastrell-Rebe angebaut wird. Sie ergibt meist feurige, schwere Rotweine mit kräftigem Aroma. Durch eine vorgezogene Lese haben viele Weine deutlich an Feinheit gewonnen.

Yecla: Kleine DO in den Bergen um Murcia, die dunkelfarbene, ähnlich schmeckende Weine wie Jumilla hervorbringt.

Utiel-Requena: Großes Anbaugebiet im Hinterland von Valencia, um die Städte Utiel und Requena, aus dem kräftig strukturierte Rotweine aus Tempranillo- und Bobal-Trauben kommen.

Binissalem: Das bedeutendste Anbaugebiet von Mallorca mit körperreichen, feurigen Rotweinen aus Manto-Negro-Trauben, teilweise auch aus Tempranillo und Monastrell.

Montilla-Moriles: Bringt dem Sherry in Stil und Qualität vergleichbare Weine aus Pedro-Ximénez-Trauben hervor, die jedoch wesentlich billiger und immer trocken sind. Ein nicht geringer Teil der PX-Trauben wird nach Jerez verkauft zur Erzeugung süßer Olorosos – eine erlaubte Transaktion.

Das spanische Weinrecht

Denominación de Origen (DO): Qualitätsweine bestimmter Anbaugebiete. Weine aus genau definierten Herkunftsgebieten mit einem eigenen Consejo Regulador, der die Bereitung und Vermarktung von Weinen überwacht und die Erfüllung bestimmter qualitativer Maßstäbe gewährleistet. Knapp 50 Prozent der spanischen Weinproduktion hat DO-Status.
Denominación de Origen Calificada (DOCa): qualifizierte Qualitätsweine. 1991 zum ersten Mal den Rioja-Weinen zuerkannt.
Vino de la Tierra (VdlT): Landwein. Weine aus einem bestimmten Anbaugebiet, das keinen DO-Status hat.
Vino de Mesa (VdM): Tafelwein. Die Trauben stammen aus Weinbergen mehrerer Ursprungsgebiete.

Spanische Weinbezeichnungen

Es entspricht einer alten spanischen Tradition, Weine erst dann freizugeben, wenn diese trinkreif sind. Aus diesem Grunde existiert ein differenziertes System von Altersbezeichnungen, anhand derer der Konsument schon beim Studieren des Etiketts erkennen kann, ob es sich um einen jungen oder einen gereiften Rotwein handelt. Für jeden Weintyp wird genau festgelegt, wie lange er im Holzfaß beziehungsweise auf der Flasche reifen muß:
Joven: 1 Jahr
Crianza: 2 Jahre
Reserva: 3 Jahre
Gran Reserva: 5 Jahre

Land voller Geheimnisse

Terrassenlandschaft am Douro: Heiße Sommer und kalte, regnerische Winter prägen das Klima in dem Flußtal, aus dem der Portwein kommt.

Portugal besteht nicht nur aus Mateus Rosé und Portwein. Es besitzt über 500 autochthone Rebsorten, aus denen viele gaumenschmeichelnde Industrieweine, aber auch einige charaktervolle Rot- und Weißweine erzeugt werden. Wie gut portugiesischer Wein sein kann, wird sich erst in zehn Jahren zeigen.

Portugal ist ein Land im Umbruch: Die neue Zeit hat schon begonnen, die alte ist noch nicht zu Ende. Im Inneren herrscht noch die alte Ordnung: rote Trauben, die mit Stielen und ohne technische Hilfsmittel gekeltert werden, um zu mächtigen, tanninherben Rotweinen auszuwachsen, die den Gaumen zusammenziehen und jahrelang ungenießbar sind. Daneben stehen saubere, fruchtig-frische Weißweine, die am Ende mit ein paar Gramm Zucker gesüßt werden, und so die Weltmärkte erobern. Ein Land der Gegensätze also: Im kühlen, atlantischen Klima gedeihen Leichtweine wie der Vinho Verde. Das Kontinentalklima im Landesinneren mit seinen trockenheißen Sommern bringt dagegen ein Schwergewicht wie den Portwein hervor.

Handelsware Wein

In der Antike brachten Phönizier, Griechen und Römer die Reben auf die Iberische Halbinsel. Unter der maurischen Herrschaft stagnierte der Weinbau, lag aber nicht darnieder. Mit der Unabhängigkeit Portugals im Jahre 1385 entwickelte sich dann ein reger Handel mit England. Vom Minho-Fluß aus, der heute Nordportugal von Spanien trennt, wurden regelmäßig Weinfässer ins Königreich verschifft. Von Portwein war damals noch nicht die Rede. Portwein wurde erst entdeckt, als der englische König William III. im Jahre 1693 so hohe Zölle auf französische Weine erhob, daß sich die englischen Weinhändler nach anderen Quellen umsehen mußten, um Ersatz für die heiß geliebten französischen Rotweine zu finden. Das freilich dauerte.

Aufstieg mit dem Portwein

1678 schickte ein Liverpooler Weinhändler seine beiden Söhne nach Portugal. Sie fuhren den Douro aufwärts, um tief im Landesinneren bei Lamego einen Geistlichen kennenzulernen, der den örtlichen Rotwein noch während der Gärung mit Brandy aufgoß und so die Gärung stoppte. Das Resultat: ein süßer, alkoholstarker Rotwein, so recht nach dem Geschmack der Engländer, die schwere Rotweine liebten. Bald gründeten sie überall am Douro Handelshäuser, um für Nachschub zu sorgen. Um Weinfälschungen vorzubeugen, wurden 1756 die Grenzen des Anbaugebiets, das für den Portwein bestimmt ist, genau festgelegt (siehe Seite 112). Auch der Madeira von der gleichnamigen Atlantikinsel erfreute sich im 18. und 19. Jahrhundert großer Beliebtheit (siehe Seite 113). Hundert Jahre später verwüsteten Mehltau und Reblaus die Weinberge. Erst um 1930 begann der Wiederaufbau durch die Gründung zahlreicher Genossenschaften. Als Portugal 1986 der EU beitrat, existierten bereits zahlreiche Ursprungsgebiete, und der weltweite Erfolg des Mateus Rosé bewies, daß der Blick der portugiesischen Winzer nicht rückwärtsgerichtet ist.

Vinho Verde

Aus dem Norden Portugals kommt der mengenmäßig bedeutendste Wein Portugals: der Vinho Verde. Den „grünen Wein" gibt es in zwei Versionen: der roten

PORTUGAL

und der weißen. Roter Vinho Verde ist spröde, tanninherb und ziemlich unbekannt, weshalb nur wenige Exemplare das Land verlassen. Der weiße Vinho Verde ist neben dem Port der wichtigste Ausfuhrwein Portugals: ein leichter, kohlensäurefrischer Wein mit 8–10 Vol.% Alkohol, häufig auch mit ein paar Gramm Restzucker, der schnell auf den Markt kommt und ebenso schnell getrunken wird. Sein Anbaugebiet umfaßt die Provinz Minho von Porto bis zur spanischen Grenze. In diesem kühlen, regenreichen, zugleich fruchtbaren und deshalb dichtbesiedelten Teil Portugals werden zahlreiche weiße Sorten kultiviert. So liegen dem Vinho Verde ganz unterschiedliche Trauben oder Traubenmischungen zugrunde: Pederñao, Trajadura, Avesso und Loureiro zum Beispiel. Die hochwertigste Sorte ist die Alvarinho, die ganz im Norden an der Grenze zu Galizien angebaut wird. Deren Weine (bis 13 Vol.%

Vinho Verde: Wegen der Bodenfeuchtigkeit und der Fäulnisgefahr müssen die Reben an hoch gespannten Drähten ranken.

Alkohol) bleiben jedoch meist im Lande. Früher wurde der Vinho Verde stets einer malolaktischen Gärung unterzogen, wodurch die Kohlensäure entstand. Industriellem Vinho Verde, der 90 Prozent der Produktion ausmacht, wird dagegen Kohlensäure zugegeben.

Douro

Das Anbaugebiet des Portweins liegt rund 100 Kilometer östlich von Porto am Oberlauf des Douro-Flusses. Zentrum der Weinproduktion ist Pinhao. Die Weinterrassen ziehen sich weit ins Hinterland hinein. Sie liegen auf verwitterten Schieferböden, die imstande sind, Feuchtigkeit zu speichern, so daß die Reben die lange sommerliche Trockenheit überstehen können (siehe Seite 27). Wenig bekannt ist, daß die Hälfte der Weinproduktion vom Douro auf nicht-gespritete Rotweine entfällt. Der berühmteste ist der Barca Velha aus dem Portweinhaus Ferreira. Er gilt zu Recht als Portugals bester Rotwein.

Bairrada

Das Anbaugebiet um die Stadt Águeda war bis vor 200 Jahren weltberühmt, weil es seine Rotweine zu Portweinen aufspritete und als solche verkaufte. Als eigenständige Region wurde Bairrada erst nach dem Zweiten Weltkrieg wieder bekannt, und zwar durch mächtige, tanninstarke und langlebige Rotweine aus der dickschaligen Baga-Traube. Sie bilden die Basis für zahlreiche Garrafeira-Weinverschnitte großer Handelshäuser. Aus Bairrada kommt auch eine kleine Menge eines robusten, säurebetonten Weißweins aus Bical-Trauben.

Dão

Im Aufstieg begriffene Region nordöstlich von Lissabon, bekannt vor allem für schwere Rotweine aus diversen Sorten, etwa Touriga Nacional, Tinta Rouriz, Bastardo, Jaen. Viele Dão werden noch mit Stielen vergoren, so daß sie entsprechend herb und bitter ausfallen. Die besten Dão besitzen jedoch Feinheit und Klasse.

Andere Weine

Carcavelos: Süßer, aufgespriteter Dessertwein aus weißen Trauben, der vor 150 Jahren gern in England getrunken wurde. Heute ist das winzige Anbaugebiet vom Badeort Estoril vor den Toren Lissabons nahezu aufgefressen worden.

Bucelas: Winziges Anbaugebiet nördlich von Lissabon mit einem hochgelobten, aber recht einfachen Weißwein aus Arinto-Trauben.

Ribatejo: Großes Anbaugebiet im Hinterland von Lissabon, aus dem viele Massenweine kommen, aber auch einige bemerkenswerte rote Ribatejo-Gewächse.

Colares: Ein dicker, fast schwarzer, in Portugal selbst sehr gesuchter Rotwein aus unveredelten Ramisco-Trauben, die im Dünensand westlich von Lissabon wachsen.

Das Weinland Portugal in Zahlen

Rebfläche: 260 000 Hektar
Weinproduktion: 7–9 Millionen Hektoliter
Jährlicher Weinkonsum pro Kopf: 56 Liter

Die häufigsten Rebsorten

In Portugal existieren noch keine wissenschaftlichen Erhebungen über die zahlreichen Rebsorten und deren Anbauflächen. Die roten Jaen, Periquita, Mureto di Alentejo, Baga, Aramon und Bastard dürften zu den am häufigsten angebauten roten Sorten gehören. Unter den weißen Trauben sind die Loureiro, Alvarinho und Arinto quantitativ von großer Bedeutung. Genaue Angaben zu erhalten ist auch deshalb schwierig, weil viele Weinberge noch gemischtsortig angelegt sind und viele Reben schwer zu bestimmen sind.

Das portugiesische Weinrecht

Historisch betrachtet war Portugal das weltweit erste Weinland, das die Grenzen eines Anbaugebietes von Gesetz wegen festlegen ließ, um Weinfälschungen vorzubeugen: das Portwein-Gebiet am Douro. Das war im Jahre 1756. Die heutigen portugiesischen Weingesetze sind einfach. Es wird zwischen **Denominação de Origem Controlada** (DOC, entspricht den Qualitätsweinen bestimmter Anbaugebiete) und **Indicação de Proveniencia Regulamentada** (IPR, entspricht den V.D.Q.S.-Weinen) unterschieden. Zusammen machen sie knapp 50 Prozent der Weinproduktion aus. Die andere Hälfte der Weinproduktion besteht aus Tafelwein.

Portugals Weinbezeichnungen

Verdes: Jungweine, die gleich nach Beendigung der Gärung getrunken werden.
Maturo: Die Bezeichnung „reife" Weine gilt für alles, was nicht zu den Verdes gehört.
Garrafeida: Etikettenbezeichnung für einen Spitzenwein, der lange, oft zehn Jahre, im Faß oder im Keller gelagert hat.

Leichtigkeit des Weins

Deutschland gehört zu den kleineren Vertretern unter den Weinbaunationen der Welt. Die Anbaufläche beträgt gerade acht Prozent derjenigen Frankreichs, und die Menge des Weins, der aus Deutschland kommt, ist nur unwesentlich größer als die Rumäniens. Trotzdem ist Deutschland eine besondere Weinnation. Die deutschen Anbaugebiete befinden sich nämlich nahe des 51. Breitengrades, der als äußerste Klimagrenze für den Rebenanbau gilt. In dem relativ kühlen, kontinentalen Klima, das in Deutschland herrscht, können die Trauben nur an wenigen Stellen ausreifen. Dieser Umstand darf jedoch nicht zu dem Schluß verleiten, daß deutsche Weine am unteren Ende der Qualitätsskala stehen. Im Gegenteil: Aus Grenzregionen – das beweist die französische Champagne – kommen oft besonders feine, charaktervolle Weine. Und außerdem besitzt Deutschland zumindest eine Sorte, die zu Recht zu den edelsten der Welt gezählt wird: den Riesling. Daraus werden Weine gewonnen, wie es sie kaum irgendwo auf der Welt gibt.

Deutschland

Der Natur abgetrotzt

Trollinger-Lese in Württemberg.

Kein anderes Land hat seine glanzvolle Weinbaugeschichte so verdrängt wie Deutschland. Kein anderes europäisches Land hat weinbaulich mehr Fehler gemacht und hält mit so unheimlicher Konsequenz an ihnen fest. Dieser Tragik zum Trotz gibt es Winzer, die große Weine erzeugen.

Der Weinbau wurde von den Römern nach Deutschland gebracht. Im 3. Jahrhundert n. Chr. spricht der Dichter Ausonius von den Reben an den Ufern der Mosel. Ob es Riesling-Reben waren, ist unbekannt. Im ausgehenden Mittelalter waren Elbling und Silvaner bekannt und weit verbreitet. Eine Sorte „Ruesseling" fand erstmals im 15. Jahrhundert Erwähnung. Die Bedeutung der Riesling-Traube wurde erst viel später erkannt. 1787 verfügte der Fürstbischof zu Trier, Clemens Wenzeslaus, daß an der Mosel Riesling zu pflanzen sei. Damit begann in ganz Deutschland die goldene Zeit des Weins. Im 19. Jahrhundert waren Rieslinge aus dem Rheingau die teuersten Weine der Welt. Sie kosteten bei Londoner Weinhändlern mehr als sieben Magnumflaschen Château Lafite. Solche Ehre widerfuhr freilich nur Weinen aus besten Lagen, wie Erbacher Marcobrunn, Schloß Johannisberger, Rauenthaler Baiken. Spätestens mit der industriellen Revolution, als die Menschen in die Städte abwanderten, begann der langsame Niedergang des deutschen Weins. Nach dem Zweiten Weltkrieg wurden die Anbaugebiete bedenkenlos ausgeweitet und die Qualitätsunterschiede der verschiedenen Herkünfte nivelliert. Statt dessen wurde eine Prädikatswein-Hierarchie geschaffen, die nur vordergründig an qualitativen Kriterien orientiert ist. An dieser Politik hat sich bis heute nichts geändert. Im Gegenteil: Immer wieder werden qualitativ mittelmäßige Weine offiziell aufgewertet, um ihnen bessere Absatzchancen zu ermöglichen. Den bescheidenen Glanz, der heute wieder von einigen deutschen Weinen ausgeht, verdankt das Land einzelnen Winzern, die ohne Unterstützung und gegen administrative Hemmnisse am Qualitätsgedanken festhalten.

Nahe

Die Nahe ist ein Flüßchen, das im Hunsrück entspringt und bei Bingen in den Rhein mündet. Es hat einem kleinen Weinanbaugebiet den Namen gegeben. Angebaut werden vor allem Müller-Thurgau und Riesling, aber auch Weiß- und Grauburgunder sowie Silvaner, Kerner und Scheurebe. Sie wachsen teils auf

Nahe, Franken und Rheinhessen

Schiefer-, teils auch auf Quarzit-, Löß- und Buntsandsteinböden. Die besten Nahe-Weine reichen an die Hochgewächse von Mosel und Rhein heran.

Franken

Franken ist kein zusammenhängendes Anbaugebiet. Seine Weinberge liegen in klimatisch begünstigten Nischen längs des Mains verstreut. Weinbauzentrum ist Würzburg. Die typische Rebsorte Frankens ist der Silvaner. Aus ihm werden neutral-fruchtige, erdige Weine erzeugt, die zu den besten in Deutschland gehören. Der Riesling wird nur in wenigen Lagen reif, ergibt dann allerdings hochklassige Weine. Viele Winzer sind auf den Rieslaner ausgewichen (Silvaner x Riesling), aus dem in Franken duftige, Riesling-ähnliche Weine gewonnen werden. Die häufigste Sorte ist der Müller-Thurgau. Frankens Weine sind körperreich, werden größtenteils trocken ausgebaut (bis 4 Gramm Restzucker) und in den charakteristischen Bocksbeutel abgefüllt. Am westlichen Main um die Städte Wertheim und Miltenberg werden auch Rotweine aus Spätburgunder, Blauer Portugieser und Domina erzeugt.

Rheinhessen

Größtes deutsches Weinanbaugebiet, dessen Grenzen so weit gezogen sind, daß es stilistisch und qualitativ völlig unterschiedliche Weine hervorbringt. Auf den fruchtbaren Lößböden des Hinterlands wachsen herzhafte, rustikal-derbe Weine, vorzugsweise der Sorten Müller-Thurgau, Kerner, Scheurebe, und Bacchus. Besonders gepflegt wird der Silvaner, ein leichter, trockener Wein, der sich in seiner neutral-fruchtigen Art gut als Tischwein eignet. Das Hauptanbaugebiet des Silvaners liegt im südlichen Zipfel Rheinhessens bei Worms, der Heimat der „Liebfraumilch". Dieser dünne, gezuckerte Tropfen, der inzwischen stark im Rückgang begriffen ist, bestimmt leider in vielen Teilen der Welt das Bild vom deutschen Wein – zum Leidwesen der heutigen Generation deutscher Spitzenwinzer. Am Rhein um die Städtchen Nackenheim, Nierstein und Oppenheim konzentriert sich der Rieslinganbau. Auf den Buntsandsteinböden („Rotliegenden") dieser Rheinfront wachsen einige der schönsten Rieslinge Deutschlands. Sie sind von fast symphonischer Fülle und unvergleichlicher Feinheit. Da sie durchweg kräftiger und voller, dafür etwas niedriger in der Säure als die Mosel-Rieslinge sind, werden sie gern trocken ausgebaut.

Hoch über dem Rhein thront majestätisch das Schloß Johannisberg: Seine Rieslinge sind weltberühmt.

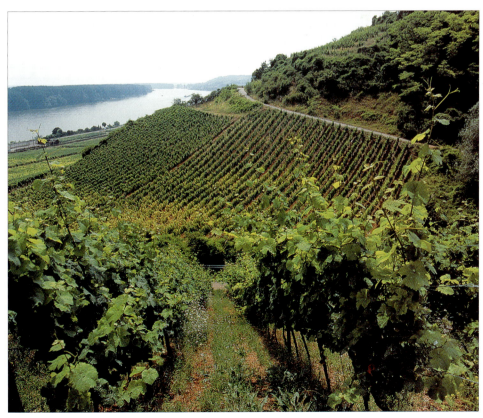

Auf den Buntsandsteinböden der Rheinfront bei Nierstein wachsen einige der schönsten Rieslinge Deutschlands.

Deutschland

Schwierige Gegenwart eines berühmten Weins

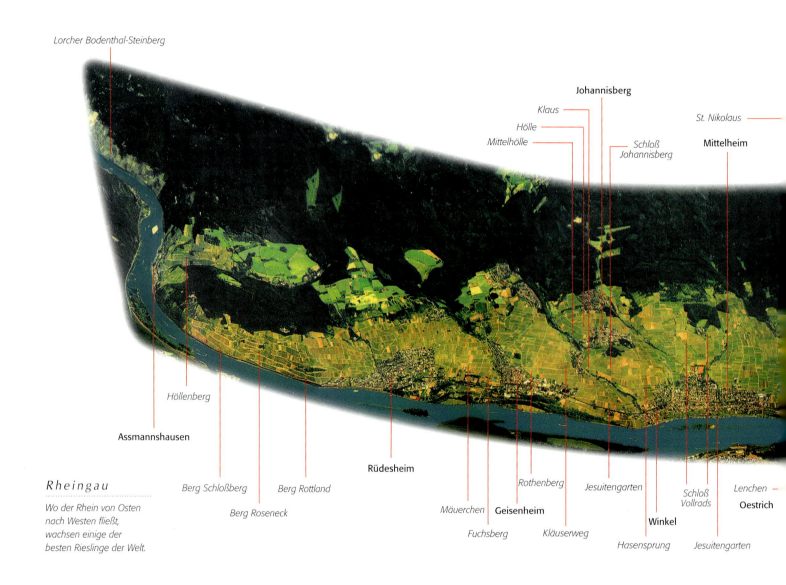

Rheingau

Wo der Rhein von Osten nach Westen fließt, wachsen einige der besten Rieslinge der Welt.

Rheingau

Der Rheingau ist ein kleines, aber illustres Weinanbaugebiet westlich von Frankfurt. Um Schloß Johannisberg und das Kloster Eberbach wuchsen bereits im 13. Jahrhundert Reben. Zu Beginn des 20. Jahrhunderts zahlten Londoner Weinkenner für eine Flasche besten Rheingauers – damals „Hock" genannt – genausoviel wie für eine Flasche Château Lafite. Im Vergleich dazu ist Rheingauer Wein heute preiswert. Qualitativ gehört er in seinen besten Qualitäten jedoch immer noch zu den großen Weißweinen der Welt. Weingemeinden wie Rüdesheim, Oestrich, Hattenheim, Erbach, Kiedrich und Rauenthal haben nach wie vor einen guten Ruf. Allerdings werden auch zahllose mittelmäßige Weine angeboten, die das Resultat viel zu hoher Erträge sind. Angebaut wird im Rheingau zu 88 Prozent Riesling. Er fällt etwas körperreicher aus als die Weine von der Mosel und wird überdies häufiger trocken und halbtrocken ausgebaut. Das nördliche Assmannshausen ist eine Rotweinnische. Dort wächst ein leichter, fruchtbetonter und mandelduftiger Spätburgunder.

Pfalz

Die Pfalz ist das zweitgrößte deutsche Anbaugebiet und ein Füllhorn herzhafter, süffiger Zechweine, die trefflich zu den deftigen Gerichten des Landes passen. Die meisten Weißweine stammen von der Müller-Thurgau-Rebe, die meisten Roten von der Blauen Portugieser. Daneben gibt es aber auch eine immer größer werdende Anzahl von Weinen, die höheren Ansprüchen genügen. Vor allem im warmen Süden des Anbaugebietes werden Spätburgunder, zunehmend aber auch Dornfelder und St. Laurent angebaut, die den Badener Rotweinen in nichts nachstehen. Die Mittelhaardt, ein langgestreckter Hügelrücken, ist traditionell eines der besten Riesling-Anbaugebiete Deutschlands. Orte wie Kallstadt, Ungstein, Wachenheim, Deidesheim, Forst und Gimmeldingen sind für ihre kräftigen, mineralisch-würzigen oder fruchtig-eleganten Rieslinge berühmt. Auf den kälteren Böden werden Weißburgunder und Grauburgunder angebaut. Bei entsprechender Pflege gehören sie zu den besten Weinen dieser Sorten in Deutschland.

Baden

Baden ist das südlichste Anbaugebiet in Deutschland, und das heterogenste zugleich. Es besteht aus mehreren Unterzonen. Eine ist der Kaiserstuhl, ein warmes, dem Schwarz-

Rheingau, Pfalz, Baden und Württemberg

wald vorgelagertes Hügelgebiet, in dem vor allem Rotwein aus Spätburgundertrauben erzeugt wird. Viele Weinfreunde halten ihn für den besten Deutschlands. Wenn es um Weißwein geht, ziehen die Winzer Weißburgunder und Grauburgunder dem Riesling vor. Eine andere, kleinere Unterzone ist der Kraichgau südlich von Heidelberg mit körperreichen Rieslingen, leichten Weiß- und „speckigen" Grauburgundern. In der Ortenau um Baden-Baden erreicht der Riesling seine besten Qualitäten. Allerdings heißt er dort nicht Riesling, sondern Klingelberger. Außerdem kommen einige ausgezeichnete Spätburgunder von dort. Südlich von Freiburg beginnt das Markgräflerland. Dort ist die Gutedel-Traube zu Hause, die leichte, säurefrische Weißweine ergibt. Einfacher Müller-Thurgau wächst zwischen all diesen Zonen.

Württemberg

Württemberg ist ein Rotweinland. Über die Hälfte des Weins wird aus roten Trauben erzeugt. Der größte Teil ist blaßroter Trollinger, der außerhalb des Anbaugebietes gar nicht, in Schwaben umso lieber getrunken wird: ein durstlöschender, bestenfalls delikater, ebenso oft aber fader, biederer Wein. Die klassischen Rotweine werden aus Lemberger erzeugt, dem deutschen Pendant zur österreichischen Blaufränkisch-Rebe. Dazu kommt ein wenig Schwarzriesling (Pinot Meunier). In den letzten Jahren ist auch verstärkt Dornfelder angebaut worden (Kreuzung Helfensteiner x Heroldsrebe), aus der überaus fruchtige, erstaunlich feine Rotweine entstehen. Die württembergischen Rieslinge sind robust und kräftig, aber nicht so fein wie in kühleren Zonen Deutschlands.

DEUTSCHLAND

Stahlige Rieslinge mit donnernder Säure

Piesport: Die besten Weine kommen aus den Steillagen an den Ufern der Mosel.

Mosel-Saar-Ruwer

Die Mosel mit ihren steil zum Wasser abfallenden Weinbergen gehört zu den imposantesten Weinlandschaften der Welt. Dort, zwischen Koblenz und Trier, befindet sich die Heimat des Riesling. Auf den wärmespeichernden Schiefer- und Grauwackeböden wachsen überaus leichte, zartwürzige, stahlige Weine mit donnernder Säure, die eine Klasse für sich darstellen. Je nach Boden haben sie Pfirsich-, Aprikosen- oder Holunderaromen, die von einem Schieferton unterlegt sind. Allerdings sind die Grenzen des Anbaugebietes vom Gesetzgeber viel zu weit gezogen. Sie gehen weit über die Steillagen hinaus auf die Höhen von Hunsrück und Eifel, wo oft nicht einmal der Müller-Thurgau reif wird. Auf den flachen oder hügeligen Lagen in den Moselschleifen wird ebenfalls Wein angebaut, allerdings ohne je die Qualität der Steillagen-Weine zu erreichen. So bringt die Mosel heute zugleich Hochgewächse im Weltmaßstab und eine Flut biederer Schlichtweine hervor. Der Riesling ist die wichtigste Rebsorte, nimmt aber nur gut die Hälfte der Rebfläche ein (54 Prozent). Es folgen Müller-Thurgau, Elbling, Kerner. Die besten Rieslinglagen finden sich an der Mittelmosel. Die Ruwer, ein kleiner Nebenfluß bei Trier, bringt ebenfalls säurebetonte Weine mit vegetabileren Aromen hervor. Die Weine von der Saar haben die stahligste Säure. Von dort kommen die besten Eisweine Deutschlands sowie große edelsüße Bererenauslesen.

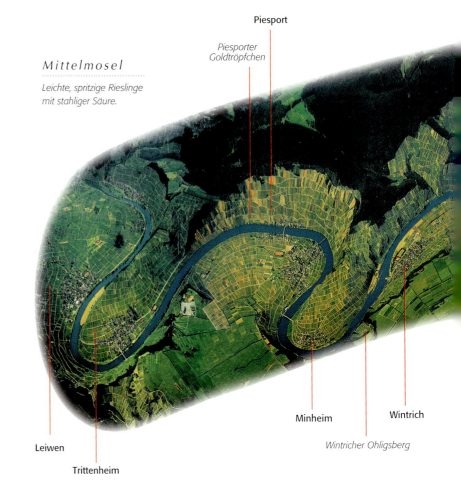

Mittelmosel

Leichte, spritzige Rieslinge mit stahliger Säure.

Piesport

Piesporter Goldtröpfchen

Leiwen

Trittenheim

Minheim

Wintrich

Wintricher Ohligsberg

MOSEL-SAAR-RUWER

Weitere Weinanbaugebiete

Ahr: Nebenfluß des Rheins, an dessen Hängen viel Blauer Portugieser und Spätburgunder angebaut wird. Ergibt leichte, tanninarme, jedoch auch einige hochfeine, zartfruchtige Rotweine.

Mittelrhein: nördlicher Rheinabschnitt zwischen Koblenz und Bonn mit atemberaubenden Steillagen, in denen viele durchschnittliche Weißweine, aber auch einige superbe Rieslinge wachsen, die den großen Hochgewächsen in nichts nachstehen.

Sachsen: kleinstes aller deutschen Anbaugebiete mit nur 300 Hektar Reben, zumeist Müller-Thurgau und Riesling. Sie ergeben leichte, etwas spröde Weine, die in der Region als teure Spezialitäten gehandelt werden.

Saale-Unstrut: An den Ufern der Saale und ihres Nebenflusses Unstrut werden vor allem Silvaner und Riesling kultiviert, die karge, mineralisch-fruchtige Weine mit markanter Säure ergeben.

Hessische Bergstraße: kleines, rechtsrheinisches Anbaugebiet um die Stadt Bensheim, das früher zum Rheingau gehörte und heute eigenständige, teilweise sehr feine Rieslinge auch hoher Prädikatsstufen liefert, daneben ein wenig Müller-Thurgau.

Das Weinland Deutschland in Zahlen

Rebfläche: 100 000 Hektar
Weinproduktion: 8 bis 10 Millionen Hektoliter
Jährlicher Weinkonsum pro Kopf: 22,8 Liter

Die 10 häufigsten Rebsorten

1. Müller-Thurgau   weiß   24,2 %
2. Riesling   weiß   20,8 %
3. Silvaner   weiß   7,7 %
4. Kerner   weiß   7,5 %
5. Spätburgunder   rot   5,5 %
6. Blauer Portugieser rot   4,0 %
7. Scheurebe   weiß   3,5 %
8. Bacchus   weiß   3,4 %
9. Grauburgunder   weiß   2,5 %
10. Trollinger   rot   2,3 %

Das deutsche Weinrecht

Je nach Jahrgang sind zwischen 90 und 98 Prozent der deutschen Weine im Bereich der Qualitätsweine bestimmter Anbaugebiete (QbA). Tafelweine und Landweine machen einen verschwindend geringen Anteil der Weinproduktion aus. Innerhalb der Kategorie der Qualitätsweine werden die Prädikatsweine unterschieden. Bei ihnen handelt es sich um Weine mit höherem natürlichen Mostgewicht. Sie dürfen nicht angereichert werden.
Kabinett: aus reifen Trauben mit einem Mostgewicht zwischen 70 und 80° Oechsle (je nach Anbaugebiet verschieden).
Spätlese: aus vollreifen Trauben bis 90° Oechsle gewonnen.
Auslese: aus vollreifen Trauben mit einem kleinen Anteil überreifer Beeren gewonnen (bis 125° Oechsle).
Beerenauslese: aus überwiegend überreifen Trauben gewonnen (125 bis 150° Oechsle).
Trockenbeerenauslese: ausnahmslos aus überreifen Trauben gewonnen (ab 150° Oechsle).
Eiswein: aus gefrorenen, bei einer Temperatur von mindestens minus 7° C gelesenen Trauben gekeltert, Mostgewicht mindestens das einer Beerenauslese.

Das Problem der Großlagen

Alle Rebenstandorte Deutschlands sind bestimmten Großlagen zugeschlagen worden. Sie umfassen mehrere Gemeinden. Ein Großlagenname auf dem Etikett ist kein Qualitätsausweis.

ÖSTERREICH

Weißweine mit wuchtigem Charme

Viele Weine Österreichs ähneln den ungarischen und friulischen Weinen. Die österreichischen Weinbezeichnungen lehnen sich dagegen eher an die deutschen Vorschriften an. Die Weißweine sind körperreich und werden durchweg trocken ausgebaut, die Rotweine sind fruchtig und warm – wie das Klima in den Anbaugebieten.

Österreich hat als eines der letzten westeuropäischen Weinbauländer den Schwenk zur Qualitätsweinproduktion vollzogen. Nachdem 1985 Weinfälschungen im großen Stil aufgeflogen waren, brach der Weinhandel komplett zusammen. Aus der Krise gingen jene Winzer und Weinkellereien gestärkt hervor, die sich der Qualität verschrieben hatten. Ein neues, strenges Weingesetz wurde verabschiedet, die Weinkontrolle intensiviert. Seitdem befindet sich der österreichische Wein im Aufwind. Einige Weiß- und Süßweine gehören heute zur Weltspitze.

Spitzenweine neben Schlichtweinen

Österreichs Weine wurden und werden noch immer größtenteils im eigenen Land getrunken. Der Exportanteil liegt bei nur 15 Prozent – allerdings mit steigender Tendenz. Das heißt: Der größte Teil des österreichischen Weins wird im eigenen Lande konsumiert. Darunter ist ein hoher Prozentsatz einfacher, rustikaler Bauernweine von Großkellereien und Kleinstwinzern. Sie werden zum großen Teil in Großflaschen wie der Doppelliterflasche abgefüllt. Rund 40 Prozent des Weins, der in Österreich konsumiert wird, stammt aus dem sogenannten „Doppler"

Wachau

Kleines, aber prominentes Weinanbaugebiet an der Donau zwischen Melk und Krems. Auf den steil zur Donau abfallenden Terrassen mit ihren Urgesteinsböden erreichen Grüner Veltliner und Riesling ungeahnte Qualitäten. Sie werden meist erst im Oktober gelesen und ergeben vielschichtige, teils hochfeine Weine mit kräftiger, weiniger Säure. Begünstigt wird der Weinbau durch das warme, aus Ungarn kommende und sich bis ins Donautal ausbreitende Klima, das die kühle Luft, die aus den Seitentälern des Waldviertels hereinströmt, mildert. Sowohl die leichten Steinfeder-Weine als auch die gehaltvolleren Federspiele gehören zu den gesuchtesten Weinen Österreichs. Die Krönung sind die wuchtigen Smaragde, die mit ihren exotischen Fruchtnoten und feinen Honigtönen äußerst langlebig sind, insbesondere beim Grünen Veltliner. Allerdings können nicht in allen Jahren Smaragde eingebracht werden. Um derart hohe Mostgewichte zu erhalten, muß ein Teil der Trauben von der Edelfäule befallen sein. 1983 haben sich die Wachauer Winzer zum Gebietsschutzverband „Vinea Wachau" zusammengeschlossen und sind mit strengen Richtlinien und einem eigenen Bezeichnungswesen über das österreichische Weingesetz hinausgegangen.

Technisch auf neuestem Stand: österreichischer Gärkeller.

Wachau, Kremstal, Kamptal, Wien

Die Wachau ist Österreichs berühmtestes Weinanbaugebiet: Mit der Donau fließt die pannonische Wärme ins Land.

Kremstal

Die Wachau geht fließend in das Anbaugebiet Kremstal um die Stadt Krems über. Dessen Grüne Veltliner und Rieslinge stehen in ihren besten Qualitäten denen aus der Wachau kaum nach – allerdings nur im donaunahen Teil des Anbaugebiets. Im Hinterland verliert sich die pannonische Wärme. Besonders die im donaunahen Teil auf Urgesteinsböden wachsenden Rieslinge und die dichten, auf Lößterrassen des Hinterlands wachsenden Grünen Veltliner gehören zu den besten österreichischen Weinen dieser Sorten.

Kamptal

An Krems anschließendes, aber donauabgewandtes Anbaugebiet um die Stadt Langenlois mit warmem, trockenen Klima, in dem auch Weißburgunder und Chardonnay, vereinzelt auch Cabernet Sauvignon und andere rote Sorten angebaut werden. Der größte Teil der Rebfläche ist jedoch mit Grünem Veltliner bepflanzt sowie mit Riesling. Beide Weine können sich im Einzelfall mit denen der Wachau messen. Der Weinbau findet auf Terrassen und in Hanglagen statt. Einige der namhaftesten Winzer Österreichs kommen aus diesem Anbaugebiet.

Wien

Zahlreiche, meist unzusammenhängende Weinberge am nördlichen Stadtrand Wiens (Nußdorf, Heiligenstadt, Grinzing, Stammersdorf, Streberdorf, Jedlersdorf) mit teils hervorragenden Löß-, Schiefer- und Schotterböden, auf denen durchweg einfache, süffige Weine aus nahezu allen Sorten, die in Österreich zugelassen sind, angebaut werden. Der größte Teil wird offen in den „Heurigen" ausgeschenkt, wie die Weinrestaurants und Weingärten Wiens genannt werden (deren Inhaber sind in der Regel zugleich die Weinbergbesitzer). Einzelne Winzer haben gezeigt, daß Wien auch bedeutende, langlebige Weine hervorbringen kann, die zur Spitze Österreichs gehören.

Wachau

In den Rieden über der Donau wachsen kraftvolle Grüne Veltliner und Rieslinge.

Tausendeimerberg · Spitz · Hochrain/Singerriedel · Joching · Wösendorf · Weissenkirchen · Ried Klaus · Achleiten · Dürnstein · Oberloiben · Kellerberg · Ried Schütt · Unterloiben · Loibenberg · Mautern · Krems

ÖSTERREICH

Berühmt für Rot- und Süßweine

Alte Windmühle von 1772 im niederösterreichischen Retz.

Das Weinland Österreich in Zahlen

Rebfläche: 57 000 Hektar
Weinproduktion: 3 Millionen Hektoliter
Jährlicher Weinkonsum pro Kopf: 33 Liter

Die 10 häufigsten Rebsorten

1. Grüner Veltliner	weiß	36,7 %
2. Welschriesling	weiß	9,0 %
3. Zweigelt	rot	7,9 %
4. Müller-Thurgau	weiß	7,8 %
5. Blaufränkisch	rot	5,3 %
6. Portugieser	rot	5,2 %
7. Weißburgunder	weiß	3,3 %
8. Riesling	weiß	2,6 %
9. Neuburger	weiß	2,4 %
10. Muskat-Ottonel	weiß	1,1 %

Neusiedlersee-Hügelland

Das Anbaugebiet Neusiedlersee-Hügelland liegt westlich und östlich des Neusiedlersees und reicht von der Stadt Rust bis zum Fuße des Leithagebirges. Auf den Löß-, Sand- und Schwarzerdeböden wachsen herzhafte, vollmundige Weißweine (besonders gut gelingen die Sorten Sauvignon, Weißburgunder, Chardonnay) und mittelschwere Rotweine vor allem aus den Sorten Blaufränkisch, aber auch Zweigelt und Cabernet Sauvignon. Der bekannteste Wein des Anbaugebietes Neusiedlersee-Hügelland ist der Ruster Ausbruch. Diese Süßwein-Spezialität wächst in den seenahen Weingärten um die Stadt Rust und wird aus allen angebauten Sorten erzeugt, oft auch als Cuvée. Im feuchtwarmen Treibhausklima werden die Trauben großflächig von der Botrytis befallen. Die edelfaulen Trauben müssen von Gesetzes wegen ein Mindestmostgewicht von 138 Grad Öchsle haben. Bessere Winzer produzieren den Ausbruch erst ab 150 Grad Öchsle. Gleiches geschieht auf der östlichen Seite des Sees. Von dort kommen edelste Beeren- und Trockenbeerenauslesen. Speziell im Seewinkel sind die Süßweine mindestens so berühmt wie in Rust, zumindest diejenigen Alois Krachers und Willi Opitz'.

Neusiedler See

Das Anbaugebiet nördlich des Neusiedlersees liefert Massen einfacher, schlichter Weine, die nur geringen Anforderungen genügen. Rund 80 Prozent der Produktion besteht aus Weißwein. Die typische und angestammte Weißweinsorte ist der Welschriesling. In seinen besten Qualitäten liefert er stoffige, durchaus feine Weine, die anstelle des Grünen Veltliners gerne als „G'spritzter" getrunken werden. Der Grüne Veltliner selbst fällt eher plump aus. Daneben werden Weißburgunder, Neuburger, Bouvier und gelegentlich auch Chardonnay und Sauvignon angebaut. Sie ergeben füllige, mäßig feine, nicht selten halbtrocken oder lieblich ausgebaute Weine. Von teilweise recht guter Qualität sind die trockenen Weiß- und Rotweine des Anbaugebiets um die Dörfer Gols, Frauenkirchen und Podersdorf. Dort werden heute einige kraftvolle Weißweine (aus Welschriesling, Sauvignon, Ruländer, Chardonnay) und vollmundige Rote (aus Zweigelt, Blaufränkisch, Cabernet Sauvignon) erzeugt, wie sie früher in diesem Gebiet vollkommen unbekannt waren.

Mittel- und Südburgenland

Das Mittelburgenland südlich des Neusiedlersees ist Österreichs bestes Rotweinland. Die Rotweine haben dort einen Anteil von 70 Prozent. Die klassische Rotweinsorte ist der Blaufränkisch, der Tannin mitbringt und neuerdings mit Cabernet Sauvignon zu interessanten Cuvées assembliert wird. Vor allem die Rotweine aus Deutschkreutz und Horitschon gelten als die besten Österreichs. Daneben wird ein wenig St. Laurent sowie Zweigelt angebaut. Das Südburgenland wird gern als Weinidylle bezeichnet. In den wenigen, versprengten Weinbergen wachsen teilweise jedoch hervorragende Weine. Aus dem Gebiet um Eisenstadt und Deutsch-Schützen kommen ausgezeichnete Blaufränkisch-Gewächse, ansonsten wird Welschriesling und Weißburgunder angebaut.

Steiermark

Flächenmäßig großes, weinbaulich kleines Anbaugebiet mit vorwiegend fruchtigen Weißweinen, die auf weit verstreuten Weinbergen wachsen. Welschriesling, Weißburgunder, Müller-Thurgau, Gewürztraminer und Ruländer sind die in der Südoststeiermark am häufigsten angebauten Sorten, dazu der urtümliche Schilcher, ein zwiebelfarbener Wein mit schneidender Säure aus der blauen Wildbacher-Rebe. Er hat die kleine Weststeiermark um den Ort Stainz auf die Weinlandkarte gesetzt. Die besten

BURGENLAND, STEIERMARK

Die Riegersburg thront über den Weingärten in der Oststeiermark.

Weine kommen aus der Südsteiermark. Der sommerlich sehr warme, aber auch regenreiche Landstrich direkt an der slowenischen Grenze ist berühmt für seine intensiv fruchtigen, frischen Weißweine. Auf lehmigen Böden an steil abfallenden Hügeln wachsen elegante Welschrieslinge, säurebetonte Chardonnays (hier Morillon genannt) und alkoholstarke Sauvignons (auch Muskat-Silvaner genannt), die manchmal 14 Vol.% und mehr erreichen.

Thermenregion

Neuer Name für das alte Weinanbaugebiet Gumpoldskirchen, die wärmste Weinregion Österreichs. 1985 durch Zusammenlegung der Anbaugebiete Gumpoldskirchen und Bad Vöslau entstanden, ist es vor allem für seine Weißweine aus den Sorten Zierfandler und Rotgipfler bekannt, die früher nebeneinander im Weinberg wuchsen und gemeinsam gelesen wurden. Nachdem jahrelang mehr Gumpoldskirchener in den Verkauf gekommen war als im Anbaugebiet produziert wurde, geriet die Region als Massenwein- und Verschnittweingebiet in Verruf. Inzwischen gibt es wieder ernstzunehmende Bestrebungen, den Qualitätsstandard zu erhöhen. Allerdings wird rund 90 Prozent der Weinproduktion in Heurigen ausgeschenkt.

Weinviertel

Größtes Weinanbaugebiet Österreichs, das knapp ein Drittel der Weinbaufläche des Landes einnimmt. Bekannt ist das Weinviertel vor allem als Lieferant einfacher, süffiger Grüner Veltliner, die den größten Teil des österreichischen Heurigen-Weins ausmachen. Der Welschriesling wird für die Schaumweinherstellung benötigt. Daneben trifft man in diesem Gebiet auf nahezu alle anderen Sorten Österreichs.

Carnuntum

Kleines Anbaugebiet an der Donau östlich von Wien, aus dem ein guter Weißburgunder und ein fruchtiger, unkomplizierter Zweigelt kommen.

Donauland

Langgestrecktes, uneinheitliches Anbaugebiet von Krems bis Klosterneuburg mit viel einfachem Grünen Veltliner, daneben Weißburgunder und ein wenig Riesling und Müller-Thurgau.

Traisental

Auf den sandigen Lößböden zwischen Wagram und St. Pölten wachsen eher einfache, duftig-frische Grüne Veltliner, Weißburgunder und Rieslinge.

Das österreichische Weinrecht

Prädikatswein: höchste Qualitätsstufe, vor allem für süße (oder restsüße) Weine verwendet, die nicht angereichert werden dürfen. Sie wird abhängig vom Mostgewicht unterteilt in: Spätlese (Mindestmostgewicht 19° Klosterneuburger Mostwaage, KMW), Auslese, Beerenauslese, Ausbruch, Trockenbeerenauslese und Eiswein.
Kabinettwein: nicht aufgebesserter Qualitätswein mit einem maximalen Alkoholgehalt von 12,9 Vol.%.
Qualitätswein: Wein mit einem Mindestmostgewicht von 15° KMW.
Landwein: Wein mit einem Mindestmostgewicht von 13° KMW. Landwein darf aufgebessert werden.
Tafelwein: Wein mit einem Mindestmostgewicht von 13° KMW. Tafelwein unterliegt keiner Mengenbegrenzung und darf aufgebessert werden.

Die Wachau hat eine eigene Weinklassifizierung:
Steinfeder: leichte, duftige Weine bis maximal 10,7 Vol.% Alkohol (die Steinfeder ist ein Grasgewächs).
Federspiel: klassischer, rassigtrockener Wein bis maximal 12 Vol.% Alkohol (der Name stammt aus der Falkenjagd).
Smaragd: reife, füllige, trockene Spätlesen über 12 Vol.% Alkohol.

Die im Gebietskonsortium „Vinea Wachau" organisierten Winzer dürfen keine Weine aus anderen Weinanbaugebieten im Sortiment haben.

Wo der Wein ruft

Die Schweizer sind Patrioten – außer beim Wein. Der größte Teil dessen, was sie trinken, kommt aus dem Ausland. Die einen erklären dies damit, daß es zu wenig Schweizer Wein gäbe. Die anderen meinen, es gäbe zu wenig guten Schweizer Wein.

Wegen der Vorliebe ihrer Landsleute für ausländische Weine sah sich die Schweizer Regierung schon vor Jahrzehnten gezwungen, deren Import zu begrenzen – vor allem den ausländischer Weißweine. Dieser Protektionismus helvetischer Prägung hat dem Schweizer Wein einerseits die heimischen Absatzmärkte gesichert, andererseits dazu geführt, daß er international in die Isolierung geriet. Außerhalb des eigenen Landes war und ist er praktisch nicht anzutreffen. Die Gründe: der hohe Preis und die wenig spektakulären Qualitäten. Gäbe es nicht eine Handvoll Weinbauern, die trotz fehlenden Wettbewerbs bereit sind, außerordentliche Anstrengungen zu unternehmen, wüßte niemand, daß aus der Schweiz auch feine, charaktervolle Weine kommen können.

Glanz und Elend des Weinbaus

Die Geschichte des Schweizer Weinbaus ist Teil der europäischen Weinbaugeschichte. Zur Zeit des Römischen Reichs wurden gezielt Reben im Raum Basel und Windisch angebaut. Im Mittelalter wurde die Entwicklung der Weinbautechniken durch die Mönche vorangetrieben. Höhepunkt: die Gründung des Zisterzienser-Klosters in Dézaley und die Anlage des ersten Terrassenweinbergs im Jahre 1142 am Genfer See. Vom Beginn der Eidgenossenschaft (1291) bis ins 18. Jahrhundert nahm der Weinkonsum stark zu. Der Weinbau blühte, bis er im 19. Jahrhundert aufgrund der starken ausländischen Konkurrenz niederging. Ende des 19. und Anfang des 20. Jahrhunderts brach er durch die Geißel des Mehltaus und der Reblaus zusammen. Erst nach dem Ende des Zweiten Weltkriegs erholte er sich wieder, nachdem die Anbaufläche um fast zwei Drittel geschrumpft war. Die ökonomische Gesundung wurde freilich mit einem rapiden Verfall der Qualität erkauft. So wurde 1977 in der Schweiz fast 200 Prozent mehr Wein erzeugt als 1957, obwohl die Rebfläche in dieser Zeit nur um weniger als zehn Prozent gewachsen war. Farbschwache Rotweine wurden und werden mit dunklen Importweinen verschnitten, die Weißweine massiv chaptalisiert (bis zu 3 Vol.%).

Das Weinland Schweiz in Zahlen

Rebfläche: 14 800 Hektar
Weinproduktion: 1,1 Millionen Hektoliter
Jährlicher Weinkonsum pro Kopf: 46 Liter

Die 5 häufigsten Rebsorten

1. Chasselas   weiß   40%
2. Pinot Noir   rot   27%
3. Gamay   rot   14%
4. Merlot   rot   6%
5. Riesling x Sylvaner   weiß   5%

Das Schweizer Weinstatut gestattet den Weinbau in nahezu allen 24 Kantonen. Die Regelungen sind ziemlich großzügig. Die Traubenerträge sind für Weißwein auf 1,4 kg/m² und für Rotwein auf 1,2 kg/m² festgeschrieben. Das bedeutet: Es werden zwischen 84 und 110 Hektoliter pro Hektar geerntet – zuviel für den Qualitätsweinbau. Allerdings ernten gute Winzer deutlich weniger. Fast alle Schweizer Weine sind trocken. Im Wallis gibt es einige edelsüße Johannisberg-Weine. Leider hat man die Anreicherung mit Zucker zum Prinzip gemacht, obwohl dies im Wallis und im Rheintal unnötig wäre.

Terrassenweinberge in Lavaux: Vom Nordufer des Genfer Sees kommen einige der besten Chasselas-Weißweine des Landes.

SCHWEIZ

Wallis (Valais)

Das Wallis steuert knapp 40 Prozent zur gesamten schweizerischen Weinproduktion bei. An den abenteuerlich steilen, terrassierten Südhängen des Rhônetals von Visp bis Martigny wachsen mehr als 40 verschiedene Rebsorten. Die Hälfte der Rebfläche ist allerdings mit Chasselas-Reben kultiviert, die im Wallis Fendant heißen. Sie ergeben kräftige, vollmundige Weine mit mineralischer oder fruchtiger Prägung – je nach Boden. Aus Chamoson kommen aromatische, körperreiche und stets trocken ausgebaute Sylvaner, eine Sorte, die im Wallis Johannisberg genannt wird. Aus Fully stammt der würzige Petite Arvine und der exotische Ermitage, der aus weißen Marsanne-Trauben gewonnen wird. Im oberen Rhônetal fristen noch mehr als ein Dutzend uralte Regionalreben ein bescheidenes Dasein, deren Namen nur die Einheimischen noch kennen. Ein Drittel der Weinproduktion des Wallis besteht aus Rotwein: größtenteils Dôle, ein Verschnitt aus Pinot Noir (mindestens 51%) und Gamay. Es werden jedoch auch reine Pinot Noir-Weine erzeugt.

Waadtland (Vaud)

Waadt ist die klassische Weißweingegend der Schweiz. Rund 80 Prozent der Rebfläche sind mit Chasselas-Reben bestückt. Das berühmteste Gebiet ist das malerische Lavaux am Nordufer des Genfer Sees. Aus dem Bezirk zwischen Montreux und Lausanne kommen die wohl feinsten Chasselas-Weißweine der Schweiz (die Chasselas wird dort oft Dorin genannt). Die besten kommen allerdings unter dem Gemeindenamen auf den Markt: Chardonnes, Saint-Saphorin, Epesses, Calamin und vor allem Dézaley. Im Gebiet zwischen Lausanne und Genf, La Côte geheißen, entstehen leichtere, blumige, fast spritzige Chasselas-Weine. Der bekannteste ist der Féchy. Die Rotweine – zumeist aus Gamay-Reben gewonnen – sind dagegen eher schlicht (Salvagnin ist ein Verschnitt von Pinot Noir und Gamay). Eine Sonderstellung nimmt das Chablais südlich von Montreux ein, wo die Nähe des Hochgebirges spürbar ist. Dort, hoch über der Rhône um die Orte Yvorne, Aigle und Bex entwickelt die Chasselas mineralisch-herbe Noten und ähnelt dem vollmundigen Walliser Fendant.

Neuenburg (Neuchâtel)

Kleines Anbaugebiet mit verstreut um den Neuenburger See liegenden Weingärten, in denen vor allem Chasselas, aber auch ein wenig Chardonnay und Pinot Noir wächst. Aus letzteren wird der roséfarbene Œil de Perdrix gewonnen.

Bündener Herrschaft

Einzig bedeutendes Anbaugebiet der Ostschweiz – nahe der Stadt Chur, berühmt für seine zartfruchtigen, würzigen Blauburgunder, die nicht durch Körper, sondern durch fruchtige Finesse imponieren.

Tessin (Ticino)

Kleines und relativ junges, aber mächtig emporstrebendes Anbaugebiet, das von Giornico bis Chiasso reicht und zu 90 Prozent mit Merlot-Trauben bestockt ist. Kein anderer Schweizer Rotwein reicht an den Merlot del Ticino in seinen besten Qualitäten heran.

Auf den steilen, terrassierten Weinbergen des Wallis ist das Einbringen der Trauben harte Knochenarbeit.

OST- UND SÜDOSTEUROPA

Im Osten viel Neues

Der ost- und südosteuropäische Weinbau hat in den letzten 50 Jahren nicht dieselbe rasante Entwicklung genommen wie der Weinbau Frankreichs, Italiens und Spaniens, ganz zu schweigen von dem der Weinbaunationen in der Neuen Welt. Aber es ist Bewegung in diesen Teil Europas gekommen.

In vielen Ländern Ost- und Südosteuropas wird die Erinnerung wach, daß aus ihren Ländern einmal Weine kamen, die bei Menschen in ganz anderen Teilen der Welt hohe und höchste Wertschätzung genossen – gleich, ob es sich um Ungarn, Griechenland, Bulgarien, Moldawien oder die Ukraine handelt. Langsam setzt sich bei ihnen die Einsicht durch, daß sie auch heute noch – besser: heute wieder – Weine produzieren können, mit denen sie an ihre glanzvolle Vergangenheit anschließen könnten.

Ungarn

Ungarn besitzt eine Weinbautradition, die nicht wesentlich jünger ist als die Frankreichs oder Italiens. Die Weine aus Sopron und Eger müssen schon im 13. Jahrhundert so eindrucksvoll gewesen sein, daß sie außer Landes verkauft werden konnten. Anfang des 18. Jahrhunderts war der Ruf des Tokaj bereits so weit verbreitet, daß der edelsüße Wein nach Paris an den Hof Ludwig IV. gelangte. Nach der Reblauskatastrophe und nach den Weltkriegen verlegten sich Ungarns Winzer auf die Massenproduktion. Schlichteste, oftmals gesüßte Weiß- und Rotweine fluteten aus ihren Kellern. Einstmals famose Weine verloren langsam an Klasse und Variantenreichtum. Erst seit 1989, als der nationale Weinbauverband neu gegründet wurde, geht es mit dem Weinbau langsam wieder aufwärts.

Alte und neue Weinanbaugebiete

Vor allem im Norden des Plattensees (Badacsony, Balatonfüred-Csopak) wachsen vollmundige, schwere Weißweine aus Kéknyelü (Blaustiel), Szürkebarat (Pinot Gris), Olaszrizling (Welschriesling), während die jüngeren Weinberge südlich des Plattensees (Dél-Balaton) mit Chardonnay, Sauvignon und Traminer bestockt sind. Sopron nahe der österreichischen Grenze ist eine Rotweinzone mit viel Kékfrankos

> **Tokaj und die *Puttonyos***
>
> Der Tokaj kommt aus dem äußersten Nordosten Ungarns und wird aus den Sorten Furmint, Hárslevelü sowie Muscat Blanc à Petit Grains gewonnen. Voraussetzung: Über die Hälfte der Trauben muß von der Edelfäule befallen sein. Während die gesunden Trauben normal vergären, werden die edelfaulen *Aszú*-Trauben zu einer Art Maische verarbeitet und dem gärenden Wein zugegeben: je mehr, desto süßer und edler fällt er aus. Drei *Puttonyos* auf dem Etikett entsprechen einer Auslese, vier einer Beerenauslese, sechs einer Trockenbeerenauslese (Puttonyos: Anzahl der Bütten mit *Aszú*-Trauben, die einem 136-Liter-Fuder zugegeben werden; eine Bütte faßt 25 Kilogramm). Eine *Aszú Eszencia*, die Perfektion des Tokaj, gärt bis zu zehn Jahre.

Ungarisches Weinanbaugebiet von Tokajhegyalia: Heimat eines der größten, langlebigsten und einzigartigsten Süßweine der Welt.

Ost- und Südosteuropa

Typisch Tokajer Weinkeller mit schwarzem Schimmel an den Wänden.

(Blaufränkisch). Die neuen Rotweingebiete liegen jedoch im Süden bei Szekszárd und Vilány (Cabernet, Merlot, Pinot Noir). Im kühleren Norden um Eger befindet sich die Heimat des Stierbluts, des erfolgreichen ungarischen Markenweins, der früher vor allem aus der roten Kadarka-Traube, heute vermehrt aus Kékfrankos, Cabernet und Merlot gewonnen wird. Von sich reden machen aber vor allem die Weißweine aus Eger und dem benachbarten Mátraalja (Leányka, Olaszrizling, Muskateller, Chardonnay, Sauvignon und Sémillon). Der international bekannteste Wein Ungarns ist jedoch immer noch der edelsüße Tokaj.

Bulgarien

Das sanft-wellige Hügelland südlich der Donau ist für den Weinbau nahezu ideal geeignet. Kontinentales Klima im Landesinneren mit heißen Sommern und kalten Wintern und mediterranes Klima in den sanft zum Schwarzen Meer abfallenden Balkanhängen machen den Weinbau zu einem der wichtigsten Wirtschaftszweige des Landes. Rund 160 000 Hektar stehen unter Reben – je zur Hälfte weiße und rote Reben. In den letzten Jahrzehnten wurde viel Cabernet Sauvignon, Merlot und – in geringerem Umfang – Pinot Noir gepflanzt. Diese Sorten dominieren heute in Bulgarien. Die Cabernet-Rebe liegt mit 55 Prozent an der Spitze und ergibt weiche, vollmundige Rotweine, besonders in den nördlichen Bereichen längs der Donau. Die einheimischen Sorten Mavrud, Melnik, Pamid und Gamza sind dagegen im Rückgang begriffen. Pamid ist heute die verbreitetste einheimische Traubensorte, Melnik die urwüchsigste. Sie wächst freilich nur in einem kleinen Bezirk im äußersten Südwesten. Bei den weißen Sorten verdrängen Riesling, Chardonnay und Sauvignon den Rkatsiteli und Welschriesling. Außerdem werden Dimiat, Feteaska, Muscat Ottonel, Gewürztraminer, Aligoté und Ugni Blanc kultiviert: vor allem in den Niederungen am Schwarzen Meer. Wenn die Qualität bulgarischer Weine heute vom Niveau westeuropäischer Spitzengewächse noch weit entfernt ist, so liegt das vor allem daran, daß Bulgarien fast nur für die ausländischen Massenmärkte produziert. Etwa 90 Prozent der Weinproduktion des Landes werden exportiert.

Griechenland

Erst in den letzten Jahren hat Griechenlands Weinwirtschaft eine Dynamik entwickelt wie die Italiens vor 20 Jahren. Der Rückzug des Weinbaus in höher gelegene, kühle Gebiete, die Übernahme moderner Anbaumethoden aus Frankreich, der vermehrte Anbau roter Sorten, insbesondere der Cabernet Sauvignon, haben eine Reihe von Weinen hervorgebracht, wie sie Griechenland vorher noch nicht kannte. Sie kommen aus mehr oder minder großen Nischenlagen von Chalkidike, Patras, Thessaloniki, Makedonien, und zwar sowohl von großen bekannten Markenweinproduzenten als auch von ehrgeizigen kleinen Privatwinzern. Allerdings machen Weißweine immer noch fast 60 Prozent der Produktion aus. Größtenteils handelt es sich um alkoholreiche, wenig feine Weine, die nicht selten gesüßt oder geharzt sind. Auf den Inseln der Ägäis werden nach wie vor schwere, alkoholreiche Süßweine produziert. Einheimische Sorten dominieren eindeutig.

Griechenland: traditionelle Sorten dominieren, internationale schreiten unaufhaltsam voran.

Andere Weinbaunationen

Tschechien, Slowakei: noch stark rückständiger Weinbau, jedoch mit gutem Potential, vor allem in Mähren.

Rumänien: Großes Weinbauland mit rund 200 000 Hektar Weinbergen, die überwiegend mit einheimischen Sorten bestockt sind. Rumänien ist bekannt für seine Rebenvielfalt. Die weiße Feteasca Alba gehört zu den meistangebauten Sorten. Qualitativ bessere Weine werden jedoch aus Sauvignon Blanc, Pinot Gris, Rkatsiteli, Muscat Ottonel, Aligoté und Gewürztraminer bei den weißen und Pinot Noir bei den roten Trauben gewonnen. Moldawien, Muntenien, Oltenien und Banat sind die wichtigsten Anbauzonen.

Slowenien: Seit der Selbständigkeit im Jahre 1991 hat der Weinbau eine große Entwicklung genommen. Zwei Gebiete ragen heraus: Podravje um die Stadt Maribor mit ausgezeichneten Weißweinen (Welschriesling, Sauvignon, Chardonnay, Pinot Blanc) und Goriska Brda, der slowenische Collio, wo noch heute überwiegend Rotwein angebaut wird (Refosco, Merlot, Barbera).

Kroatien: Im Aufbau befindliches Land mit einer Weißweinzone im Norden, wo das warme, kontinentale Klima volle, reife Weißweine gedeihen läßt, und einem schmalen Streifen an der dalmatinische Küste, wo vorwiegend Rotwein produziert wird (Sorten: Plavac Mali, Teran, Cabernet, Merlot).

GUS: Die Republiken der ehemaligen Sowjetunion stellen zusammengenommen das viertgrößte Weinbauland der Welt dar. Doch die Weinproduktion lag und liegt in den meisten Gebieten noch immer darnieder. Dabei bieten die Ukraine mit der Krim und Georgien mit seiner großen Süßweintradition hervorragende Voraussetzungen für die Produktion von Qualitätsweinen. Einzig Moldawien hat es mit Hilfe internationaler Weinkonzerne geschafft, seinen Weinbau neu zu ordnen.

Vereinigte Staaten

Wein mit unbegrenzten Möglichkeiten

Das Napa Valley ist innerhalb von 30 Jahren von einem grünen Tal, in dem friedlich Schafe und Rinder grasten, zum innovationsfreudigsten und spektakulärsten Weinanbaugebiet Kaliforniens geworden – eine Entwicklung, für die Weingüter in Europa 150 Jahre benötigten.

Der sonnige Westen der USA erlebt erst seit den siebziger Jahren einen Weinboom. Trotzdem liegen Weine aus Napa, Sonoma, Monterey, Santa Barbara und anderen Anbaugebieten Kaliforniens bei internationalen Proben oft auf vorderen Plätzen. Die Sonne Kaliforniens ist nicht der einzige Faktor, der zum Aufschwung der Weinindustrie geführt hat. Schon im letzten Jahrhundert war bekannt, daß sich die Böden an der gesamten West

Vereinigte Staaten

Coast für den Weinbau eigneten. Spätestens seit den Forschungsarbeiten der Weinbau-Universität Davis, die vor 50 Jahren vorgelegt wurden, ist klar, daß vor allem auch das Klima in den pazifiknahen Gebieten gute Voraussetzungen für feine Weine bietet.

Die Anfänge des Weinbaus

Die Geschichte des kalifornischen Weinanbaus beginnt 1769 in San Diego. Der Franziskanermönch Junípero Serra errichtete eine Kette von Missionsstationen, die sich auf dem Weg nach Norden bis nach Sonoma zogen. Da die Padres Meßwein für ihre Gottesdienste benötigten, pflanzten sie Reben an. Es waren Sorten, die die Spanier einst nach Mexiko gebracht hatten, etwa die Criolla. 1782 wurde der erste Missionswein in San Juan Capistrano gekeltert. Er muß kaum genießbar gewesen sein. Um 1833 pflanzte der Franzose Jean-Louis Vignes erstmals Reben, die er direkt aus Europa importiert hatte, in Weinbergen um Los Angeles an. Aus der Tatsache, daß seine Weinproduktion sich bald auf tausend Fässer pro Jahr belief, kann geschlossen werden, daß es ein ordentlicher Wein gewesen sein muß. Nach der Unabhängigkeitserklärung Mexikos im Jahre 1822 und der späteren Annektierung Kaliforniens durch die Vereinigten Staaten von Amerika führten amerikanische Großgrundbesitzer die Weinbautradition fort.

Verlagerung nach Norden

Als 1849 das Goldfieber ausbrach, ließen sich Deutsche, Italiener und Amerikaner in Kalifornien nieder und verkauften ihren Wein mit Erfolg in die aufblühenden Goldgräberstädte am Rande der Sierra Nevada. Der Weinbau verlagerte sich langsam in den kühleren Norden Kaliforniens. Die wohl schillerndste Figur des kalifornischen Weinbaus war zu jener Zeit der ungarische Graf Agoston Haraszthy. Zunächst Sheriff in San Diego, wurde er zum Tafeltraubenhändler nahe San Francisco mit den Importreben Zinfandel und Muscat d'Alexandrie, um nach einer ausgedehnten Europareise mit 300 verschiedenen Rebsorten zurückzukommen und sie in Sonoma zu pflanzen. Als sein Gut Buena Vista bankrott ging, verschwand der Graf nach Nicaragua, um dort Zuckerrohr anzubauen und Rum zu erzeugen. Doch dazu kam es nicht mehr. Er wurde kurz darauf von Alligatoren gefressen.

Der erste Boom und die Reblaus

Ein Anfang war jedoch gemacht. Bald tauchten im Napa Valley europäische Namen wie Charles Krug, Jakob Schram, Jakob und Beringer auf und pflanzten Reben. Ein Weinboom erfaßte das Land, der 1886 allerdings jäh endete. Die Reblaus zerstörte die neuen Weinkulturen – vermutlich war das Insekt durch Haraszthys Stecklinge nach Amerika gelangt. Kaum war ein Gegenmittel gefunden und die Weinberge neu bestockt, verkündete die amerikanische Regierung 1919 die Prohibition. Die Folgen für den Weinbau waren fatal. Die meisten Güter wurden in den Ruin

„Indian Summer" in einem Weinberg bei Calistoga im Napa Valley: der Anziehungspunkt für Weinmillionäre.

getrieben. Wein durfte nur noch privat oder zu Meßweinzwecken angebaut werden. Als 1933 das Alkoholverbot wieder aufgehoben wurde, waren die Märkte fast völlig verschwunden und die Handelsstrukturen zerstört.

Der Wiederaufstieg

Erst Ende der 60er Jahre begann der Wiederaufstieg, als weinbegeisterte Unternehmer wie Robert Mondavi und Joe Heitz sich im Napa Valley niederließen und begannen, Weine der Spitzenklasse zu erzeugen. Unterstützt von dem rußlandstämmigen Önologen Andre Tchelistcheff, der 1938 von Frankreich, wo er jahrelang für berühmte Weingüter gearbeitet hatte, nach Kalifornien wechselte, praktizierten sie modernes Weinbergmanagement: Sie führten die Temperaturkontrolle, die malolaktische Gärung und andere wichtige kellertechnische Neuerungen ein. Aus dem verschlafenen grünen Tal zwei Autostunden nördlich von San Francisco wurde eine Pilgerstätte für die neuen Weinenthusiasten. Bei einer Blindprobe, die die Académie de Vin in Paris organisierte, auf der kalifornische Weine mit französischen Spitzengewächsen verglichen wurden, rangierte der Chardonnay von Château Montelena vor den besten weißen Burgundern, und auch ein Cabernet Sauvignon aus der kalifornischen Kellerei Stag's Leap fand sich in einer Spitzenposition wieder. Drei Jahre später organisierte das französische Feinschmeckermagazin Gault Millau eine „Weinolympiade": Wieder lagen kalifornische Weine auf den ersten Plätzen. Ein Weinboom ungeahnten Ausmaßes setzte ein. Während 1960 gerade 20 Kellereien im Napa Valley existierten, waren es 1988 schon über 200.

KALIFORNIEN

Der Weinstolz Amerikas

Begrüßungstafel in Napa: Wein ist „Poesie in Flaschen".

Carneros

Das etwa 6500 Hektar große Anbaugebiet nahe der San Pablo Bay ist berühmt für seine Weiß- und Schaumweine. In dieser flachhügeligen, äußerlich nicht sehr spektakulären Landschaft, die am Eingang zum Napa Valley liegt, sich aber auch nach Sonoma hinein erstreckt, wachsen einige der besten Chardonnay. Der größte Teil der Trauben wird an Napa-Winerys verkauft. Einige Winerys haben jedoch eigenes Rebland dort erworben. Schließlich haben sich in Los Carneros mehrere Schaumweinkellereien niedergelassen, unter ihnen auch europäische Schaumweinhersteller wie Freixenet, Codorníu, Domaine Chandon, Mumm und Taittinger (Domaine Carneros). Die besten *sparkling wines*, die nach dem traditionellen Flaschengärverfahren erzeugt werden (allerdings oft nach dem Transvasionsverfahren), können europäischen Schaumweinen durchaus Paroli bieten. Auch die rote Pinot Noir gedeiht in dem kühlen Klima gut. Sie wird für Stillweine, von den Schaumweinkellereien aber auch zur Assemblage mit Chardonnay verwendet. Los Carneros heißen im Spanischen übrigens die Schafe – Hinweis auf die Zeit vor den Reben, als noch Viehzucht in diesem Landstrich betrieben wurde.

Napa Valley

Napa ist der Inbegriff des amerikanischen Weinwunders. In Napa haben die Amerikaner gezeigt, in welch kurzer Zeit sie in der Lage sind, europäisches Weinwissen in ihrem Land umzusetzen: in weniger als 30 Jahren. Viele der modernen, auch architektonisch beeindruckenden Weingüter verwirklichten Erkenntnisse, die in der Alten Welt nur als Buchwissen existierten – nicht selten mit fachlicher Hilfe und dem Kapital französischer, schweizerischer und deutscher Weinfachleute. Gegen die Anziehungskraft dieser Winerys wirken selbst renommierte europäische Weingüter altmodisch und verstaubt. Jedenfalls ist das langgestreckte Tal immer wieder für Schlagzeilen gut, obwohl weniger als fünf Prozent der kalifornischen Weine aus ihm kommen. In erster Linie sind es natürlich die spektakulären Weine, die Aufmerksamkeit erregen. Aber auch kunstsinnige Millionäre, die sich mit einem Weingut ein Denkmal setzen wollen, exzentrische Tüftler mit Tellerwäscherkarrieren, spleenige Weinliebhaber, die auf den regelmäßigen Weinauktionen atemberaubende Preise für die schwarzroten Cabernet Sauvignon des Tals zahlen, sorgen dafür, daß der Gesprächsstoff in Napa nicht ausgeht. Das exotische Fluidum macht ein Schild deutlich, das am Eingang des Napa Valley steht und die eher nüchtern veranlagten Amerikaner mit den Worten begrüßt: „Wein ist Poesie in Flaschen". Sie stammen von dem Schriftsteller Robert Louis Stevenson.

Die Böden des Napa Valley

Das Napa-Tal ist etwa 50 Kilometer lang. Es reicht von Napa im Süden bis über Calistoga hinaus im Norden. Eigenartigerweise sind die Temperaturen im Norden wärmer als im Süden. Der Grund: Die feuchte, pazifische Kühle tritt von Süden ins Tal ein und ist im Norden kaum mehr zu spüren. Über 95 Pro-

NAPA VALLEY

Napa Valley
Aus dem südlichen, kühleren Teil kommen dichte, feine Rotweine.

Napa

Pegase Winery und die Hess Collection, die zugleich Kunstmuseen sind, die mondäne Kelleranlage von Opus One, die alte Inglenook Winery, die jetzt Niebaum-Coppola heißt, oder das im Farmhouse-Stil errichtete Weingut von Joseph Phelps. Mancher bedeutende Wein kommt jedoch aus bescheidenen und gänzlich unspektakulären Winerys, wie Heitz Cellars, Mount Veeder, Stag's Leap, Clos du Val oder Cain Cellars, um nur einige zu nennen. Die Böden sind durchweg fruchtbar. Im Februar sprießt gelb blühendes Senfgras zwischen den Rebzeilen. Viele Winzer erzeugen sogar eigenen Senf. Allerdings ist die Zusammensetzung der Böden völlig uneinheitlich – sogar in den Tallagen. Viele Weingüter besitzen gar keine eigenen Rebkulturen im Tal, sondern beziehen ihre Trauben – zumindest zum Teil – von unabhängigen Winzern. Die Bedeutung eigener Reben ist vielen Weingutbesitzern erst deutlich geworden, als die Traubenpreise in den letzten Jahren aufgrund von Reblausschäden und einiger Mißernten massiv anstiegen.

Napa – ein Grund für Cabernet Sauvignon

Das südliche Napa Valley liegt noch im Einfluß kühler Meeresluft. Bis zur Ortschaft Yountville werden deshalb noch viel Chardonnay, ein bißchen Gewürztraminer, Riesling und Sauvignon angebaut. Ab Yountville dominiert jedoch Cabernet Sauvignon. Die wenigen Weißweininseln, die sich noch im nördlichen Abschnitt des Napa Valley finden, werden zunehmend mit roten Trauben bestockt, und auch nach Süden hin drängen die Rotweinkulturen unaufhörlich vor. Die feinschotterigen, wasserdurchlässigsten Böden sind normalerweise für den Cabernet Sauvignon reserviert, während die schwereren, lehmhaltigen Böden mit Merlot bepflanzt werden. Der Cabernet Sauvignon ergibt opulente, leicht krautige Weine mit einem Bouquet von Johannisbeeren, schwarzem Pfeffer, vielen Würznoten, Mokkatönen, Röstaromen und einem robusten Tanningerüst. Die Weine besitzen zwar nicht die Langlebigkeit großer Bordeaux', aber eine ähnliche Fülle und eine bemerkenswerte Feinheit. Viele Proben haben deutlich gemacht, wie schwer es ist, blind Bordeaux-Weine und Napa-Cabernets zu unterscheiden. Einige, aber nicht alle Weine weisen kleine Anteile Merlot, Cabernet Franc oder Malbec auf. Solange dieser Anteil 25 Prozent nicht übersteigt, darf allein Cabernet Sauvignon auf dem Etikett stehen (siehe Kasten Seite 185).

Blühendes Senfgras in einem Weinberg bei Carneros.

zent des Weinbaus spielen sich auf dem Talboden und an den hügeligen Ausläufern der Mayacamas-Berge auf der einen und Vaca Range auf der anderen Talseite ab. In den Tallagen finden sich schwere Tonböden, an den Hängen sind die Lehmböden stärker mit Kiesel durchsetzt. Im höher gelegenen, bergigen Hinterland haben sich bisher nur wenige Winerys niedergelassen. Die meisten liegen wie Perlen aneinandergereiht an den beiden großen Verkehrswegen, die das Tal durchschneiden: der Schnellstraße 29 und dem parallel dazu verlaufenden Silverado Trail. Architektonisch sehenswert sind die im mexikanischen Stil erbaute Winery von Robert Mondavi, der neue Kellerklotz von Dominus, die wie ein griechisches Kloster auf dem Hügel thronende Sterling Winery, die Clos

Kalifornien

Wenn die kühlen Nebel kommen

Clos Pegase · Cuvaison · Sterling Vineyards · Hanns Kornell · Frog's Leap · Burgess · Duckhorn · Freemark Abbey · Charles Krug · Beringer

Napa ist das Herz des kalifornischen Weinbaus, aber weder die erste noch die einzige bedeutende Weinregion Amerikas. Zumindest in Sonoma wurden früher Reben angebaut. Sonoma besteht aus mehreren Unterzonen – und ebenso vielen Weinen.

Die hübsche Kleinstadt Sonoma ist von San Francisco aus über die Golden Gate Bridge und den Highway 101 in weniger als einer Autostunde zu erreichen. Der Weinbau ist dort wesentlich älter als im nahe gelegenen Napa Valley. Dennoch steht Sonoma im Schatten des berühmten Nachbarn. Es ist ein großes Anbaugebiet mit unterschiedlichen Klimata und ebenso vielen unterschiedlichen Rebsorten. Die bekanntesten sind Russian River Valley, Alexander Valley und Dry Creek Valley. Die historische Kernzone ist jedoch das Sonoma Valley. Es reicht von Sonoma bis nach Santa Rosa. Dort hat das alte Agoston-Haraszthy-Weingut Bartholomew Park seinen Sitz, die gigantische Sebastiani-Kellerei, der Zinfandel-Spezialist Ravenswood, Château St-Jean mit hervorragenden Weißweinen sowie die kleine Matanzas Creek Winery mit ihren berühmten Merlots. Ihre Trauben wachsen jedoch teilweise nicht im Sonoma Valley.

Russian River Valley

Meere von Reben bestimmen die Landschaft des Russian River Valley zwischen Santa Rosa und Healdsburg. Zum weitaus größten Teil sind es Chardonnay-Reben. Nur auf den kieselsteinhaltigen Schwemmlandböden an den Ufern des Russian River, der sich durch das Rebland schlängelt, wächst Pinot Noir. Die besondere Eignung für die Burgunderrebe und die Weißweine rührt von den Nebeln, die vom Pazifik her über die Berge kommen, aber auch von der feuchten, kühlen Luft, die vom Süden her in das offene Tal eindringt. Russian River ist die kühlste Unterzone Sonomas. Viele Napa-Winerys haben dort Chardonnay- oder Pinot-Noir-Weinberge, andere kaufen ihre Trauben dort, auch Schaumweinkellereien in Carneros.

Dry Creek Valley

Das Tal des trockenen Baches verläuft parallel zum Highway 101 in westlicher Richtung. Der Talboden ist an vielen Stellen mit alten, knorrigen Zinfandel-Reben bestockt – ein Indiz dafür, daß in dieser Zone schon lange vor dem Cabernet-Boom Wein angebaut wurde. Im 19. Jahrhundert waren es die Italiener, die als erste im Dry Creek Valley Reben anbauten. Noch heute zeugen viele Namen vom italienischen Stammbaum ihrer Eigentümer: das Show-Weingut Ferrari-Carrano, die Farmer-Winery Pedroncelli (mit guten Zinfandel-Weinen), die riesige Simi-Winery und die noch größere Kellerei der Brüder Gallo. Inzwischen werden im beschaulichen Dry Creek Valley auch viel Cabernet Sauvignon, ein bißchen Syrah und Cinsaut und im Süden häufig Sauvignon und Chardonnay angebaut.

SONOMA, MENDOCINO

Joseph Phelps

Napa Valley
Im nördlichen Teil wachsen volle, wuchtige Rotweine.

Alexander Valley

Das Tal liegt im Norden Sonomas zwischen Healdburg und Cloverdale und ist die wärmste Unterzone der gesamten Appellation. Früher ein Massenweingebiet, hat auch dort seit den 70er Jahren der Qualitätsweinbau Fuß gefaßt. Die Sortenvielfalt ist zwar immer noch groß und die Qualitäten oft schillernd. Doch gedeihen auf den lehmigen, wasserspeichernden Böden unstrittig volle, fleischige Cabernet Sauvignons und Merlots, teilweise auch sehr gute Zinfandel, während Weißweine nur noch in einigen Nischen erzeugt werden.

Mendocino County

Auch der warme Norden Kaliforniens hat sich als Weinbaugebiet einen Namen gemacht. Mendocino County ist nach der kleinen Künstlerstadt am Pazifischen Ozean benannt, die freilich weit entfernt von den Weinbergen ist, die im Anderson Valley, am oberen Russian River und am Clear Lake liegen. Nur knapp zwei Dutzend Winerys verteilen sich auf den Distrikt. Früher wurde in der Gegend viel Hopfen angebaut. Heute reifen an den terrassierten Hängen des Anderson Valley vor allem Chardonnay, Gewürztraminer und Pinot Noir. Das Tal ist über den Navarro River offen zum Pazifischen Ozean hin, so daß die sommerliche Hitze immer wieder durch kühle Meeresluft gemildert wird. Die Schaumweinherstellung spielt im Anderson Valley eine große Rolle. Das Champagnerhaus Roederer hat dort seine amerikanische Filiale eingerichtet. Im oberen Russian River Valley um Ukiah liegen die Temperaturen entschieden höher. Dort werden würzige Zinfandel und muskulöse Cabernet Sauvignons erzeugt. Auch kleine Mengen Petite Syrah werden angebaut, wenngleich diese eher ein Relikt jener Zeit ist, als aus Mendocino County Massen namenloser Konsumweine kamen. Das beste Weingut der Gegend ist Fetzer in Hopeland, das sich dem ökologischen Weinbau widmet.

Das Weinland Kalifornien in Zahlen

Rebfläche: 130 000 Hektar
Weinproduktion: 14 Millionen Hektoliter
Jährlicher Weinkonsum pro Kopf: 6,8 Liter

Die 10 häufigsten Rebsorten (für die Weinerzeugung)

1.	Chardonnay	weiß	20%
2.	French Colombard	weiß	18,5%
3.	Cabernet Sauvignon	rot	11,5%
4.	Zinfandel	rot	11,4%
5.	Chenin Blanc	weiß	9,2%
6.	Riesling	weiß	4,8%
7.	Sauvignon	weiß	4,2%
8.	Merlot	rot	4,1%
9.	Grenache	rot	4,0%
10.	Carignan	rot	3,5%

Die Weingesetze

Die kalifornischen Weingesetze sind einfach. Es gibt keine Mengenbeschränkungen bei der Traubenproduktion, die Sortenpolitik ist liberal. Ein Chardonnay- oder ein Cabernet-Sauvignon-Wein muß zu mindestens 75 Prozent aus dieser Sorte bestehen. Weine mit einem geringeren Anteil einer Sorte werden Meritage genannt (normalerweise steht Meritage für einfache Tafelweine).

Die AVA-Bereiche

Anfang der achtziger Jahre wurden bestimmte Weinbaugebiete zu American Viticultural Areas deklariert (AVA). Dabei entstanden viele große Zonen wie Napa Valley, Sonoma County oder Paso Robles, aber auch einige kleine Unterappellationen wie Stag's Leap oder Mount Veeder, beide in Napa gelegen. Weine mit einer Kleinappellation auf dem Etikett müssen zu 95 Prozent aus dieser Zone kommen, Weine aus einer Großappellation zu 85 Prozent. D. h.: 15 Prozent sind aus den heißen Anbaugebieten des Central Valley.

Besondere Weinbezeichnungen

Jug Wine: einfachster Massenwein.
Cooler: alkoholarmer Fun-Wein.
Blush: Roséwein.
White Zinfandel: süßer Weißwein aus der roten Zinfandel-Traube.

Unterirdischer Keller der Kunde Winery in Sonoma.

Central Coast

Garten Eden und Disneyland zugleich

Unter dem geographischen Dachbegriff Central Coast werden alle Weinanbaugebiete zwischen San Francisco und Los Angeles zusammengefaßt. Die Herkunftsbezeichnung ist ebenso schillernd wie die Weine, die von dort kommen.

Vor allem Fun- und Modeweine sind es, die im südlichen Kalifornien hergestellt werden: saftig, aber dünn und oftmals lieblich ausgebaut. Auf der anderen Seite gibt es in einigen Landstrichen auch Weine, die es leicht mit den Hochgewächsen aus Napa und Sonoma aufnehmen können.

Aus dem Süden Kaliforniens kommen viele Fun- und Fancy-Weine und einige echte Hochgewächse.

Santa Cruz Mountains
Waldreicher Hügelzug zwischen San José und dem Pazifik, mit uralten Mammutbäumen und eingestreuten kleinen Weinbergen. Erzeugt werden sehr feine Cabernet Sauvignons, sehr gute Zinfandel und einige bemerkenswerte Weißweine. Allerdings ist die Produktion recht gering.

Monterey
Heterogenes Anbaugebiet im und nahe des Salina Valley, Kaliforniens größte Gemüsekammer mit kilometerlangen Brokkolifeldern und Salatbeeten. Seit einigen Jahren säumen auch Weinberge das fruchtbare Tal. Ihre Größe bemißt sich nicht in Hektaren, sondern in Quadratkilometern. Zumindest aus den drei AVA-Zonen Carmel, Chalone und Arroyo Seco kommen jedoch zahlreiche gute Cabernet Sauvignons und einige exzellente Chardonnays.

Paso Robles, Edna Valley, Arroyo Grande
Drei dynamische Anbaugebiete um die Universitätsstadt San Luis Obispo. Aus dem riesigen Paso-Robles-Gebiet kommen gute Cabernet Sauvignons und Zinfandels, während im kühleren, meernahen Edna Valley naturgemäß Chardonnay und Pinot Noir vorherrschen. In Arroyo Grande reden alle vom Schaumwein. Das Champagnerhaus Deutz ist dort der größte Weinerzeuger. Die meisten Trauben dieser drei Gebiete werden jedoch an Kellereien im Norden verkauft, vor allem nach Carneros und Sonoma.

Santa Barbara County
Durch die zum Pazifik hin offenen Täler dringt nördlich des Badeortes Santa Barbara kühle Meeresluft ins Santa Ynez Valley und ins Santa Maria Valley. Dort wachsen knackige Chardonnays und wuchtige Pinot Noirs, in den tieferen Teilen auch Sauvignon und Merlot. Au Bon Climat, Lane Tanner, Foxen Vineyard und Robert Mondavis Byron Vineyards sind führende Erzeuger.

Central Valley
Das Central Valley ist die produktivste landwirtschaftliche Region Amerikas. Über 800 Kilometer lang, werden dort Melonen, Blumenkohl und auch Weintrauben angebaut, traditionell zur Rosinen- und Saftproduktion, aber auch zur Weinherstellung. 60 Prozent aller kalifornischen Trauben kommen von dort. E. & J. Gallo, die größte Kellerei der Welt, produziert dort knapp 60 Millionen Flaschen einfacher, aber schmackhafter Alltagsweine. Zunehmend lassen sich in Lodi, dem nördlichen Teil des San Joaquin Valley, auch namhafte Güter wie Robert Mondavi, Glen Ellen und Sebastiani nieder, um dort nicht nur Trauben zu kaufen, sondern auch anzubauen – unter Einsatz von Tropfberegnung und schattenspendenden Erziehungssystemen. Auch das Rebensortiment hat sich geändert. Statt minderwertiger Hybridreben wie Rubired und Royalty werden zunehmend Zinfandel, Cabernet Sauvignon, Merlot, Sauvignon, Gewürztraminer und Riesling kultiviert. Mit 15 Prozent Anteil sind sie in manchen Napa-Weinen vertreten.

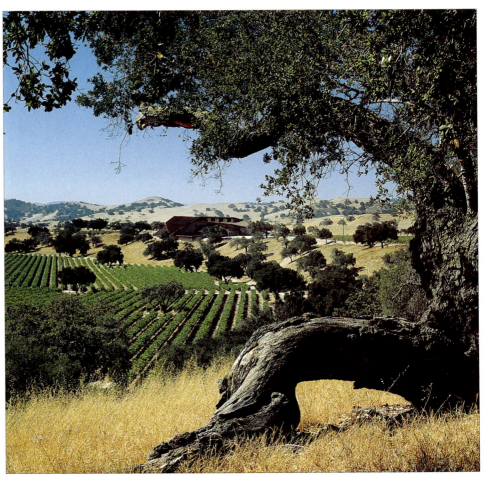

Weinberge bei Santa Ynes im Hinterland von Santa Barbara: knackige Chardonnays und wuchtige Pinot Noirs.

OREGON, WASHINGTON

Land im Zustand der Gärung

Oregons Pinot-Noir-Pionier David Lett (links); großflächige Beregnungsanlagen in Washingtons Yakima Valley.

Es gibt Stimmen, die behaupten, daß die besten Weine Amerikas eines Tages aus anderen Bundesstaaten als Kalifornien kommen werden – Oregon etwa. Im Schatten seines großen südlichen Nachbarn hat sich Oregon zumindest auf einem Feld zum heimlichen Herausforderer entwickelt: beim Pinot Noir.

Die Rebflächen Oregons betragen nur etwa zwei Prozent derjenigen Kaliforniens. Ernstzunehmende weinbauliche Unternehmungen wurden erst in den sechziger Jahren des 20. Jahrhunderts registriert, als in Kalifornien bereits eine allgemeine Aufbruchstimmung herrschte. Das gemäßigte, fast europäische Klima mit milden Wintern und nicht zu trockenen Sommern veranlaßte einige Pioniere, sich südlich von Portland am Willamette River niederzulassen, um dort Reben anzubauen – entgegen dem Rat der kalifornischen Wein-Universität in Davis nicht amerikanische Hybridreben, sondern europäische Vinifera-Reben: Chardonnay, Riesling, Gewürztraminer und vor allem Pinot Noir.

Später Erfolg der Pinot Noir

Die rote Burgunderrebe entwickelte sich in dem milden Klima am besten und bedeckt heute fast die Hälfte der Rebfläche des Landes. Die Weine, die aus ihr gewonnen werden, sind weder schwer noch säurearm, sondern zart-fruchtig, fein und daher den französischen Burgundern ähnlicher als die meisten kalifornischen Weine aus dieser Rebsorte. Der Enthusiasmus der Pinot-Noir-Pioniere war derart ansteckend, daß mehrere Flüchtlinge aus Kalifornien sich am Willamette River niederließen, um sich auf das Abenteuer mit der Sorte einzulassen, die bislang nirgendwo außerhalb Burgunds überzeugende Ergebnisse gebracht hatte. Selbst das Burgunder Handelshaus Robert Drouhin eröffnete eine Dependance in Oregon. Andere wichtige Pinot-Noir-Produzenten sind Elk Cove Vineyards, Bethel Heights Vineyard und Adelsheim Vineyard. Einen großen Teil der Trauben kaufen sie von Winzern zu, weil nur wenige der Neugründungen über ausreichend Rebland verfügen. Neben Pinot Noir ist Oregon stellenweise mit Chardonnay und Gewürztraminer erfolgreich, im Süden des Landes auch mit Cabernet Sauvignon.

Washington

Der Bundesstaat Washington im äußersten pazifischen Nordwesten Amerikas hat doppelt soviel Rebfläche wie Oregon – und ist noch unbekannter. Das liegt daran, daß der Weinbau im Vergleich zur dominierenden Getreidewirtschaft des Landes nur einen geringen Stellenwert hat. An der Qualität liegt es jedenfalls nicht. Die Cabernet Sauvignon und vor allem die Merlot, die am warmen Columbia River und im Yakima Valley wachsen, sind von beachtlicher Qualität, wenn auch nicht so herausragend, daß sie eine Konkurrenz für Kalifornien werden könnten. Es sind vollmundige, schwere Weine, denen es nie an Fülle, gelegentlich aber etwas an Feinheit fehlt. Das führende Weingut Washingtons ist Château Sainte Michelle am Columbia River, das auch bemerkenswerte Weißweine aus Sémillon- und Sauvignon-Reben erzeugt. Außerhalb Amerikas tauchen die Weine fast nie auf.

Andere Weinanbaugebiete

New Mexico: Der heiße Südwesten Amerikas ist durch spektakuläre Schaumweine berühmt geworden, die südlich von Albuquerque in weit über 1000 Meter Höhe am Rio Grande wachsen.

Virginia: Aufstrebendes Weinland im Osten der USA, in dessen mildem Klima schon vor 350 Jahren Reben angebaut wurden. Inzwischen sind ein Großteil der Hybridreben gerodet und durch Chardonnay, Cabernet Sauvignon und Merlot ersetzt worden. Sie ergeben mittelschwere Weine ganz eigener Prägung.

New York: Die Finger Lakes im Bundesstaat New York nahe dem Eriesee sind seit Jahrzehnten für exzellente edelsüße Weine berühmt – ebenso die Anbaugebiete auf der kanadischen Seite des Sees.

AUSTRALIEN

Aufbruch in eine neue Zukunft

Quantitativ gesehen steuert Australien zur Weltproduktion an Wein zwar nur ein Prozent bei. Doch qualitativ gesehen ist Australien fast schon ein Riese. Überproportional viele Weine gehobener und hoher Qualität kommen aus „Down Under", wie der fünfte Kontinent auch genannt wird.

In den letzten 30 Jahren hat sich in Australiens Weinwirtschaft ein tiefgreifender Wandel vollzogen: zunächst der Übergang von der Produktion schwerer, alkoholreicher Likörweine zu einfachen, gefälligen, meist in industriellen Mengen erzeugten Tischweinen, danach derjenige zur Herstellung von gehobenen Qualitäten in bewußt begrenzter Menge. Heute gibt es in Australien eine breite Basis guter Qualitätsweine und eine kleine Spitze mit bemerkenswerten Hochgewächsen.

Klima – wichtiger als der Boden

In Australien herrschen andere Voraussetzungen für den Weinbau als in Europa. Das Klima ist nahezu überall warm genug, um Reben zu kultivieren. Frostgefahr existiert nicht. Die Böden sind also an vielen Stellen geeignet, um Wein anzubauen. Es gibt praktisch keine Einzellagen, sondern nur Klimazonen, die durch ihre mäßigen Temperaturen die Erzeugung von Qualitätsweinen möglich machen – oder eben nicht, wegen zu hoher Temperaturen. Die größte Gefahr für den australischen Weinbau geht von der Trockenheit beziehungsweise von der hohen Luftfeuchtigkeit in einigen Gebieten aus, die das Risiko sich schnell ausbreitender Pilzkrankheiten mit sich bringt. In den letzten zehn Jahren hat sich der Weinbau zunehmend in die kühleren Anbaugebiete im Süden des Landes zurückgezogen: etwa Margaret River, Adelaide Hills, Coonawarra, Padthaway, Geelong, Yarra Valley oder Tasmanien.

Australien erzeugt Rebsortenweine

Es verwundert nicht, daß sich auch die australische Weinphilosophie deutlich von der europäischen unterscheidet. Wein ist normalerweise nicht Ausdruck des bestimmten Bodens in einer bestimmten Klimazone, sondern Ausdruck der Rebsorte – wo immer diese wächst. Der größte Teil des australischen Weins stammt von Trauben verschiedener Anbaugebiete, die mal zehn Meilen, mal 3000 Meilen voneinander entfernt liegen. Sie werden in Tankwagen herbeitransportiert, um nach einer bestimmten Formel mit anderen Weinen verschnitten zu werden. Die meisten kommen als Rebsortenweine auf den Markt: als Chardonnay, Sémillon, Shiraz oder Cabernet Sauvignon zum Beispiel. Als Herkunftsgebiet wird häufig Südaustralien oder einfach nur Australien angegeben.

Die australischen Winemaker

Der australische Winemaker unterscheidet sich deshalb grundlegend von den europäischen Önologen. Sein Job ist es nicht nur, einfach Wein zu produzieren. Er hat den Auftrag, einen Fünf-Dollar-Cabernet-Sauvignon zu machen, einen Zehn-Dollar-Cabernet-Sauvignon oder einen Fünfzig-Dollar-Premium-Wein. Entsprechend bemüht er sich, die passenden Trauben einzukaufen. Diese Art des Winemaking haben die Australier perfektioniert. Fast alle großen Weinkellereien haben mehrere Standardqualitäten, die jedes Jahr in Millionen Stückzahlen produziert werden – meist in recht guter Qualität. Selbst Australiens berühmtester Wein, der rote Grange aus der Kellerei Penfolds, ist ein „Multi-district-blend", der aus drei verschiedenen, weit voneinander entfernt liegenden Weinbaugebieten stammt. Freilich gibt es auch viele Weine, die aus einer einzigen Anbauregion kommen. Vor allem kleine und mittlere Weingüter, deren Weine ganz oder größtenteils aus eigenen Trauben produziert werden, haben sich auf gebietstypische Weine verlegt. Allerdings sind sie keineswegs immer besser oder charaktervoller als die Multi-district-blends der großen Kellereien.

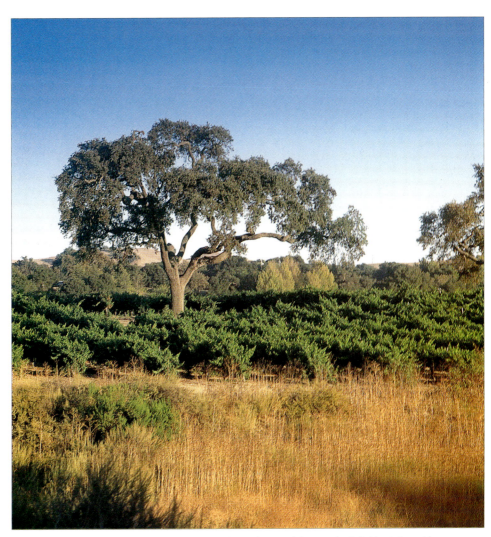

Weinberge in den Adelaide Hills: Der australische Weinbau verlagert sich langsam in die kühlen Anbaugebiete.

Die Geschichte

Die Geschichte des australischen Weinbaus beginnt im Jahre 1791, als zum ersten Mal Weintrauben an den Reben hingen, die der britische Gouverneur drei Jahre zuvor in seinem Garten in Sydney gepflanzt hatte. Er brachte sie aus Südafrika mit. Australien selbst besitzt keine eigenen Weinreben. In den folgenden Jahrzehnten begannen die Farmer in anderen Teilen Australiens, es dem Gouverneur gleichzutun. In Victoria, Neusüdwales und Westaustralien, wo sich viele Engländer niedergelassen hatten, blühte bald der Weinbau. Die Franzosen kultivierten auf der Insel Tasmanien Wein. Mitte des 19. Jahrhunderts ließen sich viele deutsche Religionsflüchtlinge im südaustralischen Barossa Valley nieder und begannen dort, europäische Reben zu kultivieren. Zu Beginn des 20. Jahrhunderts verfügte Australien, das seit 1901 zu einem Bundesstaat zusammengewachsen war, bereits über ein beträchtliches Weinbaupotential. Syrah hieß bei ihnen Hermitage, Pinot Noir Red Burgundy, Weißwein Chablis oder Rhineriesling. Vor allem aber spezialisierten sich die Australier darauf, süße Likörweine zu erzeugen – beziehungsweise diese aufzuspriten und so Australian Port zu produzieren. Noch heute ist der Muscat d'Alexandrie die am häufigsten angebaute Sorte in Australien (sie heißt dort Muscat Gordon Blanco). Die langsame Rückkehr zu trockenen Tischweinen begann erst nach dem Zweiten Weltkrieg. Der steigende inländische Weinkonsum (gut 80 Prozent der Weinproduktion) und die noch stärker steigende Nachfrage des Auslands führten zu einer stetigen Ausweitung der Rebflächen. Allerdings werden die neuen Weinberge vornehmlich in *Cool climate areas* angelegt, während die herkömmlichen Anbaugebiete etwas an Bedeutung verlieren.

Rückzug in kühle Anbaugebiete

Das feuchtwarme Hunter Valley ist eines der prestigereichsten Anbaugebiete Australiens. Besonders gut gedeihen dort üppige Shiraz und vollmundige Sémillons.

Weinbau findet in Australien fast nur in den südlichen Bundesstaaten statt. Dort herrschen kühlere Temperaturen, und die Trockenperioden arten nicht so leicht zur Dürre aus wie im Norden. Wenn doch einmal der Niederschlag ausbleibt, werden die Reben einfach bewässert – die Australier sind praktische Menschen.

Südaustralien ist mit 42 Prozent der Rebfläche die größte Weinbauregion des fünften Kontinents. Im Hinterland von Adelaide wachsen sowohl einfachste Verschnitt- und Tafelweine wie hochklassige Rotweine. Es folgen New South Wales mit 30 Prozent und Victoria mit 18 Prozent. Western Australia und Tasmanien, beide als *Cool climate areas* geltend, teilen sich die restlichen zehn Prozent der Rebfläche.

Barossa Valley

Das größte Qualitätswein-Anbaugebiet Australiens ist das Barossa Valley, etwa eine Autostunde nördlich von Adelaide gelegen. Dort werden nahezu alle Sorten angebaut. In dem warmen Klima gelingen Shiraz und Sémillon jedoch besonders gut. Der Riesling ist die häufigste weiße Sorte. Sie wurde von den deutschen Siedlern bevorzugt, die sich Mitte des 19. Jahrhunderts im Barossa Valley niederließen. Heute werden aus ihr würzige, körperreiche Weine gewonnen, die nur wenig Ähnlichkeit mit den europäischen Riesling haben. Vor allem der Weißweinanbau zieht sich aus klimatischen Gründen zunehmend ins benachbarte Eden Valley beziehungsweise in die Adelaide Hills zurück. Barossa ist der Sitz vieler Großkellereien, etwa Penfolds (größter australischer Weinproduzent), Orlando, Mildara und Yalumba.

Clare Valley

In dem hoch gelegenen, trocken-warmen Gebiet nordöstlich von Adelaide wächst der beste Riesling des Landes. Von größerer Bedeutung ist jedoch Cabernet Sauvignon. Außerdem kommen aus der „Toskana" Australiens sehr gute Weißweine und einige charaktervolle Shiraz.

Adelaide Hills

Hügelland nördlich von Adelaide mit kühlem Mikroklima, das die Erzeugung eleganter, säurebetonter Weine erlaubt. Einige der besten Chardonnay, Sauvignon, Pinot Noir und Schaumweine kommen von dort.

Coonawarra

Australiens vielleicht bestes Rotweingebiet, auf halbem Weg von Adelaide nach Melbourne gelegen. Entdeckt wurde es erst um 1960, obwohl dort schon seit dem vorigen Jahrhundert Reben angebaut werden. In der hennaroten *Terra rossa* wachsen tiefschwarze, tanninreiche Cabernet Sauvignons und üppige Shiraz. Beide gehören zu den besten Rotweinen ganz Australiens. In dem schmalen, nur 16 Kilometer langen Anbaugebiet nördlich der Stadt Penola haben sich viele große, aber auch einige kleine Kellereien niedergelassen.

AUSTRALIEN

Padthaway
Relativ kühles, aber auch trockenes Anbaugebiet, in dem größtenteils weiße Trauben wachsen, aus denen saftige Chardonnays und Sauvignons entstehen. Die Rebenmeere müssen wegen der Trockenheit fast regelmäßig beregnet werden.

Southern Vale
Mäßig warmes Tal südlich von Adelaide, das für seine exzellenten, rauh-samtigen Shiraz bekannt ist, das aber auch guten Cabernet Sauvignon und kraftvolle Chardonnays wachsen läßt. Die bekannteste und beste Anbauzone ist das McLaren Vale.

Great Western
Kleines Anbaugebiet im Westen Victorias, wegen seines gemäßigten Klimas für leichte, mildfruchtige Rotweine und feine Schaumweine bekannt.

Pyrenees
Das liebliche Hügelland am Avoca River, etwa zwei Autostunden nordwestlich von Melbourne, hat eine lebendige Wein- und Gastroszene. Von dort kommen gehaltvolle, rustikal-elegante Rotweine (Shiraz, Cabernet Sauvignon, Merlot) sowie manche gute Weißweine.

Goulbourn Valley
Ein unzusammenhängendes, am Goulbourn River liegendes Anbaugebiet, aus dem einige der besten Weine Victorias kommen: würzige Shiraz von disziplinierter Fülle, fleischige Cabernet Sauvignons, feste Chardonnays und saftige Sauvignons.

Yarra Valley
Nur eine halbe Autostunde nördlich von Melbourne und damit noch im Einflußbereich des kühlen Meeresklimas gelegen, hat das stark zersplitterte Anbaugebiet durch einige spektakuläre Qualitäten auf sich aufmerksam gemacht: tiefgründige und tanninstarke Cabernet Sauvignons, muskulöse Shiraz, zartfruchtige Pinot Noirs und cremige Chardonnays haben zum guten Ruf des Anbaugebiets beigetragen. Allerdings werden auch viele einfache Weine vom Pinot Gris bis zum Cabernet-Shiraz-Verschnitt erzeugt.

Hunter Valley
Wegen seiner Großstadtnähe sehr bekanntes und beliebtes Anbaugebiet zwei Autostunden nördlich von Sydney mit subtropischem Klima, in dem fast alle wichtigen Sorten Australiens angebaut werden. Shiraz und Sémillon ragen qualitativ heraus. Auch Chardonnay und Cabernet Sauvignon können gute Qualitäten ergeben.

Margaret River, Swan Valley, Mount Barker
Die drei besten Anbaugebiete Westaustraliens, um die Stadt Perth und südlich davon gelegen: duftigvolle Weißweine (Chardonnay, Sémillon, Sauvignon, Riesling), dazu elegante Cabernet Sauvignons und feine Pinot Noirs.

Tasmanien
Kühlstes Anbaugebiet Australiens mit den Weinbauzentren Launceston, Freycinet und Hobart. Von dort kommen einige der besten Weißweine (Chardonnays) und die besten Pinot Noirs des Landes.

Das Weinland Australien in Zahlen

Rebfläche: 73 000 Hektar
Weinproduktion: 660 000 Hektoliter
Jährlicher Weinkonsum pro Kopf: 18,2 Liter

Die 10 häufigsten Rebsorten

1.	Chardonnay	weiß	11,3 %
2.	Shiraz	rot	10,5 %
3.	Cab. Sauvignon	rot	9,3 %
4.	Sauvignon	weiß	5,3 %
5.	Muscat	weiß	5,0 %
6.	Sémillon	weiß	4,8 %
7.	Grenache	rot	2,9 %
8.	Pinot Noir	rot	2,1 %
9.	Trebbiano	weiß	1,6 %
10.	Colombard	weiß	1,4 %

Das australische Weinrecht
Die Weine müssen zu 85 Prozent aus dem auf dem Etikett angegebenen Anbaugebiet und von der dort angegebenen Rebsorte stammen. Tauchen mehrere Rebsorten auf dem Etikett auf, so ist der Wein zum größten Teil aus der erstgenannten erzeugt. Erlaubt ist das Zusetzen von Säure, während die Chaptalisation verboten ist. Gesetzliche Mengenbegrenzungen bei der Traubenproduktion gibt es nicht. Im Qualitätsweinbau werden zwischen 60 und 90 Hektoliter pro Hektar geerntet.

Methoden der Weinbereitung
Der technische Standard im Weinbau und der Kellertechnik ist in Australien hoch. Der weitaus größte Teil der Trauben wird mechanisch gelesen, ein großer Teil der Reben auch mechanisch beschnitten. Rotweine werden häufig in Barriques ausgebaut (guter Cabernet Sauvignon in französischer, Shiraz durchweg in amerikanischer). Die besseren Weißweine machen eine malolaktische Gärung durch und reifen ebenfalls in kleinen Barriques.

Minimal pruning
Nach entsprechenden wissenschaftlichen Versuchen sind einige Weingüter dazu übergegangen, bestimmte Reben fast gar nicht zu beschneiden. Nach einigen Jahren der Überproduktion reguliert die Rebe den Traubenansatz dann von selbst auf ein Niveau von etwa 80 Hektoliter pro Liter.

Im warmen Südaustralien werden die Trauben während der kühlen Nachtstunden gelesen und verarbeitet, zum Beispiel im Clare Valley.

NEUSEELAND

Die Inseln des weißen Sauvignons

Neuseeland hat mit seinen würzigen Sauvignons und Chardonnays in der ganzen Welt Bewunderung hervorgerufen. Im eigenen Lande wird und wurde Wein freilich immer noch mit Vorsicht genossen, obwohl die Weinproduktion sich seit 1960 verzwanzigfacht hat.

Jahrelang durften nur Hotels Wein verkaufen. Ein einzelner Kunde war nicht befugt, mehr als zwölf Flaschen erwerben. Erst seit 1960 dürfen Restaurants Wein anbieten, seit 1990 auch Supermärkte. Und ein gesetzliches Verbot, Wein mit Wasser zu verdünnen, wurde noch 1980 für nötig befunden. Die Ursache für derlei Absonderlichkeiten liegt in der skurrilen Weinbaugeschichte des Landes. Die ersten Reben wurden bereits 1819 in Neuseeland gepflanzt. Doch richtig in Schwung kam der Weinbau erst 1970. Dazwischen lagen Reblausbefall, Prohibition, Depression.

Spät auf den Geschmack gekommen

Die ersten europäischen *Vitis-vinifera*-Reben wurden in Neuseeland um 1970 gepflanzt, und die ersten Weine, die Aufsehen erregten, stammen von 1984. Zu diesem Zeitpunkt war die häufigste Sorte Neuseelands, die Albany Surprise, gerade von der Müller-Thurgau überflügelt worden. Die Winzer des Landes glaubten, daß die im kühlen Deutschland meistangebaute Traube auch im kühlen Neuseeland gelingen müsse. Fortan ergoß sich eine Flut leichter, süßer Weine aus den Kellern des Landes. Die drei größten Getränkekonzerne Neuseelands füllten 90 Prozent des neuseeländischen Weins ab. Die restlichen zehn Prozent der Weinproduktion teilten sich 150 Weinerzeuger untereinander auf. Die Müller-Thurgau hat bis 1992 ihre Spitzenstellung behaupten können. Erst dann ist sie von der Chardonnay überrundet worden.

Die Entdeckung der Südinsel

Kühl ist das Klima Neuseelands vor allem auf der Südinsel. Die ersten Reben wurden jedoch auf der warmen Nordinsel gepflanzt. Jahrzehntelang war Auckland das Zentrum des neuseeländischen Weinbaus. Mit der Ausbreitung der Müller-Thurgau wurde das flache, fruchtbare Gisborne Valley zur größten Weinbauzone des Landes. Als anspruchsvolle Chardonnays und vor allem Sauvignons Erfolge feierten, verlagerte sich der Weinbau in die benachbarte Hawke's Bay und in den 90er Jahren dann zunehmend auf die Südinsel. Heute ist Marlborough mit seinen kargen, steinigen Böden und den großen Temperaturunterschieden zwischen Tag und Nacht das größte und wichtigste Weinanbaugebiet Neuseelands. Allerdings wachsen die besten roten Cabernet Sauvignons nach wie vor auf der Nordinsel, speziell im Gebiet der Hawke's Bay, aber auch um Auckland.

Auckland

In dem gemäßigten, feuchtwarmen Klima um die Hauptstadt Neuseelands werden traditionell Rotweine angebaut. Die besten stammen von der Cabernet Sauvignon, die besonders in Matacma und auf der Insel Waiheke gute Qualitäten bringt. Neben Montana, dem größten Kellereibetrieb der Insel, haben sich dort viele wohlhabende Städter niedergelassen, um Wein anzubauen.

Kleines Weingut in der Hawke's Bay.

NEUSEELAND

Lake Wanaka in Central Otago auf der Südinsel, einem der kühlsten Anbaugebiete auf der südlichen Erdhalbkugel.

Das Weinland Neuseeland in Zahlen

Rebfläche: 7300 Hektar
Weinproduktion: 45 000 Hektoliter
Jährlicher Weinkonsum pro Kopf: 10,7 Liter

Die 10 häufigsten Rebsorten

1.	Chardonnay	weiß	23%
2.	Sauvignon	weiß	19%
3.	Müller-Thurgau	weiß	8%
4.	Cab. Sauvignon	rot	8%
5.	Pinot Noir	rot	7%
6.	Merlot	rot	6%
7.	Riesling	weiß	5%
8.	Muscat	weiß	3%
9.	Sémillon	weiß	3%
10.	Chenin blanc	weiß	2%

Das neuseeländische Weinrecht

Die Bestimmungen Neuseelands ähneln denen Australiens. Es gibt keine Vorschriften zur Begrenzung der Traubenproduktion. Die durchschnittlichen Erträge für Qualitätswein liegen mit 90 Hektoliter pro Hektar relativ hoch – Folge der ausgiebigen Niederschläge. Allerdings sind die Sommer oft trocken, so daß in vielen Gebieten eine Bewässerung unverzichtbar ist. 90 Prozent des neuseeländischen Weins stammen lediglich von drei großen Getränkekonzernen. Sie müssen ihre Trauben (oder den Most) bis zu 1500 Kilometer weit zur Zentralkellerei transportieren.

Gisborne Valley

Immer noch ein Massenanbaugebiet, zugleich aber die wichtigste Chardonnay-Zone des Landes: Auf diese Sorte konzentrieren sich die Anstrengungen Hunderter von Kleinwinzern und einiger Kellereien. Sie ergibt körperreiche Weine mit den typischen Aromen tropischer Früchte und milder Säure.

Hawke's Bay

Wegen des drastischen Rückgangs der Müller-Thurgau ist der Weinbaubereich um die Stadt Napier heute nicht mehr das größte Anbaugebiet Neuseelands – wohl aber eines der besten. Viel Chardonnay wächst dort, besonders gut aber gedeihen Cabernet Sauvignon, Cabernet Franc und Merlot, aus denen konzentrierte, vom Eichenholz kräftig gewürzte Rotweine entstehen.

Wairarapa-Martinsborough

Kleine, schicke Anbauzone im Hinterland von Wellington mit exzellenten Cabernet Sauvignons und einigen vorzüglichen Pinot Noirs.

Marlborough

Größtes und bedeutendstes Anbaugebiet Neuseelands mit pazifisch-kühlem Klima und steinigen Böden um den Ort Benheim. Berühmt für seine pikanten Sauvignons, die sich durch Fülle und außerordentlich kräftige Aromen auszeichnen. Viele Großkellereien beziehen Trauben von dort.

Nelson, Canterbury

Kleine, noch junge Anbaugebiete auf der Südinsel, aus denen stahlige Chardonnays (Nelson) und einige interessante Pinot Noirs (Canterbury) kommen.

Weinberge in Marlborough: Die Neuseeländer sind Pioniere des Weinbaus und der Laubpflegetechniken.

SÜDAFRIKA

Kap der guten Weine

Der Weinbau Südafrikas ist im Vergleich zu anderen Ländern der Neuen Welt rückständig. Erst seit Mitte der 80er Jahre hat sich das Land am Kap geöffnet. Seitdem sprießen neue Weingüter wie Pilze aus dem Boden. Die Zukunft hat gerade erst begonnen.

Südafrika ist noch immer ein Genossenschaftsland. 85 Prozent der Trauben werden von einer der 70 Kooperativen des Landes verarbeitet. Fast alle sind der großen KWV angeschlossen, der Zentralgenossenschaft des Landes (Kooperatiewe Wijnbouwers Vereeniging). Knapp 40 Prozent des von der KWV erzeugten Weins wird destilliert oder die Trauben werden zu Mostkonzentrat verarbeitet. Der südafrikanische Wein kommt aus den heißen Massenanbaugebieten des Landes wie Oranje River, Olifants River, Klein-Karoo oder Malmesbury. Dank Bewässerung werden dort über 300 Hektoliter pro Hektar produziert. Ein großer Teil des Weins wird in Fünf-Liter-Kartons abgefüllt und geht – meist in lieblicher Version – in die Landesteile, die hauptsächlich von der weißen Bevölkerung Südafrikas bewohnt werden.

Rotwein statt Weißwein

Allerdings vollzieht sich in Südafrika derzeit ein bedeutender Wandel. Seit Mitte der 80er Jahre dürfen europäische Qualitätsreben eingeführt werden, die die heimischen Massenträger nach und nach ersetzen. Das bedeutet: Die künftigen Sauvignon, Chardonnay oder Cabernet Sauvignon dürften deshalb unvergleichlich besser sein als ihre alten Pendants. Die Zahl der privaten Winzer und Weinunternehmer steigt sprunghaft an, mit ihnen die Rotweinquote. Der Wunsch, qualitativ bessere Weine zu erzeugen, wird größer. Als Folge davon wandert der

Weinbau in kühlere Regionen ab. Dadurch kommt es zu einer völligen Neubewertung der Lagen und Anbaugebiete.

Constantia

1652 pflanzte der holländische Arzt Jan van Riewbeeck die ersten Reben in der Tafelbucht bei Kapstadt. Dort befindet sich heute das älteste und berühmteste Anbaugebiet Südafrikas. Im 18. Jahrhundert war es für seinen Süßwein weltberühmt. Heute werden in dem kühl-feuchten Klima saftige Sauvignons und Chardonnays erzeugt, die zu den besten des Landes gehören. Auch einige sehr gute Cabernet-Merlot-Cuvées kommen von dort. Drei Güter beherrschen die Szene: das staatseigene Gut Groot Constantia, das aufstrebende Familienweingut Klein Constantia und das hochambitionierte, in deutscher Hand befindliche Gut Buitenverwachting.

Stellenbosch

Die größte Dichte an Spitzenweingütern findet sich in Stellenbosch, knapp 50 Kilometer vor Kapstadt. In dem malerischen, von holländischen und englischen Traditionen geprägten Anbaugebiet entstehen kräftige, tanninreiche Rotweine aus Cabernet Sauvignon, Merlot und Pinotage. Auf den hochgelegenen Hängen des Simonsbergs und des Helderbergs wachsen kräftige, fruchtbetonte Weißweine, vor allem Sauvignons, aber zunehmend auch gute Chardonnays. Die Spitzenweine kommen von Thelema Mountains, Vriesenhof, Muldersbosch, Kanonkop, Morgenhof.

Franschhoek

Nördlich von Stellenbosch gelegen, gehört dieses relativ warme, langgestreckte Tal zu den touristisch am stärksten frequentierten, angesehensten Anbau-

SÜDAFRIKA

gebieten Südafrikas. Besiedelt wurde es im 17. Jahrhundert von französischen Hugenotten. Sie haben den Weinbau eingeführt. Kultiviert wird heute nahezu die gesamte Palette der südafrikanischen Rebsorten. Spezialität ist der Sémillon.

Paarl

Nördlich von Kapstadt gelegenes, warmes Anbaugebiet, das von den zwei Giganten KWV und Nederburg dominiert wird. Sie produzieren unzählige Weine meist einfacher Qualität, dazu Liköre, Port-ähnliche Weine und Brandys. Die Privatweingüter stehen im Schatten der Genossenschaft. Einige von ihnen, deren Weinberge in kühleren Winkeln angelegt sind, produzieren jedoch auch exzellente Rotweine, etwa Plaisir de Merle.

Andere Weinanbaugebiete:

Hermanus: südlichstes Anbaugebiet des Landes an der Walker Bay mit kühl-feuchtem Klima, in dem mit Erfolg versucht wird, Pinot Noir und Chardonnay zu erzeugen.

Durbanville: aufstrebende, atlantiknahe Zone nur wenige Kilometer nördlich von Kapstadt, vielversprechend vor allem für Weißweine.

Geschnitzte Fässer in der Bergkelder Vinothek in Stellenbosch.

Robertson: warm-heißes Beregnungsgebiet, zwei Autostunden nördlich von Kapstadt: großenteils Massenanbaugebiet mit geschmacksneutralen, einfachen Weinen, teils aber auch individuelle Qualitäten, etwa von De Wetshof und Graham Beck.

Das Weinland Südafrika in Zahlen

Rebfläche: 105 000 Hektar
Weinproduktion: 10 Millionen Hektoliter
Jährlicher Weinkonsum pro Kopf: 8,8 Liter

Die Rebsorten in Südafrika

Rund 85 % des in Südafrika erzeugten Weins ist Weißwein. Chenin Blanc (örtlich auch Steen genannt) ist die häufigste weiße Sorte. Sie macht 30 % des Rebensortiments aus. Sauvignon (4 %) und Chardonnay (2 %) sind auf dem Vormarsch. Bei den roten Sorten dominiert deutlich Cabernet Sauvignon mit zunehmender Tendenz, desgleichen Merlot. Abnehmend, wenn auch auf hohem Niveau, ist Cinsaut. Auch Shiraz (Syrah) wird nur noch selten angebaut. Eine Spezialität ist die Pinotage, eine südafrikanische Kreuzung zwischen Pinot Noir und Cinsaut. Sie gibt wesentlich gehaltvollere, bessere Weine als die Pinot Noir selbst, aber auch als Cinsaut und Gamay.

Weingesetze in Südafrika

Das südafrikanische Weinrecht ist nicht sonderlich streng. Die Ursprungsgebiete (Wine of Origin) sind zwar seit 1973 genau definiert, doch braucht ein Gut, das Weinbergbesitz in mehreren Gebieten hat, nur eines auf dem Etikett anzugeben, auch wenn die Trauben aus zwei oder mehreren Gebieten kommen. Ein Rebsortenwein muß nur zu 75 % aus der angegebenen Sorte bestehen. Eine Höchstmengen-Verordnung für die Traubenproduktion existiert nicht. Südafrikas Weine dürfen zwar nicht angereichert, wohl aber künstlich gesäuert werden.

Boschendal Weinfarm in Franschoek mit dem Groot Drakenstein: Holländische und englische Traditionen prägen das Anbaugebiet.

CHILE

Zwischen Anden und Kordilleren

Der Aufstieg Chiles zu einem angesehenen Erzeuger von Qualitätsweinen gründet sich auf Cabernet Sauvignon, Merlot, Sauvignon Blanc und Chardonnay. Das fast mediterrane Klima gibt den Weinen eine frisch-würzige Note, die sie von anderen Weinen aus denselben Sorten unterscheidet.

Chile ist das älteste Weinland auf der südlichen Erdhalbkugel. Schon im 16. Jahrhundert setzten die Spanier die ersten Reben in die Erde, die sie aus ihrer Heimat mitgebracht hatten. Doch die Geschichte des modernen chilenischen Weins ist jung. Sie beginnt im Jahre 1983. Chiles Weinindustrie geriet damals in eine schwere Krise. Der inländische Konsum war von 50 auf elf Liter Wein pro Kopf gesunken, während zwei Rekordernten im Keller lagen. Der Weinmarkt brach zusammen. In dieser Situation begannen die wichtigsten Bodegas, in großem Stil internationale Rebsorten zu pflanzen: Cabernet Sauvignon, Merlot, sowie die weißen Sorten Sauvignon Blanc und Chardonnay. Export hieß die Devise. Die Operation war erfolgreich. Innerhalb von fünf Jahren gelang es den Chilenen, exportfähige Weine zu produzieren und so die Weinwirtschaft wieder anzukurbeln.

Die chilenischen Weine

Heute haben die internationalen Sorten bereits ein Übergewicht gegenüber den traditionellen. Entsprechend schmecken die für den Export vorgesehenen Weine völlig anders als die für den inländischen Konsum produzierten. Die Cabernet-Sauvignon-Traube mit ihrer kräuterwürzigen Note und dem Eukalyptuston bietet in der Regel die besten Qualitäten. Die größten Zuwachsraten verzeichnet jedoch die Merlot, die fleischige und leicht malzige Weine ergibt. Bei den weißen Sorten fallen Sauvignon Blanc und die Chardonnay mit ihrer exotischen Fülle auf. Nur wenige Weingüter produzieren ihre Trauben selbst. Sie kaufen sie jedes Jahr von Tausenden kleiner Vertragswinzer. Internationale Rebsorten wurden schon lange vor 1983 angebaut: So kamen die ersten Cabernet-Sauvignon-Reben 1851 nach Chile.

Bewässerung ist fast überall notwendig

Chiles Weinbauklima ist durchweg mediterran geprägt. Allerdings gibt es große Temperaturunterschiede. Die Weinanbaugebiete des Landes reichen nämlich vom trockenheißen Aconcaguatal, das 150 Kilometer nördlich von Santiago liegt, bis zur Stadt Chillan 400 Kilometer südlich der Hauptstadt. Dort ist es pazifisch kühl mit relativ hohen Niederschlägen. Alle Gebiete werden von der einen Seite durch die Anden, von der anderen durch die Küstenkordilleren begrenzt. Bei 300 Millimeter Niederschlag im Jahr ist Rebbau ohne künstliche Bewässerung kaum irgendwo möglich.

Die Weinanbaugebiete

Das prestigereichste Anbaugebiet ist Maipo, etwa hundert Kilometer südlich von Santiago gelegen. Von dort kommen die wohl besten Cabernet und einige gute Sémillon. Kaum weniger gut sind die Rotweine im südlich anschließenden Rapel, wo es freilich etwas kühler ist. Aus Rapel kommen geschmacksintensive, würzige Weine. Das noch kühlere Maule mit den Bereichen Colchagua und Curicó ist traditionell geprägt. Einige Weiß- und Rotweine sind jedoch beachtlich. Noch weiter im Süden wird überwiegend die traditionelle País angebaut, eine Massensorte, die bis 250 Doppelzentner pro Hektar ergibt. Die besten Chardonnay und Sauvignon kommen dagegen aus dem küstennahen Anbaugebiet von Casablanca, im Norden bei Valparaiso gelegen.

CHILE, ARGENTINIEN

Argentinien – eine Weinwelt für sich

Argentinien ist der viertgrößte Weinproduzent der Welt – und doch ist über das Land, seine Rebsorten und Weine wenig bekannt. Das mehr als 200 000 Hektar umfassende Rebland liegt ausschließlich im Westen des Landes am Fuße der Anden. Es ist stark zersplittert und reicht von Lavalle im Norden bis über San Rafael im Süden hinaus. Zentrum der Weinproduktion ist die Stadt Mendoza. In ihrer Umgebung haben die meisten großen Kellereibetriebe ihren Sitz. Obwohl Mendoza nur rund 300 Kilometer von Santiago de Chile entfernt liegt, haben sich Argentinien und Chile weinbaulich in völlig andere Richtungen entwickelt. In Argentinien dominieren noch heute die alten Rebsorten aus der Kolonialzeit: vor allem die hellroten Criolla und Cereza. In den fruchtbaren, gut bewässerten Tallagen werden von diesen Sorten bis zu 400 Doppelzentner pro Hektar geerntet. Die Weine, hellrot in der Farbe und niedrig im Alkohol, werden ausschließlich auf dem inländischen Markt abgesetzt. Unter den weißen Sorten dominieren die schlichte Ugni Blanc und die Muscat d'Hambourg. Sie ergeben plump-süße Likörweine beziehungsweise magere, etwas fade Tafelweine. Die internationalen weißen Sorten haben nur selten überzeugende Weine hervorgebracht. Die beste Weißweinsorte dürfte die Torrontés mit leichten, würzigen Weinen sein. Die charaktervollsten, besten Rotweine kommen von der Malbec. Sie besitzen Tiefe, Vielschichtigkeit und Festigkeit. Leider ist die Malbec im Rückgang begriffen, weil viele mit Cabernet und Merlot bessere Geschäfte zu machen hoffen. Daneben werden zahlreiche italienische (Barbera, Bonarda, Nebbiolo, Sangiovese) und spanische Sorten angebaut (Tempranillo).

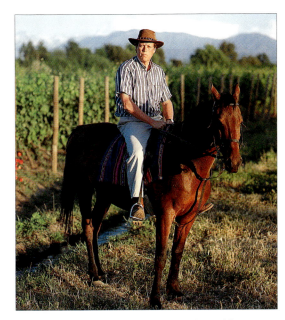

Vom Pferd aus das Rebland inspizieren: Gaucho in Chile.

Mendoza, Argentiniens wichtigstes Anbaugebiet: Im Schutz der Anden werden hellrote Massenweine und feinster roter Malbec geerntet.

Das Weinland Chile in Zahlen

Rebfläche für den Weinanbau: 55 000 Hektar
Weinproduktion: 4 Millionen Hektoliter
Jährlicher Weinkonsum pro Kopf: 27 Liter

Die 10 häufigsten Rebsorten

1.	País	rot	28%
2.	Cabernet Sauvignon	rot	23%
3.	Sauvignon	weiß	11%
4.	Moscatel	weiß	10%
5.	Chardonnay	weiß	8%
6.	Merlot	rot	5%
7.	Sémillon	weiß	5%
8.	Torontel	weiß	2%
9.	Carignan	rot	1%
10.	Malbec	rot	1%

Das chilenische Weinrecht

Ein Weingesetz hat sich Chile erst 1985 gegeben. Es legt die Herkunftsgebiete fest und definiert die zur Qualitätsweinproduktion zugelassenen Sorten: insgesamt 23 (die País, die am meisten angebaute Rebe, gehört nicht dazu). Die Weine tragen in Chile fast immer den Namen einer Rebsorte auf dem Etikett. Diese Rebsorte muß zu mindestens 75 Prozent im Wein enthalten sein. Das gilt auch für Herkunft und Jahrgang. Maximal 25 Prozent dürfen aus einem anderen Jahrgang beziehungsweise aus einem anderen Herkunftsgebiet stammen. Die Chaptalisierung ist in Chile nicht erlaubt, wohl aber die Azidifikation. Eine Begrenzung der Traubenproduktion ist nicht vorgeschrieben. Der Durchschnitt liegt beim Qualitätswein bei etwa 90 Doppelzentner pro Hektar.

Kostbare Geheimnisse

Das Verkosten des Weins ist, technisch betrachtet, ein nüchterner Vorgang. Es geht darum, Aussehen, Duft und Geschmack des Wein zu analysieren und danach zu einem Gesamturteil über den Wein zu kommen. Für den Genießer ist Weinverkosten etwas ganz anderes. Er will nicht analysieren. Er will sich vom Wein forttragen, sich in seine Geheimnisse einweihen lassen. Für ihn beginnt der Genuß mit dem Leuchten der Farbe und dem Anblick der Schlieren, die am Glasrand herablaufen. Und er endet lange, nachdem der Wein durch den Hals gelaufen ist. „Wer genießen kann, trinkt keinen Wein mehr, sondern kostet Geheimnisse", fomulierte der spanische Maler Salvador Dalí. Natürlich ist auch der Kopf am Weingenuß beteiligt. Das Wissen um die Herkunft des Weins, die Kenntnis der Besonderheiten eines Jahrgangs, die Fähigkeit, komplexe Geschmackseindrücke aus der Erinnerung mit anderen Eindrücken zu vergleichen – all das gehört zu einer lustvollen und intelligenten Weinverkostung dazu. „Im Wein geht ein Stück von der Seele des Landes, aus dem er kommt, auf den über, der ihn trinkt", sagte einmal der verstorbene italienische Winzer Giacomo Bologna.

Die Aromen des Weins

Botschaft der Sinne

Das Faszinierende am Wein ist seine geschmackliche Vielfalt. Er kann Aromen von Pfirsich oder schwarzer Johannisbeere, von Gewürznelken, Butter oder getrockneten Feigen annehmen. Nicht alles, was gut klingt, schmeckt auch gut. Manchmal sind es aber gerade die bizarren Aromen, die dem Wein das gewisse Etwas geben.

Das Aroma des Weins besteht aus dem Teil, den der Mensch riechen, und dem, den er schmecken kann. Duft und Geschmack sind die wichtigsten Komponenten des Weingenusses. Einige besonders leidenschaftliche Weintrinker schwärmen auch von der Farbe, die ihnen schon einen Vorgeschmack auf das bevorstehende Trinkerlebnis beschert. Oder der Temperatur des Weins, die, unabhängig vom Geschmack, den Gaumen erfrischen kann. Oder dem Knistern der Perlen im Champagner. So betrachtet hat jeder Wein nicht nur ein bestimmtes Aroma, sondern auch eine optische, taktile und akustische Qualität.

Die Primäraromen

Als Primäraromen werden die natürlichen Traubenaromen bezeichnet, die aus den Beeren kommen. In der Mehrzahl handelt es sich um blumige und fruchtige Aromen. Zumindest bei jungen Weinen dominieren sie. Später kommen würzige Noten hinzu. Dabei besitzt jede Rebsorte ihre eigenen Primäraromen. Weine aus der weißen Sauvignon-Blanc-Traube verströmen oft einen Stachelbeerduft, während Pinot-Noir-Weine nach Kirschen und Pflaumen riechen. Die Primäraromen können jedoch – auch bei der gleichen Rebsorte – unterschiedlich ausfallen, je nachdem wo und in welchem Boden der Wein wächst. Ein Cabernet Sauvignon aus dem kalifornischen Napa Valley ist fruchtbetonter als ein Bordeaux Cabernet. In Bordeaux herrschen alkalische Böden vor, in Napa saure.

Die Sekundäraromen

Neben den Aromen, die aus der Traube kommen, finden sich im Wein auch Aromen, die während der Gärung entstanden sind. Diese Gär- oder Sekundäraromen bereichern den Wein, machen ihn „weinig" und führen dazu, daß er ein anderes Aromaprofil bekommt als der Traubensaft es besaß. Träger dieser Sekundäraromen sind Alkohole, Säuren, Aldehyde und Ester. Sie hängen von den Hefestämmen ab, die den Zucker in Alkohol umwandeln, aber auch von der Reife der Trauben: also von der Menge und der Zusammensetzung des Traubenzuckers. Typische Sekundäraromen können Geschmacksnoten wie Butter, Brot, Pilze, Leder, Käse und animalische Noten sein. Aber auch Geschmackseindrücke von der Art gekochter Marmelade, feuchtem Herbstlaub und Stallgeruch gehören in diese Kategorie. Ein Großteil der Sekundäraromen ist flüchtiger Natur und verschwindet wieder: teilweise schon während des Ausbaus, teilweise später auf der Flasche.

Tertiäraromen

Im Sommer nach der Lese, wenn es warm wird, beginnt sich das Aroma des Weins zu verändern – gleichgültig, ob er sich dann noch im Faß oder schon auf der Flasche befindet. Die primärfruchtigen Aromen treten in den Hintergrund, es entwickeln sich neue Duftkompositionen. Würzige Aromen, balsamische Aromen und Holzaromen machen sich bemerkbar – erste Anzeichen einer beginnenden Reife. Der Fachmann spricht davon, daß der Wein nun kein Aroma mehr hat, sondern ein Bouquet. Mit dem weiteren Ausbau oder der weiteren Verfeinerung auf der Flasche nimmt die Bouquetbildung zu. Der Wein wird komplexer, vielfältiger, facettenreicher.

Die Beschreibung der Aromen

Wissenschaftler haben rund 500 verschiedene Weinaromen nachweisen können. Wenn ihre Meßverfahren, die Gaschromatographie und die Massenspektralanalyse, feiner wären, würden es vermutlich noch wesentlich mehr sein. Der größte Teil dieser Aromen ist chemisch nicht beschreibbar. Erst bei wenigen Aromen ist es möglich, ihnen die entsprechende chemische Formel zuzuordnen. Wenn sie sprachlich benannt werden sollen, entstehen oft unerwartete, ja bizarre Aromenbezeichnungen. Anfang der 80er Jahre haben Wissenschaftler der kalifornischen Weinuniversität Davis den Versuch unternommen, die verschiedenen Weinaromen zu systematisieren. Herausgekommen ist der Aromenkreis. Zu einer verbindlichen Weinsprache hat aber auch er nicht geführt.

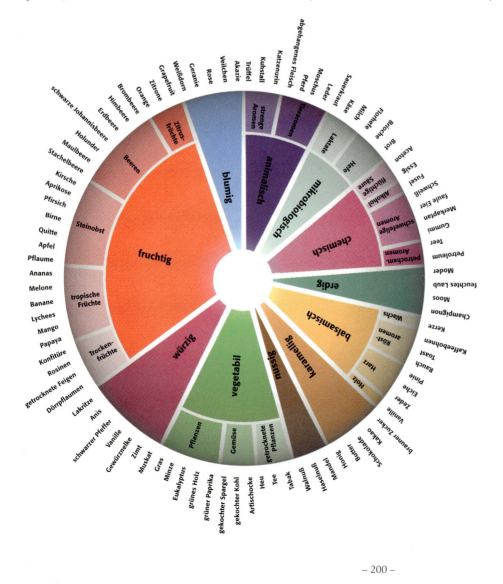

Die Aromen des Weins

Chardonnay aus Kalifornien: Aromen von Ananas und Nüssen.

Roter Bordeaux: Aromen von schwarzen Johannisbeeren und Zigarrentabak.

Pouilly-Fumé und Sancerre: Aromen von Stachelbeeren und Feuerstein.

Chianti Classico: Aromen von Veilchen, Stiefmütterchen und Brombeeren.

Riesling vom Rhein: Aromen von Apfel oder Pfirsich.

Roter Burgunder: Aromen von Pflaumen und Eiche.

Die Degustation

Der Kampf um Zehntelpunkte

Informelle Weinprobe bei Olivier Leflaive in Puligny-Montrachet. Ein typisches Degustationsblatt zur Punktevergabe (rechts).

Wein genießen ist eine Sache, Wein degustieren eine andere. Die Degustation ist Arbeit mit wenig Genußwert – der Wein wird nämlich nicht geschluckt, sondern ausgespuckt. Das Ziel: ein möglichst umfassendes, für sich und andere Menschen plausibles Urteil über einen Wein abzugeben. Manchmal gelingt es, häufig nicht.

Die Wahrnehmung von Geschmacksreizen und ihre Beschreibung stellen noch kein Urteil über den Wein dar. Der französische Feinschmecker-Philosoph Jean Anthèlme Brillat-Savarin (1755–1826) hat schon vor 200 Jahren eine wichtige Unterscheidung getroffen: Für ihn beginnt jeder Weingenuß mit einer „direkten Empfindung", dem Geschmack. Der Wein berührt die Lippen, läuft langsam über die Zunge, rollt dann wieder zurück zu den Lippen. So wird der Geschmack voll ausgekostet. Zur „vollständigen Empfindung" gehört freilich mehr: der mundwässernde Anblick des Weins, die „Tränen", die nach dem Schwenken am Glas herunterlaufen, und natürlich der Duft. Mit ihm beginnt der direkte Genuß. Er reizt die Sinne ähnlich wie die Berührung des Weins mit der Zunge.

Die Genußverkostung

Die „vollständige Empfindung" ist die Voraussetzung für ein Urteil über den Wein. Aber erst die „reflektierte Empfindung", die die Sinneseindrücke ordnet, macht es möglich, zu einem solchen Urteil zu kommen. Der Körperreichtum, die Länge, die Vielfalt, die Üppigkeit, die Harmonie – der Gesamteindruck von einem Wein bildet sich durch das mosaikhafte Zusammensetzen einzelner Wahrnehmungen im Kopf. Brillat-Savarin war ein barocker Lebemann. Er wollte zuerst

Die Degustation

genießen, um dem Genuß danach einen Sinn zu geben. Sein Werk über „Die Physiologie des Geschmacks" ist eine fast wissenschaftlich anmutende Lehre der höheren Genüsse – einschließlich dem des Weins.

Die Degustation

Die heutigen Degustationsbreviere sind nüchterner. Da geht es nicht um den Genuß, sondern um die Analyse des Weins. Sommeliers, Weinhändler und Journalisten verkosten die Weine, ohne sie zu schlucken. Nachdem der Wein auf der Zunge „gewogen" wurde, wird er in Näpfe gespuckt. Die Arbeit steht also im Vordergrund, nicht der Genuß. Die Weine werden blind verkostet – ohne Ansicht des Etiketts. Persönliche Vorlieben oder Vorurteile sollen sich nicht auf das Urteil auswirken. Bei offiziellen Degustationen, etwa Weinprämierungen, wird ein formalisiertes Degustationsblatt verwendet. Darin werden für Aussehen, Bouquet, Geschmack und den Gesamteindruck Punkte vergeben. Das Degustationsblatt gibt es in vielen Varianten. Der Grundaufbau ist jedoch immer gleich. Nach Errechnung des Mittelwertes der Gesamtnoten sind es am Ende Zehntelpunkte, die über Sieg oder Niederlage entscheiden.

150 Weine pro Tag verkosten

Die Punktebewertung dient nach wie vor als Basis für die Vergabe von Medaillen bei Weinwettbewerben. Mit der Inflation der Gold-, Silber- und Bronzemedaillen haben die Weinwettbewerbe jedoch überall auf der Welt an Glaubwürdigkeit eingebüßt. Heute wird die Punktebewertung durch berufliche Weinverkoster, Degustationskommissionen, Fachjournalisten vorgenommen. Sie dient vor allem der Erstellung von Rangordnungen. Solche *rankings* sind, da sie meist veröffentlicht werden, ein wichtiges Verkaufsinstrument geworden. Keine Weinzeitschrift kann es sich leisten, auf sie zu verzichten. Benotungen nach Punkten haben die oftmals blumigen, phantasiereichen Weinbeschreibungen abgelöst. Während in Europa traditionell auf einer 20-Punkte-Skala gewertet wird, ist in Amerika die 100-Punkte-Skala gebräuchlich. Die Glaubwürdigkeit der Ergebnisse solcher Degustationen hängt freilich nicht von der Skala, sondern von der Seriosität der Verkoster ab – und von den Bedingungen. 80 Weine an einem Tag konzentriert zu verkosten und zu bewerten, ist zweifellos schwierig. Bei 150 Weinen am Tag – was keine Seltenheit ist – dürfte die Fehlerrate entsprechend hoch liegen.

Private Weinproben

Auch im privaten Rahmen lassen sich Weindegustationen veranstalten. Sie sollten unter ein bestimmtes Thema gestellt werden: Cabernet Frankreich gegen Cabernet Kalifornien, oder die zehn besten Chardonnay Kaliforniens gegeneinander. Eine solche Weinprobe wäre horizontal aufgebaut. Wenn sie vertikal aufgebaut ist, wird ein und derselbe Wein über mehrere Jahrgänge hinweg verprobt. Wichtig bei diesen Proben ist, daß die Weine blind verkostet werden. Auf diese Weise wird eine größere Objektivität gewährleistet. Man wickelt die Flaschen, die in der Degustation sind, in Papier ein, so daß niemand das Etikett lesen kann. Oder man stülpt einfach einen Strumpf über die Flasche. Ob Punkte oder verbale Urteile über die Weine abgegeben werden, liegt im Ermessen des Veranstalters der Degustation. Meist werden die Weine getrunken, nicht ausgespuckt.

Kenner beurteilen einen Wein vor allem mit der Nase.

Wenn Weinproben logisch aufgebaut sind, lassen sich 40 bis 50 Weine am Tag seriös verkosten.

Die Farbe des Weins

Das Auge trinkt mit

Wein ist Augenlust. Ob leuchtendes Purpurrot oder sattes Bernsteingelb, die Farbe des Weins ist eine Botschaft für die Sinne. Mehr noch: Sie kann durchaus etwas über das Alter, die Rebsorte und im Einzelfall über die Qualität des Weins verraten.

Weißweine dunkeln mit zunehmendem Alter nach. Besonders gehaltvolle Weißweine, die womöglich kurz auf der Maische gestanden haben (Kryomazeration), sind jedoch nie glanzhell, sondern zeigen sich schon jung in einem kräftigen Zitronengelb. Bei Rotweinen ist die Farbentwicklung umgekehrt. Sie hellen sich mit zunehmendem Alter auf und weisen einen orangefarbenen Schimmer am Rand auf. Bordeaux-Weine, besonders aber Burgunder, tendieren nach 20 Jahren oft ins Bräunliche und werden beinahe unansehnlich. Die Farbe steht dann in krassem Gegensatz zum Geschmack: Dieser nähert sich seinem Höhepunkt und entwickelt eine feine, malzige Süße.

Glanzhell: Pinot Grigio

Strohgelb: Sauvignon Blanc

Zitronengelb: junger Chardonnay

Schwarzrot: junger Ribera del Duero

Rubinrot: junger Médoc

Kirschrot: junger Chianti Classico

Die Farbe des Weins

Das Problem mit der Farbe

Für junge Bordeaux-Weine wird gerne die Gleichung aufgestellt: Je dunkler die Farbe, desto besser ist der Wein. Tatsächlich korrespondiert die Anzahl der Farbpigmente in den Beeren mit der Reife der Trauben und damit mit der Qualität eines Jahrgangs: Je besser der Jahrgang, desto dunkler der Wein. Vom Bordeaux-Wein läßt sich jedoch nicht auf andere Weine schließen. Die meisten roten Traubensorten haben von Natur aus weniger Farbe als die Cabernet Sauvignon, aus der die Bordeaux-Weine überwiegend gekeltert werden. Sie sind – auch in großen Jahren – heller, ohne deswegen schlechter zu sein. Burgunder und Barolo sind typische Beispiele dafür: Sie erreichen nie die Farbtiefe eines Bordeaux' oder eines spanischen Ribera del Duero. Ein Qualitätsurteil läßt sich aus der Farbtiefe nicht ableiten. Außerdem kommen dunkelfarbene Weine häufiger in heißen als in kühlen Anbaugebieten vor. Südspanische, süditalienische und algerische Rotweine sind häufig nur zum Verschneiden gut.

Goldgelb: reifer Chardonnay

Altgolden: reifer Sauternes

Bernsteingelb: Amontillado Sherry

Purpurrot: St-Emilion, 10 Jahre alt

Ziegelrot: Barolo, 15 Jahre alt

Granatrot: Burgunder, 30 Jahre alt

Immer der Nase nach

Ein großer Teil dessen, was der Mensch zu schmecken glaubt, riecht er in Wirklichkeit. Das gilt auch für den Wein. Um seine Geheimnisse zu entschlüsseln, ist vor allem ein guter Geruchssinn nötig. Die Nase ist eines der entwickeltsten Sinnesorgane des Menschen.

Der Duft des Weins geht von den flüchtigen Substanzen aus. Sie machen den größten Teil seiner Aromen aus. Chemisch sind die flüchtigen Substanzen an Alkohole, Aldehyde, Ester, Säuren oder andere Kohlenwasserstoffverbindungen gebunden. Je mehr Kohlenstoffatome sie enthalten, desto intensiver ist der Duft. Die stärksten Düfte gehen von den Estern aus. Sie sind die flüchtigsten aller Verbindungen, flüchtiger noch als die Aldehyde, die ihrerseits aber stärker duften als die Alkohole. Am wenigsten flüchtig sind die Säuren.

Das Riechorgan

Die Riechzone des Menschen liegt in einer kleinen Seitenkammer der oberen Nasenhöhle. Der Luftstrom beim Einatmen berührt die Riechzone nicht direkt. Allerdings werden Luftwirbel in diese Seitenkammer getragen, die dann die Duftempfindungen auslösen. Die Geruchsrezeptoren selbst befinden sich auf einer Fläche, die nicht größer als eineinhalb Quadratzentimeter ist, der Riechschleimhaut. Sie ist mit einem feuchten Film überzogen, so daß die Duftmoleküle, die sie berühren, auf ihr gelöst werden. Nur in flüssigem Zustand können Gerüche wahrgenommen werden. Die Nasenlöcher mit der ebenfalls feuchten Nasenscheidewand haben dagegen keine Riechfunktion. Sie dienen lediglich dazu, die inhalierte Luft zu filtern, zu erwärmen und zu befeuchten. Da sich die Seitenkammer mit der Riechschleimhaut zum Rachenraum hin öffnet, werden die Geruchsrezeptoren beim Ausatmen stärker gereizt als beim Einatmen. Das ist der Grund, weshalb ein Wein nach dem Schlucken oft so lange nachklingt.

Die Geruchsneuronen

Auf der menschlichen Riechschleimhaut enden etwa 50 Millionen Neuronen in Form von kleinen Härchen, die in der Schleimhaut schwimmen. Neuronen sind Nervenleitungen, die direkt mit dem Gehirn verbunden sind. Über die Riechhärchen geben sie die empfangenen Reize an das Riechhirn weiter. Dieses liegt gleich oberhalb der Nasenhöhle. Die Wege sind also kurz – Indiz dafür, wie eng

Das Riechhirn des Menschen kann bis zu 4000 verschiedene Gerüche wahrnehmen.

das gesamte zentrale Nervensystem des Menschen an Geruchsempfindungen gekoppelt ist. Das Riechhirn entziffert die Reize und ordnet sie zu einem homogenen Geruchseindruck, was notwendig ist, weil Millionen von Riechfäden gleichzeitig stimuliert werden, wenn Geruchsmoleküle auf sie treffen. Wissenschaftliche Untersuchungen haben ergeben, daß das Riechhirn des Menschen bis zu 4000 Gerüche unterscheiden kann. Die Erinnerung von Geruchseindrücken – ein wichtiger Faktor beim Weintesten – ist dagegen eine intelligente Leistung des Menschen und unterliegt dem Willen.

Die Riechschwellen

Es ist eher unwahrscheinlich, daß es ein angeborenes Talent zum Weinverkosten gibt. Zwar ist die Größe der Riechschleimhaut nicht bei jedem Menschen gleich. Doch kommt es gar nicht auf die Größe, sondern auf die Empfindlichkeit der Rezeptoren an. Einige Menschen reagieren bereits auf 100 Geruchsmoleküle, andere erst ab 10 000. Allerdings wird vermutet, daß die Wahrnehmung stark vom Großhirn gesteuert wird. Das heißt: Die Fähigkeit, Gerüche zu erkennen, hängt stark von der Kenntnis der Geruchskomponenten und der Bereitschaft ab, diese zu unterscheiden. Riechschärfe ist also, zumindest beim Wein, trainierbar. Allerdings gibt es Einschränkungen. Menschen, die Dauergerüchen ausgesetzt sind (Tabakqualm, Autoabgase), nehmen diese kaum mehr wahr. Ihre Geruchsschwelle steigt. Sie werden geruchsunempfindlich. Auch scheint die Riechschärfe mit zunehmendem Alter nachzulassen. Ob dies mit der Abnutzung der Rezeptoren zu tun hat oder eine Folge nachlassender geistiger Konzentration ist, darf als ungeklärt gelten. Sicher ist, daß die Riechschärfe im Tagesverlauf schwankt, und zwar sowohl bei jungen wie alten Menschen. Nach Frühstück, Mittagessen und Abendessen ist sie besonders niedrig. Nüchtern riecht der Mensch dagegen am besten.

Die Physiologie des Schmeckens

Kurze Attacke, langes Finale

Die Wahrnehmungsfähigkeit der Zunge ist sehr begrenzt: Sie unterscheidet kaum mehr als vier Geschmacksrichtungen.

Den Wein körperhaft auf der Zunge zu spüren, bedeutet höchsten Genuß. Zwar ist der Geschmack nie so vielfältig wie der Duft. Aber im Mund befriedigt der Wein mehr als nur einen Empfindungssinn – und löscht den Durst.

Die nichtflüchtigen Geschmacksträger des Weins sind Zucker, Säuren und die Phenole. Sie duften nicht (oder nur geringfügig), sie müssen infolgedessen geschmeckt werden. Für den Geschmack ist die Zunge zuständig. An ihr befinden sich die meisten Geschmacksrezeptoren, am Gaumen und im Rachenraum dagegen nur wenige. Gaumen und Rachen sind dennoch am Weingenuß beteiligt. Der physische Berührungsreiz, die Temperatur, das Zusammenziehen der Schleimhäute unter dem Einfluß des Tannins – für alle diese Sinneseindrücke ist der Empfindungssinn des Mundes empfänglich, der *Trigeminus*. Durch die Erwärmung des Weins im Mund werden schließlich auch die flüchtigen Aromen noch einmal aktiviert, die auf retronasalem Weg die Nasenschleimhaut noch einmal stimulieren.

Die Zunge

Die Zunge ist mit Papillen bedeckt: feinste pilz- oder wallförmige Ausstülpungen, die vor allem dem Tastsinn dienen. Etwa 200 bis 400 dieser Papillen enthalten jedoch auch Geschmacksknospen. Mit ihnen kann der Mensch chemische Stoffe wahrnehmen. Allerdings sind die Geschmacksknospen unregelmäßig über die Zunge verteilt. Sie häufen sich an der Zungenspitze, an den Zungenrändern und an der Zungenwurzel. In der Zungenmitte sind kaum Geschmacksknospen zu finden. Dieser Teil der Zunge ist also geschmacksneutral. Jede Geschmacksknospe enthält zahlreiche Sinneszellen, die an ihrem oberen Ende in kleinen, speichelumhüllten Geschmacksfäden enden, dem *Porus*. Sie sind die eigentlichen Empfindungserreger: Sie reagieren auf chemische Substanzen und leiten die entsprechenden Informationen ins Gehirn weiter. Am besten können Kinder schmecken. Bei ihnen stehen die Geschmacksknospen am dichtesten. Vom 20. Lebensjahr an nimmt ihre Zahl jedoch stetig ab. Mit 60 Jahren hat sich ihre Zahl halbiert.

Die Geschmacksknospen

Lange Zeit ging man davon aus, daß die Zunge eine unendlich große Anzahl von Geschmacksnuancen wahrnehmen kann. Heute weiß man, daß es gerade vier Grundgeschmacksrichtungen sind, auf die die Zunge reagiert: süß, salzig, sauer, bitter. Allerdings weiß man auch, daß der Weingeschmack stets aus einer Mischung dieser vier Grundrichtungen besteht. Süße hängt am Alkohol, besonders am Glykol. Die Säure ist als Weinsäure, Milchsäure, Essigsäure, gegebenenfalls als Apfelsäure im Wein enthalten. Salze sind Bestandteile der Säuren (da der salzige Geschmack von anderen Geschmackskomponenten dominiert wird, tritt er als solcher kaum in Erscheinung). Den Bittergeschmack steuern bestimmte Phenole bei, etwa die Tannine. Freilich sind nur wenige Geschmacksknospen in der Lage, alle vier Geschmacksrichtungen wahrzunehmen. Die meisten können nur eine oder zwei erkennen. Entsprechend verteilen sich die Empfindungen auf verschiedene Zonen der Zunge.

Die Geschmacksfelder der Zunge

Leichte und Schwere Weine

LEICHTE WEISSWEINE	**LEICHTE ROTWEINE**	**MITTELSCHWERE WEISSWEINE**	
Frankreich Entre-Deux-Mers Petit Chablis Muscadet Saumur Vouvray Champagne Mâcon **Italien** Albana Trebbiano di Romagna Gavi Soave Prosecco Pinot Grigio Galestro Frascati Trebbiano d'Abruzzo **Deutschland** Riesling QbA, Kabinett Müller-Thurgau Gutedel QbA, Kabinett **Österreich** Grüner Veltliner Riesling **Portugal** Vinho Verde **Kalifornien** White Zinfandel Mountain White **Südafrika** Chenin Blanc	**Frankreich** Beaujolais Pinot Noir (Elsaß) Anjou Touraine Chinon Gigondas Vacqueyras **Italien** Kalterer See Bardolino Valpolicella Merlot del Piave Cabernet del Piave Lambrusco **Deutschland** Trollinger Spätburgunder (Assmannshausen, Ahr) **Österreich** Blauer Zweigelt **Schweiz** Dôle Blauburgunder (Bündener Herrschaft) Œil de Perdrix	**Frankreich** Pouilly-Fumé Chablis (Grand Cru) Bourgogne Blanc Aligoté Meursault Montagny Pouilly-Fuissé Côtes du Jura Vin de Savoie Bergérac Bordeaux Sec Graves Blanc **Italien** Südtiroler Weißburgunder, Chardonnay, Sauvignon Franciacorta Bianco Arneis Pinot Bianco, Pinot Grigio Verdicchio Vernaccia di S. Gimignano Orvieto Vermentino di Sardegna Alcamo Corvo Bianco **Spanien** Albariño Rueda Blanco **Deutschland** Riesling Auslese trocken (Mosel, Rheingau, Pfalz) Grauburgunder Spätlese trocken (Baden, Pfalz) **Österreich** Welschriesling Neuburger **Schweiz** Aigle, Epesses, Dézaley	**Kalifornien** Chardonnay (Carneros, Monterey, Napa, Sonoma) **Australien** Chardonnay (Victoria, Perth, Tasmanien) Sauvignon Blanc (Perth, Tasmanien) **Neuseeland** Sauvignon Blanc (Marlborough)

LEICHTE UND SCHWERE WEINE

MITTELSCHWERE ROTWEINE		SCHWERE WEISSWEINE	SCHWERE ROTWEINE
Frankreich St-Estèphe, Pauillac, St-Julien, Margaux, Graves Haut-Médoc Madiran Corbières Fitou Côtes du Roussillon Coteaux du Languedoc Minervois Vin de Pays de l'Hérault Côtes de Provence Côtes du Ventoux Côtes du Rhone Tavel Rosé Lirac Macon Rouge Mercurey Givry, Rully Morgon Moulin-à-Vent Bourgogne Rouge Vin de Corse **Italien** Südtiroler Cabernet Südtiroler Merlot Südtiroler Pinot Nero Lagrein Franciacorta Rosso Valtellina Rosso Roero Barbera d'Alba (Piemont) Sangiovese di Romagna Chianti Classico Chianti Rufina Vino Nobile di Montepulciano Torgiano Montefalco **Spanien** Rioja Somontano Aragón Valdepeñas Castilla-La Mancha Tinto Navarra	**Deutschland** Spätburgunder Spätlese, Auslese Lemberger Spätlese, Auslese **Österreich** Blaufränkisch **Schweiz** Merlot del Ticino (Viti) **Kalifornien, Oregon** Zinfandel Pinot Noir **Australien** Cabernet Sauvignon (Coonawarra) Shiraz (Victoria) **Südafrika** Bordeaux Blend (Paarl) Pinotage (Stellenbosch) **Chile** Cabernet Sauvignon	**Frankreich** Corton-Charlemagne Puligny-Montrachet Montrachet Musigny Blanc Gewürztraminer (Elsaß) Pinot Gris (Elsaß) Hermitage Blanc Château-Chalon Château-Grillet Vin Jaune Sauternes **Italien** Sauvignon Collio **Österreich** Riesling Smaragd Grüner Veltliner Smaragd Sauvignon, Morillon (Steiermark) **Kalifornien** Chardonnay Sauvignon, Fumé Blanc **Australien** Sémillon (Hunter Valley) Chardonnay (Barossa)	**Frankreich** St-Emilion, Pomerol Châteauneuf-du-Pape Bandol (Rotwein, Rosé) Côte Rôtie Hermitage Côte de Nuits (Grand Cru) Cahors **Italien** Amarone Barbera d'Asti Barolo, Barbaresco Brunello di Montalcino Sagrantino Taurasi Aglianico del Vulture Cannonau di Sardegna Regaleali Rosso Duca Enrico **Spanien** Ribera del Duero Priorato **Portugal** Dão **Kalifornien** Cabernet Sauvignon Merlot **Australien** Shiraz (Hunter Valley) Cabernet Sauvignon (Barossa)

GASTAUTOR MICHAEL BROADBENT

Lob der alten Weine

Ehe ich die Annehmlichkeiten – und die Probleme – alter Weine anspreche, sollten wir unbedingt zunächst einmal den Begriff „alt" definieren. Hier variieren einerseits die Anschauungen, andererseits ist es ja auch so, daß manche Weine nicht nur die Fähigkeit zum Altern besitzen, sondern auch tatsächlich längere Zeit zum Ausbau brauchen und davon profitieren, während andere – die im übrigen den Löwenanteil der weltweiten Weinproduktion ausmachen – eine Flaschenreifung weder benötigen noch dazu überhaupt geeignet sind. Selbst unter günstigsten Bedingungen bekommt ihnen eine längere Kellerlagerung keineswegs gut, ja die meisten vertragen sie auch gar nicht.

Um zwei Beispiele für die erwähnten unterschiedlichen Anschauungen zu geben: Die Franzosen meinen, Champagner solle man am besten trinken, solange er jung ist und stark moussiert. Anspruchsvolle Kenner in England bevorzugen dagegen eher ältere Champagner. Und einen 1991er, ja selbst einen 1993er Bordeaux bezeichnet man (heute, im Jahre 1997) daheim, also in Bordeaux, als einen „alten" Wein, und zwar sowohl was das Trinken als auch die Vermarktung angeht, während anderswo – auch hier würde ich wieder Großbritannien anführen – diese Jahrgänge noch als zu jung gelten. Andererseits verleiht allein das Alter noch kein Prädikat: Ein Premier Cru wie etwa ein guter Lafite-Jahrgang braucht sogar unbedingt eine gewisse Reifezeit, um seine ganz eigenen Dimensionen und Nuancen zu entwickeln.

Ganz grob gesprochen, profitieren nur die roten Weine aus „edlen" Traubensorten in den etablierten klassischen Gebieten von der Lagerung. Die allermeisten Weißweine dagegen, selbst jene von hoher Qualität, werden am besten jung getrunken, wobei die wichtigsten Ausnahmen die Sauternes und die eher süßen deutschen Weine sind. Von den *aufgespriteten* Weinen – so genannt, weil sie während der Herstellung mit Branntwein versetzt werden – sind wohl gute Jahrgänge von Port und Madeira die besten Beispiele für Dessertweine, die sich zur Reifung eignen, ja eine solche sogar benötigen, während Sherry, mit Ausnahme der feinsten Oloroso, auch lieber jung getrunken werden sollte.

Ehe ich ins Detail gehe, möchte ich noch zwei Kategorien von „alten Weinen" unterscheiden: einerseits Weine von höchster Qualität,

Michael Broadbent, Weinauktionator von Christie's London: profundester Kenner alter Weine in der Welt, Claret-Liebhaber, Buchautor, zugleich als der Mann geltend, „der dem Wein die Sprache gab".

»Der 1928er Latour brauchte über ein halbes Jahrhundert, bis er trinkreif war«

Schatzkammer mit deutschen Rieslingen von der Nahe.

die in einem ideal kühlen und dunklen Keller lagern, und andererseits dereinst recht ordentliche Kommerzweine, die entweder zu lange gelegen haben, weil sie vergessen oder übersehen wurden, oder falsch gelagert wurden. Der entscheidende Faktor ist letzten Endes der Korken. Kork verliert im Laufe der Zeit, ganz ähnlich übrigens wie die menschliche Haut, seine Elastizität und kann dann nicht mehr fest genug an den Innenseiten des Flaschenhalses haften. Damit kann Luft eindringen, die zu einer Oxydation führt.

Werden wir also konkret: Welche Weine haben ein beträchtliches Potential für Langlebigkeit und profitieren sogar noch von der Lagerzeit? Und wie verändern sie sich, wenn sie älter werden?

Bordeaux – Inbegriff alter Weine

Viele Faktoren wirken zusammen, um die Rotweine rings um Bordeaux, insbesondere jene aus dem Médoc, außerordentlich geeignet für den Ausbau zu machen: das gemäßigt-maritime Klima, der Boden, die hervorragende Drainage in den Spitzengütern auf den sanften Hügeln rund um die Mündung der Gironde und schließlich die dort wachsenden Traubensorten, die alle eine ideale Kombination von perfekter Ortsanpassung und enger Verwandtschaft miteinander verkörpern. An der Spitze steht hier die edelste Rotweintraube überhaupt, die Cabernet Sauvignon. Darüber hinaus spielt auch die Verbindung der natürlichen Faktoren eine Rolle – die man in Frankreich als *terroir* bezeichnet –, ebenso wie die traditionsreichen, routinierten Methoden der Weinherstellung in Bordeaux.

Vielleicht sollte ich einmal beschreiben, wie sich der Premier Cru aus einem guten roten Bordeaux-Jahrgang entwickelt. Nach dem Gärprozeß wird der Wein ins Faß gefüllt und hat dann, im Frühjahr nach der Ernte, eine erstaunliche Farbintensität. Er ist von lebhaftem Dunkelrot, im Glas fast opak. In diesem Stadium ist der Duft des Weins noch relativ unbedeutend, obwohl das rohe, junge Sortenaroma höchst attraktiv wirken mag. Ein junger Roter wird mit dem Gaumen beurteilt. Der professionelle Verkoster bewertet die einstweilen noch unverknüpften Bestandteile: die Frucht, die Kombination der Säuren – das „Nervensystem" des Weins –, die Tannine, die Konzentration und den Abgang sowie vor allem die Ausgewogenheit all dieser Komponenten. Im Hinblick auf die künftige

GASTAUTOR MICHAEL BROADBENT

Haltbarkeit ist Tannin, das in einem jungen Wein einen bitteren, leicht ätzenden Beigeschmack hat, von großer Bedeutung. Die Tannine oder Gerbstoffe stabilisieren und konservieren den Wein und verleihen ihm die Möglichkeit, sich zu entwickeln – die ersten eineinhalb bis zwei Jahre im Barrique, dann in der Flasche. Gerbstoffe machen die Bordeauxweine unter anderem auch zu höchst angenehmen Getränken zum Essen. Sie bewirken das reine, trockene und erfrischende Gefühl im Mund.

Nach rund sechs Jahren, vier davon in der Flasche, wird unser Spitzenbordeaux nicht mehr so tief in der Farbe sein, sein Dunkelrot bekommt einen weniger dramatischen Pflaumenton, allmählich entwickelt sich auch das Bouquet, und im Gaumen ist er nun weniger rauh. Er hat immer noch einen Tanningeschmack, ist aber bereits trinkbar, wenn auch keineswegs voll ausgereift.

Nach zwölf Jahren dürfte der Premier-Cru-Bordeaux im allgemeinen recht gut ausgebaut sein. Die minderen Crus Classés erreichen nun wahrscheinlich gerade das Plateau ihrer Perfektion, während die unbedeutenderen Crus Bourgeois und die Petits Châteaux wohl ihren Höhepunkt fast schon überschritten haben. Klasse und Qualität des Weinguts und der Jahrgang sind hier die entscheidenden Faktoren.

Während ich dies schreibe, sind die zwölf Jahre alten 1985er, die übrigens zu den erfreulichsten neueren Bordeaux-Jahrgängen zählen, auch zweifellos meine Lieblingsweine dieses Jahrzehnts. Warum? Weil sie – ähnlich wie die 1953er und einige der 1955er – von perfekter Ausgewogenheit, angenehmem Körper und sagenhaftem Charme sind. Viele Saint-Emilions, zum Beispiel von Cheval-Blanc und Canon, sind schier vollkommene Weine, in der Farbe jetzt mitteltief ohne eine Spur jenes jugendlichen Dunkelrots, eher schon von reifem Rotbraun am Rand des Glases. Ein solcher Zwölfjähriger zeigt auch nicht mehr sein junges Sortenaroma, sondern ein milderes, stärker entwickeltes und harmonischeres Bouquet. Auch im Gaumen ist er milder, elegant und dabei doch fest, mit Anklängen an die Süße reifer Früchte, genügend Gerbstoffen, um den Wein zu stützen und den Mund zu spülen, und einer perfekten Säure, die seine erfrischenden, lebensbejahenden Qualitäten noch bereichert.

Riesling Auslese vom Rhein: Jetzt sind die 1971er trinkreif.

»Ganz grob gesprochen, profitieren nur die roten Weine aus ›edlen‹ Traubensorten in den etablierten, klassischen Gebieten von der Lagerung«

Alte Jahrgänge auf Château Margaux.

Die 1985er Médoc sind gleichfalls sehr ansprechend, wenn auch vielleicht einstweilen nicht ganz so voll entwickelt. Der Lafite ist noch recht tanninreich und benötigt – wie sehr oft – eine Dekantierzeit und etwas Lüftung, um seine verborgenen Tiefen hervorzubringen. Der Grand-Puy-Lacoste, einer meiner Lieblinge und ein ganz kompromißloser Pauillac, ist weniger dramatisch als der Lynch-Bages. Letzterer ist in diesem Jahrgang eindeutig superb. Ein weiteres erstklassiges Beispiel ist der Pichon-Lalande: großartige, blaurote Pflaumenfarbe, ein reiches, üppiges Bouquet und im Mund süß, fast schon opulent.

Selbst der Latour erscheint recht gefällig in einem Jahrgang wie 1985, denn normalerweise sind die Weine aus diesem großen Château sehr massiv im Gefüge, voller Gerbstoffe, und sie reifen sehr langsam. Der 1970er und der 1966er zum Beispiel sind auch jetzt noch beinahe zu wuchtig und brauchen noch ungefähr ein Jahrzehnt der Flaschenreifung. Der 1945er ist – gute Lagerung vorausgesetzt – die schiere Perfektion; und was den 1928er Latour angeht, so war er derart voll von Fruchtnoten, Alkohol, Extraktstoffen und Tanninen, daß er über ein halbes Jahrhundert brauchte, bis er trinkreif war, und er ist immer noch superb.

Wenn wir ins letzte Jahrhundert zurückblicken, so sind die Spitzenweine der „Zeit vor der Reblaus" vermutlich niemals übertroffen worden. Für diese These gibt es etliche historische Indizien. Doch vor allem spricht dafür meine persönliche Erfahrung, daß manche der damaligen großen Weine der Châteaux von Bordeaux, besonders Lafite, nicht nur überlebt haben, sondern sogar heute noch erlesene Genüsse bieten. Diese Hochphase begann in den 1840er Jahren, wobei 1844 und 1847 überaus gut, 1846 und 1848 sogar grandios waren. Nicht jedes Jahr brachte große Weine hervor. In meinen Aufzeichnungen folgt der nächste Spitzenjahrgang erst wieder 1858 – der Anfang jener goldenen zwanzig Jahre, in die auch der 1864er Jahrgang fiel, gerühmt als der größte Lafite des ganzen Jahrhunderts und auch heute noch zwar selten, dann jedoch vollkommen. Andere namhafte Jahrgänge waren der 1865er, körperreich, ausdauernd und möglicherweise der verläßlichste der ganzen Epoche, der 1869er und der legendäre 1870er.

GASTAUTOR MICHAEL BROADBENT

Alte Weine mit Todessüße

Ich werde oft gebeten, den meiner Ansicht nach denkwürdigsten Bordeaux zu nennen, und ich entscheide mich fast ausnahmslos für den 1870er Lafite – in Magnums, die ich aus dem Gewölbe von Schloß Glamis in Schottland gerettet habe. Ehe ich diesen Wein beschreibe, sollte ich kurz erklären, weshalb eigentlich immer noch so viele alte Flaschen Lafite zutage gefördert und im Laufe der letzten dreißig Jahre bei Christie's versteigert wurden. Die besten Exemplare kamen schon immer aus den Weinkellern der Aristokratie, speziell aus England und Schottland. Die Schloßherren dort, wie andere wohlhabende Genießer auch, hatten selbstverständlich immer die feinsten Weine in ihren Kellern, und sie neigten – begreiflicherweise – dazu, die besten davon für besondere Gelegenheiten aufzuheben. Wie wir heutzutage, so servierten sie auf ihren Empfängen auch damals immer guten Wein, aber sie zögerten damit, die Magnums mit ihrem kostbaren Lafite für Gäste zu öffnen, für die dies nur Verschwendung gewesen wären. So blieben die größten Schätze im Keller. Dann hatte eventuell die folgende Generation geringeres Interesse an Wein (was ja so selten nicht vorkommt), und als die dritte Generation das Schloß samt Keller erbte, hielt man den Wein schon für zu alt – und ließ ihn unangetastet, bis die Experten von Christie's gerufen wurden, um diese unterirdischen Kostbarkeiten wiederzuentdecken und sie dem interessierten internationalen Markt zu präsentieren.

Die Geschichte des berühmten 1870er Lafite verlief ein wenig anders. Ähnlich wie der oben erwähnte 1928er Latour war dieser Jahrgang so wuchtig und opak, so konzentriert, kraftvoll und gerbstoffhaltig, daß der 13. Earl of Strathmore, durchaus ein Kenner, die Magnums, die er Mitte der 1870er Jahre erstanden und eingelagert hatte, als völlig ungenießbar einstufte. Er starb, ehe der Wein seine Reife erreicht hatte; es dauerte tatsächlich volle fünfzig Jahre, bis der 1870er Lafite trinkbar war. Seine Nachfahren mieden den Wein ebenfalls, und so ruhten von den 48 ursprünglich eingekellerten Magnumflaschen noch 42 unversehrt im Gewölbe des Schlosses. Genau ein Jahrhundert nach der Ernte packten ein Weinhändler der Gegend und ich sie gemeinsam mit anderen Weinen für die Auktion bei Christie's ein. Am Abend vor der Versteigerung öffnete ich eine dieser Magnumflaschen bei einem Abendessen, zu dem die prominentesten *Claret*-Kenner Englands geladen waren. Der Korken, der seit fast hundert Jahren nicht mehr bewegt worden war, hatte es gut überstanden, und der Füllstand der Flasche war ermutigend hoch. Die Farbe hatte sich eindrucksvolle Tiefe bewahrt. Das Bouquet war makellos, und ein herrlicher Duft entfaltete sich im Glas. Am Gaumen war der Wein leicht süß, aber von jener Todessüße, wie sie nur große, körperreiche, alte Weine aus reifen Trauben und mit großzügig bemessenem Alkohol aufweisen – die schiere Perfektion. Wir fühlten uns geehrt und privilegiert, so einen Schluck Geschichte zu kosten.

Manchmal allerdings ist außer der Geschichte nicht viel übriggeblieben. Ich erinnere mich noch gut an eine Jeroboamflasche mit 1864er

Großflaschen mit alten Jahrgängen von Château Beychevelle im Médoc.

Lafite, deren Korken die Jahre nicht so gut überdauert hatte. Die Flasche war nur bis zur Mitte der Schulterwölbung gefüllt, der Wein hatte beträchtlich an Farbe verloren, das Bouquet ging deutlich zum Essig, und der Geschmack war beißend. Doch ich erinnerte mein amerikanisches Publikum – dies war auf einem Wohltätigkeitsbankett in Memphis, Tennessee – daran, daß man diese Trauben gepreßt und den Wein gekeltert hatte, als gerade General Sherman mit den Soldaten der Unionsarmee im Zuge des schrecklichen Sezessionskriegs seinen „Marsch durch Georgia" unternahm. Wir alle nippten diesen Schluck Geschichte voller Ehrfurcht!

Der 1865er (übrigens das Jahr, in dem Präsident Lincoln ermordet wurde) und der 1870er Lafite sind ebenfalls außergewöhnlich. Jedenfalls sind die meisten alten Weine, selbst die feinsten und größten Bordeaux, immer etwas Besonderes. Sie wirken seltsam auf Menschen, die nichts als junge, frische, fruchtige Weine trinken. Die zutreffendste, spöttisch-witzigste Bemerkung über alten Wein, die ich je gehört habe, war eine ganz unbefangene Äußerung von André Tchelistcheff, dem legendären kalifornischen Weinbauexperten, auf einer großen Verkostung 1971 in San Francisco. Er hatte gerade einen alten Lafite entkorkt und dekantiert – ich bin ziemlich sicher, daß es ein 1898er Jahrgang war. Indem er das Glas zur Nase hob, sagte er, mehr zu sich selbst: „Einen alten Wein zu genießen, das ist wie die körperliche Liebe zu einer alten Dame …". An dieser Stelle hielt er inne, und ein ganzer Saal voller Zuhörer lauschte seinen Worten: „Es ist möglich," – wieder eine Pause und ein Schluck – „es kann sogar Vergnügen bereiten, aber…" – Pause – „…. es erfordert ein kleines bißchen Vorstellungskraft!"

Der Irrtum mit den Burgundern

Für gewöhnlich nimmt man an, daß roter Burgunder sich nicht so gut hält wie Bordeaux. Dies deckt sich nicht mit meiner Erfahrung, obwohl es schwer zu glauben ist,

Gastautor Michael Broadbent

daß so manche der eher leichten, fruchtigen modernen Burgunder von einem Flaschenausbau wirklich profitieren können. Tatsächlich dürften sie wohl nach einer Reifezeit zwischen vier und fünf Jahren am besten sein.

Aber auch hier ist es wiederum eine Frage von Klasse, *terroir* und Herstellungsverfahren. Von den reiferen Jahrgängen können der 1978er oder zum Beispiel der 1969er hervorragend und vermutlich gerade auf ihrem Höhepunkt sein. Die besten der sehr hochpreisigen Weine der Domaine de la Romanée-Conti sind unübertroffen, und wie bei großen Bordeaux verleihen Alter und Reife auch hier zusätzliche Strukturelemente von Parfum und Bouquet. Das typische Kennzeichen eines voll entwickelten Burgunders ist die Art, wie er im Mund aufgeht, wenn die Körperwärme das Aroma dazu bringt, sich zu einem Eindruck auszuweiten, der sehr zutreffend als „Pfauenrad" beschrieben wird. Die relativ dünnschalige Pinot-Noir-Traube ergibt oft einen trügerisch blaßfarbenen Wein, nur selten so opak wie junger Bordeaux, dabei aber überraschend alkoholreich. Burgunderwein ist tatsächlich anders. Eine ganz andere Traubensorte, die Pinot Noir, angebaut auf gänzlich unterschiedlichen Böden und in kontinentalem Klima – da muß das Ergebnis ja anders ausfallen. Und es besteht kein Zweifel: Ein reifer Burgunder von Spitzenqualität kann zu den großen Erlebnissen des Lebens gehören. Zum Beispiel der 1952er Romanée-Conti, der sich in den 60er Jahren still entwickelte, in den 70ern seine Vollendung erreichte, Mitte der 80er duftig, opulent und samtig war und auch heute noch himmlisch schmeckt. Ich entsinne mich auch noch, wie der 1962er La Tâche völlig unreif und untrinkbar war, als man ihn 1964 zum ersten Mal vorstellte, dann aber seltsam an Farbe gewann (es ist eine Eigenheit des Burgunders, daß er als sehr junger Wein recht blaß und matt aussieht, später aber nachdunkelt), ebenso an Aroma und Körper, so daß sein Duft nach zehn Jahren überwältigend schien. Ein weiteres Jahrzehnt später wirkte sein Geschmack geradezu explosiv, so sehr erfüllte er den ganzen Mund. Und so geht es weiter: Der Wein wird immer interessanter, je mehr er altert.

1945 war in Burgund ein ebenso großer Jahrgang wie anderswo in Europa, da der heiße Sommer kleine, aber konzentrierte Ernten ergab und tiefrote, intensive Weine hervorbrachte, für die der La Tâche ein herrliches Beispiel ist: ein Wein mit viel Tiefe, von großer Farbe, von prächtigem Bouquet und Aroma. Ebenso gut war aber auch der – noch heute exzellente – 1937er, oder die 1928er und 1929er Jahrgänge, sogar noch von den etwas lockereren Böden der Côte de Beaune, belegt durch Weine aus Lagen wie Rugiens und Epenots in Pommard, die in den außergewöhnlichen Kellern des Doktor Barolet entdeckt und 1969 bei Christie's verkauft wurden. Ich erinnere mich noch, wie ich in jenem Herbst Arthur Barolets 1959er Chambolle-Musigny verkostete, der nach zehn Jahren immer noch im Faß ruhte, jedoch erstaunlich frisch und klar stilisiert war!

Um zum Schluß noch ein bißchen name-dropping zu veranstalten: Die besten alten Burgunder, die ich je gekostet habe, stammten aus den Kellern des Château de Beaune, vor allem Bouchards 1865er Clos Vougeot, der schon bei mehreren Vorproben in den USA auffiel. Dieser Wein bewahrt sich bis heute seine wunderschöne Färbung und das reife Bouquet, er zeigt keinerlei Anzeichen von Zerfall und ist immer noch bemerkenswert süß und vollkommen im Gaumen. Ihr La Romanée desselben Jahrgangs war duftig und elegant, mit perfekt ausgewogenen Säuren und Gerbstoffen – über ein Jahrhundert alt und noch voller Leben für viele weitere Jahre.

Weißweine

In meiner Einführung sagte ich, die meisten Weißweine, selbst jene von hoher Qualität, sollten am besten jung getrunken werden, im Idealfall frisch und fruchtig. Doch selbst jene Weißweine, die von einer Flaschenreifung profitieren könnten, erhalten nur selten die Gelegenheit dazu. Dazu gehören etwa Rheinweine von Spätlese- und Auslesequalität, die – in guten Jahren und von renommierten Erzeugern – nach fünf bis sieben Jahren in der Flasche am besten sind. Bei den Auslesen und höheren Qualitätsstufen ist dies oft sogar noch später der Fall. So sind die besten 1971er heute nicht nur perfekt gereift, sondern haben sogar noch etliche gute Jahre vor sich.

Ich will zunächst einmal die Entwicklung der trockenen Weißweine beschreiben. Die meisten beginnen sehr blaß im Farbton und nehmen, anders als die roten, mit dem Alter an Farbe zu: Ein fahles Gelb vertieft sich zu einer strohartigen Tönung, um dann, wenn man sie zu lange im Keller lagern läßt, ein hellbraunes Beige anzunehmen, gepaart mit einem flachen, stumpfen Geschmack. Die süßeren Weißweine, wie die Beerenauslesen oder die Sauternes, fangen ihr Dasein mit einer stärkeren Färbung an, einem ausgeprägten Gelb, oft mit leichtem Goldton versetzt, das später zu einem tieferen Gold mit Spuren von Orange wird. Hochklassige Weißweine, egal ob

Die letzten Flaschen Mouton-Rothschild von 1922 und 1924 im Keller des Château.

– 213 –

GASTAUTOR MICHAEL BROADBENT

Fünfzig Jahre bis zur Trinkreife

trocken oder süß, entwickeln überdies mit der Alterung in der Flasche einen deutlichen Duft nach Honig, der bei den feinsten Sauternes und Beerenauslesen noch Aromen von Pfirsich und Aprikose trägt, bei höherem Alter auch einen Anflug von Karamel.

Die feinsten trockenen Weißweine – als Beispiel wären vor allem Château Haut-Brion Blanc und Laville-Haut-Brion in Bordeaux sowie Corton-Charlemagne, Le Montrachet, Bâtard-Montrachet und etliche andere im Burgund zu nennen – werden mit längerer Reife komplexer. Eine Flasche von einem der genannten Weine zu früh zu öffnen bedeutet in der Tat, sein Potential zu opfern. Wie bei jedem jungen Wein können die Bestandteile noch sehr unfertig und differenziert sein, mit zunehmendem Flaschenalter erreichen sie jedoch ein Niveau an Harmonie und Subtilität von Bouquet und Geschmack, das sie in ihrer unreifen Jugend nicht besaßen.

> »Und es besteht kein Zweifel: Ein reifer Burgunder von Spitzenqualität kann zu den großen Erlebnissen des Lebens gehören.«

Abgesehen von den erwähnten Namen tut eine längere Flaschenreifung auch einigen anderen Weißweinen gut, darunter den halbsüßen und süßen Weinen aus den Loire-Anbaugebieten Vouvray und Coteaux du Layon, allerdings nur jenen aus außergewöhnlich heißen Jahren. Die 1947er Vins Doux von Brédif und Foreau sind heute noch hervorragend: in der Farbe von tiefem Butterblumengelb, mit dem klassischen Honigbouquet der Chenin-Blanc-Traube, mittelsüß, von herrlichem Geschmack bei prachtvoller, lebenserhaltender Säure. Denn während bei Rotweinen das Tannin das wesentlichste Element der Haltbarkeit darstellt, stützen sich Weißweine, deren Zusammensetzung ja wenig Gerbstoffe aufweist, auf die natürliche Weinsäure als Konservierungsmittel, die außerdem bei den süßeren Weinen als Gegengewicht zum Restzucker wirkt. Eine weitere Gemeinsamkeit der süßen Weißweine ist, daß sie beim Reifen für gewöhnlich – wenn auch nicht immer – an Süße abnehmen, was man als „Austrocknen" mit zunehmendem Flaschenalter bezeichnet. Ehe ich mich nun von den Weißweinen wieder abwende, möchte ich noch eine ausdrückliche Empfehlung für die viel zu wenig bekannten Spitzenweine aus dem Elsaß aussprechen, die unter der Bezeichnung SGN (Sélection de Grains Nobles) laufen und von den führenden Elsässer Weingütern aus Riesling, Gewürztraminer und der dort als Tokay bekannten Pinot-Gris-Traube – einer der meist unterschätzten klassischen weißen Sorten der Welt – hergestellt werden. Diese Weine weisen alle ein beachtliches Potential für die Flaschenalterung auf, ja manche von ihnen sind so kraftvoll, daß eine Mindestlagerung von zehn Jahren in der Flasche unerläßlich ist.

Alter ungarischacher Tokaj: Edelsüße konserviert.

Italienische Rotweine

Wenn man die gewaltige Zahl von Weinen aller Sorten und Qualitätsstufen aus Italien bedenkt, so sind doch nur wenige einer längeren Lagerhaltung würdig. Zu denen, die den Ruf der Langlebigkeit haben, zählen die klassischen Weine aus dem Barolo, die jung im Faß von tiefem Rot und enorm gerbstoffreich sind und unbedingt einen Flaschenausbau verlangen. Leider werden zu viele von ihnen zu jung getrunken, und ich finde es jedesmal schwierig, ihre Reife zu beurteilen – bis die Flasche dann schon geöffnet ist. Sie scheinen sich die bittere Tanninstruktur viele Jahre lang zu bewahren, dennoch schmecken manche nach zwanzig Jahren trotzdem schon alt, zu alt. Eine bessere Erfahrung habe ich mit den Barbaresco. Der beste italienische Wein, den ich je getrunken habe (in Spark's Steak House in New York), war ein 1961er der Familie Gaja. Das geschah 1984: Es war ein feuriger, reifer Rotwein von weichem, herrlich harmonischem Bouquet und Geschmack, leicht süß und mit einem Aroma, das sich in einem großartigen Crescendo öffnete. Diesen Wein habe ich dann übrigens im Februar 1996 nochmals verkostet, wo er jedoch viel von seiner Farbe verloren hatte, und auch die Frucht ließ stark nach.

Die Toskana ist natürlich das andere klassische Weinbaugebiet, und die besten Chianti Classico altern ausgezeichnet, sie nehmen ein weiches, herbstliches Rotbraun an und bekommen ein duftiges, fast rauchiges Bouquet. Ich schätze die ausgewogensten Chianti wegen ihrer Fülle:

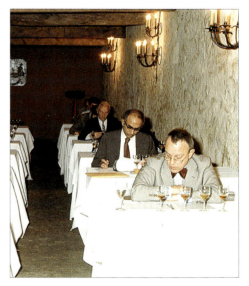

Jahrhundertprobe 1985 im Château d'Yquem.

nicht zu schwer und nicht zu leicht, nicht zuviel Tannin und von angenehmer Säure.

Aus der Reihe fällt der ausgesprochen charaktervolle, aber strikt traditionelle Brunello di Montalcino von Biondi-Santi, der sich als junger Wein voller bitterer Tannine und von hoher Säure darbietet und daher eine Flaschenreifung nicht nur verkraften kann, sondern sogar dringend verlangt. Vor kurzem hatte ich die Ehre, eine größere Auswahl der besten Jahrgänge zu verkosten, und war dabei höchst beeindruckt von einigen dieser Weine, zum Beispiel von dem perfekt entwickelten 1955er. Eher enttäuscht war ich allerdings von dem ziemlich braunen und matten 1945er – auch eine zweite Flasche brachte hier keine Besserung.

Spanien: Vega Sicilia

Wenn wir schon beim Thema der eigenwilligen Weine sind: Der bemerkenswerteste der ganzen Welt ist der Vega Sicilia Único von den regenarmen Ufern des Duero im Norden Spaniens. Dieser allerfeinste, sehr teure „spanische Château Lafite" wird traditionell, wenn auch höchst ungewöhnlich, zehn Jahre lang im Faß und noch mehrere weitere Jahre in der Flasche belassen, ehe er freigegeben wird. Beim Verkosten, sowohl vor Ort als auch später bei Christie's anläßlich einer Verkaufsveranstaltung, empfand ich die ältesten Vega Sicilia, die aus den 40er Jahren stammten, als ziemlich säurebetont. Der 1964er und 1966er Jahrgang sind jedoch ideal ausgewogen und erinnern seltsamerweise wirklich an Lafite, und zwar insofern, als das Bouquet durchaus gängig war, umfaßt die Überschrift von der „Neuen Welt" trotzdem auch Südafrika, weil dort erst während der letzten zwanzig Jahre neue Sorten und Herstellungsverfahren wirklich gute Tafelweine hervorgebracht haben. Nur wenige können daher schon auf eine Geschichte zurückblicken, obwohl die Rotweine aus klassischen Traubensorten von Gütern wie Meerlust sehr wohl über ein Reifungspotential verfügen. Dasselbe ließe sich von den Rotweinen Neuseelands sagen, von denen ich aber nur wenige auffällig fand, während die Weißweine – immer wieder aus Chardonnay und Sauvignon Blanc – als kompetent bis sehr gut gelten, obwohl sie meiner Meinung nach eher übertrieben im Aroma und eindeutig nicht für ein langes Leben bestimmt sind.

Ruppigkeit, jetzt aber vollkommen abgerundet. Dieser Wein ist jetzt perfekt, hat aber noch einige Jahre vor sich.

In Kalifornien liegen die Dinge ganz anders. Dort hat sich, dank der Arbeit von zwei Generationen gut ausgebildeter Önologen und Weinerzeuger wie Robert Mondavi, bereits eine Geschichte herausgebildet.

Ich werde oft gefragt, ob die (roten) kalifornischen Weine ein Alterungspotiental besitzen. Darauf antworte ich meist, daß vollkommen hergestellte Weine – wesentliche Bestandteile dafür wären: Reife der Frucht, Extrakt, Alkohol, Tannin und Säure – zweifellos zu beachtlicher Langlebigkeit imstande sind, doch viel wichtiger ist hier doch die Frage, ob diese

Château d'Yquem: Mindestens 25 Jahre Reifezeit sind nötig.

Château d'Yquem von 1750: ein Wein, der das Ewige Leben hat.

eine gewisse Zeit braucht, um sich im Glas zu entfalten: Nach einer Stunde war der Duft phantastisch.

Von den übrigen spanischen Rotweinen verfügen die beachtlichen Erzeugnisse der Bodegas Torres, vor allem die Black-Label-Produkte, über ein Reifungspotential. Dies trifft wohl auch auf einige der wirklich klassischen Rioja zu, von denen alte Jahrgänge tatsächlich gar nicht so ungewöhnlich sind. Sie gehen etwa bis in die 20er Jahre zurück, aber alle, die ich bisher gekostet habe, finde ich zu blaß, abgestanden und nicht besonders interessant.

Weine aus der „Neuen Welt"

Obwohl am Kap der Guten Hoffnung der Weinbau schon Ende des 17. Jahrhunderts

Damit komme ich nach Australien und Kalifornien, die bekanntermaßen beide alterungsfähige Rotweine haben. Allerdings gibt es kaum alte australische Rotweine, nicht einmal aus den 50er oder 60er Jahren, und von denen, die ich gekostet habe, waren nur wenige wirklich erstklassig oder auch nur interessant. Eine Ausnahme ist der Grange Hermitage, der in guten Jahren hervorragend sein kann. Der 1955er Grange, der ausschließlich aus Shiraz-Trauben (Hermitage) erzeugt wurde, hat sich fast wie ein alter Bordeaux entwickelt und ist jetzt auf seinem Höhepunkt. Der 1971er enthält 13% Cabernet Sauvignon und ist ein großer Wein: immer noch von tiefer Farbe und reichem Körper, mit hohem Alkoholgehalt und großer Reife in Frucht und Extrakt, anfangs von fast brutaler

Weine von einer Lagerung profitieren. Das heißt: Sind sie auch imstande, sich zusätzliche Dimensionen, eine größere Komplexität und höhere Raffinesse zu erobern, wie es bei den Spitzenerzeugnissen aus Bordeaux und Burgund geschieht? Nach meiner Erfahrung – und ich habe viele alte kalifornische Rotweine verkostet, vor allem Cabernet Sauvignon, aber auch Zinfandel und einen herrlichen 1946er Beaulieu Vineyards Pinot Noir – können diese Weine altern, aber nur dadurch sind sie auch bemerkenswert. Wie andere Rotweine nehmen sie eine weniger tiefe, eher braune Farbe an, sie werden milder und harmonischer, natürlich werden sie auch seltener – was die Preise erklärt, die sie verliehen bekommen (und erzielen) –, dennoch finde ich nicht, daß sie wirklich neue Dimensionen erobern.

GASTAUTOR MICHAEL BROADBENT

Mahagonifarbener Port, bernsteingelber Madeira

Vintage Port: Viel zu jung getrunken

Portwein ist etwas Ungewöhnliches. Der hohe Alkoholgehalt dieses Getränks erklärt sich daraus, daß es mitten in der Gärung mit Branntwein versetzt (gespritet) wird, seine Süße geht daher auf den unvergorenen Restzucker der Beeren zurück. Deshalb ist jeder Portwein (mit Ausnahme von weißem Port, der aus weißen Trauben gemacht wird) ebenso süß wie stark.

Definitionsgemäß wird echter Vintage Port nur aus den besten Weinen eines als qualitativ hochwertig erklärten Jahrgangs gemacht und wird bereits in Flaschen abgefüllt, nachdem er exakt zwei Jahre im Holzfaß verbracht hat. In diesem Stadium ist der Wein von lebhaftem Purpurrot, Bouquet und Geschmack sind scharf, alkoholreich und von großer Süße. Früher kauften wohlhabende Familien in England diesen jungen Jahrgangsport von den etablierten Weinhändlern und Lieferanten auf, um sie dann viele Jahre lang – liegend natürlich – in den kalten Kellern ihrer Land- und Stadthäuser einzulagern. Portwein für die Söhne, ja sogar für die Enkelsöhne zu kaufen, war keineswegs ungewöhnlich, deshalb wurde der Wein selten entkorkt und genossen, ehe er zwanzig Jahre oder mehr hinter sich hatte. Der traditionelle englische Markt für Vintage Port besteht weiter, aber die Amerikaner holen rasch auf, obwohl sie dazu neigen, diesen Wein viel zu jung zu trinken.

In Großbritannien vergißt man oft, wie schnell die Zeit vergeht. So halten wir den 1977er Portwein, einen recht guten Jahrgang, noch gar nicht für alt, dabei sind die meisten Flaschen davon inzwischen voll ausgereift. Zumindest befinden sie sich in diesem Zwischenstadium, wo das ursprüngliche Purpurrot schon weniger intensiv und bereits zu einem weichen Rubinrot mit deutlich mahagonifarbenem (tawny) Rand geworden ist. Das einstmals pfefferscharfe, brandige Bouquet ist jetzt viel milder und harmonischer, vielleicht mit einem charakteristischen Lakritzen- und Kerzenwachs-Bouquet; immer noch ziemlich süß, aber weit weniger aggressiv.

Mein Lieblingsjahrgang bei Portwein ist der 1955er. Er ist jetzt voll ausgereift, in der Farbe mitteltief, von einem eher herbstlichen, milden Rotbraun. Bouquet und Gaumen sind immer noch süß, ohne harte Beitöne. Trotz seines relativ hohen Alkoholgehalts ist er nicht schwer, der Geschmack zeigt sich faszinierend und von erfreulicher Länge.

Geht man ein halbes Jahrhundert zurück, so können die Portweine der renommiertesten Handelshäuser auch heute noch superb sein: etwa der süße, sehr ausgereifte 1945er Graham und der 1948er Taylor, der zu den absolut vollkommenen Weinen dieser großen, immer noch im Familienbesitz stehenden englischen Firma gehört und als der „Latour" der Portweine angesehen wird.

Der feinste Jahrgang der 30er Jahre ist der 1935er: Inzwischen rar geworden, ist er immer noch gut, zeigt aber im Alter jetzt erheblichen Farbverlust. Das Bouquet ist „ätherischer", brandiger, der Gaumen weniger süß, obwohl der 1935er von Taylor wiederum herausragt.

Alte Jahrgangsports in Vila Nova da Gaia.

Die 20er Jahre unseres Jahrhunderts waren in allen wichtigen Weinbaugebieten Europas erstaunlich erfolgreich, und Portwein macht hier keine Ausnahme. Der 1920er war klassisch, der 1922er etwas leichter im Auftreten, der 1924er sehr gut und der 1927er – mein Geburtsjahr! – außergewöhnlich. Inzwischen sind jedoch sogar die berühmtesten 1927er von unterschiedlichem Niveau, wobei nur teilweise Hersteller und Herkunft den Ausschlag geben. Am verläßlichsten sind Flaschen, die in einem guten Keller in England oder Schottland lagern, denn aus irgendeinem Grund finden sich nur wenige alte Vintage Ports in den Kellern der großen Portweinhersteller selbst. Eine Ausnahme bildet das renommierte Haus A. A. Ferreira, wo in den Lagern Jahrgänge ruhen, die bis in die Anfänge des 19. Jahrhunderts zurückgehen.

Die klassischen Jahrgangsportweine – 1900, 1904, 1908 und 1912 – sind begreiflicherweise äußerst rar, obwohl ich vor kurzem eine Flasche des berühmten 1908er Cockburn kosten durfte. Er war superb. Farblich inzwischen von einem ziemlich blassem Mahagoniton mit kaum einer Spur von Rot darin, das Bouquet ätherisch, duftig, entzückend, und immer noch von gewisser Süße, wenn auch ein wenig ausgetrocknet, aber mit einem wundervoll nachklingenden Aroma von beachtlicher Länge.

Es gibt immer Ausnahmen von der Regel, und die berühmteste davon ist der 1931er Quinta do Noval, den ich als Mount Everest der Portweine bezeichnen würde. Die Kombination von ausgezeichneten Witterungsbedingungen und der Weltwirtschaftskrise führte dazu, daß damals ein Spitzenport erzeugt, aber nicht verkauft werden konnte. Der 1931er Noval hat überlebt. Er war der teuerste Wein der ersten Auktion in meiner ersten Saison bei Christie's im Oktober 1966, und er taucht immer noch regelmäßig wieder auf – zu stetig wachsenden Preisen.

Ich hatte das Privileg, den 1931er Noval im Laufe des letzten Vierteljahrhunderts bei vielen Gelegenheiten zu probieren. Er ist immer noch tief in der Farbe, hat ein fabelhaftes Bouquet von Rosinen, Pflaumen und Nelken und bewahrt sich seine Süße: elegant, vollmundig und immer wieder faszinierend.

Mein letztes, ausgefallenes Beispiel ist ein 1851er Portwein, den ich im Keller eines schottischen Landsitzes entdeckte. Der Wein hatte in dem sehr kalten, dunklen und feuchten Gewölbe unangetastet geschlummert, seitdem ihn der Urgroßvater des jetzigen Hausherrn seinerzeit „angelegt" hatte. Er war perfekt erhalten, immer noch von bemerkenswert tiefem, jugendlichen Farbton und zeigte – wie der 1870er Lafite – keine Anzeichen von Zerfall, Oxydation oder Essigsäure. Er hatte sich eine wundervolle Frucht bewahrt und war voll und reich im Gaumen, mit einem herrlich energischen Geschmack. Bis heute ist dies der großartigste alte Portwein, den ich je getrunken habe.

Madeira

Während Jahrgangsport bewußt für eine lange und langsame Reifung vorbereitet wird, ist es beim Madeira – bei Madeira von Spitzenqualität, aus den traditionellen Traubensorten gemacht – eher so, daß er gar nicht anders kann. Er scheint selbst die schlechtesten Lagerungsbedingungen zu überleben und ist zu enormer Langlebigkeit fähig. Ich betone hier die „Spitzenqualität", weil ich eine der größten Enttäuschungen in meinem Beruf erleben mußte, als ich einmal bei einem prominenten schottischen Adligen den Keller zwar voller alter Madeiras fand, von denen jedoch kein einziger trinkbar, geschweige denn verkäuflich war. Die Flaschen waren irgendwann vor 1912 für den Alltagsgebrauch erworben worden, und weder Kork noch Wein hatten überlebt.

Doch von allen Weinen können alte Madeira-Jahrgänge und alte Soleras wahrhaft erstaunen. Im Gegensatz zu Portwein wird Madeira aus weißen Trauben hergestellt und stützt sich zum Überleben daher auf die Säure, nicht auf das Tanningerüst.

Der Madeira ist ein seltsamer, sehr komplexer, gespriteter Wein, und zu seinen Besonderheiten gehört, daß er auch schon in vergleichsweise jungen Jahren – also etwa aus den 40er oder 50er Jahren stammend – so alt aussehen und schmecken kann, als wäre er bereits hundert Jahre alt.

Von den wichtigsten Traubensorten bleibt die Sercial für gewöhnlich blaßgelb, sie entwickelt mit zunehmendem Alter aber einen ätherischen, ja scharfen, brandigen und säurereichen Duft und Geschmack. Der Wein ist meist sehr trocken, oft zu sauer und in jedem Fall gewöhnungsbedürftig. Die reife Verdelho-Traube ist tiefer im Ton, besitzt ein wunderbar würziges Bouquet und schmeckt etwas süßer, sie hat ein köstliches Aroma und ansprechende Länge im Abgang. Weine aus der Bual-Traube sind von noch satterem Bernsteingelb und einem weicheren, süßeren Geschmack, die Sorte Malmsey (oder auch Malvasia) hingegen hat ein kräftigeres Braun, dazu ein eher schokoladiges Bouquet. Jedenfalls ist dies immer die süßeste und vollste Sorte.

Zusätzlich zu den reichen Schattierungen von Bernstein und Mahagoni haben alle wirklich hochklassigen alten Madeiras einen deutlich apfelgrünen Rand, ihr Bouquet ist intensiver, ätherisch, und der Gaumen hat größere Länge und Intensität.

Ehrlich gesagt liebe ich alten Madeira. Ohne Zweifel ist er von allen alten Weinen am verläßlichsten. Er ist der große Überlebenskünstler. Selbst geöffnet hält er sich problemlos und ohne wahrnehmbare Beeinträchtigung mehrere Wochen lang – dieser Wein ist von Geburt an oxydiert! Ich hatte die Ehre, im Laufe der letzten vierzig Jahre viele alte Madeiras und Soleras zu trinken, zu kosten, zu nippen – von einem historischen 1792er, den Napoleon für die Reise in sein letztes Exil von Blandy geliefert bekam, dort aber niemals trank, zu beinahe jedem bemerkenswerten

Uralter Port von der Quinta do Roriz.

Jahrgang des vergangenen Jahrhunderts. Womöglich den größten von allen hatte H. M. Borges aus der schwierigen, spätreifenden Traubensorte Terrantez erzeugt. Es war ein 1862er Jahrgang: farblich von warmem Bernsteinton mit goldenen Reflexen und limonengrünem Rand, mit einem fast überwältigend raumfüllenden Bouquet – würzig und scharf, dabei doch süß und zart, mit einem Duft von Karamel, Honig und kandierten Veilchen – und noch verhältnismäßig süß, sehr voll, eine wirklich ideale Verbindung von Kraft und Geschmeidigkeit, geschmacklicher Intensität und einem langen, nachhaltigen Abgang.

Tokaj Eszencia

Rivalen des Madeira im Hinblick auf Langlebigkeit sind die Spitzenqualitäten von Ungarns traditionellem Tokajer. Moderner Tokajer, der gegenwärtig eine Renaissance erlebt, erinnert – mich jedenfalls – an einen gut gemachten Sauternes und wird zweifellos auf ähnliche Weise altern. Doch in Wahrheit ist vielmehr der alte, heutzutage gern geschmähte Tokajer der richtige Wein für mich. Die fünf- bis sechsbuttigen Weine hatten schon immer ein beachtliches Alterungspotential. Bei der Dauer des Gärungsprozesses und der Zeit, die der Wein dann noch in kleinen Fässern verbringt, ist ein gewisser Oxydationsgrad nie ganz vermeidbar – doch das gehört zum natürlichen und erwarteten Charakter dieses Weines. Die allerhöchste Stufe der Vollendung erreicht die außerordentlich seltene, immer kostspielige Eszencia, die man früher nur in den Kellern des ungarischen Adels, der polnischen Grafen und der russischen Zaren fand.

Infolge des unglücklichen Schicksals von Ungarn nach 1918 gelang es damals einem unternehmungslustigen Londoner Weinhändler, Teile der einstmals beträchtlichen Lagervorräte aus alten Jahrgängen aufzukaufen, und aus dieser Quelle – sowie aus Beständen, die früher von Wiener Händlern vertrieben wurden – stammten die Flaschen, die gelegentlich ihren Weg auf den Markt fanden. Deshalb möchte ich mit dem erlesensten und größten Tokajer schließen, den ich jemals gekostet habe: Es war eine 1811er Eszencia, um 1840 auf Flaschen gezogen. Dieser Wein, der aus einem Keller der „Fürstenfamilie von Bretzenheim" kam, war während der Unruhen von 1848/49 eingemauert und erst 1925 von der Firma Berry Brothers wiederentdeckt und nach London gebracht worden. Eine dieser Flaschen konnte ich erwerben, und ich teilte sie an einem Sylvesterabend mit meiner Frau. Die Farbe war reines Bernstein, das Bouquet konzentriert, rosinenhaft, „wie Ambrosia". Der Wein hatte eine intensive Süße, konzentriert und sinnlich, von unbeschreiblich grandiosem Aroma und scheinbar endloser Länge. Absolut exquisit und wahrhaft unvergeßlich.

Ein empfindliches Produkt

Die Sorgfalt gegenüber dem Wein endet nicht mit der Verantwortung des Kellermeisters und der Abfüllung auf die Flasche. Es gilt vielmehr, die Qualität von der Flasche ins Glas zu bringen. Da Wein, zumindest feiner Wein, möglichst wenig behandelt sein soll, ist das gar nicht einfach. Denn zwischen Abfüllung und Genuß liegen meist mehrere Monate, oft Jahre, und in dieser Zeit ändert er sich beständig: durch Wärme- und Kälteeinfluß, durch Kontakt mit Sauerstoff, durch chemische Reaktionen in ihm selbst. Er ist zwar kein lebendiges Produkt, wie immer wieder behauptet wird, wohl aber ein höchst empfindliches. Deshalb ist es wichtig, Wein richtig zu lagern und richtig zu servieren. Ihn aus einem ungeeigneten Glas zu trinken ist etwa so schlimm, wie Pavarotti mit einem Knebel im Mund auf die Bühne zu schicken, hat sich der Kufsteiner Glasmacher Georg Riedel einmal erbost. Ohne Wissen um die rechte Behandlung von Wein kann sich beim Weintrinker jedenfalls kaum ein Gefühl für die Qualität feiner Weine entwickeln.

GLÄSER

Dünnwandig und wohlgeformt

Champagner und Schaumweine
Man trinkt sie aus schmalen, hochgezogenen, tulpenförmigen Gläsern, die hoch genug sein müssen, damit sich die *Mousse* (der Schaum) aufbauen kann. Außerdem sollen die Bläschen (*Perlage*) gut sichtbar sein. Das Auge trinkt mit. Der Kelch selbst ist dünnwandig. Die temperatursensiblen Lippen spüren die erfrischende Kühle des Weins.

Leichter Weißwein
Dieses Glas mit seinem schmalen Durchmesser und dem kleinen Volumen ist ideal für leichte und mittelschwere Weißweine, die ihre blumig-fruchtigen Primäraromen sofort freigeben. Durch die geringen Dimensionen werden die Düfte noch konzentriert, während die Zunge vor allem den süßen Fruchtschmelz wahrnimmt. Gut für Riesling Kabinett, Grünen Veltliner, Sancerre, Soave, Pinot Grigio u. ä.

Körperreicher Weißwein
Durch sein größeres Volumen eignet sich dieses Glas für gehaltvolle Weißweine, die atmen müssen und von Natur aus eine milde Säure aufweisen beziehungsweise eine malolaktische Gärung durchgemacht haben. Ideal für Chardonnay (Barrique), Sauvignon Blanc (Barrique), Riesling Spätlese, schweizerische Chasselas u. ä.

Tanninarme Rotweine
Durch die relativ große Öffnung fließt der Wein auf breiter Front in die Mundhöhle ein und führt ihn zu allen Stellen, an denen Frucht und Säure zur Geltung kommen. Das heißt: Nicht nur die auf süßen Schmelz spezialisierte Zungenspitze, sondern auch die anderen Zungenpartien werden gereizt. Vor allem geeignet für Burgunderweine, Blaufränkisch, Barbera, Gamay, Pinotage u. ä.

Tanninstarke Rotweine

Der hohe Duftkamin führt das Bouquet konzentriert zur Nase. Durch die nicht zu enge Öffnung wird der Wein auch an der Zungenspitze wahrgenommen, so daß der erste Geschmackseindruck von der fruchtigen Süße geprägt ist. Dadurch wird tanninstarken Weinen die anfängliche Bitterkeit genommen. Durch das dünne Glas teilt sich die Temperatur des Weins sofort den Lippen mit – auch das gehört zum Genuß dazu. Für jungen Bordeaux, Rioja, Chianti u. ä.

Schwere Rotweine

Durch den großen Durchmesser des Glases hat der Wein viel Kontakt mit der Luft. So kann sich der Alkohol, der zugleich auch Geschmacksträger ist, entfalten. Fülle und Komplexität kommen besser zum Ausdruck. Der hohe Stiel verhindert zugleich, daß die Temperatur der Hand die Temperatur der Flüssigkeit beeinflußt (Weingläser werden am Stiel angefaßt). Ideal für reife Burgunder, Barolo, Brunello di Montalcino, Syrah u. ä.

Dessertweine

Edelsüße Dessertweine werden nur schluckweise getrunken. Der relativ kleine Kelch ist den geringen Mengen angepaßt, in denen man diese Weine genießt. Der Wein fließt über die Zungenspitze hinweg an die Zungenränder, so daß die außerordentliche Geschmacksfülle schärfer wahrgenommen, nicht aber die Restsüße verstärkt wird. Für Auslesen, Sauternes, Grains Nobles u. ä.

Sherry und Portwein

Portwein, Sherry, Madeira, Marsala sind körperreiche Weine, die einen Alkoholgehalt von über 18 Vol.% aufweisen. Der Alkohol darf beim Verkosten aber nie im Vordergrund stehen. Die kleinen, engen Gläser verhindern, daß der Alkohol verfliegt und das Bouquet brandig macht. Die Öffnung des Glases ist außerdem so eng, daß es nahezu unmöglich ist, die Nase tief ins Glas zu senken. Auf diese Weise wird der hohe Alkoholgehalt kaum wahrgenommen.

Korkenzieher

Der schnellste Weg zum Wein

Korkenzieher gehören zur Grundausstattung eines Weintrinkers. Es gibt sie in vielen Varianten: kitschig, schwergängig, unpraktisch, platzbeanspruchend, überdreht. Nur wenige Korkenzieher sind einfach und funktional zugleich. Der Weintrinker muß auswählen, welches Gerät am besten zu ihm paßt.

1 Korkenzange
Der „Korkenzieher" für Sekt- und Champagnerflaschen. Mit der Korkenzange wird der Korken nicht aus der Flasche gezogen, sondern lautlos aus dem Flaschenhals gedreht. Wer vorsichtig mit dem Instrument umgeht, verhindert auf diese Weise, daß der Wein überschäumt. Bevor die Zange angesetzt wird, muß natürlich das Staniolpapier und das Drahtkörbchen über dem pilzförmigen Korken entfernt werden.

2 Des Kellners Freund
Unter dieser liebevollen Bezeichnung wird die wohl praktischste Korkenzieher-Konstruktion angeboten, die es derzeit gibt: Mit dem Messer die Kapsel abschneiden, Spindel in den Korken versenken, Stützfuß auf den Flaschenrand setzen und den Korken herausheben. Geschicklichkeit und ein bißchen Kraft in den Handgelenken sind freilich nötig.

3 Kapselschneider
Statt mit dem Messer die Kapsel abzuschneiden, wird dieser Kapselschneider auf den Flaschenrand gesetzt und einmal gedreht: Ob Blei-, Staniol- oder Kunststoffkapsel, das Material wird sauber abgeschnitten, und zwar so tief, daß der Wein beim Einschenken nicht über die Schnittkante läuft.

4 Das T-Modell
Der meistbenutzte Korkenzieher der Welt: einfach, sicher, billig – und umständlich zu handhaben. Mit diesem Standardgerät eine Flasche zu entkorken, erfordert Kraft. Und wenn der Korken dann mit einem lautem „Flopp" den Flaschenhals verläßt, ist manchmal selbst der Wein „geschockt".

5 Screwpull
Ein ebenso schicker wie intelligenter Korkenzieher aus Amerika: elastische Spindel mit breitem Gewinde, das nahezu jeden Korken sicher packt – auch die festsitzenden. Ohne größere Kraftanstrengung zu bedienen. Nur in eine Richtung drehen, und der Korken wird sicher nach oben bugsiert.

6 Zig-Zag
Gelegentlich in England und Amerika anzutreffendes, etwas unhandliches Korkenzieher-Modell: Die kurze Spindel wird in den Korken gedreht. Durch Zusammendrücken der Scheren kann der Korken leicht und ohne große Kraftanwendung aus der Flasche gezogen werden.

7 Des Butlers Freund

Raffinierte Korkenzieherform, vor allem in Amerika verbreitet. Die beiden Zungen werden zwischen Flaschenhals und Korken geschoben. Durch ihre unterschiedliche Länge liegt der Schwerpunkt der Krafteinwirkung beim Herausziehen an verschiedenen Stellen des Korkens. So wird dieser sanft umschlossen und gleitet unversehrt aus dem Flaschenhals. Bei alten Flaschen mit mürbem Korken oft die einzige Möglichkeit, an den Wein zu kommen.

8 Korkentferner

Dieses Gerät wurde entwickelt, um die Reste abgebrochener oder bröseliger Korken aus dem Wein zu fischen, damit sie beim Ausschenken nicht ins Glas fließen. Die vier Drahtarme werden durch einen beweglichen Ring, der unterhalb des Griffs angebracht ist, geöffnet und geschlossen. Obenauf schwimmende Korkteilchen können so umfaßt und aus der Flasche entfernt werden. Eine wirksame, aber etwas aufwendige Methode, um störende Korkreste zu entfernen.

9 Screwpull-Zange

Die eleganteste und schnellste Art, die Flasche vom Korken zu befreien, ist die Screwpull-Zange. Eine Hand umklammert den Flaschenhals mit der Zange, die andere legt den Hebel von hinten nach vorne, so daß sich die dünne, elastische Spindel in den Korken bohrt. Danach wird der Hebel einfach zurückgelegt und der Korken fast schwerelos aus der Flasche gehoben. Weder Kraft noch Geschicklichkeit sind nötig, um mit diesem High-Tech-Gerät umzugehen. Allerdings ist es auch die teuerste Art, den Korken aus der Weinflasche zu ziehen.

WEINZUBEHÖR

Vom Alkoholmesser bis zur Portwein-Zange

Einen edlen Wein unsachgemäß zu servieren ist unverzeihlich. Ebenso unpassend ist es jedoch, das Weintrinken zu einer Geheimwissenschaft zu machen. Außer einem Korkenzieher und einem Glas braucht man wenig, um zu genießen – von einem guten Wein abgesehen. Das wenige sollte allerdings mit Bedacht gewählt werden.

Das Arsenal der Wein-Accessoires reicht vom Taschengerät, mit dem der Alkoholgehalt des Weins gemessen wird, bis zur Zange, mit der alte Vintage-Ports geöffnet werden. Tatsächlich ist der größte Teil des Weinzubehörs nur Spielzeug: der Dekantierapparat, die silbernen Umhängeetiketten, der Säbel, mit dem Champagnerflaschen geköpft werden. Emile Peynaud, Professor für Önologie an der Universität Bordeaux und Autor eines Buches über die Hohe Schule des Weintrinkens, hat in kurzen Worten beschrieben, wie Wein getrunken wird: „Man nimmt ihn aus dem Regal, bringt ihn auf die gewünschte Temperatur, entkorkt ihn und serviert ihn sofort." Nur für alte Flaschen läßt er eine Sonderbehandlung zu.

Weinkühler aus Ton
In einem zylinderförmigen Behälter aus Ton behält ein vorgekühlter Wein eine Zeitlang seine Trinktemperatur. Der Kühler wird vor der Benutzung unter kaltes Wasser gehalten, damit er sich vollsaugen kann. Durch Verdunstung des Wassers in warmer Umgebungstemperatur wird der Wein kühl gehalten.

Dekantierkörbchen
Alte Rotweine werden oft liegend in einem Körbchen serviert, damit sich das Depot auf dem Flaschenboden sammeln kann und beim Einschenken nicht ins Glas gelangt. Eine altmodische Methode, betagte Weine zu servieren, die aber durchaus ihren Zweck erfüllt.

Dekantiertrichter
Um das Umfüllen alter Weine mit Depot in die Karaffe zu erleichtern, wurde dieser Dekantiertrichter erfunden. Er wird in den Hals der Karaffe gesteckt, und der Wein wird aus der Flasche langsam in den Trichter gegeben. Vorteil: Man muß nicht aufpassen, wann das Depot kommt. Ein eingebautes Sieb fängt auch feine Schwebeteilchen auf.

WEINZUBEHÖR

Sektkühler
Um Weiß- oder Schaumweine auf die richtige Temperatur zu bringen, gibt es keine bessere Methode, als die Flasche in diesen mit Eiswürfeln und Wasser gefüllten Sektkühler zu stellen. Das Wasser leitet die Wärme der Weinflasche innerhalb kurzer Zeit ab. Allerdings bleibt der Wein im Flaschenhals warm – es sei denn, die Flasche wird kopfüber in den Kübel gestellt.

Dekantierkaraffe für junge Weine
Viele junge Rotweine haben, wenn die Flasche geöffnet wird, ein unangenehm riechendes, reduktives Bouquet. Solche Weine sollten dekantiert werden. Schon beim Umfüllen wird der Wein im Karaffenhals verwirbelt. Die große Oberfläche bietet zusätzlich einen maximalen Luftkontakt.

Weinthermometer
Unverzichtbares Utensil für Weinfreunde, um den Wein mit der richtigen Temperatur zu servieren. Allerdings sollte das Thermometer nicht am Tisch und nicht im Restaurant benutzt werden – aus Stilgründen.

Schaumweinverschluß
Dieser Verschluß wird auf die angebrochene Schaumweinflasche gesetzt und schließt sie luftdicht ab. Die Kohlensäure bleibt erhalten. Am nächsten Tag schäumt der Wein noch beim Einschenken. In jedem Fall ist dies eine wirkungsvollere Methode, als einen Silberlöffel in den Flaschenhals zu hängen und die Flasche offen stehenzulassen.

Dekantierkaraffe für alte Weine
Dekorative Karaffe in Entenform, in der alte Weine serviert werden. Das Depot wurde beim Umfüllen in der Flasche gelassen. Die kleine Oberfläche vermindert die Gefahr, daß alte, gezehrte Weine durch den Luftschock schnell umkippen.

Wie Wein serviert wird

Ohne steife Etikette

Zum Weintrinken braucht es eigentlich nicht viel: eine gute Flasche und ein passendes Glas. Aber da gehen die Probleme schon los. Wann soll die Flasche geöffnet werden? Wie muß der Wein temperiert sein? Wieviel Wein darf ins Glas eingeschenkt werden? Wann muß ein Wein dekantiert werden? Dazu ein paar Tips, die keine steife Etikette darstellen, sondern eher zu ungetrübtem Weinvergnügen verhelfen sollen.

Die kleine Weinschule

In der Regel wird die Weinflasche am Tisch geöffnet. Dabei sollte die Stanniolkapsel deutlich unterhalb des Flaschenmundes abgeschnitten werden, damit der Wein beim Einschenken nicht über die Schnittkante fließt. So können keine Schwermetalle (Blei, Zinnlegierungen) in das Glas gelangen.

Bei Flaschen, die in feuchten Kellern gelegen haben, befindet sich unter der Kapsel oft Schimmel. Dieser Schimmel beeinträchtigt weder die Kork- noch die Weinqualität.

Der Korken sollte, nachdem er aus der Flasche gezogen wurde, einer kurzen Geruchsprobe unterzogen werden. Kranke Korken sind an einem intensiven Korkgeruch zu erkennen, gesunde Korken riechen neutral oder nach Wein.

Bricht ein Korken ab, wird der Korkenzieher noch einmal vorsichtig angesetzt. Fallen Krümel in den Wein, so fließen diese mit den ersten Tropfen, die ausgeschenkt werden, ins Glas. Diese ersten Tropfen werden weggeschüttet.

Zuerst schenkt der Gastgeber sich selbst eine kleine Menge Wein ein und probiert ihn, um auszuschließen, daß er korkkrank ist. Danach schenkt er den Gästen ein. Zuletzt füllt er sein eigenes Glas auf.

Die Flasche wird nicht am Hals angefaßt, sondern am Bauch mit dem Etikett nach oben. Bocksbeutel hält man beim Einschenken flach, nicht hochkant.

Das Glas wird maximal zu einem Drittel gefüllt, großvolumige Gläser höchstens zu einem Viertel. Nur so kommt das Bouquet

Geruchsprobe des Weins: korkkrank oder nicht?

Farbprobe des Weißweins: je älter, desto dunkler.

zum Ausdruck. Allein Sektflöten werden halb voll bis dreiviertel voll geschenkt.

Die Weingläser sollten frei von Wasserflecken sein und müssen neutral riechen. Sie dürfen deshalb nur mit heißem Wasser ohne Spülmittel abgewaschen werden. Danach sollten sie von Hand abgetrocknet werden, damit keine Wasserflecken am Glas entstehen.

Der Gastgeber ist für das Nachschenken des Weins zuständig. Er muß entsprechend aufmerksam sein, damit die Gäste nicht auf dem trockenen sitzen.

Das Weinglas wird am Stiel angefaßt, nicht am Kelch. So soll verhindert werden, daß die Körperwärme der Hand den Wein erwärmt.

Wein wird nicht getrunken, sondern verkostet. Das heißt: Man nimmt ihn schluckweise oder in zwei Schlucken zu sich, genießt ihn auf der Zunge und läßt ihn vor allem nach dem Schlucken nachklingen. Gegen den Durst gehört Wasser auf den Tisch.

Ein Wechsel des Weins im Laufe des Essens hebt das Niveau jedes Beisammenseins. In der Regel wechselt man von Weißwein zu Rotwein. Vorher kann noch ein Aperitif, nach dem Essen ein Dessertwein gereicht werden. Es können auch zwei Rotweine oder zwei Weißweine gereicht werden. Ein Essen ist jedoch keine Weinprobe.

Beim Wechsel von Weißwein zu Rotwein müssen neue Gläser benutzt werden, ebenso vor dem Dessertwein. Bei zwei ähnlichen Weißweinen oder Rotweinen kann hingegen das alte Glas weiterbenutzt werden.

Alte Weine, die dekantiert werden müssen, sollte man schon zwei Tage vorher aus dem Keller holen und aufrecht stellen, damit das Depot auf den Boden der Flasche sinkt. Alte Rotweine können auch in ein Flaschenkörbchen gelegt und aus diesem eingeschenkt werden. Der Gastgeber muß dann beim Einschenken aufpassen, daß kein Depot ins Glas kommt.

In der Regel werden alte Weine direkt vor dem Servieren dekantiert. Junge Weine, die dekantiert werden, um zu atmen, sollten zwei bis vier Stunden vor dem Servieren in die Karaffe umgegossen werden. Wer auf das Dekantieren verzichten will, sollte die Weinflaschen wenigstens ein bis zwei Stunden vorher öffnen, damit der Wein Luft bekommt.

Wie Wein serviert wird

Dekantieren eines alten Rotweins: Wie ein dünner Faden fließt das Depot aus der Flasche – der Dekantiervorgang wird gestoppt.

Warum dekantiert wird

Das vorsichtige Umfüllen eines Weins in eine Karaffe heißt Dekantieren. Sinnvoll ist das Dekantieren nur bei alten Rotweinen, die Depot gebildet haben, sowie bei schweren, aber noch jungen Rotweinen, die Luftkontakt brauchen, bevor sie serviert werden. Der Grund für das Dekantieren alter Weine besteht darin, das Depot in der Flasche zu lassen, damit es beim Ausschenken nicht ins Glas fließt. Das Depot ist das Sediment, das sich im Lauf der Jahre auf dem Flaschenboden abgesetzt hat. Meist handelt es sich dabei um Ausfällungen von Gerbstoffen. Der Geschmack wird zwar durch das Depot nicht beeinträchtigt, aber das Depot selbst schmeckt bitter. Einzige Ausnahme: alte Burgunder. Ihr Depot schmeckt und kann mitgetrunken werden. Burgunder brauchen mithin nicht dekantiert zu werden.

Wie dekantiert wird

Das einfachste Hilfsmittel zum Dekantieren ist ein Trichter mit einem feinen Sieb im Ausfluß, in dem das Sediment hängenbleibt. Es geht aber auch ohne Trichter. Geübte Weintrinker dekantieren über einer Kerze, die den Flaschenhals von unten erleuchtet und anzeigt, wann das Depot ausfließt. In diesem Moment wird der Dekantiervorgang gestoppt. Der Bodensatz bleibt in der Flasche.

Dekantieren bei jungen Weinen

Viel wichtiger ist das Dekantieren jedoch bei jungen, tanninstarken Rotweinen. Diese brauchen dringend Luft, um ihr Aroma zu entfalten – damit etwaige reduktive, unangenehme Nebentöne schnell verfliegen. Für das Dekantieren junger Weine sind Karaffen ideal, die eine große Luftoberfläche und einen langen Hals haben, damit der Wein schon beim Umfüllen verwirbelt wird. Auch bei schweren Weißweinen kann ein Dekantieren von Vorteil sein. Nur bei sehr alten Weinen sollte man mit dem Dekantieren vorsichtig sein. Der plötzliche Luftschock kann dazu führen, daß der Wein innerhalb kürzester Zeit oxydiert und ungenießbar wird.

Tabak, Parfüm und Kaffee

Wein erfordert die Konzentration aller Sinne. Deshalb darf während einer Weinprobe nicht geraucht werden. Das gilt auch, wenn die Weine zum Essen probiert werden.

- Rauchen beeinträchtigt zwar grundsätzlich nicht die Fähigkeit zum Degustieren von Wein, stört aber die anderen Teilnehmer. Außerdem brauchen die Geschmacksnerven mindestens 15 Minuten, um sich nach einer Zigarette wieder zu regenerieren.
- Wer zu einer Weinprobe geht, sollte möglichst kein Parfüm oder Rasierwasser benutzen, wenigstens aber zurückhaltend damit umgehen. Kosmetikdüfte vergällen jeden Weingenuß.
- Kaffee beeinträchtigt die Zunge noch stärker als Tabak. Deshalb sollte Kaffee nie vor, sondern höchstens nach einer Weinprobe getrunken werden.
- Blumen schmücken die Tafel, stören aber den Weingenuß, besonders wenn es stark duftende Blumen wie Maiglöckchen oder Rosen sind.

WEINFEHLER, TRINKTEMPERATUR, FLASCHENGRÖSSEN

Korkschmecker und andere Fehler

Regeln und Tips zur Lagerung von Wein

• Alle Flaschen werden grundsätzlich liegend aufbewahrt, damit der Korken nicht austrocknet.

• Flaschen können im Karton gelassen werden, wenn kein abgedunkelter Raum vorhanden ist.

• In trockenen Kellern kann man einen Luftbefeuchter oder gefüllte Wassereimer aufstellen, um das Raumklima zu verbessern.

• In warmen Kellern müssen freiliegende Heizungsrohre vollständig isoliert werden, damit sie keine Wärme abgeben.

• In sehr feuchten Kellern sollten Weinflaschen in Zellophanfolie eingewickelt werden, damit sich die Etiketten nicht lösen.

• Herkömmliche Kühlschränke eignen sich nicht zu längerer Weinlagerung. Sie vibrieren und die Temperatur schwankt stets um einige Grade nach oben und nach unten.

• In vielen Städten bieten Speditionsfirmen und Weinhandlungen kleine, gut klimatisierte und geschützte Kellerabteile für Privatkunden zur Miete an.

• Weinklimaschränke bieten ideale Bedingungen, um Wein lange zu lagern. Sie sind erschütterungsfrei und temperaturkonstant. Einziger Nachteil: Sie sind teuer und fassen nur den Bruchteil eines gut sortierten Weinkellers.

Flaschengrößen

In großen Flaschen reift der Wein besser. Der Sauerstoff, der in die Flasche eindringt, verteilt sich auf die doppelte, dreifache oder mehrfache Flüssigkeitsmenge als in einer Normalflasche. Allerdings vollziehen sich bestimmte Reifeprozesse im Wein auch ohne Sauerstoffkontakt, etwa durch Esterbildung. Diese Reifeprozesse sind von der Flaschengröße unabhängig. Wäre das nicht so, würde ein Wein in versiegelten Flaschen ewig jung bleiben.

Wie Wein gekühlt wird oder kühl gehalten werden kann: mit Hilfe einer Glacette, eines Tonkühlers, eines Eiskübels.

Es gibt zwei Arten von Weinfehlern: echte und eingebildete. Der häufigste echte Weinfehler ist der Korkschmecker. Hinter eingebildeten Weinfehlern verbergen sich oft ungewohnte Weinaromen, die der Konsument als fremdartig empfindet und intuitiv ablehnt.

Im deutschen Sprachraum wird ein Weinfehler mit dem Wort Böckser bezeichnet. Dieser Ausdruck umfaßt eine Vielzahl von Weinfehlern: bleibende und vorübergehende, manchmal aber auch nur vermeintliche. Typische Weinfehler sind das Schwefelwasserstoff-Bouquet („Merkaptanböckser"), ein stinkendes Gärbouquet („Mistböckser") oder das berüchtigte Mäuseln („Hefeböckser"), bei dem der Wein einen unangenehmen, schalen Nachklang nach dem Schlucken hat. Alle diese Böckser sind vorübergehende Unreinheiten, die gelegentlich bei jungen, reduktiv ausgebauten und möglicherweise vor der Füllung zu wenig belüfteten Weinen auftreten. In der Regel klingen sie jedoch ab, wenn der Wein eine Zeitlang Luftkontakt hat. Darum gilt:

• Wein im offenen Glas fünf oder zehn Minuten stehenlassen: oft verfliegt der unangenehme Geruch von selbst;

• wenn nicht, den Wein 24 Stunden lang in der offenen Flasche stehenlassen und ihn dann nochmals probieren;

• notfalls den Wein ein weiteres halbes oder ganzes Jahr im Keller reifen lassen.

Wie wird Wein richtig temperiert?

• Weißwein wird am besten langsam im Kühlschrank oder im Sektkühler auf die richtige Trinktemperatur gebracht. Für ehrwürdige, alte Weine bedeutet ein Bad im Eiskübel allerdings einen Schock und ist nicht anzuraten.

• Rotwein, der zu kühl aus dem Keller kommt, sollte im Zimmer langsam auf Trinktemperatur gebracht werden. Barbarisch ist es, ihn auf die Heizung oder gar in die Mikrowelle zu stellen.

• Wenn schon ein Eiskübel, dann möglichst mit kleingehacktem Eis. Es schmilzt schneller als ganze Eiswürfel und kühlt den Wein nicht so tief herunter. Schonender als ein Eiskübel sind Tischkühler aus Ton oder Kunststoff („Glacetten"). Sie halten Weißwein lange kühl.

• An heißen Sommertagen können Weißweine auch ein oder zwei Grad kühler getrunken werden. Aber Rotwein wird nicht wärmer getrunken, nur weil es draußen friert.

Bleibende Weinfehler

Gravierender sind Schwefelböckser, die ihre Ursache in zu hohen Schwefelgaben haben. Sie machen sich durch eine stechende, leicht prickelnde Empfindung im hinteren Nasenbereich bemerkbar. Freies Schwefeldioxid wird nur sehr langsam gebunden. Es macht sich besonders in stark säurehaltigen Weinen bemerk-

Weinfehler, Trinktemperatur, Flaschengrössen

bar. Außerdem gibt es eine Reihe von Geruchsanomalitäten, die nur schwer oder gar nicht aus dem Wein verschwinden. Dazu gehören Mufftöne, die durch Lagerung in unhygienischen Holzfässern entstehen; Geranientöne, die durch Bakterien während und nach Gärung hervorgerufen werden. Sie sollten allerdings vom Kellermeister rechtzeitig erkannt und vor der Füllung beseitigt werden.

Flüchtige Säure

Ein häufig bei schweren, alkoholreichen Weinen vorkommender Geruchsfehler, der vor allem auf eine zu hohe Menge an Essigsäure beziehungsweise Äthylacetat im Wein zurückzuführen ist. Im Bouquet des Wein läßt sich dann ein typischer Nagellackgeruch ausmachen (eine geringe Menge Essigsäure ist in jedem Wein enthalten, sie sollte nur nicht den Wert 1,5 Gramm pro Liter überschreiten). Essigsäure wird von Essigbakterien produziert. Sie lassen Sauerstoff und Alkohol miteinander reagieren. Bei Rotweinen und bei Chardonnay aus warmen Anbaugebieten und in guten Jahren treten vermehrt flüchtige Säuren im Bouquet auf. Auch edelsüße Weine sind für einen hohen Essigsäuregehalt prädestiniert. Allerdings wird flüchtige Säure nicht von allen Konsumenten als störend empfunden. Bei bestimmten Weinen, etwa dem Unico von Vega Sicilia, schien flüchtige Säure jahrelang fast ein Qualitätsmerkmal zu sein.

Korkschmecker

Ein Wein, der nach Kork riecht oder schmeckt, ist eindeutig fehlerhaft. Da der Korkgeruch und -geschmack nicht vorübergeht, sondern bleibt und sich eher noch verstärkt, ist ein korkkranker Wein nicht mehr zum Genuß geeignet. In der Regel tritt der Korkfehler schon im Bouquet zutage als mehr oder minder penetranter Korkgeruch. Oft ist der Korkton aber auch schmeckbar. In den meisten Fällen wird er durch Trichloranisol hervorgerufen (siehe Seite 231). Äußerlich ist dem infizierten Korken nichts anzusehen.

Wie verhält sich der Konsument, wenn er eine Flasche korkkranken Wein vor sich hat?
• Im Restaurant kann der Wein zurückgewiesen werden (aber nicht erst die Flasche halb austrinken und dann reklamieren).
• Der Weinhändler (oder Winzer) leistet bei einer Flasche korkkrankem Wein keinen Ersatz. Bei drei Flaschen der gleichen Sorte könnte er sich kulant zeigen. Ist ein ganzer Karton korkkrank, müßte er ihn ersetzen – auch wenn das Gegenteil in seinen Geschäftsbedingungen steht.
• Bei einfachen Weinqualitäten sollte sich der Konsument nicht zieren, Flaschen mit Schraubverschluß oder Kronenkork zu akzeptieren. Sie sind der sicherste Schutz gegen Korkschmecker.

Andere echte Weinfehler

• Trübungen in Weiß- oder Rotwein (das Depot ausgenommen)
• Weißweine mit Depot (muß kein Weinfehler sein, ist aber unüblich und kann ein Fehler sein)
• ältere Weiß- oder Rotweine mit leichter Kohlensäure (Nachgärung)

Keine Weinfehler sind:

• Weinstein (weiße Kristalle am Flaschenboden)
• leichte Kohlensäure bei frischen Weißweinen
• Depot bei Rotweinen
• Barriqueholzton
• braunorange Farbe bei alten Rotweinen (Altersfarbe)

Die richtige Trinktemperatur

Durch die richtige Trinktemperatur gewinnen Weine an Ausdruckskraft. Dabei muß zwischen Servier- und Trinktemperatur unterschieden werden. Das heißt: Der Wein sollte immer ein oder zwei Grad kühler serviert als getrunken werden, weil er sich im Glas oder in der Flasche auf dem Tisch schnell erwärmt.

8°C
Einfache Weißweine (z. B. Galestro, Vinho Verde, südafrikanischer Chenin Blanc) und, besonders im Sommer, auch Perlweine (Prosecco)

10°C
Leichte Weißweine (z. B. schweizerische Chasselas, Albariño, junger Riesling, Grüner Veltliner, Pinot Grigio, White Zinfandel), dazu Champagner ohne Jahrgang)

12°C
vielschichtige, schwere Weißweine (z. B. Chardonnay, Meursault, Sauvignon aus der Steiermark, alte Champagner, edelsüße Weine), dazu Rosé- und leichte Rotweine (Tavel Rosé, Zinfandel Rosé)

14°C
Einfache, junge Rotweine (z. B. Valpolicella, Beaujolais, Pinot Noir aus dem Elsaß) und Portwein

16°C
Kräftige, junge Rotweine (z. B. junger Cabernet Sauvignon, Chianti Classico, rote Burgunder, Bordeaux, Rhône)

18°C
Schwere, gereifte Rotweine (z. B. Barolo, Hermitage, Cabernet Sauvignon Reserve)

Flaschen-Parade für Champagner (von links nach rechts): Magnum (1,5 Liter), Jeroboam (4,5 Liter), halbe Flasche (0,375 Liter), Salmanasar (9 Liter), Pikkolo (0,2 Liter), Standardflasche (0,75 Liter), Impériale (6 Liter, in der Champagne Methusalem genannt), Doppelmagnum (3 Liter). Weitere Flaschengrößen: Balthasar (12 Liter), Nebukadnezar (15 Liter).

Flüssigkeitspegel in alten Flaschen

Abfüllniveau
obere Schulter
hohe Schulter
mittlere Schulter
untere Schulter

Wenn der Pegel des Weins in der Flasche unterhalb des Flaschenhalses sinkt, sollte ein Wein getrunken werden.

Der Korken

Heikle Verschlußsache

Kork ist ein nahezu idealer Weinverschluß. Er schließt die Flasche gut ab, läßt nur geringste Mengen Sauerstoff durch, ist geschmacksneutral. Dafür ist er teuer. Je nach Qualität und Länge kostet er zwischen 20 Pfennig und 1,50 Mark. Und hundertprozentige Sicherheit bietet er leider nicht.

Schon die Römer verwendeten zum Verschließen ihrer Weingefäße neben Harz und Pech auch Naturkork. Durchgesetzt hat sich der Korken allerdings erst im 17. Jahrhundert, nachdem die Flasche erfunden worden war. Doch nicht jeder Kork hält, was er verspricht. Immer wieder kommt es vor, daß Flaschen lecken oder – schlimmer noch – der Wein einen unangenehmen Korkgeschmack annimmt. Über 50 flüchtige Substanzen sind gezählt worden, die mit

Die Korken werden quer zu den verholzten Kanälen, den Lentizellen, aus der Rinde gestanzt. Luft kann nicht durch den Kork dringen, sondern sich nur an ihm vorbeizwängen.

dem Wein interagieren. Viele Weinerzeuger vermuten, daß die Korkqualität in dem Maße sinkt, in dem die Zahl der Flaschenabfüller steigt. Sie denken über Alternativen nach – und haben sie auch schon gefunden: Stopfen aus Silikon.

Wo Naturkork wächst

Kork wird aus der Rinde der Korkeiche *(Quercus suber)* gewonnen. Diese wächst vor allem im warmen Mittelmeerraum. Der größte Korklieferant der Welt ist Portugal. Aber auch in Südwestspanien befinden sich ausgedehnte Kulturen von *Quercus suber*. Sardinien und Korsika verfügen ebenfalls über große Korkeichenbestände und eine eigene Korkindustrie.

Ein großer Teil der dortigen Korkeichenwälder sind angepflanzte Kulturen. In Südfrankreich und Nordafrika werden die Korkeichen dagegen relativ wenig genutzt. In der Regel werden die Bäume nach 25 bis 30 Jahren zum ersten Mal geschält. Rund zehn Jahre dauert es, bis die Rinde wieder nachgewachsen ist. Bei einem durchschnittlichen Alter von 150 Jahren wird die Korkeiche also mindestens elfmal geschält.

Woraus Kork besteht

Kork besteht aus abgestorbenen Zellen des Holzgewebes. Sie sind mit Stickstoff gefüllt und absolut luft- und wasserundurchlässig. 30 000 bis 40 000 solcher Zellen befinden sich in einem Kubikzentimeter Kork. Der Sauerstoffaustausch mit dem Wein kann nicht durch den Korken hindurch, sondern nur zwischen Korken und Flaschenhals stattfinden. Er ist umso geringer, je besser die Qualität des Korkens ist. Erstens ist das Suberin, jener Stoff, aus dem die Zellwände bestehen, sehr elastisch und schmiegt sich eng an das Glas an. Zweitens werden die Korken gegen die Laufrichtung der Lentizellen (dunkle, verholzte Rinnen im Kork) aus der Rinde geschnitten, so daß keine Kanäle entstehen, durch die größere Mengen Sauerstoff in die Flasche eindringen könnte. An den Lentizellen ist der Korken übrigens am brüchigsten. Dort bricht der Korken am leichtesten ab. Die hochwertigsten Korken sind solche, die möglichst wenig Lentizellen aufweisen.

Äußerlich ist einem Korken nicht anzusehen, ob er TCA-infiziert ist und den Wein korkkrank macht. Insgesamt weist Naturkork 50 verschiedene flüchtige Substanzen auf, die Fehltöne im Wein verursachen können.

Der Korken

Wie Kork behandelt wird

Nach dem Schälen wird die Rinde mindestens ein halbes Jahr lang unter freiem Himmel getrocknet, danach gekocht und desinfiziert. Dann beginnt das schwierigste Geschäft: die Selektion der Rindenplatten, die zur Herstellung von Weinkorken geeignet sind. Nur rund die Hälfte findet Gnade vor den Augen der Prüfer, die andere Hälfte wird zu Korktapeten und ähnlichem Dekor verarbeitet. Die geeigneten Platten werden quer zur Wuchsrichtung des Baumes in Streifen geschnitten, die genau so breit sind, wie der Korken hoch sein soll. Die Streifen werden gebleicht (heute meist mit Wasserstoffperoxyd) und der Korken aus ihnen gestanzt. Damit er später besser in den Flaschenhals rutscht, wird er noch mit einem Paraffin- oder Silikonwachs überzogen.

Woher der Korkgeschmack kommt

Ein Wein, der nach Kork riecht oder schmeckt, ist fehlerhaft. Verantwortlich ist meist eine Substanz namens Trichloranisol (TCA). Sie bildet sich, wenn die chlorhaltigen Lösungen, in denen die Korken gebleicht werden, mit dem Phenol, das in jedem Naturkork enthalten ist, reagiert, und das Produkt dieser Reaktion von Schimmelpilzen umgesetzt wird, die unsichtbar auf dem Korken wachsen (mit dem Schimmel, der manchmal auf der Oberseite des Korkens alter Flaschen zu finden ist, hat dieser Schimmelpilz nichts zu tun). Äußerlich sieht ein TCA-infizierter Korken also makellos aus. Seit Mitte der 80er Jahre werden Korken deshalb ohne Chlor gebleicht –, ohne daß allerdings der Korkgeschmack verschwunden wäre. Der Grund: Chlor befindet sich überall in der Umwelt (Leitungswasser, Holzschutzmittel usw.) und kontaminiert den Kork selbst in kleinsten Mengen. Aber auch ungebleichte Korken können von solchen Schimmelpilzen (Aspergillus, Penicillium) infiziert werden. Sie befinden sich ebenso in den Lagerhallen der Korkhersteller wie den Kellern vieler Winzer. Dann ist nicht TCA, sondern eine andere Substanz für den Korkgeschmack verantwortlich.

Silikon als Korkersatz

Kork ist mit der ständig steigenden Zahl von Flaschenabfüllern knapp geworden – vor allem guter Kork. Für einfache Tafel- und Landweine, aber auch für Qualitätsweine aus der Literflasche, die nicht zum langen Lagern geeignet sind, werden zunehmend metallene Drehverschlüsse verwendet. Aber auch der Silikon-Stopfen ist auf dem Vormarsch. Er ist ähnlich wie ein Korken aufgebaut: Er besteht aus aufgeschäumtem Polymeren mit vielen luftdicht abgeschlossenen, elastischen Zellen. Er dehnt sich, wenn er zusammengedrückt wird, nicht nach oben oder unten im Flaschenhals aus.. Zumindest gilt das für hochwertige Silikonstopfen. Auch die Rückstellkraft – so lautet der Fachausdruck für den Druck, den ein zusammengepreßter Korken im Flaschenhals auf das Glas ausübt – ist ähnlich groß wie beim Naturprodukt. Wein kann normalerweise nicht auslaufen, wohl aber kann ein Luftaustausch stattfinden.

Korkernte in Portugal: Die Rinde wird aufgeschlitzt ...

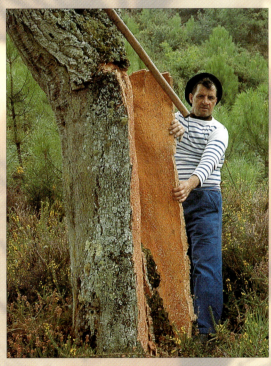

... und die Korkplatte mit der Hand vom Stamm abgeschält.

Hochwertiger, 60 Millimeter langer Korken mit wenig Poren, geeignet für Rotweine, die lange und sicher lagern sollen.

Champagnerkorken, im oberen Teil aus zusammengeleimten Korkschnitzeln bestehend, im unteren Teil aus einem einheitlichen Korkkörper.

Preßkorken, Verschluß aus zusammengeleimten Korkschnitzeln, besitzt nicht die Elastizität eines Ganzkörperkorkens, ist aber billiger.

Silikonstopfen aus Äthylvenylacetat, luft- und wasserundurchlässig, lebensmittelecht, elastisch. Wird gern für einfache Konsumweine benutzt.

DIE LAGERUNG

Wo Weine der Reife entgegendämmern

Jens Priewes Weinkeller: reichlich Alltagsweine, viele gehobene Qualitätsweine, einige Spitzenweine.

1. Grüner Veltliner, Sauvignon Steiermark
2. Elsässer Riesling, Pinot Blanc, Gewürztraminer Vendange Tardive
3. Chablis, Bourgogne Blanc
4. Diverse französische Weißweine: Saumur, Savennières, Pouilly-Fumé, Tursan
5. Deutscher Sekt, italienischer Spumante
6. Muscadet, Fendant
7. Junger und reifer Chardonnay Kalifornien
8. Weißweine Sizilien, Kalabrien
9. Reife deutsche Rieslinge
10. Deutsche Beerenauslesen, Eisweine
11. Ältere weiße Graves, Ygrec, australischer Dry Sémillon
12. Alte Riesling Auslesen
13. Weiße Burgunder: Chassagne-Montrachet, Bienvenue-Bâtard-Montrachet, Corton-Charlemagne, Meursault
14. Riesling Smaragd Wachau
15. Trockene Riesling Spätlesen Deutschland
16. Coteaux d'Aix-en-Provence, Côtes-du-Roussillon, Cahors
17. Cornas, Côte Rôtie, Hermitage
18. Rote Burgunder alt: Chambertin, Corton, Chambolle-Musigny, Romanée-St-Vivant …
19. Diverse Weine Südafrika, Neuseeland: Pinotage, Chardonnay, Sauvignon …
20. Trouvaillen: Marsala 1932, kanadischer Eiswein, Heitz Fay Vineyard 1974 …
21. Alte Barolo, Barbaresco
22. Überwiegend Bordeaux, nicht trinkreif
23. Sauternes, teils in halben Flaschen
24. Diverse Süßweine: Vin Santo, Banyuls, Tokaj, Acininobili, Noble Rot No. …
25. Trouvaillen: argentinischer Malbec, Pinot Noir Neuseeland, Gewürztraminer Ungarn …
26. Jahrgangs-Port, weißer Port, Oloroso-Sherry
27. Rioja, Ribera del Duero, Priorato
28. Cabernet Sauvignon Kalifornien, Pinot Noir Oregon
29. Minimax-Thermometer, Hygrometer
30. Bordeaux mit beginnender Trinkreife
31. Junge Barolo, Barbaresco
32. Chianti Classico, Riserva
33. Brunello di Montalcino
34. Rote Burgunder: Gevrey Chambertin, Vosne-Romanée, Mercurey
35. Australischer Cabernet Sauvignon, Shiraz
36. Ältere „Super-Tuscans" in Magnumflaschen
37. Magnumflaschen Burgunder und Barolo
38. Junge „Super-Tuscans" in Magnumflaschen
39. Champagner, Spumante, diverse Weißweine in Magnumflaschen
40. Bordeaux in Doppelmagnumflaschen

„Ich bin, wie viele Menschen heute, ein Wechseltrinker. In 20 Jahren habe ich zahlreiche kleine Partien unterschiedlicher Weine erworben, selten große Mengen eines Weins gekauft. So kann ich, je nach Stimmung und augenblicklichen Geschmacksvorlieben, unter mehreren Weinen wählen. Mein Keller selbst ist recht einfach: hölzerne Regale auf gemauerten Sockeln. An der Wand ein Hygrometer und ein Minimum-Maximum-Thermometer. Ein Kellerbuch führe ich nicht. Auch ohne Aufzeichnungen weiß ich meist, was in den Regalen liegt. Und das seltene Glück, plötzlich eine Flasche zu entdecken, von der ich gar nicht wußte, daß ich sie besitze, möchte ich nicht missen."

Die Lagerung

Wer auf ideale Bedingungen Wert legt, muß sich seinen Weinkeller als Bunker tief unter der Erde anlegen. Das können nur wenige. Es ist auch nicht nötig, weil weniger ideale Flaschenlager ihren Zweck ebenso erfüllen: den Wein in Ruhe reifen zu lassen. Und was heißt Reife? Schätzungsweise 80 Prozent der Weine werden heute in den ersten zwei Jahren getrunken. Spezielle Weinkeller sind also nur für ein kleinen Teil jener Weine notwendig, die fünf, zehn oder mehr Jahre lagern sollen.

Die Temperatur

12° C gelten als ideale Kellertemperatur, weil der Weißwein dann gleich die richtige Trinktemperatur hat. Tatsächlich kann die Kellertemperatur ebenso gut 8° C oder 18° C betragen, ohne daß ein Wein deswegen Schaden nähme. Wichtiger ist, daß die Temperaturschwankungen zwischen Sommer und Winter nicht zu groß sind: möglichst nicht mehr als 6° C. Bei hohen Temperaturen dehnt sich der Wein aus, bei niedrigen zieht er sich zusammen. Diese Kontraktionen schaden dem Wein, wenn er zehn Jahre und länger reifen soll.

Die Luftfeuchtigkeit

Die Luftfeuchtigkeit hält den Korken frisch. In trockenen Räumen, etwa in Heizungskellern, trocknet der Korken aus, verliert an Elastizität, wird undicht oder krümelig. Nicht nur, daß dadurch Wein austreten kann: Auch Sauerstoff dringt vermehrt in die Flasche ein. Der Wein verdunstet schneller. Bereits nach wenigen Jahren ist der Flüssigkeitspegel in der Flasche erkennbar gesunken. Unter 60 Prozent Luftfeuchtigkeit sollte daher kein Weinkeller aufweisen. Alles, was darüber liegt, ist gut. Einige der besten Winzerkeller weisen sogar 100 Prozent Luftfeuchtigkeit auf. Mögen sich die Etiketten lösen und sich schwarzer Schimmel auf der Korkoberfläche bilden – dem Wein tut es nichts.

Das Licht

Das grüne oder braune Glas der Flaschen schützt Wein nicht vor dem Verderb durch Sonnenlicht. Daher müssen Räume, in denen Flaschen offen lagern, abgedunkelt werden. Licht fördert bei fast allen organischen Stoffen – so auch bei Wein – die Reifung und den langsamen Verfall. Sichtbares Zeichen dafür ist die Veränderung der Farbe: Weißwein tendiert schneller ins Goldgelb, Rotwein verblaßt.

Erschütterungen

Weine, die lange lagern sollen, müssen vollkommen ruhig liegen. Erschütterungen durch nahen Auto- oder Eisenbahnverkehr wirbeln immer wieder die feinen Bestandteile des Depots auf. Ständige Geräuschquellen wie Heizungs- oder Wasserpumpen lassen Wein ebenfalls unmerklich vibrieren.

Fremde Gerüche

Der Luftaustausch durch den Korken einer Weinflasche ist zwar gering. Doch bei jahrelanger Lagerung können fremde Gerüche aus der Umgebung den Wein negativ beeinflussen. Küche und Garage eignen sich daher nicht für eine längere Weinlagerung, noch weniger Räume, in denen geraucht wird und Essensdunst unter der Decke hängt (Wirtsstuben).

Die Weingesetze

Im Labyrinth des Weins

Qualitätsweine sollen die Spitze der Qualitätspyramide darstellen. Doch viele heißen nur so, sind aber keine.

Die Weingesetze sollen dem Verbraucher Sicherheit über die Herkunft des Weins geben und eine Mindestqualität garantieren. Tatsächlich sind die Weingesetze ein Labyrinth – zumindest in Europa. Ihre Logik erschließt sich nur noch Verwaltungsbeamten und Statistikern.

Wein wird in den Ländern der Europäischen Union (EU) in zwei Kategorien eingeteilt: Tafelwein und Qualitätswein. Qualitätsweine bilden die Spitze der Weinhierarchie. In der Regel sind die besten Anbaugebiete jedes Landes ausersehen, um Qualitätsweine zu produzieren. Damit ein gewisser Standard an Qualität und Typizität gewährleistet ist, hat jede Region für sich mehr oder minder präzise Vorschriften erlassen. Tafelweine stellen dagegen die untere Stufe der Qualitätspyramide dar. An sie werden nur sehr niedrige Anforderungen gestellt. Ein großer Teil der Tafelweine wird erst gar nicht in Flaschen gefüllt, sondern faßweise gehandelt, um später in Korbflaschen, Großgebinden, Kartonverpackungen oder im Schlauch auf den Markt zu kommen.

Die Qualitätsweine

Sie sind immer an eine bestimmte weinbauliche Region gebunden. Die Trauben müssen aus einem klar definierten Anbaugebiet kommen. Deshalb steht auf ihrem Etikett häufig V.Q.P.R.D.: Vin de Qualité Produit dans les Régions Déterminées. Zu deutsch: Qualitätswein bestimmter Anbaugebiete. Für Qualitätsweine gelten in der EU bestimmte allgemeine Vorschriften:

- In der Regel beträgt der natürliche Mindestalkoholgehalt 8,5 Vol.%.
- In den meisten Anbaugebieten ist eine Aufbesserung (Chaptalisierung) um maximal 2,5 Vol.% erlaubt.
- Die Entsäuerung des Weins ist ebenso gestattet wie die Säurezugabe (Azidifikation), allerdings nicht bei gleichzeitiger Chaptalisation.
- Die Weinzusatzstoffe sind genau festgelegt (z. B. Schwefel, Bentonit).
- Das Maß an flüchtiger Säure, das ein Wein aufweist, darf 1,2 Gramm pro Liter nicht übersteigen.
- Qualitätsweine dürfen nicht mit Weinen außerhalb der EU verschnitten werden.

Darüber hinaus hat jedes Qualitätswein-Anbaugebiet eigene Bestimmungen erlassen, die nur für seine Weine gelten. Sie enthalten zum Beispiel Vorschriften über

- die zugelassenen Traubensorten,
- die maximale Traubenmenge pro Hektar,
- den Mindestalkoholgehalt,
- den Mindestsäuregehalt,
- die Mindestausbauzeit,
- den frühesten Zeitpunkt der Vermarktung.

Italien und Spanien haben die Qualitätsweine noch einmal in besonders qualifizierte beziehungsweise garantiert kontrollierte unterteilt. Frankreich und die anderen Weinnationen verzichten auf jede Unterteilung.

DIE WEINGESETZE

Die Prädikatsweine

Deutschland und Österreich haben ihre Qualitätsweine noch unterteilt in Qualitätsweine bestimmter Anbaugebiete und in Prädikatsweine. Die Eingruppierung richtet sich ausschließlich nach dem Mostgewicht (siehe Seite 42). Für Prädikatsweine gilt, daß ihr Alkoholgehalt nicht durch Zucker angereichert werden darf. Frankreich und Italien haben die Kategorie der Qualitätsweine statt dessen nach unten erweitert. Weine aus größeren, weniger berühmten Anbaugebieten können in Frankreich den Status V.D.Q.S. (Vin Délimité de Qualité Supérieure) erlangen. Nach diesem Vorbild hat auch Italien 1996 die Kategorie I.G.T. geschaffen (Indicazione Geografica Tipica). Daß diese Weine qualitativ tatsächlich über den Tafel- bzw. Landweinen und unter den Qualitätsweinen anzusiedeln sind, ist damit natürlich nicht gesagt.

Die Tafelweine

Sie bilden die unterste Kategorie in der Weinhierarchie der EU. An sie werden die geringsten qualitativen Anforderungen gestellt. Sie stammen meist aus großen Massenanbaugebieten Frankreichs, Italiens und Spaniens, aber auch aus weinbaulich wenig geeigneten Zonen Deutschlands und Österreichs oder aus solchen, die zu gar keinem Qualitätswein-Anbaugebiet gehören. Für Tafelwein gelten folgende Anforderungen:

- Er darf aus allen für den Weinbau geeigneten Zonen der EU stammen.
- Es existieren keine gesetzlichen Mengenbeschränkungen für die Traubenproduktion im Weinberg.
- Das Mindestmostgewicht liegt bei 50 Grad Öchsle.
- Der Mindestsäuregehalt liegt bei 4,5 Gramm pro Liter.
- Die Chaptalisierung ist erlaubt.
- Alle in der EU empfohlenen Traubensorten sind zugelassen.
- Verschnitte zwischen Weinen aus EU-Ländern sind möglich.
- Weder Jahrgang noch Rebsorte(n) müssen auf dem Etikett erscheinen.

Die Landweine

Etwa 65 Prozent der europäischen Weinproduktion bestehen aus Tafelwein. Ein großer Teil davon ist unverkäuflich. Rund ein Viertel des Tafelweins muß darum jedes Jahr aus dem Markt genommen und zu Industriealkohol destilliert werden. Um mehr vermarktungsfähige Tafelweine zu erhalten, hat die EU 1973 eine Zwischenkategorie geschaffen: die Landweine. Sie sollen die Elite der Tafelweine sein. Sie kommen aus festgelegten Großregionen (oder Ländern bzw. Départements), ihre Traubensorten sind genau definiert, sie müssen mindestens 0,5 Vol.% mehr aufweisen als Tafelweine und durchweg trocken ausgebaut sein: süffige, schmackhafte und preiswerte Alltagsweine. Frankreich erzeugt fast 20 Prozent Landweine, bei anderen Nationen hat sich der Landwein nicht durchgesetzt.

Neue Welt

In den Ländern außerhalb Europas ist der Weinbau weniger stark geregelt. Die USA haben seit 1983 über hundert Ursprungsgebiete für ihre Weine definiert (American Viticultural Areas, AVA), aber ohne daß damit Produktionsvorschriften verbunden wären, etwa Mengenbegrenzungen der Traubenproduktion. Ansonsten gibt es nur die Unterscheidung zwischen Table Wine (alle Weine bis 15,9 Vol.%), Dessert Wine (ab 16 Vol.%) und Sparkling Wine (schäumend). Dafür gibt es bestimmte Etikettenvorschriften: 85 Prozent des Weins müssen von der Rebsorte stammen, die auf dem Etikett angegeben ist. Gleiches gilt für Australien, während es in Südafrika und Chile nur 75 Prozent sein müssen. Vorschriften für die Begrenzung der Traubenproduktion existieren nicht. Chaptalisation ist in allen diesen Ländern verboten (in Neuseeland gestattet), die Säurezugabe (Azidifikation) hingegen ist erlaubt.

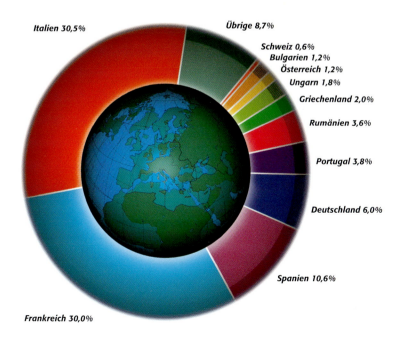

Anteil der Länder an der Weinproduktion Europas.

Paradox: Italien hat nur wenige, Deutschland fast nur Qualitätsweine.

Kein Dogma mehr

In den alten Weinbauländern wie Spanien, Italien, und Frankreich ist Wein seit jeher ein Tischgetränk. Über die „Vermählung von Speise und Wein" gibt es unzählige Abhandlungen. Vielen Autoren gilt es als unumstößliche Wahrheit, daß Artischocken, Spargel, Tomaten und Schokolade schwer mit Wein zu kombinieren sind – auch wenn in jedem Frühjahr Hunderte von Spargelweinen auf den Markt kommen und sich Millionen von Menschen offenbar an ihnen delektieren. Es hat sich dagegen herumgesprochen, daß Rotwein auch zu hellem Fleisch und Weißwein zu dunklem paßt. Doch manchmal kommt es gar nicht auf das Fleisch an. Die Sauce entscheidet. Ist sie mit Crème Fraîche montiert, kann auch ein lieblicher Weißwein passen. Ein Quentchen Wahrheit steckt in allen diesen Aussagen – vielleicht auch mehr. Aber um den Eigenversuch kommt kein weintrinkender Feinschmecker herum. Sicher ist: Wein kann den Geschmack einer Speise heben. Und: Welcher Wein zu welcher Speise paßt, ist kein Dogma mehr.

Speisen und Wein

Essen, um gut zu trinken

„Harmonie ist nur Harmonie, wenn sie Kontrast und Akzent aufweist", schrieb der chinesische Philosoph Konfuzius. Das Wort könnte auch als Motto für alle gelten, die Speisen und Wein miteinander vermählen wollen.

Der Brauch, zum Essen Wein zu trinken, stammt aus den Mittelmeerländern. Er kommt aus einer Zeit, in der Wein noch ein Lebensmittel war. Heute ist Wein ein Genußmittel. Aber das mediterrane Vorbild gilt auch heute noch. Allerdings wird mehr Augenmerk auf die richtige Kombination von Speisen und Wein gelegt als früher. Das Austüfteln von raffinierten Geschmacksverbindungen ist ein schwieriges, aber lohnendes Unterfangen. Denn soviel ist klar: Wenn der richtige Wein gewählt wird, muß das Essen keine kulinarische Spitzenleistung sein, um zu einem Erlebnis zu werden. Wenn aber der Wein nicht paßt, nützt auch das beste Essen nichts. Grundsätzlich gilt: Der Wein muß den Speisen geschmacklich standhalten. Er muß ihren Geschmack unterstreichen. Aber er darf die Speise nicht dominieren: Ein schwerer Rotwein paßt nicht zu einem leichten Forellenfilet, und ein Champagner schmeckt nicht zu Spaghetti Bolognese. Das bedeutet: Der Geschmack des Weins muß den Geschmack der Speise ergänzen, etwa so, wie eine Sauce es auch tut. Er darf, ja er soll der Speise etwas hinzufügen, einen Akzent setzen. Davon profitiert nicht nur das Gericht. Ein junger, verschlossener Wein öffnet sich plötzlich, ein älterer Wein fängt an zu blühen.

Freilich kommt es bei der Wahl des richtigen Weins nicht nur auf die Speise selbst an. Die Zubereitungsart und die Sauce sind meist wichtiger. Die unzähligen Versuche, Speisen und Wein zu kombinieren, folgen in Wirklichkeit nur wenigen Regeln.

Kurz Gebratenes
Zu rosa gebratenem Fleisch, etwa Steak, Filet oder Roastbeef, sollte ein junger, gerbstoffreicher Rotwein getrunken werden. Der blutige Bratensaft und das Tannin ergänzen sich hervorragend. Zum Beispiel ein Haut Médoc, Crozes Hermitage oder eine Chianti Classico Riserva. Ist das Fleisch über offenem Feuer gegrillt, schmeckt auch ein Barriquewein vom Typ Rioja Crianza oder Cabernet Sauvignon aus dem Napa Valley sehr gut.

Geschmortes
Zu lange geschmortem Fleisch wie Lammschlegel, Kalbshaxe oder Bœuf à la mode gehört ein kräftiger, leicht gereifter Rotwein: Ribera del Duero Reserva, Brunello di Montalcino, St-Julien oder Pauillac. Ist das Fleisch mit Kräutern gewürzt, muß es auch ein würziger Wein sein. Ideal sind Weine vom Typ Côtes de Roussillon oder Rioja.

Speisen und Wein

Schweinefleisch
Eher geschmacksarm, wird es deshalb meist im Bratensaft oder mit einer Sauce serviert. In diesem Fall muß der Wein auf die Sauce abgestimmt werden. Am besten paßt dazu ein junger, traubiger, nicht übermäßig tanninbetonter Rotwein. Typ: Barbera aus dem Piemont, Dornfelder aus der Pfalz oder kräftiger, kalifornischer Zinfandel.

Wild und Wildgeflügel
Wildente oder Wildtaube haben einen strengen, bitteren Geschmack. Damit er nicht dominiert, sollte mit dem Wein ein Kontrapunkt gesetzt werden: etwa ein trockener, körperreicher Rotwein mit reifer, süßer Frucht. Ideal ist ein Burgunder. Zu Hasenragout oder Hirschkeule sind dagegen eher Cabernet- oder Syrah-Weine angesagt.

Geflügel
Poularde, Pute oder anderes Geflügelfleisch läßt sich sowohl mit Weiß- als auch mit Rotweinen kombinieren. Es kommt auf die Sauce an. Zu reduzierten Bratensaucen empfiehlt sich ein feinwürziger, fruchtbetonter Rotwein. Typ österreichischer Blaufränkisch. Zu karameligen Sahnesaucen paßt ein weicher, fülliger Merlot aus Kalifornien oder ein schlanker Merlot aus dem Tessin. Es darf auch ein halbtrockener deutscher Riesling aus dem Rheingau oder – besonders raffiniert – ein trockener Gewürztraminer sein.

Speisen und Wein

Je edler der Fisch, desto besser der Wein

Fisch und Wein eröffnen ungeahnte Möglichkeiten. Selbst Rotwein paßt zu manchen Fischgerichten. Aber viele der sogenannten Idealkombinationen erweisen sich als traditionelle, rein regionale Geschmacksverbindungen.

Zu Fisch wird traditionell Weißwein getrunken. Diese Regel gilt überall auf der Welt. Aus gutem Grund: Fisch ist in der Regel salzig, und Salz verträgt sich nicht mit dem Gerbstoff des Rotweins. Außerdem ist Fisch von Natur aus eher zart im Geschmack. Wuchtige Rotweine würden die meisten Fischgerichte erschlagen.

Natürlich muß der Wein auf das Fischgericht abgestimmt sein. Die Wahl des richtigen Weißweins ist aber weniger schwierig als die eines Rotweins. Fast alle trockenen Weißweine eignen sich, um Fischgänge zu begleiten. Natürlich gibt es bewährte regionale Kombinationen. Zu einem Eglifilet aus dem Zürcher See werden die Schweizer einen ihrer Chasselas-Weine vorziehen, vielleicht einen Fendant oder einen Yvorne. Zu einer Seezunge aus Dieppe trinken die Belgier gerne einen Pouilly Fumé von der Loire. Und die Weingourmands von Miami werden zu einem Red Snapper wahrscheinlich einen saftigen Chardonnay aus dem Klimaschrank holen. Freilich haben gute Köche bewiesen, daß auch Rotwein zu Fisch schmecken kann, insbesondere zu fettreichen Fischen. Zu einem Karpfen läßt sich nicht nur ein speckiger Grauburgunder, sondern auch ein kräftiger, junger, deutscher Spätburgunder vom Kaiserstuhl gut trinken. In den Trattorien von Ravenna und Modena wird trockener Lambrusco zu Aal aus dem Comacchio-See serviert. In Amerika genießt man geräucherten Lachs gerne mit Pinot Noir aus Oregon. Und in guten Pariser Restaurants kann es vorkommen, daß der Sommelier zu einem Rochenflügel eine Flasche St-Emilion empfiehlt. Nur eine Regel gilt fast immer: Je edler der Fisch, desto besser sollte der Wein sein.

Edelfische
Edelfische mit einer Sauce Hollandaise oder einer Butter-Weißwein-Sauce brauchen gehaltvolle, kräftige Weißweine. Zum Beispiel einen voller Chardonnay aus Südtirol oder einen weichen, körperreichen Sauvignon aus Kalifornien. Der buttrig-cremige Geschmack der Sauce paßt gut zu dem süßen Glycerinschmelz, den jeder alkoholreiche Wein aufweist. Ein zehn Jahre alter Meursault wäre die Krönung.

Austern
Austern sind eine der größten Delikatessen unter den Meeresfrüchten. Häufig wird dazu ein Glas Champagner angeboten. Tatsächlich passen beide nicht zusammen. Das salzige Austernwasser in den Schalen nimmt dem Champagner jede Feinheit und schmeckt nicht zu der leichten Restsüße (*Brut*). Ideal schmeckt zu französischen Fines de Claires ein Muscadet de Sèvre et Maine. Zu holländischen Imperiales paßt ein Chablis oder ein Sauvignon Blanc aus Neuseeland.

SPEISEN UND WEIN

Gedämpfter Fisch
Beim Fisch kommt es auf die Zubereitung an: Zu gedämpftem oder gekochtem Seefisch empfiehlt sich ein leichter, trockener Weißwein. Das Salz im Fisch läßt die Frucht des Weins deutlich hervortreten. Erste Wahl sind Weißweine vom Typ eines Riesling, Entre-Deux-Mers oder Grüner Veltliner Federspiel aus der Wachau.

Krustentiere
Krustentiere wie Hummer und Langusten gehören zu den edelsten und teuersten Meerestieren. Ob gekocht und mit einer Sauce angerichtet oder nur gegrillt – immer ist ein hochwertiger Chardonnay erste Wahl, egal ob er aus dem Burgund oder aus Kalifornien kommt. Die feine Extraktsüße oder der vanillige Barriqueton passen gut zu dem zarten, süßen Fleisch der Tiere.

Patés und Quiches
Zu Patés und Quiches, in denen frisches, gewürztes Fleisch oder Fisch, Eiermilch und Mürbeteig verarbeitet wurde, müssen junge, geschmacksintensive Weine gereicht werden – egal ob weiß, rosé oder rot. Ideal sind Weißweine wie ein trockener Müller Thurgau aus Franken oder ein kalifornischer Sauvignon. Ebenso möglich sind ein Rosé aus der Provence oder der urtümliche steirische Schilcher. Wenn es Rotwein sein soll, dann ein leichter bis mittelschwerer Typ von der Art eines Bourgogne Rouge oder eines österreichischen Blauen Zweigelt.

SPEISEN UND WEIN

Erlaubt ist, was schmeckt

Im Zweifelsfall sollte lieber am Essen als am Wein gespart werden. Ein Romanée–Conti braucht keine Filetspitzen und keine Entenbrüstchen, um zu glänzen. Ein einfacher Coq au Vin tut es auch.

Bestimmte Weine scheinen eine eigene Speise zu verlangen. Jedenfalls wirkt es mitunter so, als sei die Stopfleber eigens für die schweren, vollsüßen Sauternes aus Frankreich und der Stilton-Käse für den Portwein erfunden worden. Dabei paßt ein Sauternes auch zu Edelschimmelkäse oder Salzburger Nockerln. Und zum Stilton schmecken ein Madeira, ein Oloroso-Sherry oder ein Banyuls ebenso gut wie Portwein.

Überhaupt Käse: Nichts entzweit die Experten so sehr wie die Frage, ob Rotwein oder Weißwein zu Käse getrunken werden soll. Dabei ist die Frage ganz einfach zu beantworten: Beide. Die Wahl hängt allein vom Käse ab. Ziegenkäse und Sancerre sind zum Beispiel eine Idealkombination. Das würzige Stachelbeer-Aroma mildert den strengen Geschmack des Käses. Ebenso gut passen natürlich auch Sauvignon-Blanc-Weine aus anderen Teilen der Welt zu Ziegenkäse. Im übrigen empfiehlt es sich, für alle laktischen oder auch leicht gereiften Weichkäse (Camembert, Vacherin) einen Weißwein zu wählen. Rotweine, speziell schwere, tanninreiche, eignen sich dagegen eher zu gereiften Käsesorten wie Parmesan, Pecorino oder Cheddar.

Viele Weinempfehlungen haben den Nachteil, daß sie für die Haute Cuisine zusammengestellt sind. Heißt das, daß zur volkstümlichen Küche nur Wasser getrunken wird? Keineswegs. Die Amerikaner und Australier machen es vor: Zu Fleischspieß mit Barbecue-Sauce trinken sie einen würzigen, Cabernet-Shiraz-Verschnitt, zu einem ordentlichen Hamburger gerne einen leichten Zinfandel.

Freilich ist Wasser gelegentlich auch vonnöten. Zu Senf, Tomaten, Artischocken, Anchovies und Schokolade paßt nämlich kaum ein Wein.

Schinken
Schinken, gleich ob luftgetrocknet oder geräuchert, ist salzig. Salz macht Gerbstoff bitter. Also muß zu Schinken ein gerbstoffarmer Wein serviert werden. Typ: Beaujolais Primeur, Kalterer See oder gleich ein Weißwein. Die Italiener schwören auf die Kombination Schinken und Prosecco, die Spanier auf Schinken und Cava. Es geht aber sicher auch ein Gutedel, Chasselas oder ein frischer Rosé aus der Provence.

Geflügelleber
Gänsestopfleber und Entenstopfleber gehören zu den raren, teuren und umstrittenen Genüssen der Gourmet-Küche. Zu diesem aus Frankreich stammenden Gericht wird traditionell ein edelsüßer Sauternes getrunken, dessen mächtige Süße und hoher Alkohol dem Fett der Leber standhalten und dieses besser verdauen hilft. Ebensogut lassen sich aber auch andere edelsüße Weine aus dem Elsaß, aus Deutschland, Österreich, Ungarn oder Australien dazu trinken.

Speisen und Wein

Asiatisches
Es ist nicht leicht, zur asiatischen Küche einen passenden Wein zu finden. Am ehesten halten exotischen Gewürzen wie Kardamom oder Chili australische Shiraz oder halbtrockene bis fruchtig-süße Rieslingweine aus Deutschland stand. Ihre würzig-aromatische Note ergänzt gut die pikante Süße dieser Speisen. Allerdings sollten die Weißweine kühler als normal getrunken werden. Zu Curry paßt auch ein süßer Sherry.

Parmesan
Reifer Parmesan und Rotwein ist eine Idealkombination. Der würzig-fette Geschmack dieses Hartkäses hebt den Geschmack nahezu jeden kräftigen Rotweins, besonders natürlich der großen italienischen Rotweine wie Barolo und Brunello di Montalcino. Fett neutralisiert Tannin. Aber auch Schwergewichte wie Rhôneweine und spanische Ribera del Duero öffnen sich bei einem kleinen Stück Parmesan. Besonders interessant ist es, alte, reife Rotweine mit Parmesan zu kombinieren.

Edelschimmelkäse
Edelschimmelkäse wie Roquefort, Gorgonzola oder Bleu d'Auvergne sind traditionelle Begleiter von edelsüßen Weinen. Dazu gehören vor allem deutsche Beeren- und Trockenbeerenauslesen, österreichischer Ausbruch, ungarischer Tokajer, und elsässische Grains Nobles. Der bitter-süße Grundgeschmack des Weins findet sich in diesem Käse wieder. Zu Stilton wird Portwein, alter Oloroso-Sherry oder südfranzösischer Banyuls getrunken.

Wieviel Wein verträgt der Mensch?

Traditionelles Nahrungsmittel: Wein.

Wein – ein Problem der Menge

Die Menge des täglich ohne Bedenken zu konsumierenden Weins ist von Mensch zu Mensch verschieden. Sie hängt von der körperlichen Konstitution, dem Gewicht, dem Geschlecht und auch dem Training der Organe ab. Die männliche Leber kann durchschnittlich 30 Prozent mehr Alkohol verarbeiten als die weibliche. Allerdings spielen dabei das Alter des Weinliebhabers und sein Gesundheitszustand eine große Rolle. Amerikanische Ärztegremien sprechen vorsichtig von ein bis zwei Glas Wein (à 0,1 Liter) pro Tag, die der Gesundheit eines durchschnittlichen, mittelgewichtigen Menschen auf jeden Fall zuträglich sind.

Ein bis zwei Glas pro Tag?

Die britische Medizinische Gesellschaft gibt ebenfalls sehr zurückhaltende Ratschläge. Sie empfiehlt bestimmte Wochenrationen: 21 Einheiten Wein für Männer und 14 Einheiten für Frauen. Eine Einheit entspricht acht Gramm Alkohol (eine 0,75 Liter fassende Flasche mit einem Wein von 12 Vol.% enthält etwa 70 Gramm Alkohol). Das bedeutet: Ein wöchentlicher Weinkonsum von 2,5 Flaschen für Männer und 1,5 Flaschen für Frauen ist gesundheitlich unbedenklich und fördert das Wohlbefinden. Die Tagesration beträgt danach etwa anderthalb Glas Wein (à 0,1 Liter) für Frauen und zweieinhalb Glas (à 0,1 Liter) für Männer. Einig sind sich die Mediziner, daß Frauen während der Schwangerschaft keinen Wein trinken sollten.

Wein besteht zu etwa 85 Prozent aus Wasser und zu 12 Prozent aus Alkohol. Vor allem der Alkohol hat den Wein ins Gerede gebracht. Trotzdem ist sich der größte Teil der Mediziner einig: Mäßiger Weingenuß ist gesünder als Abstinenz – nicht zuletzt wegen der restlichen drei Prozent Inhaltsstoffe, die im Wein sind.

Wein ist jahrhundertelang ein Lebensmittel gewesen – und ist es in einigen Teilen der Welt auch heute noch. Sein Wert für die Ernährung des Menschen und sein Beitrag zu dessen Gesundheit geraten angesichts der Diskussion über die Gefahren des Alkoholkonsums leicht in Vergessenheit. Wein ist zum Beispiel ein wichtiger Kalorienspender. Glyzerin und Säuren – die mengenmäßig bedeutendsten Bestandteile neben dem Alkohol – fördern den Stoffwechsel und stärken das Immunsystem. Außerdem enthält Wein Vitamine und Mineralien. Sie sind allerdings in so geringen Mengen in ihm enthalten, daß sie nur wenig zum Tagesbedarf eines Menschen beisteuern. Andere positive Auswirkungen auf die Gesundheit können nur vermutet werden: etwa die Vorbeugewirkung gegen Rheuma und Osteoporose. Die wichtigste Erkenntnis der letzten Jahre aber ist der Zusammenhang zwischen Weinkonsum und sinkendem Herzinfarktrisiko. Das „französische Paradoxon" hat Schlagzeilen gemacht.

Das französische Paradoxon

Am 17. November 1991 widmete die amerikanische Fernsehgesellschaft CBS ihren regelmäßigen News-Report „60 Minuten" einem ungewöhnlichen Thema: dem Rotwein. Der Moderator Morley Safer hob ein Glas Rotwein in die Höhe und erklärte, möglicherweise liege der Grund für die niedrige Herzinfarktrate in Frankreich in dem Inhalt dieses Glases. Dann erläuterte er das, was er das *French paradox* nannte: daß die Franzosen zwar viel Butter, fette Käse, Gänsestopfleber und Sahnesaucen äßen, trotzdem aber statistisch eine viel niedrigere Herzinfarktrate aufwiesen als die Amerikaner oder andere westliche Nationen. Seine Erklärung: das tägliche Glas Rotwein, das die Franzosen zu sich nähmen. Die einstündige Sendung erschütterte das Weltbild der Amerikaner zutiefst, für die Alkohol bis dahin als schlimmste Geißel der Nation galt. Zeitungen, Zeitschriften und Fernsehsender stürzten sich auf das Thema. 1992 stieg der Rotweinkonsum der Amerikaner um 39 Prozent, nachdem er vorher jährlich um knapp fünf Prozent gefallen war.

Rotwein gegen Cholesterin

Inzwischen haben wissenschaftliche Studien in England, Amerika, Frankreich und Dänemark nachweisen können, daß ein Zusammenhang zwischen Rotweinkonsum und abnehmenden Koronarkrankheiten des Herzes besteht. Verantwortlich dafür ist die vor allem in Rotweinen vorkommende Gruppe der Phenole. Sie umfaßt etwa hundert verschiedene Substanzen, zu denen auch das Tannin gehört. Ähnlich wie beim Wein haben die Phenole im Blut eine oxydationshemmende Wirkung: Sie verhindern die Oxydation des „bösartigen" LDL-Lipoproteins, auch Cholesterin genannt. Ein hoher Cholesteringehalt kann zur langsamen Verengung der Arterien im Bereich der Herzkranzgefäße führen. Am Ende dieser Arteriosklerose stünde der Herzinfarkt. Laborversuche haben jedoch gezeigt, daß Rotwein (mehr noch als Alkohol) das Blut dünnflüssiger macht. Auf diese Weise wird etwaigen Blutgerinnseln vorbeugt.

Rotweine haben mehr Phenole als Weißweine und Roséweine.

Negative Auswirkung des Weingenusses

Ob Weingenuß positive oder negative Auswirkungen auf den Organismus hat, hängt entscheidend von der Menge des konsumierten Weins ab. Wer in kurzer Zeit große Mengen Wein trinkt, schädigt den Organismus. Aber auch bei moderatem Dauerkonsum ist es nötig, Leber, Nervensystem, Verdauungsapparat und andere Organe regelmäßig zu kontrollieren. Negative Begleiterscheinungen des Weingenusses können sein:

Benommenheit: Eine Flasche Wein mit 12 Vol.% enthält gut 70 Gramm reinen Alkohol (Äthylalkohol). Die menschliche Leber, die zu 90 Prozent für den

Abbau des Alkohols zuständig ist, kann pro Stunde maximal zehn Gramm Alkohol verarbeiten. Die entsprechenden Übermengen zirkulieren als Acetaldehyd (einem Zwischenprodukt des Alkoholabbaus) solange im Blut, bis die Leber sie abbauen kann. Folge: eingeschränkte Reaktionsfähigkeit, Schädigung des Nervensystems. Schaumweine beschleunigen die Alkoholaufnahme noch.

Lebervergrößerung: Kann der Alkohol von der Leber beziehungsweise von anderen Geweben (etwa der Muskulatur) nicht abgebaut werden, werden die Zwischenprodukte Acetaldehyd und Acetat zu Fett aufgebaut. Es entsteht die sogenannte Fettleber. Bei entsprechender Vergrößerung wird die Funktion dieses Organs und damit der gesamte Stoffwechsel erheblich beeinträchtigt.

Kopfschmerzen: Sie sind fast immer eine Folge übermäßigen Alkoholkonsums. Dabei ist es weniger der reine Alkohol, als vielmehr der in jedem Wein enthaltene Methylalkohol („Fuselöle"), der Kopfschmerz- und Kreislaufbeschwerden hervorruft (Kater). Allerdings beträgt der Anteil an Methylalkohol weniger als ein Prozent. Bei schweren Rotweinen liegt er höher als bei leichten Weißweinen.

Migräne: Kopfschmerz und Übelkeit können bei manchen Menschen auch bei moderatem Alkoholkonsum auftreten, insbesondere nach dem Konsum von Rotwein. Schuld daran ist eine Reaktion der Nervenzellen mit den Phenolen, die sich in erhöhten Mengen im Rotwein befinden.

Allergie: Wein kann im Einzelfall Hautjucken und Atembeschwerden bewirken. Ursache dafür kann eine Unverträglichkeit gegenüber der schwefligen Säure sein, die allen Weinen in geringen Mengen zur Konservierung zugesetzt wird. Aber auch Histamin kann Allergien verstärken. Histamin ist ein Eiweißbaustein, der nicht in allen, aber in bestimmten Rotweinen vorkommt – wenn auch in sehr geringen Mengen. Bei einer Histamin-Unverträglichkeit muß der Konsument auf andere Weine ausweichen.

Glückliches Frankreich: Viel Butter, Sahne, tierisches Fett – und doch keine Herzschädigung durch das tägliche Glas Rotwein.

Magenbeschwerden: Bei Menschen mit empfindlichem Magen kann Wein zur Reizung der Magenschleimhaut führen. Das gilt insbesondere für Weißweine, die meistens eine höhere Säure aufweisen als Rotweine. Die Übersäuerung des Magens führt zu Völlegefühl, Appetitlosigkeit, Sodbrennen.

Übermäßige Kalorienzufuhr: Allein der Alkohol einer Flasche Wein (12 Vol.%) beträgt knapp 500 Kalorien. Mit jedem Gramm Restzucker, den der Wein aufweist, kommen zwölf Kalorien hinzu. Wein besitzt mithin einen hohen Nährwert. In Anbetracht seiner appetitanregenden Wirkung kann es so leicht zu einer erhöhten Kalorienzufuhr kommen.

Wie Lipoproteine wirken

Die Menge des Blutfettes hängt stark von der genetischen Konstitution des Menschen ab. Der Cholesterinspiegel ist jedoch auch direkt von der Ernährungsweise abhängig. Das heißt: Er steigt mit fettreicher Ernährung. Verantwortlich dafür ist vor allem die steigende Produktion von LDL. Dieses Low Density Lipoprotein setzt sich langfristig wie Wachs an den Wänden der Arterien ab und verengt diese, so daß der Durchlauf des Blutes erschwert wird. Schlimmer noch: LDL bindet Sauerstoff und entzieht es dem Blutstrom, so daß möglicherweise der Herzmuskel unterversorgt ist. Auf diese Weise steigt das Herzinfarktrisiko beträchtlich an. Bislang waren vor allem Substanzen wie Vitamin E und Betacarotin wegen ihrer antioxydativen Wirkung als Koronarschutz bekannt. Wesentlich wirksamer noch als Vitamin E und Betacarotin sind drei Phenole, die in jedem Rotwein enthalten sind, und zwar in um so größerer Menge, je tanninreicher der Wein ist:

- Quercetin (das außer im Wein auch in Äpfeln und Zwiebeln vorhanden ist).

- Catechin (das in allen Weintrauben in hohem Maß enthalten ist).

- Resveratrol (das von den Weintrauben gebildet wird, wenn sie von Pilzkrankheiten befallen werden).

Diese drei Phenole verhindern die Oxydation des LDL. Mehr noch: Sie sind es, die die Produktion des nützlichen HDL-Lipoproteins (High Density Lipoprotein) im Blut am stärksten ansteigen lassen. Ein hoher HDL-Wert ist daher der beste Schutz gegen Blutverfettung. Dieser Schluß muß zumindest aus einer 1990 in Frankreich veröffentlichten Studie gezogen werden. Dabei hatte je eine Versuchsgruppe puren, verdünnten Alkohol, Weißwein und Rotwein zu sich genommen. Die Rotweingruppe zeigte den höchsten HDL-Anstieg und zugleich die stärkste Senkung der LDL-Werte.

TRINKREIFE

Warten auf den Höhepunkt

In fast allen Weinanbaugebieten der Welt läßt sich ein auffälliger Trend beobachten: zu früher trinkbaren Weinen.

Der modernen Önologie ist es gelungen, Weine weich und möglichst schon in jungen Jahren trinkbar zu machen. Sie trägt damit einem Trend bei den Konsumenten Rechnung, die nicht erst graue Haare bekommen wollen, bis die von ihnen erworbenen Weine endlich genußreif sind. Dieser Trend hat selbst jene Weine erfaßt, die als Inbegriff der Langlebigkeit galten: die Bordeaux-Weine. Durch einen höheren Anteil der frühreifen Merlot am Traubenmix, aber auch durch eine veränderte Vinifikation haben sie ihre jugendliche Härte und Verschlossenheit gegen fruchtige Opulenz ausgetauscht.

Können moderne Weine alt werden?
Dieser Weinstil ist nicht unumstritten. Kritiker argwöhnen, daß die Weine nie zu jenen Gipfeln gelangen werden, die Bordeaux-Weine früher erklommen haben. Die Verteidiger des modernen Stils behaupten hingegen: Ein großer Wein ist auch schon in seiner Jugend groß. Für sie ist die Bestimmung der Trinkreife einfach: Sie beginnt früher, und sie hält trotzdem lange an. Grundsätzlich gilt jedoch: gerbstoffreiche Weine brauchen länger als gerbstoffarme Weine. Deshalb sind Weißweine in den meisten Fällen früher genußfähig als Rotweine, schwere Rotweine später als leichte. Auch alkoholstarke, säurereiche, restsüße und edelfaule Weine entwickeln sich langsam und brauchen oft Jahre, bis sie das Stadium der Genußreife erreicht haben. Auch entwickeln sich Weine aus großen Jahrgängen meistens langsamer als Weine aus kleinen Jahren.

Trinkreife – ein subjektiver Begriff
Trinkreife läßt sich nicht mathematisch vorausberechnen. Sie variiert von Wein zu Wein. Vorhersagen beruhen bestenfalls auf eigener Erfahrung. Hinzu kommt, daß Trinkreife ein subjektiv gefärbter Ausdruck ist. Ein guter roter Burgunder ist meist schon trinkreif, wenn er auf den Markt kommt. Seine Feinheiten treten aber erst nach zehn Jahren zutage. Ähnlich ist es mit einem Barolo. Die Italiener trinken ihn nach drei Jahren, wenn er freigegeben wird. Für andere ist das „Babymord". Nach ihrem Empfinden beginnt die Trinkreife frühestens nach acht oder zehn Jahren.

TRINKREIFE

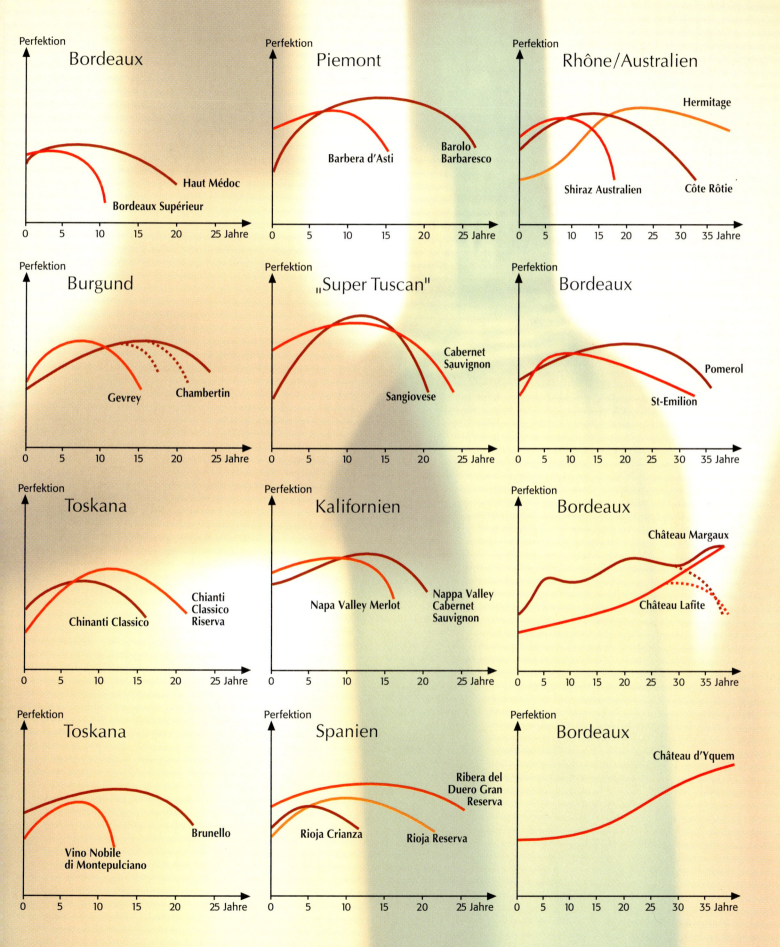

Kleine Jahre, große Jahre

Jahrgangsunterschiede gibt es überall auf der Welt, wo Wein erzeugt wird. Aber es lohnt sich, nicht nur die guten Jahrgänge zu kaufen. Kleine Jahrgänge unterscheiden sich von den guten oft nur dadurch, daß sie etwas weniger voll und früher trinkreif sind.

Erst seit Ende des 17. Jahrhunderts werden Weine nach Jahrgängen unterschieden. Genauer gesagt: seit Weine in Flaschen abgefüllt und nicht mehr jahrelang von großen Fässern abgezapft werden. Die Erfahrung, daß Weine die klimatischen Eigenarten eines Jahres widerspiegeln, hatten die Menschen freilich schon lange vorher gemacht: Sie klagten, wenn der Wein sauer war und frohlockten, wenn er voll, feurig und süß ausfiel.

Große Unterschiede in kühlen Zonen
Jahrgangsunterschiede gibt es überall auf der Welt, wo Wein erzeugt wird. In warmen Anbaugebieten, in denen die klimatischen Schwankungen nicht sehr groß sind, fallen die Qualitätsunterschiede naturgemäß geringer aus als in kühlen Anbaugebieten mit gemäßigtem Klima. Dort sind die Ausschläge bisweilen recht heftig. Das gilt besonders für Regionen wie Piemont und Toskana, Wachau und Steiermark, Rhein und Mosel, Elsaß und Loire, Burgund und Bordeaux. Aus Bordeaux kommt zum Beispiel das geflügelte Wort, daß die dortigen Châteaus keinen Wein, sondern Jahrgänge verkaufen. Konkret heißt das: Weiße Trauben müssen genügend Zucker bilden und dürfen nicht zuviel Säure verlieren. Für rote Trauben ist neben Zucker reifes Tannin wichtig.

Verbesserte Lesetechniken
Die Jahrgänge variieren von Weinanbaugebiet zu Weinanbaugebiet. Ein allgemeingültiges Jahrgangsprofil für alle Weinländer gibt es nicht. Selbst innerhalb eines Anbaugebietes kann es erhebliche Unterschiede geben, besonders wenn das Anbaugebiet groß ist. Allerdings sind die Qualitätsunterschiede zwischen den Jahrgängen heute in vielen Anbaugebieten nicht mehr so groß wie früher. Durch aufwendige Lesetechniken und strenges Aussondern unreifer oder fauler Trauben lassen sich oft auch in kleinen Jahren passable, gar gute Weine erzeugen. Sie unterscheiden sich von den Weinen aus guten Jahren dadurch, daß sie nicht ganz so voll und früher trinkreif sind. Solchen Aufwand treiben freilich wenige ehrgeizige Erzeuger. Ihnen werden Jahrgangstabellen, die stets vergröbernd sind, nicht gerecht.

	Mosel-Saar-Ruwer	Rheingau	Pfalz	Baden	Wachau
1996	★★★	★★★	★★★	★★★	★★★
1995	★★★★	★★★	★★★★	★★★	★★★
1994	★★★	★★★	★★★	★★★	★★★
1993	★★★★	★★★	★★★★	★★★	★★★
1992	★★★★	★★★★	★★★	★★★	★★★
1991	★★	★★★	★★★	★★	★★★
1990	★★★★★	★★★★★	★★★★★	★★★★★	★★★
1989	★★★★★	★★★★★	★★★★	★★	★★★
1988	★★★★	★★★★	★★★	★★★★	★★★
1987	★★	★★★	★★★	★★	★★
1986	★★★	★★	★★★	★★★	★★★
1985	★★★	★★★★	★★★	★★★	★★★
1984	★	★	★	★	★★
1983	★★★★★	★★★★★	★★★★	★★★★★	★★★
1982	★★★	★★★	★★★	★★★	★
1981	★★★	★★	★★	★★	★★
1980	★	★★	★★	★	★★

	Chianti Classico	Vino Nobile di Montepulciano	Brunello di Montalcino	Barolo, Barbaresco	Südtirol (rot)
1996	★★★★	★★★★	★★★★	★★★★	★★★
1995	★★★★	★★★★	★★★★★	★★★★	★★★
1994	★★★	★★★	★★★	★★★	★★
1993	★★★	★★★	★★★	★★★	★★
1992	★	★	★	★★	★★
1991	★★	★★★	★★	★★	★★
1990	★★★★★	★★★★★	★★★★★	★★★★★	★★★
1989	★★	★★	★★★	★★★★★	★★
1988	★★★★	★★★★	★★★★	★★★★	★★
1987	★★	★★	★★★	★★★	★
1986	★★★	★★★	★★★	★★★	★★
1985	★★★★	★★★★	★★★★	★★★★	★★
1984	★	★	★★	★	★
1983	★★★★	★★★★	★★★★	★★★	★★
1982	★★★★	★★★	★★★	★★★★★	★★★
1981	★★★	★★★	★★★	★★★	★★
1980	★★★	★★★	★★	★★★	★★

Jahrgangstabellen

	Médoc	St-Emilion, Pomerol	weiße Graves	Sauternes	Côte d'Or (rot)	Côte d'Or (weiß)	Champagne	Rhône	Port
★★	★★★★	★★★	★★★★★	★★★★	★★★★★	★★★★	★★★	★★★	★★★★
★★	★★★	★★★★	★★	★★★	★★★★	★★★★★	★★★	★★★★	★★★★
★★★	★★	★★★	★★★★	★	★★	★★★	★★	★★★★	★★★★
★★	★★	★★	★★	★	★★★	★★★	★★	★★	★★
★★	★	★★	★★★	★	★	★★★★	★★★	★	★★★★
★★	★★	★★	★★	★	★★★	★★	★★	★★	★★★★
★★★	★★★★★	★★★★★	★★★★★	★★★★★	★★★★★	★★★★★	★★★	★★★★★	★★★
★★	★★★★	★★★★	★★★★	★★★★	★★★★	★★★★	★★★★	★★★★★	★★
★★	★★★★	★★★★	★★★★★	★★★★★	★★★★	★★	★	★★★	★★
★★	★★	★★★★	★★	★★	★★	★★	★	★★	★★★★
★★★	★★★★★	★★★★	★★★★	★★★★	★★	★★★★	★★	★★★	★
★★	★★★★	★	★★★	★★★	★★★★	★★★★	★★★	★★★	★★★★
★★	★★	★★★	★★	★	★	★★	★	★	★
★★	★★★	★★★	★★★	★★★★★	★★★	★★★★	★★★	★★★	★★★★
★	★★★★★	★★★★★	★★★	★★	★★★	★★★	★★★★★	★★★	★★★
★★	★★★	★★★	★★★	★★★	★★	★★	★★★	★★★★	★★
★★	★★	★★	★★	★★★	★★	★★	★	★★	★★★

Rioja	Navarra	Ribera del Duero	Priorato	Kalifornien (weiß)	Napa Valley (rot)	Australien (rot)	Chile (rot)	Südafrika (rot)	Neuseeland (weiß)
★★★	★★★	★★★★	★★★★★	★★★★	★★★★	★★★★	★★★	★★★	★★★
★★★	★★★★★	★★★★★	★★★★	★★★★★	★★★★★	★★★★	★★★★	★★★★	★★
★★★	★★★★	★★★★★	★★★★	★★★★	★★★★	★★★★	★★★★	★★★	★★★★
★★	★★	★★	★★★★	★★★	★★★	★★★	★★★	★★★	★★★
★★	★★	★★	★★★★	★★★★★	★★★★	★★★★	★★★	★★★	★★★
★★★	★★★	★★★★	★★★	★★★★	★★★★	★★★★★	★★	★★★★★	★★★★★
★★	★★★	★★★	★★★	★★★★	★★★★★	★★★★	★★★★	★★★	★★★★
★★	★★★★	★★★★	★★	★★	★★★	★★★★	★★★	★★★★	★★★★★
★★	★★★	★★★	★★★	★★★★	★★	★★★	★★★	★★	★★★★
★★★	★★	★★★	★★★	★★	★★★★	★★★★	★★★	★★★	★★★
★★	★★★	★★★★	★★★	★★★★★	★★★★★	★★★			
★	★★	★★★	★★★★	★★★★	★★★★★	★★★			
★	★★★	★★	★★★	★★★★	★★★★	★★★			
★★	★★	★★★	★★★	★★	★★	★★★★★			
★★★	★★★★★	★★★★	★★★★	★★★	★	★★★			
★★	★★★	★★★★	★★★★	★★★★	★★	★★★			
★	★★★	★★★	★★★★	★★★★	★★	★★★			

Zeichenerklärung:
★ schlechter Jahrgang
★★ kleiner Jahrgang
★★★ guter Jahrgang
★★★★ sehr guter Jahrgang
★★★★★ großer Jahrgang

Glossar

Abgang: Nachklang eines Weins nach dem Schlucken, auch Finale genannt.
adstringierend: die Zunge zusammenziehend. Geschmackseindruck, der häufig bei jungen, gerbstoffhaltigen Rotweinen auftritt.
Allier-Eiche: feinporige, gern zum Barriquebau verwendete Eiche aus dem gleichnamigen französischen Département. Wegen ihres süßen Geschmacks werden Chardonnay-Weine gerne in Allier-Eiche vergoren.
Ampelographie: Rebsortenkunde.
Annata: ital. Jahrgang. Junger Wein, der nach wenigen Monaten den Keller verläßt.
anreichern: Hinzufügen von Zucker zum Most vor der Gärung, um einen höheren Alkoholgehalt des Weins zu bekommen.
AOC, Appellation d'Origine Contrôllée: höchste französische Qualitätsstufe für Wein.
Assemblage: Zusammenfügen gleicher Weine aus unterschiedlichen Fässern zu einem Wein (bzw. Weine gleicher Herkunft, aber unterschiedlicher Rebsorte).
Ausbruch: Beerenauslese aus Rust am Neusiedlersee, gewonnen aus überreifen oder edelfaulen Trauben mit einem Mostgewicht von mindestens 138° Oechsle.
Auslese: hohe deutsche Prädikatsstufe, reserviert für meist süße oder edelsüße Weine mit 90° bis 100° Oechsle, wird oft aber auch für entsprechend hochgradige, trockene Weine in Anspruch genommen.
Barrique: kleines Holzfaß mit 225 Litern Inhalt, einst für Bordeaux-Weine entwickelt, heute in aller Welt verbreitet.
Bâtonage: das Aufrühren der Hefe im Faß mit einem Stock. Qualitätsfördernde Maßnahme bei Weißweinen, die im Holzfaß vergoren werden. Entwickelt im Burgund.
Bernsteinsäure: frische, herbe Fruchtsäure, die sich neben → Weinsäure und Apfelsäure in jedem Wein in geringeren Mengen findet.
Blanc de Blancs: nur aus weißen Trauben gekelterter Schaumwein.
Blanc de Noirs: nur aus roten Trauben gekelterter Schaumwein.
Botrytis cinerea: Edelfäule, erwünscht für Sauternes und alle Formen von Beeren- und Trockenbeerenauslesen.
brandig: alkoholisch schmeckend.
Cantina: ital. Keller bzw. Kellerei.
Cava: span. Schaumwein aus dem Penedès.
Cave: frz. Keller, auch Kellerei.
Chai: ebenerdiger Faßkeller in Bordeaux.
Champagnermethode: Umschreibung für die Flaschengärung beim Champagner. Für andere Schaumweine müssen nach EU-Recht die alternative Bezeichnung Méthode traditionelle oder Méthode classique verwendet werden.
chaptalisieren: → anreichern.

Charakter: Weine mit Charakter sind eigenständig und laufen nicht irgendwelchen Moden nach.
Clairet: in England übliche Bezeichnung für Bordeaux-Weine allgemein.
Charmat-Methode: Methode zur Herstellung von Schaumweinen ohne Flaschengärung. Dabei wird der Wein in großen Druckbehältern aus Edelstahl statt in der Flasche zweitvergoren.
Clos: abgeschlossener, meist von einer Mauer eingefaßter, guter Weinberg. Vor allem im Burgund gebräuchlicher Name.
Cooler: amerikanischer Ausdruck für einen Leichtwein.
Crémant: Schaumwein aus Gebieten außerhalb der Champagne (z. B. Elsaß, Loire, Burgund) mit weniger Kohlensäure (zwei bis drei Atmosphären) als ein Champagner.
Cru: besonders gute Weinberglage.
Cuvée: 1. hochwertiger Most aus der ersten Pressung von Champagnertrauben. 2. Assemblage verschiedener Champagner-Grundweine vor der Flaschengärung.
Cuvier: frz. Gärkeller.
Dauben: gebogene Holzstücke, die die Wandung eines Fasses bilden.
dekantieren: Umfüllen des Weins von der Flasche in eine Karaffe.
Diabetikerwein: trockener Wein mit maximal vier Gramm Restzucker pro Liter.
Domaine: frz. Weingut.
durchgegoren: restzuckerfreier, staubtrockener Wein.
edelsüß: Bezeichnung für Wein aus edelfaulen, stark eingeschrumpelten oder gefrorenen Trauben mit hohem Fructose-Anteil.
Edelzwicker: im Elsaß gebräuchliche Bezeichnung für einen Wein, der aus vielen verschiedenen Rebsorten gekeltert ist.
Erzeugerabfüllung: Wein, der auf dem Weingut abgefüllt worden ist, von dem die Trauben stammen.
eurotrocken: EU-Wein, dessen Restzuckergehalt maximal neun Gramm pro Liter beträgt bzw. sich nach der Formel „Säure plus zwei" errechnet (d. h. ein Wein mit sechs Gramm Säure darf noch bei acht Gramm Restzucker als trocken gelten).
Extraktsüße: Extraktreiche Weine werden oft als leicht süß wahrgenommen, auch wenn sie vollkommen durchgegoren sind. Grund dafür ist der erhöhte Glyzeringehalt. Glyzerin gehört zur Gruppe der Alkohole und ist ein wichtiger Bestandteil des Extrakts.
Fattoria: ital. Weingut.
Finesse: frz. Feinheit.
fränkisch-trocken: Weine mit nicht mehr als vier Gramm Restzucker pro Liter. In Franken gängige Interpretation der trockenen Geschmacksrichtung.

frizzante: ital. perlend. Eigenschaft von Perlweinen wie dem Prosecco.
Frühfrost: Frost Ende Oktober oder Anfang November. Häufig erwünscht, weil er die Möglichkeit zur Eisweinlese bietet.
Fumé Blanc: kalifornischer, im Holzfaß vergorener Sauvignon Blanc.
füllkrank: aufgrund kürzlich erfolgter Abfüllung geschmacklich noch gestörter Wein.
gemischter Satz: Weine, die aus mehreren Traubensorten zugleich vergoren werden.
Gerbsäure: in Rotweinen in großen, in Weißweinen in geringen Mengen anzutreffendes Tannin.
G'spritzter: in Österreich übliche Bezeichnung für einen mit Mineralwasser verdünnten Wein. Gut eignet sich dazu z. B. Grüner Veltliner.
Grains Nobles: hochkarätige Beeren- oder Trockenbeerenauslese aus dem Elsaß mit mindestens 110° Öchsle, darf nur aus den Sorten Riesling, Muscat, Gewürztraminer und Pinot Gris erzeugt werden.
grün: Wein mit unreifer Säure.
Großlage: in Deutschland gebräuchliche, irreführende Bezeichnung für ein weitgefaßtes, sich über mehrere Gemeinden erstreckendes Rebeneinzugsgebiet. Die Bezeichnung hat mit „Lage" im ursprünglichen Sinn nichts zu tun.
halbtrocken: in der EU gebräuchliche Bezeichnung für Weine bis zu 18 Gramm Restzucker pro Liter, beim Champagner (extra sec) bis zu 20 Gramm.
hart: Wein mit unreifem, zu jungen Tannin.
Heuriger: österr. 1. Weinlokal mit angeschlossenem Weingut, 2. Wein des jüngsten Jahrgangs.
hochfarbig: ins Orange tendierende Farbe eines Rotweins. Indiz, daß der Höhepunkt erreicht oder überschritten ist.
Hogsheads: vor allem in Australien zu findendes Weinfaß mit 300 Liter Inhalt.
IGT: Indicazione Geografica Tipica, neue Weinkategorie in Italien (entspricht den VDQS-Weinen), in die viele der ehemaligen hochklassigen Vini da Tavola aufgehen.
integrierter Pflanzenschutz: Kombination von Schädlingsbekämpfungs- und Heilmitteln im Weinbau sowie die Abstimmung auf die Schwere des Schadens, den Witterungsverlauf und auf Wechselwirkungen zwischen verschiedenen Schädlingen auf die Gesundheit der Rebpflanze. So soll der Einsatz von Pflanzenschutzmitteln reduziert werden.
internationale Rebsorten: übliche Bezeichnung für Cabernet Sauvignon, Merlot, Pinot Noir, Sauvignon Blanc, Chardonnay.
Johannisberg: 1. Silvaner aus dem Schweizer Wallis, 2. schloßartiges Weingut im Rheingau.

Johannisberger Riesling: amerikanische Bezeichnung für die Rebsorte Riesling.
Klon: griech. Zweig. Durch Aufpfropfen eines ausgewählten Reises vermehrte Rebpflanze.
körperreich: schwerer, alkohol- und extraktreicher Wein.
krautig: aufdringliches Aroma unreifer Cabernet-Franc-, Cabernet-Sauvignon- und Merlotweine.
kurz: ohne Nachklang im Mund.
lang: Wein mit lange nachklingendem Aroma.
leicht: Wein mit niedrigem Alkoholgehalt und niedrigen Extraktwerten.
Lese: Traubenernte.
Liebfrauenmilch: im Ausland gebräuchliche Bezeichnung für einfachste liebliche deutsche Weißweine aus Müller-Thurgau-Trauben, aber auch aus Riesling, Kerner und Silvaner gewonnen.
Likörwein: Dessertwein mit mindestens 15 Vol.% Alkohol.
maderisiert: oxydiert, überaltert, nach Madeira riechend.
Maggiton: unangenehmer Geruchseindruck von alten, maderisierten Rotweinen.
Malo: Kurzform für die malolaktische Gärung, auch biologischer Säureabbau oder zweite Gärung genannt.
Méthode champénoise: Flaschengärverfahren beim Champagner.
Méthode classique: auch Méthode traditionelle. Flaschengärverfahren bei Schaumweinen außer Champagner.
Millésime: frz. Jahrgang.
mineralisch: Aroma bestimmter Weißweine, z.B. einiger deutscher und Elsässer Rieslinge sowie des Pouilly-Fumé.
Most: Saft ausgepreßter Trauben.
Mostklärung: Säuberung des Mostes vor der Vergärung.
Nase: Bouquet.
Nachgärung: unerwünschtes Weitergären des Weins auf der Flasche.
negative Auslese: Auslesen fauler Trauben vor der Hauptlese.
nervig: Eigenschaft eines zarten, säurehaltigen Weins.
Önologie: Wissenschaft von der Kellertechnik und vom Weinbau.
oxydativ: fehlerhafter Wein, der durch zu langen Sauerstoffkontakt viele Aldehyde enthält und unfrisch, müde und maderisiert schmeckt. Alkoholreiche Weine wie Sherry, Madeira, Portwein, Vin Santo, oder auch Marsala werden allerdings bewußt oxydativ ausgebaut.
Passito: Wein aus getrockneten Trauben, z.B. Sfursat (Valtellina), Amarone (Valpolicella), Vin Santo (Toskana).
Perlage: im Glas entweichende Kohlensäure bei Schaumweinen.

pfeffrig: typische Geschmackseigenschaft des Grünen Veltliner.
pH-Wert: Maßzahl für die Stärke aller Säuren im Wein; normal sind Werte zwischen 2,8 (sauer) und 3,5 (mild).
positive Auslese: selektives Herauslesen gesunder bzw. edelfauler Trauben.
Prä-Phylloxera: Weine aus der Zeit vor 1870, als die Reblauskatastrophe begann.
Prädikatswein: In Deutschland und Österreich gebräuchliche Bezeichnung für höherwertige Qualitätsweine entsprechend ihres Mostgewichts. Sie dürfen grundsätzlich nicht angereichert werden. In Österreich werden alle edelsüßen Weine als Prädikatsweine bezeichnet.
Qualitätswein: oberste Stufe der europäischen Weingesetzgebung. In Frankreich fallen rund 40 Prozent aller Weine in diese Kategorie (VDQS, AOC), in Italien 15 Prozent (DOC, DOCG), in Spanien 25 Prozent (DO) und in Deutschland (QbA, QmP) 95 Prozent.
Quinta: port. Weingut.
reduktiv: duftiger, spritziger, weitgehend unter Sauerstoffabschluß ausgebauter Wein.
reinsortig: nur aus einer Traubensorte erzeugter Wein.
reintönig: sauberer, für die Traubensorte typischer Duft und Geschmack ohne Nebentöne.
rektifiziertes Traubenmostkonzentrat (RTK): konzentrierte traubenzuckerhaltige Lösung, die aus Traubenmost gewonnen wird und statt Zucker zum → Anreichern von Weinen verwendet werden kann.
Ried: terrassierte Einzellage in der Wachau.
rütteln: Drehen der Champagnerflaschen mit der Hand (frz. Remuage), während diese mit dem Hals in hölzernen Gestellen (Rüttelpulten) stecken. So sollen die in der Flasche angesammelten Hefereste in den Flaschenhals befördert werden.
Schaumwein: Sammelbezeichnung für Champagner, Crémant, Sekt, Cava, Spumante, Asti und andere Weine mit gelöster Kohlensäure.
Sommelier: Weinkellner.
spritzig: Wein mit Restkohlensäure.
Stillwein: Wein ohne Kohlensäure. Gegensatz zu Schaumwein.
sur lie: frz. auf der Hefe gelagert. Methode, um Weißweine geschmacksintensiver und frischer zu machen.
Süßreserve: geschwefelter Traubenmost, wird zur Süßung von Weinen benutzt.
Taille: frz., vor allem in der Champagne gebräuchlicher Ausdruck für den unter hohem Preßdruck ablaufenden, im Vergleich zum → Vorlaufmost weniger hochwertigen Most (im Ggs. zur → Cuvée). Man unterscheidet zwischen erster und zweiter Taille.

Terroir: frz., komplexes Zusammenspiel von Boden und Klima.
Traube: Frucht der Weinrebe.
Traubensaft: Most. 1 Kilo Trauben ergibt normalerweise 0,7 Liter Most.
Trester: ausgepreßte Traubenschalen samt der Kerne. Wird als Brennstoff, organischer Dünger oder als Grundstoff für Tresterschnaps (Grappa) weiterverwendet.
Tronçais-Eiche: für den Faßbau begehrtes Holz aus den Forsten um die Stadt Nevers, feinporig und mit weichen, süßen Tanninen.
Ursprungsbezeichnung: gesetzlich definierte Basis aller europäischen Qualitätsweine.
VDQS, Vin Délimité de Qualité Supérieure: in Frankreich gelegentlich anzutreffende Kategorie für Qualitätsweine zweiter Wahl.
Vendange Tardive: frz. Spätlese. Ausdruck für halbtrockene oder für edelsüße Weine.
verschlossen: unentwickelter, junger Wein.
verschneiden: Mischen von unterschiedlichen Weinpartien bzw. Rebsorten oder von Weinen aus unterschiedlichen Regionen zu einem neuen Wein.
Vieilles vignes: frz. alte Reben.
Vigna: ital. Weinberg.
Vigneto: ital. Weinberg.
Vin de table: frz. Tafelwein.
Vino da tavola: ital. Tafelwein. Bis 1996 wurden einige der besten Weine Italiens bewußt und provokativ zu Tafelweinen deklassiert, weil die Anforderungen an Qualitätsweine für sie nicht paßten.
Vinifikation: Weinbereitung. Keltern der Trauben und Vergären des Mostes.
Vintage: engl. Jahrgang.
Vintage Port: Jahrgangs-Portwein.
vollmundig: körperreicher Wein mit ansprechendem Alkoholgehalt.
Vorlaufmost: jener hochwertige Teil des Mostes, der nach dem Mahlen der Trauben ohne weiteres Pressen von der Kelter läuft.
VQPRD, Vin de Qualité Produit dans une Région Déterminée: Französische Weinkategorie, entspricht dem deutschen Qualitätswein bestimmter Anbaugebiete.
Vosges-Eiche: feinporige, relativ geschmacksarme Eiche aus den Vogesen.
Weinsäure: natürliche Fruchtsäure, die um so mehr im Wein zu finden ist, je reifer die Trauben sind.
Weinstein: Kaliumsalz. Ausfällung der Weinsäure in Form von kleinen, weißen Kristallen in der Flasche. Beeinträchtigt den Geschmack nicht.
Weißherbst: in Deutschland übliche Bezeichnung für Roséweine.
wurzelecht: alte, unveredelte Reben.
zweite Gärung: malolaktische Gärung.
Zapfen: in der Schweiz gebräuchlicher Ausdruck für den Korken.

REGISTER

A

Abruzzen	152
Absetzmethode	87
Abstand der Rebzeilen	30
Abstich	96, 97
Acetaldehyd	94, 100, 101
Acininobili	145
Adelaide Hills	190
Aglianico	54
– del Vulture	153
Ahr	171
Airén	60
Alba	143
Albana	60
Albariño	60
Albumin	99
Alexander Valley	185
Aligoté	60, 123
Alikante Bouschet	54
Alkohol	68
Alkoholgehalt	42
Alkoholische Gärung	69
Allergie	245
Aloxe-Corton	126, 127
Alte Weine	212-219
Alter der Reben	37
Altkastilien	159
Alvarinho	60
Ama	147
Amarone	55
Amerika	16
Les Amoureuses	125
Amynteon	59
Anjou	61, 121
– Villages	121
Anthocyane	23, 46, 94
Apfelsäure	44, 45, 76
Apulien	152, 153
Aramon	54
Aräometer	42
Arbeit im Weinberg	40-41
Arbois	64, 122
Argentinien	197
Arneis	13
Aromen des Weins	200-201
Arroyo Grande	186
Ascorbinsäure	101
Assemblage	109, 110, 119
Assyrtiko	60
Asti	143
Äthylacetat	94
Auckland	192
Aufbinden	40
Ausbau	
– in Barriques	90
–, reduktiver	94
Ausgleichsdüngung	34
Australien	
– Anbaugebiete	190-191
– Geschichte des Weinbaus	189
– häufigste Rebsorten	191
– Klima	188
– Methoden der Weinbereitung	191
– Minimal pruning	191
– Weinrecht	191
– Winemaker	189
Austrieb	38
Auxerrois	60
Azidifikation	89

B

Bacchus	60
Baden	168
Bairrada	163
Bakterien	76
Bandol	137
Banyuls	136
Barbaresco	57, 142
Barbera	57, 143
Barca Velha	163
Barolo	57, 73, 75, 142
Barossa Valley	190
Barriques	90, 102
Barsac	133
Basilikata	153
Bastardo	163
Bâtard-Montrachet	126
Bâtonage	90, 96
Béarn	58
Beaujolais	55, 73, 123
– Nouveau	123
Beaune	126
Beere	22-23
Beerenauslese	47, 50
Bentonit	87, 96, 99
Beregnung	35
Bestockung	30-31
Bestockungsdichte	30, 37
Bianco	
– di Custoza	145
– di Val di Chiana	65
Bienvenues-Bâtard-Montrachet	127
Billecart-Salmon	111
Binissalem	161
Biondi-Santi	150
Biturica-Traube	54
Blattgallmilbe	38
Blauburgunder	65
Blauer	
– Burgunder	58
– Portugieser	54
– Wildbacher	54
Blaufränkisch	54, 73
Blüte	48
Böckser	70, 228
Bodegas Vega Sicilia	95
Boden	26-27
Bodenbearbeitung	34-35
Bogenerziehung	33
Bolgheri	149
Bollinger	107, 110, 111
Les Bonnes Mares	125
Bonnezeaux	121
Bordeaux	54, 64, 130-135
Bordeauxweine	98
Bordelaiser Brühe	34, 35
Botrytis	38, 47, 50
Bourgogne	123
Bouvier	61
Brachetto	54
Breganze	145
Broadbent, Michael	210
Brolio	147
Brunello	55
– di Montalcino	55, 59, 95, 150
Bucelas	163
Bulgarien	179
Bündener Herrschaft	177
Burgund	123-127
Burgunder	
– Rotweine	75
– Weißweine	86

C

Cabernet-Franc-Weine	121
Cabernet d' Anjou	121
Cabernet Sauvignon	54, 55, 73, 74
Cacchiano	147
Cahors	58, 59, 136
Calamin	177
Canaiolo	55
Cannonau	55
Canterbury	193
Carcavelos	163
Carignan	57
Cariñena	57
Carmignano	148
Carneros	182
Carnuntum	175
Casablanca	196
Castelnuovo Berardenga	146
Cava	62, 110, 158
Central	
– Coast	186
– Valley	186
Cérons	133
Chambertin	58, 125
Chambolle-Musigny	125
Champagne	26, 120
Champagner	60, 108-111
Champagnerhefen	70
Champagnerstile	110
Chaptalisation	76
Chardonnay	60, 76, 89
Chardonnes	177
Charmes	125, 126
Chassagne-Montrachet	127
Chasselas	61
Château	
– Ausone	134
– Chalon	122
– Cheval Blanc	134
– L' Evangile	134
– Figeac	134
– Grillet	65, 126
– Haut-Brion	133
– Lafite Rothschild	131
– Lafleur	134
– Latour	131
– Laville-Haut-Brion	133
– Léoville-Las-Cases	132
– Margeaux	132
– La Mission-Haut-Brion	133
– Mouton Rothschild	131
– Pape Clement	133
– Pétrus	56, 134
– Le Pin	56, 134
– St-Jean	184
– Trotanoy	134
– d' Yquem	65, 133
Châteauneuf-du-Pape	55, 129
Chenin Blanc	61, 64, 121
Chevalier-Montrachet	126
Chianti	55, 59, 146-149, 151
Chile	
– Anbaugebiete	196
– Geschichte des Weins	196
– häufigste Rebsorten	197
– in Zahlen	197
– Klima	196
– Weinrecht	197
Chlorose	39
Cholesterin	244
Cinsault (Chinsault)	57
Cirò Bianco	61
Clairette	61
Clare Valley	190
Clevner	65
Clos-de Bèze	125
Clos	
– de l' Arlot	124
– de la Maltroie	127
– de la Maréchales	124
– St-Jacques	125
Cognac-Herstellung	61
Colares	163
Condrieu	55, 65, 126
Constantia	194
Coonawarra	27, 190
Cordon-Erziehung	33
Cornas	128
Cortese	61
Corton-Charlemagne	126
Corvina	55
Costers del Segre	158
Cot	55, 59
Côte Chalonnaise	123
Côte de Beaune	126-127
Côte de Nuits	124-125
Côte d' Or	124-127
Côte Rôtie	55, 65, 128
Côteaux-de Languedoc	136
Coteaux du Layon	121
Côtes-du-Luberon	129
Côtes-de-Provence	137
Côtes-du-Rhône	129
Côtes-du-Tricastin	129
Coulée de Serrant	61, 121
Counoise	55
Crémant	110-111
– de Bourgogne	123
– de Loire	121
Criots-Bâtard-Montrachet	127
Crozes-Hermitage	55, 62, 128

D

Dão	59, 163
Deckweinsorten	58
Degorgieren	108
Degustation	202-203
Dekantieren	227
Dekantierkaraffe	225
Dekantierkörbchen	224
Dekantiertrichter	224
Deutschland	
– Anbaugebiete	166-171
– Geschichte des Weins	166
– häufigste Rebsorten	171
– in Zahlen	171
– Weinrecht	171
Dézaley	61, 177
Dindarello	145
Dolcetto	55
Dôle	177
Dom Perignon	110
Domaine de la Romanée-Conti	58, 124
Donauland	175
Dornfelder	55
Dosage	108
Douro	163
Dry Creek Valley	184
Düngung	34
Durbanville	195
Durif	55, 57

E

Edelfaule Trauben	50-51
Edelreis	34
Edelstahltank	88
Edelsüße Weine	50
Edelzwicker	122

REGISTER

Edna Valley	186	Fruchtansatz	39
Eiche	90-91	Fructose	47
Eichenholz	91	Fructose-Glucose-Diagramm	47
Eichenholzfässer	91	Frühburgunder	56
Eichenholzton	103	Fülldosage	108
Einfluß des Holzfasses	102-103	Fumé Blanc	64
Eiswein-Trauben	51	Fun-Weine	186
Eiweiß	98, 99	Fungizide	35
El Bierzo	159	Furmint	61
Elsaß	122		
Elsässer	76	**G**	
Entre-Deux-Mers	135	Gaglioppo	56
Entschleimen	86	Gaillac	136
Epesses	177	Gamay	55
Ermitage	177	Gambellara	145
Erosion	34	Ganzbogenerziehung	33
Erstpressung	84	Ganztraubenpressung	84, 85
Ertragsbegrenzung	36-37	Gäraromen	90
Erziehungssysteme	32-33, 37	Gärführung,	
Essen und Wein	238-243	temperaturkontrollierte	88
Essigsäure	51	Garnacha	55
Est! Est!! Est!!!	152	Gärtemperatur	68, 73, 74
Ester	94	Gärtempo	68
Extrakt	36, 45, 46	Gärung	
Extraktion	72, 75	-, alkoholische	68
		-, malolaktische	76, 90
F		-, wilde	49
Farbe des Weins	204-205	Gattinara	57, 143
Färbung	39	Gavi	143
Faßbau	104-105	Geläger	70, 96
Faßeiche	91	Gelatine	97, 99
Fässer	90, 97	Gelber Muskateller	63
Faßgröße	102	Genevrières	126
Faßreifung	95	Genuß-Verkostung	203
Faßwechsel	98	Geruch	206
Féchy	177	Geruchsfehler	70
Feinfiltration	99	- Mittel zur Beseitigung	99
Feintrub	97	Geruchsneuronen	206
Fendant	61	Gesamtsäure	45
Fermentation	72	Geschichte der Rebe	16-17
Fermentationsdauer	74-75	Geschmack	202-203, 207
Feteasca	61	Geschmacksfehler	
- Neagra	55	- Mittel zur Beseitigung	99
Fiano	153	Geschmacksknospen	207
Filtern des Weins	99	Geschmacksstoffe	23
Fisch und Wein	240-241	Geschmacksverbeserung	97
Fischleim	96	Gesundheit	244-245
Fixin	125	Gevrey-Chambertin	125
Flaschengärung	110	Gewässernähe	25
Flaschengrößen	228	Gewürztraminer	61, 65, 122
Flaschenreifung	95	Ghemme	57, 143
Flavescence Dorée	39	Gigondas	129
Fleisch und Wein	238-239	Gisborne Valley	193
Florhefe	114	Gläser	220-221
Folle Blanche	61	Glucose	47
Fox-Ton	16	Glycerin	51
Franciacorta	144, 145	Gobelet-System	36
Franken	167	Goulbourn Valley	191
Frankovka	54	Grappa	69
Frankreich	119-137	Grauer Burgunder	61
- Anbaugebiete	120-137	Graufäule	51
- Geschichte des Weins	119	Grauschimmel	38
- häufigste Rebsorten	135	Graves	133
- in Zahlen	135	Great Western	191
- Südwesten	136	Grechetto	61
- Weinrecht	135	Greco	
Franschhoek	194	- di Bianco	61
Frascati	65, 152	- di Tufo	61
Freisa	55	Grenache	55
Friaul	145	Griechen	16
Fronsac	135	Griechenland	179
Frost	51	Gros Rhin	65
Frostabwehr	41	Grüner Veltliner	63

Gummi arabicum	99	- Weinbezeichnungen	185
Gumpoldskirchener	65	- Weingesetze	185
GUS	179	Kalkboden	26
Gutedel	61	Kalterer See	59
Guyot-System	32	Kaltstabilisierung	96
		Kaltvergärung	88-89
H		Kalziumbitartrat	69
Handlese	49	Kalziumphytat	99
Hanglage	25	Kampanien	153
Hauptsorten		Kamptal	173
- Rot	54-59	Kaolinerde	99
- Weiß	60-65	Käse und Wein	243
Hausenblase	99	Kasein	99
Haut Médoc	131	Katalonien	159
Hautes-Côtes de Beaune	123	Kelterung des Weißweins	84-85
Hautes-Côtes de Nuits	123	Kerner	62
Hawke's Bay	193	Kiesboden	26
Hefe	97	Kieselgur-Filtration	87, 99
Hefen	70, 71	Kieselsol	97, 99
-, natürliche	71	Klingelberger	169
-, wilde	71	Kohle	97, 99
Hefesatzlagerung	96	Kohlendioxid	68
Hefestämme	70	Kolloide	87
Hefetrub	70	Klärung	96
Hektarhöchsterträge	36	Kletterhilfen	32
Herbizide	34	Klima	18-19, 24-25
Hermanus	195	Klosterneuburger Mostwaage	42
Hermitage	55, 128	Kohle	99
Hessische Bergstraße	171	Kohlendioxid	108
Hitze	18	Kohlensäuremaischung	74
Höhenlage	24	Kohlenwasserstoffverbindungen	94
Holzcuves	73	Kontinentales Klima	25
Holzfaß	90, 102-103	Korbpresse	85
Holzkontakt	102	Korken	230-231
Hülsenmaischung	89	Korkenzieher	222-223
Hunter Valley	190, 191	Korkgeschmack	231
Hydrolyse	48	Korkschmecker	229
		Korsika	137
I		Krankheiten	20, 38-39
Insektenbefall	35	Kremstal	173
Insektizide	35	Krimsekt	59
Integrierter Weinbau	35	Kroatien	179
Intensivkultur	30, 34	Krugs Grand Cuvée	110
Irouléguy	8	Kryomazeration	89, 204
Italien		Kühle	18
- Anbaugebiete	142-153	Kühlung	88
- Geschichte des		Kupfersulfat	99
modernen Weins	141	Kupfersulfat-Lösung	38, 39
- in Zahlen	153	Kurzzeiterhitzung	75
- Weinrecht	153		
		L	
J		La Mancha	160
Jaen	163	Lactobacillus	76
Jahrgangsschaumweine	111	Lagerung von Wein	228, 232-233
Jahrgangstabelle	248-249	Lalande-à-Pomerol	135
Jerez y Manzanilla	160	Lambrusco	56
Johannisberg	65	Landweine	235
Johannisberger Riesling	62	Latium	152
Jumilla	161	Laub	20
Jura	122	Le Pin	56
Jurançon	136	Leichte	
- Noir	56	- Rotweine	209
- Sec	62	- Weißweine	208
		Lemberger	54
K		Lese, maschinelle	49
Kabinett	46	Lesezeitpunkt	46-47
Kalabrien	153	Leuconostoc	76
Kalifornien		Liastos	60
- Anbaugebiete	182-186	Licht	20
- AVA-Bereiche	185	Liebfrauenmilch	62, 63, 167
- Geschichte des Weinbaus	180-181	Lipoproteine	245
- häufigste Rebsorten	185	Liqueur d'expedition	109
- in Zahlen	185	Liqueur de tirage	108

– 253 –

Register

Lirac	55, 129	Monastrel	57
Listrac	133	Monokulturen	30
Loire	121	Montalcino	150, 151
Luftkontakt	95	Montefiascone	152
Lugana	65, 145	Montepulciano	56, 151
Lyra-System	33	Monterey	186

M

Macabeo	62
Macération carbonique	74
Mâcon	
– Blanc	123
Mâcon-Villages	123
Mâconnais	123
Madeira	62, 112-113
– Boal	113
– Entstehung	113
– Malmsey	113
– Sercial	113
– Verdelho	113
Madiran	58, 136
Mahlen der Trauben	84
Maipo	196
Maische,	69, 84
Umwälzen der	74
Maischegärung	72-73
Malbec	55, 59
Malmesey	62
Malo	76
Malolaktische Gärung	76, 90
Malvasia	62
Manseng	62
Marc	69
Margaret River	191
Margaux	132
Margeaux-Weine	57
Maritimes Klima	25
Marken	152
Marlborough	193
Marmonnier	111
Marsanne	62
Marzemino	56
Maschinelle Lese	49
Maule	196
Mazis-Chambertin	125
Mediterranes Klima	25
Médoc	26, 54, 133
Mehltau	
–, echter	20, 38
–, falscher	20, 38
Mehltaukatastrophe	17
Melon	62
– de Bourgogne	62
Mendocino County	185
Mendoza	197
Menge-Güte-Gesetz	36-37
Mercaptane	94
Mercurey	123
Merlot	55, 56
– del Ticino	177
Meursault	126
Midi	136
Milben	20
Milchsäure	76
Milchsäurebakterien	76
Milchsäuregärung	76
Mittelalter	17
Mittel- und Südburgenland	174
Mittelrhein	171
Mittelschwere	
– Rotweine	209
– Weißweine	208
Molinara	55

Montescudaio	149
Montilla-Moriles	161
Montrachet	126
Morellino	56
Morey-St-Denis	125
Morio-Muskat	62
Morphologie	
– der Rebe	20-21
– der Weinberge	25
Moscadel del Grano Menudo	63
Moscato d'Asti	63, 143
Mosel	27
Mosel-Saar-Ruwer	170
Mostgewicht	42-43, 44
Mostschwefelung	100
Moulis	133
Mount Barker	191
Mourvèdre	56
Mtsvane	63
Mulchen	34
Müller-Thurgau	63
Muscadelle	63
Muscadet	62, 63, 121
Muscat	63
– d'Alexandrie	63
– d'Ambourg	63
Musigny	58
Les Musigny	125
Muskateller	63
Muskat-Ottonel	63

N

Nachtlese	49
Nahe	167
Nantais	121
Naoussa	59
Napa Valley	182-183
Naturnaher Weinbau	34
Navarra	159
Nebbiolo	57
– d'Alba	57
Nelson	193
Nematoden	20
New Mexico	187
Neuenburg (Neuchâtel)	177
Neuseeland	
– Anbaugebiete	192-193
– häufigste Rebsorten	193
– in Zahlen	193
– Weinrecht	193
Neusiedler See	174
Neusiedlersee-Hügelland	174
Neuzeit	17
New York	187
Niederschlag	18
Nitratauswaschung	35
Norditalien	142-145
Nördliche Rhône	128
Nuits-St-Georges	124

O

Oechsle	42
Œil de Perdrix	177
Oidium	38
Ost- und Südosteuropa	178-179
Österreich	
– Anbaugebiete	172-175

– häufigste Rebsorten	174
– in Zahlen	174
– Weinrecht	175
Oregon	187
Ornellaia	149
Orvieto	61
Oxydation	48, 49
Oxydierte Weine	94

P

Paarl	195
Pacherenc du Vic-Bilh	62
Padthaway	191
Palette	137
Panzano	148
Paso Robles	186
Passignano	148
Pasteur, Louis	71
Pauillac	130, 131
Pediococcus	76
Pedro Ximinez	63
Pektine	86
Penedès	158
Pergola-System	33
Perlit	99
Perlweine	111
Peronospora	38
Perrières	126
Pessac-Léognan	133
Petit	
– Bouschet	58
– Manseng	62
– Verdot	57
Petite Arvine	177
Petite Sirah	55, 57
Pfalz	168
Pflanzenschutz	30
pH-Wert	45
Phenole	94, 244
Picolit	63
Picpoul	57
Piemont	142, 143
Pigeage	73
Pinot	
– Meunier	57, 58
– Noir	57, 58, 73, 75
Pinotage	57
Phenole	23
Photosynthese	20
Physiologische Reife	43
Pilzkrankheiten	35
Pinot	
– Blanc	65
– Chardonnay	65
– Gris	61
– Madelaine	56
– Noir	65
Pipes	102
Plavac	64
– Mali	57
Polymerisation	94
Polyphenole	46
Pomerol	134, 135
Pommard	58, 126
Pommery	111
Portugal	162-163
– Anbaugebiete	163
– Geschichte des Weins	162
– häufigste Rebsorten	163
– in Zahlen	163
– Weinbezeichnungen	163
– Weinrecht	163
Portwein	62, 112-113

– Colheita	112
– Entstehung	113
– Ruby	112
– Tawny	12
– Vintage Port	112
– White Port	112
Pouilly Fumé	121
Pouilly-sur-Loire	121
Prädikatsweine	234
Premières Côtes de Bordeaux	135
Preßwein	69
Prestige-Cuvées	111
Primäraromen	200
Priorato	158
Procanico	65
Prosecco	64
Provence	137
Prugnolo Gentile	58
Puligny-Montrachet	126
Pumping over	74
Punkte-Bewertung	203
Pyrenees	191

Q

Qualitätsweinbau	36
Qualitätsweine	234
Quarts-de-Chaume	121

R

Radda	149
Rapel	196
Reben-Erziehungssysteme	32-33
Rebklon	37
Rebkrankheiten	20, 38-39
Reblauskatastrophe	17
Rebschäden	39
Rebsorten	19
Rebveredelung	34
Recioto	145
Reduktion	94
Reduktiver Ausbau	94
Refraktometer	42, 43
Reife	43
– physiologische	43
Reifeprozeß	94-95
Reinzuchthefen	71
Remontage	74
Remuage	108
Retsina	64
Rheingau	168
Rheinhessen	167
Rhine Riesling	62
Rhône	55
Rias Baixas	60, 159
Ribatejo	163
Ribera del Duero	59, 159
Ribolla	64
Riechen	206
Riechorgan	206
Riechschwellen	206
Riesling	62, 76, 122
– Italico	65
– x Silvaner	63
Rimontaggio	74
Rioja	59, 158
Riserva Monticchio	151
Rizlingszilvani	63
Rivaner	63
Rkatsiteli	64
Robertson	195
Roederer	111
Roero	57, 143
Römisches Reich	16

Register

Rondinella	55	Schwarzer Wein von Cahors	59
Rose d'Anjou	121	Schwarzriesling	58
Roséweine	75	Schwefel	48, 87, 100, 101
Rosso delle Colline Lucchesi	149	– Chemische Wirkungsweise	100
Rosso Conero	152	– Gesetzliche Höchstmengen	101
Rosso di Montepulciano	151	Schwefelung	100-101
Rotationstanks	75	Schwefelwasserstoff	70, 94
Roter Traminer	65	Schweiz	
Rotgipfler	64	– Anbaugebiete	177
Rotweine		– Geschichte des Weinbaus	176
– leichte	208	– häufigste Rebsorten	176
– mittelschwere	209	– in Zahlen	176
– schwere	209	Schwere	
– Unterschied zur Bereitung von Weißwein	69	– Rotweine	209
– Zusammensetzung	75	– Weißweine	209
Rotweinbereitung	72	Sekt	110
Roussanne	64	Sektkühler	225
Les Ruchottes	127	Sekundäraromen	200
Rueda	65, 159	Semillon	65
Ruländer	64	Separator	87
Rumänien	179	Servieren von Wein	226-227
Russian River Valley	184	Sherry	114-115, 160-161
Rüttelverfahren	108, 109	Shiraz	55, 58
S		Silvaner	65
Saale-Unstrut	171	Sizilien	153
Saccharomyces	70-71	Slowakei	179
Sachsen	171	Slowenien	179
Sagrantino	58	Soave	65, 145
Les Saint-Georges	124	Sommereiche	91
Saint-Saphorin	61, 177	Sommerschnitt	37, 41
Salvagnin	177	Somontano	159
Samtrot	8	Sonne	18
San Gimignano	149	Sonneneinstrahlung	25
Sancerre	121	Sonnenscheindauer	25
Sangiovese	59	Sonoma	184-185
Sangiovese-Grosso	55, 59	Southern Vale	191
Santa Cruz Mountains	186	Soutirage	98
Santenay	127	Spanien	
Sardinien	153	– Anbauregionen	158-161
Sassicaia	149	– Geschichte des Weinbaus	157
Sauerstoff	94, 102	– häufigste Rebsorten	160
Saumur	61	– in Zahlen	60
– Blanc	121	– Weinbezeichnungen	161
– Champigny	121	– Weinrecht	161
– Mousseux	121	Sparkling Wine	110, 182
– Rouge	121	Spätburgunder	58, 73
Säure	43, 44	Spätlese	46, 47
Säureabbau	44	Speisen und Weine	238-243
Säurewerte	44	Spindelpresse	84, 85
Sauternes	50, 64, 133	Spumante	110
Sauvignon	64, 89	St-Emilion	134, 135
Savagnin	64	St-Estèphe	130, 131
Savatiano	64	St. Joseph	55, 128
Savennières	121	St-Julien	130, 132
Savoyen	122	St. Laurent	58
Schädlinge	17, 20	St. Magdalener	59
Schädlingsbekämpfung	35	Stabilisierung	
Schale	23	– Rotwein	98-99
Schaumweine	108-111	– Weißwein	96-97
Schaumweinherstellung	110-111	Steen	61, 64
– Charmat-Methode	111	Steiermark	174
– Karbonisierungsverfahren	111	Steineiche	91
– Transvasionsverfahren	111	Stellenbosch	194
Schaumweinverschluß	225	Stickstoff	94
Scheurebe	63	Stielgerüst	22
Schiava	58	Südafrika	
Schieferboden	27	– Anbaugebiete	194-195
Schilcher	54	– in Zahlen	194
Schimmelpilz	50	– Rebsorten	195
Schönung	96, 99	– Weingesetze	195
Schwarze Mädchentraube	55	Südliche Rhône	129
		Südtirol	144, 145
		Südtiroler Vernatsch	58

Sulfit	101	Umziehen des Weins	97, 98
Super Tuscans	147	Ungarn	178
Sur-lie-Ausbau	97	Unterlagsrebe	34
Swan Valley	191	Utiel-Requena	161
Syrah	58, 74	**V**	
T		Vacqueyras	129
Tafelweine	235	Vakuum-Drehfilter	87
Taittinger	111	Val di Cornia	149
Tankpresse	84, 85	Valdepeñas	160
Tankweine	89	Valpolicella	55, 73, 145
Tannat	58	Les Vaucrains	124
Tannin	23, 69, 72, 74-75, 94, 97, 99, 103, 244	Vegetationszyklus	38-39
Tasmanien	191	Veneto	145
Taurasi	54, 153	Véraison	39
Tavel	55, 129	Verdejo	65
Teinturier	54, 58	Verdelho	65
Temperatur	228	Verdicchio	65, 152
Temperaturkontrollierte Gärführung	88	Veresterung	94
Tempranillo	59	Vergärung	
Teroldego	59	– im Holzfaß	90
Terra Rossa	27	– in Barriques	90
Terroir	27, 119	– mit Stielen	75
Tertiäraromen	200	Vermentino	65
Tessin (Ticino)	177	Vernaccia	65
Thermenregion	175	Vernatsch	59, 74
Thermik einer Weinberglandschaft	24	Verrieseln der Blüte	39
Tinta del Pais	59	Versanddosage	109
Tinta Rouriz	163	Veuve Cliquot	108, 111
Tinto Fino	59	Viognier-Weine	89
Tocai	64	Vin Jaune	64
Tokaj	178, 179	Vin Santo	149
Tokajer	50, 61	Vin de Savoie	122
Tokay	61, 122	Vinho Verde	60, 162-163
Torcolato	145	Vinhos de canteiro	113
Törggelen	144	Vino Nobile di Montepulciano	59, 151
Torgiano	151	Vino da Tavola	147
Toro	159	Virginia	187
Torulopsis stellata	71	Vitis vinifera	16, 53, 62
Toskana	146-150	Voignier	65
Touriga	59	Vollreife	43, 46, 50
– Nacional	163	Volnay	58, 126
Tourraine	61, 121	Vorklärung	86
Traditionelle Fässer	90	Vorlaufmost	84
Traisental	175	Vosne-Romanée	124
Traminer	65	Vougeot	124
Traube	22-23	Vouvray	61
Trauben, edelfaule	50-51	– Mousseux	121
Traubenmostkonzentrat	77	**W**	
Traubenwickler	38	Waadtland (Vaud)	177
Trebbiano	65	Wachau	172
Trentino	144, 145	Wachstumszyklus	38
Trester	69	Wallis (Valais)	177
Tresterhut	72	Wärme	18
Tresterschnaps	69	Washington	187
Trinktemperatur	229	Wein	
Trinkreife	246-247	– und Gesundheit	244-245
Trockenbeerenauslese	47, 50	– und Kaffee	227
Trockenzeiten	20	– und Parfüm	227
Trollinger	59, 169	– und Tabak	227
Tschechien	179	Weinbau	
Tsimlyansky Chern	59	–, integrierter	35
Tursan	58	–, naturnaher	35
U		Weinbereitung	68-69
Überdüngung	34	Weinberg	30
Überreife	46, 47	Weinberge	
Ugni Blanc	65	– Morphologie	25
Umbrien	150-151	Weine	
Umkehr-Osmose	48, 77	–, alte	212-219
		–, edelsüße	50
		–, oxydierte	94

– 255 –

REGISTER

Weinfehler	228-229	Weißer Burgunder	65
Weingesetze	234-235	Weißer Riesling	61
Weinhefe	99	Weißwein	
Weinhefen	70-71	– Kelterung	84-85
Weinkühler	224	– Schönung	96
Weinlese	41, 48-49	– Unterschied zur Bereitung	
Weinproben, private	203	von Rotwein	22, 69
Weinsäure	44, 45	Weißweine	
Weinschule, kleine	226	– leichte	208
Weinstein	69, 96	– mittelschwere	208
Weinthermometer	225	– schwere	209
Weinviertel	175	Weißweinmost	86
Weinzubehör	224-225	Weißwein-Nationen, neue	88-89
Wairarapa-Martinsborough	193	Weißweinvergärung	88
Weißburgunder	65	Weltrebengürtel	18-19
Weißeichen	91	Welschriesling	65

White	
– Riesling	62
– Zinfandel	59
Wien	173
Wilde Gärung	49
Winterruhe	37
Winterschnitt	37, 40
Württemberg	169

X
Xynomavro	59

Y
Yarra Valley	191
Yecla	161
Yvorne	61

Z
Zellulose	99
Zierfandler	65
Zinfandel	57, 59
Zucker	20, 42, 43
Zuckergehalt	42
Zuckerkonzentration	43
Zuckerproduktion	44
Zucker-Säure-Diagramm	45
Zuckerung	77
Zunge	207
Zusammensetzung des	
Weißweinmostes	86
Zweigelt	59

BILDNACHWEIS:

ARTOTHEK 16, Joachim Blauel; **Jan Bendermacher** 76; © **Günter Beer/Der Feinschmecker** 85 oben; © **Bildarchiv Preussischer Kulturbesitz, Berlin, 1997,** 17 Hintergrund, Alfredo Dagli Orti, 1993; 17 Amphora, Antikensammlung Berlin; 141; **Bildarchiv BILDER PUR/K. Wanecek** 91 Hintergrund, /W. Geiersperger 174, 175 oben; **Beate Brömse** 232/233 gr. Bild; **CHAMBRAIR/Hamburg** 229 oben; **CHRISTIE London/Julian Calder** 210 oben; **Comité Interprofessionnel du Vin de Champagne in Epernay** 108 rechts, 109 rechts unten, 109 rechts oben, 110 rechts, 229 unten links, /John Hodder 120 groß; **Deutsches Fernerkundungsdatenzentrum der DLR, Oberpfaffenhofen** 118, 140, 156, 166 links, 172 oben, 176 oben, 178 oben; **Dieth & Schröder Fotografie, Robert Dieth** 35 oben rechts, 35 unten rechts, 38 oben links, 40 unten, 43 unten (Photo), 45 Mitte, 46 links, 46 rechts, 47 unten rechts, 51 oben rechts, 51 unten, 58, 60 Hintergrund, 61/1. von rechts, 61/2. von rechts, 62, 63/2. von links, 63/1. von rechts, 65/2. von links, 65/1. von rechts, 68 groß, 86, 97 links, 104/105 Hintergrund, 211 oben; **FoodPhotography Eising** 7/2. von oben, 7/3. von oben, 22, 23 links, 23 rechts, 198/199, 218/219, 220/221, 222/223, 224/225, 227, 230 linke Spalte, 231 rechte Spalte, 238 bis 243, alle Weinflaschen, Umschlagrückseite rechts Mitte; **Armin Faber** 4/3. von oben, 52/53; **INTERFOTO** 71 rechts; **Enno Kleinert** 21, 26 links unten, 26 rechts unten, 27 links unten, 27 rechts unten, 32/33, 72, 80/81/82, 84, 85 unten (links, Mitte, rechts), 87, Umschlagrückseite unten rechts; **Alexander Kupka** Umschlag/Klappe rechts; **Herbert Lehmann** 63/1. von links; **Martin Ley** 206 (Photo), 207 oben (Photo); **Herb Lingl Photography/San Francisco** 182/183 oben, 184/185 oben; **Luftbildverlag Bertram/Gorkenant, Photos:** 124/125, 126/127 oben, 127 unten, 130 oben, 130/131 unten, 132/133 oben rechts, 134/135 oben, 142/143, 146 oben, 147 unten, 147 oben, 148 oben, 148 unten, 149 oben, 150 oben, 151 unten, 168/169, 170/171 unten, 173 unten, Umschlagrückseite unten links; **Manfred Mahn** 230 rechts; **Siri Mills** 206, 207 oben; **Moët Hennessy Deutschland** 110 links; © **Enrico Necade** 57/1. von rechts, 57/2. von rechts; **Root Stock/Patrick Eagar** 191; **Root Stock/Hendrik Holler** Vorsatz, Nachsatz, 5/2. von oben, 24 (Photo), 27 oben rechts, 43 oben, 49 unten, 55/1. von links, 55/2. von links, 55/2. von links, 56 Hintergrund, 57/1. von links, 57/2. von links, 58 Hintergrund, 59/1. von rechts, 59/2. von rechts, 61/1. von links, 61/2. von links, 63/2. von rechts, 65/2. von rechts, 66/77, 69 unten, 74 oben, 75 unten, 75 unten, 79 rechts Mitte, 88, 94, 95 unten, 98, 102/103 Hintergrund, 122 unten, 189,190, 195 oben, 195 unten, 197 unten, 210 unten, 211 unten, 213, Umschlagrückseite unten rechts (rechts); **Klaus Rummel** 124/125, 126/127 oben, 127 unten, 130 oben, 130/131 unten, 132/133 oben rechts, 134/135 oben, 142/143, 146 oben, 147 unten, 147 oben, 148 oben, 148 unten, 149 oben, 150 oben, 151 unten, 168/169, 170/171 unten, 173 unten,182/183 oben, 184/185 oben, Umschlagrückseite unten links; **Satellite Imagemap © 1997 Planetary Visions Limited** 18/19 (Bild), 180, 188, 192 oben, 194 oben, 196 oben; **Schloss Johannisberger Weingüterverwaltung** 47 oben rechts; **Carl von Schubert** 50 oben; **Christian Schulz** 7/1. von oben, 106/107, 201, 204/205, 228, Umschlagrückseite oben links; **Scope/Jean-Luc Barde** 4/2. von oben, 5/3. von oben, 6/2. von oben, 8/9, 12/13, 38 Mitte, 40 Mitte, 68 klein, 73 unten Mitte, 77 oben, 79 oben links, 79 oben rechts, 103 links, 105 Mitte, 123 Hintergrund, 123, 136, 138/139, 149 unten rechts, 150 unten rechts, 158 oben, 159 Hintergrund, 159 oben, 160, 161 oben, 226 oben, 244 rechts; **Scope/Bernard Galeron** 144 oben, 144 unten, 145 Hintergrund; **Scope/Michel Gotin** 149 unten links, 151 oben, 173 oben; **Scope/Philip Gould** 31 oben links; **Scope/Jacques Guillard** 4/4. von oben, 6/3. von oben, 14/15, 20, 34 Mitte, 34 links unten, 41 oben, 49 Mitte links, 54 Hintergrund, 69 oben, 99, 104 unten, 104 Mitte, 104 oben, 105 oben, 112 links, 112 rechts, 113 Mitte, 115 oben, 120 klein, 122 oben, 124 oben, 154/155, 157, 216, 217; **Scope/Michel Guillard** 4/1. von oben, 6/1. von oben, 10/11, 26 oben links, 35 oben links, 35 unten links, 37 oben links, 38 oben rechts, 38 unten links, 39 Mitte, 39 oben links, 39 oben rechts, 39 unten rechts, 40/41 Hintergrund, 41 Mitte, 45 unten, 48, 49 Mitte rechts, 70, 73 unten links, 78/83, 79 unten rechts, 79 Mitte links, 100 links, 105 unten, 116/117, 119, 129 oben, 131 oben, 132 links oben, 132 unten, 135 unten, 203 unten, 212, 214 rechts, 214 links, 215 links, 215 rechts, 226 unten, 230/231, 231 links, 231 Mitte, 235 unten rechts (Photo), Umschlagrückseite links Mitte/ rechts unten (Mitte); **Scope/Frederic Hadengue** 31 unten links, 41 unten; **Scope/Sara Matthews** 49 oben Mitte, 145 rechts unten, 152 Hintergrund; **Scope/Michel Plassart** 121; **Scope/Eric Quentin** 203 oben; **Scope/Nick Servian** 95 oben; **Sherry Informationsbüro** 114 oben; **Spectre** 18/19, 19 unten, 24, 25, 26/27, 37 unten, 38 rechts, 39 links unten, 43, 45 oben, 45 unten, 47 oben, 71 links (unten, Mitte, oben), 73 oben, 91 kleines Bild, 97 rechts, 109 links, 114 links unten, 200, 202 unten, 207 unten, 229 unten rechts, 235 links, 235 rechts; **StockFood/CEPHAS/Auberson** 177 unten links; **StockFood/CEPHAS/Nigel Blythe** 38 rechts/39links unten (Photo), 166 rechts; **StockFood/CEPHAS/Andy Christodolo** 6/7 Hintergrund, 74 Mitte, 192 unten, 193 oben; **StockFood/CEPHAS/Kevin Judd** 193 unten; **StockFood/Ulrike Köb** 246/247 **StockFood/J.J. Magis** 245; **StockFood/CEPHAS/Steve Morris** 197 oben; **StockFood/Okolicsanyi** 172 rechts unten; **StockFood/CEPHAS/Alain Proust** 5/4. von oben, 92/93; **StockFood/CEPHAS/Mick Rock** Umschlag vorne, 4/5 Hintergrund, 5/1. von oben, 6/4. von oben, 26 oben rechts, 27 oben links, 28/29, 30 rechts, 36 oben, 36 unten, 44, 47 oben links (Photo), 47 unten links, 49 oben links, 49 Mitte Mitte, 51 oben links, 62 Hintergrund, 64, 64 Hintergrund, 65/1. von links, 73 oben (Photo), 73 unten rechts, 74 unten, 75 Mitte, 77 rechts, 79 unten links, 90, 101 links, 101 rechts, 102 links, 109 rechts Mitte, 111 oben, 114 unten rechts, 128 Hintergrund, 128, 129 unten, 137 oben, 137 unten, 143 unten, 150 links, 152 kleines Bild, 153 links, 153 rechts, 162, 163 links, 164/165, 167 oben, 167 unten, 170 oben, 177 Hintergrund, 178 unten, 179 oben, 179 unten, 182 unten, 186 rechts, 187 Hintergrund, 187 links, 187 rechts, 190 Hintergrund, 202, 244 links, Umschlagrückseite oben Mitte/ rechts oben/ rechts unten (links); **StockFood/Bodo A. Schieren** 208/209, 234; **StockFood/Martin Skultety** 146 unten; **StockFood/CEPHAS/Roy Stedall** 115 unten; **StockFood/CEPHAS/Ted Stefanski** 40 oben, 181, 183 unten, 185 unten, 186 links; **StockFood/CEPHAS/Wine Magazin** 113 unten; **Olaf Tamm** 19 unten (Photo), 54, 56, 59/1. von links, 60; **Gerhard Theato** 17 unten links, 55/1. von rechts, 59/2. von links; **Verband Schweizer Weinexporteure/SWEA/Berlin** 176 unten; **Veuve Clicquot Import GmbH** 108 links; **Visum/Günter Beer** 89, 102 rechts, 103 rechts, /Christoph Engel 96; **Arnold Zabert** 7/4. von oben, 236/237; **Zero** 30 links, 31 oben links, 31 unten links; **ZS Verlag** 34 oben, 37 unten (Photo), 42, 45 oben (Photo), 49 rechts, 111 unten, 232.